| 博士生导师学术文库 |

A Library of Academics by
Ph.D.Supervisors

清代目录学研究

——·——

陈晓华　著

光明日报出版社

图书在版编目（CIP）数据

清代目录学研究 / 陈晓华著 . -- 北京：光明日报
出版社，2020.1

（博士生导师学术文库）

ISBN 978 - 7 - 5194 - 5615 - 3

Ⅰ. ①清… Ⅱ. ①陈… Ⅲ. ①目录学—研究—中国—
清代 Ⅳ. ① G257

中国版本图书馆 CIP 数据核字（2020）第 023386 号

清代目录学研究

QINGDAI MULUXUE YANJIU

著　　者：陈晓华

责任编辑：李壬杰　　　　　　责任校对：李　荣
封面设计：一站出版网　　　　责任印制：曹　净

出版发行：光明日报出版社
地　　址：北京市西城区永安路 106 号，100050
电　　话：010-63139890（咨询），63131930(邮购)
传　　真：010-63131930
网　　址：http://book.gmw.cn
E - mail：lirenjie@gmw.cn
法律顾问：北京德恒律师事务所龚柳方律师

印　　刷：三河市华东印刷有限公司
装　　订：三河市华东印刷有限公司
本书如有破损、缺页、装订错误，请与本社联系调换，电话：010-63131930

开　　本：170mm×240mm
字　　数：389 千字　　　　　　印　　张：23
版　　次：2020 年 1 月第 1 版　　印　　次：2020 年 1 月第 1 次印刷
书　　号：ISBN 978 - 7 - 5194 - 5615 - 3
定　　价：98.00 元

目 录
CONTENTS

绪　言

一、目录与目录学

（一）目录

目录，由来很久。追溯它的历史，可以上溯到原始社会最简单的记事方法。上古文字发明前，原始人记录日常琐事，或靠刻画符号，或靠描摹物态，以此分门别类，确定数目、等次、多寡等，可以说这就是他们生活中的目录，是他们日常生活的忠实记载。不过，这些符号或记号只是对材料的编排，而非目录的编排，这种记事方法仅有目录的影子，还不能算作真正意义上的目录。

这种最简单的记事方法，后代继承了下来。不唯继续有民间生活中的流水目录，账簿之记之类，并且高雅的学术殿堂也对目录钟情甚深。学术界爱不释手的是，它们共同具有的提要钩玄的本事。《诗》《书》之序，即是它的雏形。至刘向、刘歆奉诏校书，撰为《七略》《别录》，目录之名于是合二为一。此后，官私目录，代有著述，也不乏专门之家。到清修《四库全书总目》，目录编撰臻至鼎盛。

在这个发展过程中，对目录及其功用，乃至编撰得失等的总结，也渐渐增多。各朝各代都有代表人物，他们的专门著述也屡有问世，至宋始有"目录学"这个名称。其后，理论的总结与升华也逐步走向高潮，目录学也随之兴旺发达。

"目"，《说文解字》"人眼也，象形。重、童子也"。段玉裁注曰："引申为指目、条目之目。"[①] 作为"人眼"意义的"目"在甲骨文中就出现了，金文

---

① 许慎．说文解字注 [M]．段玉裁，注．上海：上海古籍出版社，1981：129．

中也有"目"字。其后，文献常用之。如《易·鼎》："巽而耳目聪明。"①《国语·吴语》记载伍子胥将死的遗言："以悬吾目于东门，以见越之入，吴国之亡也。"② 等等，都以"人眼"称"目"。可见，"人眼"是"目"的本义。

"目"的引申义"指目""条目"，在春秋之际就有了。《论语·颜渊》"子曰：'克己复礼为仁。'……颜渊曰：'请问其目？'"苞氏曰："知其必有条目，故请问之。"③ 其中"目"就是具体的读书"条目"，亦即求仁需要具体掌握的纲目。又《周官·天官·冢宰》"一曰正，掌官法以治要；二曰师，掌官成以治凡；三曰司，掌官法以治目"④。因此，"目"后来有篇名或书名的含义。

"录"，刻木录录也。段玉裁注引小徐注道"录录犹历历也"。⑤"录"是对"目"的说明和编次，即提要钩玄。

目录，即目和录的总称。"目录"合在一起成为一词，是在汉代。《汉书》就出现了目录之说。《汉书》中出现目录一词之句为："刘向司籍，九流以别。爰著目录，略序洪烈。"⑥ 而东汉郑玄的《三礼目录》，是以"目录"为书名的开始。其后，如《旧唐书》《新唐书》等都有目录类。今天，《辞源》对"目录"的解释是：按次序编排以供查考的图书或篇章的名目。⑦

（二）目录学

目录学，是研究目录本身及其发生发展的历史与理论，以及相关文化政治等现象的学问。

"目录学"这个名称，至少在宋代就有了。宋人苏象先《苏魏公谭训》记自己祖父苏颂谒见王原叔的事道："谒王原叔，因论政事。仲至侍侧，原叔令检书史，指之曰，此儿有目录之学。"⑧ 为目录称学的开始。

"目录学"名称的出现，说明目录工作发展到宋代已然被高度关注，有成学的趋势。综观目录编制的历史，到宋确实已经比较发达了。无论官修私修，

① 十三经注疏 [M]// 周易. 阮元，校刻. 北京：中华书局，2009：126.

② 国语：卷一九 [M]. 上海：上海古籍出版社，1988：602.

③ 论语 [M]. 何晏. 集解.《四部丛刊初编》本. 上海：上海书店，1989：71–72.

④ 周礼：卷一 [M].《四部丛刊初编》本. 上海：上海商务印书馆缩印：13.

⑤ 许慎. 说文解字注 [M]. 段玉裁，注：320.

⑥ 班固. 汉书 [M]. 颜师古，注. 北京：中华书局，1962：4244.

⑦ 辞源：三 [M]. 北京：商务印书馆，1981：2197.

⑧ 苏魏公文集 [M]// 苏颂. 丞相魏公谭训：卷四. 北京：中华书局，1988：1141.

不但各类体裁的目录著述基本齐备，卷帙也颇丰，而且班固以来对目录理论的总结，到这时也颇具规模了。宋代的文献学家，诸如郑樵、陈振孙、晁公武等既在目录编制实践上功劳不小，又在理论上卓有建树。但目录成学后，在元代几乎趋于停滞。不过，马端临的《文献通考·经籍考》为元代寥寥无几的目录著作中可以与历代优秀目录相比的杰出者。元以少数民族入主中原，对学术本就不重视，更谈不上对需要学术文化大发展大总结方能发达的目录学多加关注。内外两方面都缺少目录编纂及目录著述兴旺集成态势的元代，目录学自然不兴。

明代官修目录，《文渊阁书目》《内阁藏书目录》等，都是其中比较著名者。同时，明代私家目录也颇兴盛，远迈宋、元二代，且超过本朝官修目录著述。目录学在私人手中，继续发展。这是明代社会经济发展，市民生活丰富，文人情趣上升的结果，明人喜刻书正是与私家目录兴盛相一致的。

当然，目录之学的全面兴旺只有到清代才完全有这个可能。统治术下牢笼民心的需要，以及学术总结的趋势，使清代目录学获得空前的发展契机。从目录编制实践到目录理论的总结，都甄至鼎盛。康、雍、乾三朝都重视典籍的编纂，王风所行，必然风靡。而当时的出版业确实高度发达。杨家骆统计清代书籍的出版总数，共达126649种，1700000卷。以目录书而论，从汉魏到明末，目录书共计151种[1]，而有清一代却有119种（据上海古籍出版社1982年版孙殿起《贩书偶记》统计）。因此，在清代乾嘉时期由王鸣盛之口又一次对目录学功用作出概括，实为学术发展到清代乾嘉时期，汉学兴盛的必然。"清兴，崇宋学之性道，而以汉儒经义实之。御纂诸经，兼收历代之说；四库馆开，风气益精博"[2]至乾隆时期，更是全力打造汉学，引导士子弃宋学中的浮泛，趋向实学，"我国家文教昌明，崇真黜伪……已尽涤前朝之敝俗。然防微杜渐，不能不虑远思深。故甄别遗编，……亦详为考订，务核其真。庶几公道大彰，俾尚论者知所劝戒"[3]。于是在乾嘉年间，形成几乎"家家许郑，人人贾马"[4]的局面。同时，我国文化发展到清中叶，也高度繁荣，要求鸿篇巨制出现的趋势非常明显。因此，各种大型目录书籍纷纷编纂，以《四库全书总目》的编纂为最高潮。目录学之名也被屡屡提及。如王鸣盛在《十七史商

① 汪辟疆.目录学研究 [M].上海：华东师范大学出版社，2000：66.
② 赵尔巽等.清史稿 [M]// 儒林传序.北京：中华书局，1998：3355.
③ 永瑢等.四库全书总目 [M]// 凡例.北京：中华书局，1965：18.
④ 江藩.宋学渊源记 [M].上海：上海书店，1983：2.

《榷》中说"目录之学，学中第一紧要事。必从此问涂，方能得其门而入"①，朱绪曾也明言自己"好为目录之学"②，目录学蔚为大兴。

不过，目录学发展到近代，因受西学影响，四部分类一尊的地位被打破，图书分类逐渐转到按照西学学科性质和典籍特征分类，目录学进入近代目录学阶段。当然，这个过程并非一蹴而就。四部分类法难以牢笼所有书籍的尴尬，在《四库全书总目》里就可见踪迹，乾嘉时期一些目录学家也尝试过其他分类法，如孙星衍就用过 12 分法。

以上目录学的发展历史，不少学者辟有专章讲解。如汪辟疆《目录学研究》（华东师范大学出版社 2000 年版）有《论唐宋元明四朝之目录》、余嘉锡《目录学发微》中有《目录学源流考》（载《余嘉锡说文献学》，上海古籍出版社 2001 年版）、来新夏《古典目录学浅说》（中华书局 1981 年版）有《古典目录学著作和目录学家》、周少川《古籍目录学》（中州古籍出版社 1996 年版）有《古籍目录学发展史》，来新夏《中国近代图书事业史》（上海人民出版社 2000 年版）则对近代目录学发展史作了较全面清理等。这些论著各抒己见，展示了目录学的发展历程。

然而，上述目录学是否可以称学？它们与版本学、校雠学关系如何？长期以来却是困扰学界的一个难题。的确，中国古代目录学和版本学、校雠学紧密相联，密不可分。不仅中国古代目录学家谈目录学往往兼及版本校勘，而且今人论及目录学也往往与版本学联系，如顾廷龙评价目录版本学道："治学而不习目录版本之业，犹访胜景而徘徊于门墙之外也。"③可见，目录学今昔的这种状况的确使目录学本身有不确定或者含糊的特点。因此有学者认为，目录学不宜用作一种学科的名称。以目录学隶属校雠学的有宋代郑樵，清代全祖望、章学诚，以及当代学者张舜徽等。当然，认为目录学是一门独立学科者也大有人在。就个人而言，比较首肯以下看法："校雠学"并不能完全包括"条其篇目，撮其旨意，录而奏之"的目录工作。其一，"校雠"旨在校对、校勘篇卷的讹谬。其二，目录工作虽有校书的一面，但除此之外，还有辨明学术，介绍梗概，撰写书录等过程。确然，目录工作是非校雠能完全代替的。

① 王鸣盛.十七史商榷：卷一 [M].// 史记一.黄曙辉，点校.上海：上海书店，2005：1.

② 国家图书馆编.国家图书馆藏古籍题跋丛刊：第16册 [M].// 朱绪曾.开有益斋读书志：卷三.北京：北京图书馆出版社，2002：270.

③ 朱学勤.朱修伯批本四库简明目录 [M].// 顾廷龙.题黄永年藏朱伯修四库简明目录.北京：北京图书馆出版社，2001.

学术流别、学派渊源，非校雠能定。更重要的是，学术思想的阐释，更非校雠所能替代。① 因此，也有学者认为，为了保存目录工作的优点，避免它的缺点，似应改称"书目学"。② 对于"目录学"是否改称"书目学"。曹慕樊认为，既然约定俗成了，目录学的名称就不必改作。③ 推而广之，目录学与版本校雠之间紧密难分既成事实，当然也不必强为分之。而研究目录学者自然也避不开版本校勘，把版本校勘纳入目录学研究中，也是可以的。

二、清代目录学

（一）研究现状

清代学术是中国古代学术发展史上最后一个高峰，其中目录学的发展更是达到了前所未有的高度。清人自己就对本朝目录学进行过研究，如李慈铭《越缦堂读书记》专列"目录题跋"一节，对部分清代目录学著作进行过简要概述；叶昌炽《藏书纪事诗》也涉及众多清人藏书目录。近代至中华人民共和国成立初期，清代目录学研究主要集中在少数几部知名度较高的文献中，如对《四库全书总目》的研究，就出现了像胡玉缙《四库全书总目提要补正》、余嘉锡《四库提要辨证》等力作。此外，一些文献学的通论性著作，如余嘉锡《目录学发微》、王欣夫《文献学讲义》等，对清代目录学也略有论及，系统研究则不多见。

20世纪80年代以来，有关清代目录学的研究论著开始大量涌现，从不同的角度将清代目录学乃至整个清代学术研究引向深入，目录学的价值也得以不断彰显。综而概之，这一时期的研究主要包括通论研究、分类研究、目录学家研究及其著作董理四个方面。

1. 通论研究

通论研究是通过宏观的视角对清代目录学整体发展脉络作一考察。主要分为两种类型：第一种是从清代目录学自身学术发展情况入手，以目录学学术史发展为主线，且结合清代的政治、社会经济因素来综合分析。第二种是

---

① 周少川. 古籍目录学 [M]. 郑州：中州古籍出版社，1996：7–8.

② 曹慕樊. 目录学纲要 [M]. 重庆：西南师范大学出版社，1988：2.

③ 曹慕樊. 目录学纲要 [M]. 2.

从单个因素来分析目录学发展情况，例如科举制度、社会风气、清代学风等。

综合性的通论文章像谢国桢《明清时代的目录学》（《历史教学》1980年第3期）。他从目录学价值入手，对丛书、方志、野史、笔记、诗文集的史料价值进行了分析。该文的目录学只是一个引子，实际上是介绍上述各类体裁书籍及其史料价值，但非要放在目录学框架下叙述，有牵强之嫌。不过，此文讲明了目录学和上述各类史书之间的联系，给我们提示了可以利用目录学为学术研究服务的信息。来新夏《清代目录学成就浅述》（《历史研究》1981年第2期）从清代目录学的成果、目录学学术领域开拓、目录学时代作用、目录学人才辈出四个角度来通论清代目录学的成就，其中目录学时代作用角度较为新颖。李国新《论乾嘉目录学》（《北京大学学报》1986年第4期）对乾嘉时期目录学做了探讨。吴杰、黄爱平《论清代目录学》（《清史研究》1992年第3期）一文的分析较为接近昌彼得三期分类的观点，文章还将清代目录学兴盛的原因概括为目录学受到普遍重视、目录学著作大量出现以及专科特种目录的出现等因素。这一观点已经尝试从外部因素来分析清代目录学的发展情况了。宋萍、李华《试论我国清代目录学的主要成就及其特点》（《现代情报》2004年第6期）主要因袭了来新夏的观点。陈晓华《试论清代目录学的几个特征》（《中国典籍与文化》2016年第1期）从自觉性、时代与学术政治的反映、目录学理论探讨与总结三个方面来论述清代目录学的特征，作者认为清代目录学是自觉地继承了明代目录学的优点剔除明代目录学的缺点而发展的，它的兴盛与时代学术风气和政治环境紧密相连，它也完成了对目录学学科理论的总结。全文角度颇为新颖，由该文可见目录学的发展与政治、学术整体的发展密不可分的关系。

还有一些综合性通论文章是通过单个因素来分析清代目录学的发展情况。如谢俊贵《清代社会与目录学的关系》（《赣图通讯》1983年第3期）从清初的文字狱、私人藏书刻书风气的兴盛、科举制度的需要、晚清西学的冲击四个角度来说明社会风气对目录学的影响。章春野、罗友松《清代学风对目录学的影响》（《江苏图书馆学报》1986年第1期）依据清代学风的转变即从经世到考据再到经世，指出目录学的发展和学术风气变迁的关系，该文的理论依据盖缘于王国维的"清学三段论"。冯建民、赵静《清代目录学兴盛原因新探——以"科举考试"为视角》（《教育与考试》2015年第2期）则认为科举考试的广泛举行刺激了类书编纂，科举试题对目录学的偏重使得士人关注目录学，而科举考试阅卷标准的变化使得目录学人才脱颖而出。这一考察视角，颇具新意。

此外，还有一些有关清代目录学的工具书，如严佐之编撰的《近三百年古籍目录举要》（华东师范大学出版社，1994年）对近三百年古籍目录中重要的论著进行了梳理，对其源流、收藏、学术价值等作了较为详细的论述。来新夏主编的《清代目录提要》（齐鲁书社1997年版）在查考京、津、沪、宁、苏五地图书馆之后，对清人380多种目录著作一一撰写提要，可谓收罗宏富，对目录学研究具有重要的参考价值。李灵年、杨忠主编的《清人别集总目》（安徽教育出版社，2000年）汇集海内外现存清人诗文集书目、版本、馆藏及作者碑传资料于一堂，堪称迄今为止最为系统完整的清人别集综录。柯愈春《清人诗文集总目提要》（北京古籍出版社，2002年）对清人诗文集进行了一次较为全面的清理，以提要的形式将所录诗文集的卷数、版本、作者、主要内容及收藏情况等予以详细介绍，是兼具研究性与实用性的工具书。黄爱平《清史书目》（中国人民大学出版社，2014年）收录了1912–2012年这100年间，国内外研究清史的书目近4万条，基本涵盖了这一时段对清代诸问题的研究成果。与清代学术文献董理与研究相关的目录学著作还有张舜徽《清人文集别录》、袁行云《清人诗集叙录》、林庆彰《乾嘉学术研究论著目录》《日本研究经学论著目录》等，都为清代学术史的深入研究打下了坚实的基础。

清代目录学关涉近代目录学部分，近代目录学论著颇为关注。左玉河《从四部之学到七科之学——学术分科与近代中国知识系统之创建》（上海书店，2004年）从学术分科入手，考察了中国传统学术分科体系及知识系统演化、中国近代分科观念与知识系统的形成及其影响因素。李立民《文化视野下的近代目录学研究（1840–1919）》（北京师范大学2009年博士论文）系统梳理了清末及民国时期目录学的编纂成就，深入考察了近代文化对目录学的影响，以及目录学对近代文化的反作用。左玉河、李立民二位的著作对清代目录学的古代目录学向近代目录学的转型，有较系统深入的论述。

总之，清代目录学的通论性研究多单篇论文，且总体而言深度不够，至今缺少一部通论性专著，亟待填补空白。

2. 分类研究

清代的政治、经济、文化等各方面都为目录学的发展提供了良好条件，目录学进入了繁盛阶段，目录学著作也蔚为壮观。现将这些目录著作分为史志目录、解题目录、版本目录、藏书家目录题跋、读书记、清末新学术下的目录等六类，对它们的研究状况作一简单综述。

（1）史志目录

清朝刚刚建立，即为前朝修史。《明史》即为清顺治时期就开始撰修的史书之一。《明史》中的《艺文志》是一部断代史志目录，对于它的研究，后世成果很多，且多以论文的形式呈现。就其成书过程、内容、特点、得失，及其与各种稿本的关系等进行的相关研究，主要论文有张文翰《〈明史·艺文志〉得失小议》（《图书情报知识》1983年第1期）、张文瑾《〈明史·艺文志〉的特点》（《文史知识》1999年第6期）、李雄飞《评〈明史·艺文志〉》（《中国典籍与文化》1999年第4期）、张云《〈明史·艺文志〉删稿史实考论：从〈明史·艺文志稿〉到抄本〈明史·艺文志〉》（《图书馆杂志》2015年第7期）等数十篇。勘误也是历代史志目录研究的重要内容，《明史·艺文志》虽然质量相对较高，但由于编撰者的史观及政治立场等因素，错讹也不少。这方面的研究有王宏凯《〈明史·艺文志〉正误二则》（《史学月刊》1986年第1期）、李小林《〈明史·艺文志〉"史部"勘误二则》（《中国史研究》2006年第2期）、江曦《〈明史·艺文志〉订误十一则》（《四川图书馆学报》2012年第2期）等十余篇论文，共订正了《明史·艺文志》的数十条错误，增强了其史料价值。此外，华中师范大学培养硕士以《明史·艺文志》中的小说为研究对象，连续几年对《明史·艺文志》中所著录的小说进行专门研究，撰写了一系列的论文，值得一观。由以上可以看出，对《明史·艺文志》研究的论文还是比较丰富的，涉及面也比较广。

《古今图书集成》是现存规模最大、资料最丰富的类书，其中的《经籍典》也是清代重要的官修史志目录。"中央研究院"中国文哲研究所《中国文哲研究通讯》有专门探讨《古今图书集成》文献价值的专辑，除林庆彰的绪言外，共刊发了陈惠美《〈古今图书集成·经籍典〉中的文献资料及其运用》等七篇论文（《中国文哲研究通讯》2006年第4期），由于主要集中在探讨《经籍典》的文献价值方面，研究广度和深度都存在不足。

除官修史志目录外，还有很多私修的考补史志之作。在清代确立的二十四部正史中，撰有艺文志或经籍志的只有六家，余则阙如，造成典籍记载的断层。有鉴于此，清人对正史艺文志进行了系统补撰、考订，形成了一大批专精之作，包括姚振宗《三国艺文志》、黄逢元《补晋书艺文志》、章宗源《隋书经籍志考证》等数十部，而后世对这一问题的研究也日益重视。研究专著有伍媛媛《清代补史艺文志研究》（黄山书社，2012年）；综论性的文章有王重民《〈明史·艺文志〉与补史艺文志的兴起》（《图书馆学通讯》1981

年第3期)、曹书杰《论清代补史艺文志的形成和发展》(《东北师范大学学报》1991年第2期)和《清代补史艺文志述评》(《史学史研究》1996年第2期)、李永忠《正史艺文志补撰初探》(《文献》1996年第2期)等；专门研究则对章宗源《隋书经籍志考证》、姚振宗《隋书经籍志考证》关注较多，孔煜华《隋书经籍志考证研究》(北京师范大学2011年博士论文)即其中的代表。限于篇幅，其他相关研究在此不再一一列举。不过，总体而言，近几十年来对于私修考补史志之作的研究还略显不足，值得作进一步探讨。

（2）解题目录

《四库全书总目》是清代目录学发展的最高峰，对于它的研究相当丰富，出版了一系列的论著，蔚然成学，并有"四库总目学"概念的提出。其中余嘉锡《四库提要辩证》(中华书局，出版社1980年)、胡玉缙《四库全书总目提要补正》(中华书局出版社1964年版)为研究《四库全书总目》的杰作，崔富章《四库提要补正》(杭州大学，1990年)、李裕民《四库提要订误增订本》(中华书局出版社2005年版)、杨武泉《四库全书总目辨误》(上海古籍出版社2001年版)为《四库全书总目》纠谬正讹贡献良多。周积明《文化视野下的〈四库全书总目〉》(中国青年出版社2001年版)将《四库全书总目》置于文化视野中加以考察，具体分析了其价值取向、文化学术意义、批评方法和时代特征，进而探究了蕴藏其中的"文化品性"。司马朝军的《〈四库全书总目〉研究》(社会科学文献出版社2004年版)一书着力于总结《四库全书总目》的学术方法与学术贡献，分别从分类学、目录学、版本学、辨伪学、辑佚学、考据学等方面对《四库全书总目》进行了较为深入发掘；而其《〈四库全书总目〉编纂考》(武汉大学出版社2005年版)一书则是专门探讨《四库全书总目》纂修的力作。杜泽逊《四库存目标注》(上海古籍出版社2007年版)于存目书籍之下著录进呈本所录、知见本之具体情形，并录有关序跋题识、印记、写刻工，间加按语，时有新见，附有书名、人名、写刻工和藏书家藏书印鉴四种四角号码索引，极便检索，是存目研究的代表作。陈晓华《"四库总目学"史研究》(商务印书馆2008年版)率先提出"四库总目学"的概念，在《四库全书总目》的编撰、补撰、续编、辨证、思想文化研究、文献学研究等方面都有所突破。其他如龚诗尧《〈四库全书总目〉之文学批评研究》、庄清辉《〈四库全书总目经部〉研究》、张传锋《〈四库全书总目〉学术思想研究》、柳燕《〈四库全书总目集部〉研究》等都对相关问题进行了深入研究。至于单篇论文，更是众多。当然，由于《四库全书总目》涉及范围很广，需要探讨的问题也很多，所以，相关研究还有不少的开拓空间，值得继续深入发掘。

私人撰写的解题类目录著作以朱彝尊《经义考》和钱曾《读书敏求记》为代表。其中，朱彝尊《经义考》的研究成果最为丰硕。林庆彰、蒋秋华主编《朱彝尊〈经义考〉研究论集（上、下）》（"中央研究院"文哲所筹备处2000年版）收录了2000年之前朱彝尊及《经义考》研究的主要成果，包括朱彝尊年谱、著述，《经义考》版本、内容、综论等相关论文二十五篇，后附《朱彝尊研究资料汇编》。不仅收录了乔衍琯、杨果霖等人研究《经义考》的系列论文，还囊括了陈祖武《朱彝尊与〈经义考〉》、杉山宽行《论朱彝尊的〈经义考〉——主论〈经义考〉之诸版本》等人的论作；不仅有《经义考》本身的研究，还有《经义考》研究著作如翁方纲《经义考补正》、罗振玉《经义考目录》及《校记》的再研究；不仅有目录学视角的专门探讨，更有与相关书目如《四库全书总目》《千顷堂书目》等的比较研究。20世纪的相关研究，可以说从多角度、多层次将朱彝尊及《经义考》的研究引向深入。21世纪以来，张宗友《〈经义考〉研究》（中华书局出版社2009年版）一书在总结前人研究成果的基础上，对《经义考》之条目体系、分类体系、提要体系、按语、与前代文献之关系及其学术影响进行了系统论述，最具代表性，可供《经义考》研究之重要参考。其他单篇研究亦不在少数，篇幅所限，概不赘述。

钱曾《读书敏求记》是一部著名的善本解题目录，为后世研究善本留下了丰富的资料。钱曾在世时，《读书敏求记》仅以抄本的形式流传。雍正四年（1726），吴兴赵孟升刊板印行，以后又有多个版本问世。刻本一出，校改、补正的工作随即展开。管庭芬（1797-1880）、章钰（1865-1937）后先相继，搜集各家评注，对钱著查缺补漏，详为校订，撰成《钱遵王读书敏求记校正》，篇幅增至原著四倍多，是诸本中最为翔实可靠的本子。张毅、陈丽《钱曾〈读书敏求记〉的概况及研究历史》（《山东图书馆学刊》2010年第4期），列举了相关研究二十余篇，这些论文对《读书敏求记》的作者及成书过程、版本源流、内容特色、学术价值等方面进行了研究综述，可资参考。值得一提的是，虽然对《读书敏求记》的研究尚未见专著问世，但仍有彭达池《钱曾及其〈读书敏求记〉研究》（西南师范大学2004年硕士论文）、佘彦焱《〈读书敏求记〉研究》（复旦大学2005年博士论文）、李慧《〈读书敏求记〉研究》（山东大学2008年硕士论文）等硕博论文，对钱曾的生平学行，《读书敏求记》的版本源流、文献价值，著录之书的存佚、流传等进行研究，对相关问题的探讨日益深入。

此外，私家解题目录还有谢启昆《小学考》、章学诚《史籍考》、张金吾《爱日精庐藏书志》以及陆心源《皕宋楼藏书志》等，对它们的研究多以论文的形式呈现。如对谢启昆《小学考》研究有陈然《〈小学考〉研究》（湖北大学 2007 年硕士论文），对章学诚《史籍考》的研究有施懿超与王晓琪《章学诚〈史籍考〉叙录评述》（《四川图书馆学报》1988 年第 4 期）、林存阳《〈史籍考〉编纂始末辨析》（《故宫博物院院刊》2006 年第 1 期）、乔治忠《〈史籍考〉编纂问题的几点考析》（《史学史研究》2009 年第 2 期），对陆心源《皕宋楼藏书志》的研究有张艳《陆心源〈皕宋楼藏书志〉研究》（湖北大学 2008 年硕士论文），对张金吾《爱日精庐藏书志》的研究有吴杰《〈爱日精庐藏书志〉研究》（福建师范大学 2013 年硕士论文），等等。私家解题目录著作日益引起学界的重视，篇幅所限，不再一一展开。

（3）版本目录

《天禄琳琅书目》是清代版本目录的代表性著作，所以后人比较重视。刘蔷《〈天禄琳琅书目〉研究》（北京大学 2010 年博士论文）在前人研究成果的基础上较为系统地阐述了清宫"天禄琳琅"藏书始末、《天禄琳琅书目》编纂历程、编纂体例、版本学成就等，并分析了"天禄琳琅"版本鉴定错误及其原因。作者认为，该书在著录体例方面多有创见，对清代藏书家讲究版本鉴定、注重善本著录的风气影响深远，直接开启近世版本目录学的兴盛。在此基础上，2012 年刘蔷于北京大学出版社出版《天禄琳琅研究》、2017 年出版《天禄琳琅知见录》。据编辑推介，《天禄琳琅研究》是对天禄琳琅藏书及《天禄琳琅书目》整体研究。《天禄琳琅知见录》依宋、辽、金、元、明顺序，考察《天禄琳琅书目》前后编著录各书存佚流传情况，尽可能反映天禄琳琅书目现存状况，是对天禄琳琅藏书及《天禄琳琅书目》个案研究。两者相合，不仅堪为此专题的完整论述，因二书体例，也不啻为一部版本鉴定实践的成果集。此外，还有钱亚新《略论〈天禄琳琅书目〉》（《河南图书馆学刊》1989 年第 1 期）、唐桂艳《略论〈天禄琳琅书目〉的文献学价值——以其藏书史料为例》（《故宫博物院院刊》2007 年第 2 期）等相关论文十余篇，对《天禄琳琅书目》的成书过程、文献学价值以及对后世的影响等进行了探讨。值得注意的是，《天禄琳琅书目》的编纂与《四库全书总目》的编撰几乎同时，有着相同的成书背景，编修人员也有交叉，然而两书之间的关系如何，尚未得到充分关注，可作进一步深入探讨。除官修《天禄琳琅书目》外，私人撰修的版本目录著作还有孙星衍《平津馆鉴藏书记（补遗、续编）》、黄丕烈《求古居宋本书目》，但是对这些私人的版本目录后世重视不足，所以研究成果不多，质量也不高。

（4）藏书家目录题跋

明清两代有很多藏书家，他们大都会为自己的藏书编纂目录。在清代，这样的藏书目录有很多，林夕主编的《中国著名藏书家书目汇刊》（商务印书馆，2005年）对清代藏书家目录有一汇总。这些藏书家目录主要有钱谦益《绛云楼书目》、徐乾学《传是楼书目》、王士禛《渔洋书跋》、钱曾《也是园藏书目》、孙星衍《孙氏祠堂书目》、阮元《文选楼藏书记》、丁日昌《持静斋书目》、朱学琴《结一庐书目》、丁立中《八千卷楼书目》等。不过，大部分藏书目录很少有人去关注，即使关注也集中在部分著名藏书家书目上，且只有一两篇研究论文，或者是在谈论到藏书家的时候有所涉及而已。如对钱谦益《绛云楼书目》的研究有快怡《谈钱谦益的〈绛云楼书目〉》（《河南图书馆学刊》1984年第3期）、陈晓华《钱谦益论书画——以〈绛云楼题跋〉为本之考察》（《中国书法》2008年第5期）、王红蕾《〈绛云楼书目〉各抄本互异原因略考》（《文献》2010年第3期）、《浅析〈绛云楼书目〉的若干问题》（《中国图书馆学报》2010年第6期）、《从〈绛云楼题跋〉看钱谦益对禅的皈依》（《淮北煤炭师范学院学报》2010年第5期）、李光杰《〈绛云楼书目〉版本差异及其原因探析》（《北方工业大学学报》2013年第4期）、李光杰《〈绛云楼书目〉研究》（郑州大学2012年硕士论文），对朱彝尊及其曝书亭研究的有张一民《朱彝尊与曝书亭藏书》（《图书馆》1992年第5期）、杨果霖《试析〈曝书亭集〉书籍跋文的价值》（《"中央图书馆台湾分馆"馆刊》第8卷第1期），对徐乾学《传是楼书目》的研究有卫河涛《徐乾学和〈传是楼书目〉》（《河南图书馆学刊》1984年第3期），对孙星衍《孙氏祠堂书目》进行研究的有李峰《破旧立新的〈孙氏祠堂书目〉》（《津图学刊》2003年第2期）、陈宁《〈孙氏祠堂书目〉分类方法解析》（《图书情报工作》2007年第5期），等等。以上诸文，除少数论文，如陈晓华二文立足文献，结合学术史、思想史，放在时代大背景下进行研究外，多仅从文献学角度进行研究，研究视野较单一。

此外，一些著作中的某些章节也有涉及藏书家目录的，如蒋寅《王渔洋事迹征略》（人民文学出版社，2001年）与《王渔洋与康熙诗坛》（凤凰出版社，2013年），对王士禛藏书及其书跋进行了研究。而周少川《藏书与文化：古代私家藏书文化研究》（北京师范大学出版社，1999年）在谈论整个古代私家藏书文化时对清代藏书家书目或题跋也有比较全面的认知。

清代藏书家的这些目录或题跋是研究清代目录学不容忽视的一部分，从大的方面讲，是一个时代在目录学方面的反映；从小的方面来说，也包含着藏书家的目录思想，所以对藏书目录的研究应当予以充分重视。不过，以上论著多是从文献学角度探讨藏书家及其藏书目录，并且关注的重点大多是比较有名的藏书目录，缺乏一种整体性或学术史的关怀。

（5）读书记

读书记是清代新出现的一种目录体裁，以顾炎武的《日知录》开其端，著名的有何焯的《义门读书记》、邵晋涵《南江札记》、王念孙《读书杂志》、钱大昕《十驾斋养新录》、周中孚《郑堂读书记》、孙诒让《札迻》、陈澧《东塾读书记》、李慈铭《越缦堂读书记》等。

关于《日知录》的研究有：曹江红《〈日知录〉纂修考》（《浙江社会科学》1999年第6期）、周新凤《〈日知录〉文渊阁本抽毁解析》（《图书馆工作与研究》2005年第6期）、陈智超《陈垣与史源学及〈日知录〉研究——〈日知录校注〉编者前言》（《安徽大学学报》2007年第3期）、刘祥元《〈日知录〉文渊阁本抽毁余稿探析》（《理论界》2009年第12期）、黎千驹《论〈日知录〉的训诂成就及学术贡献》（《湖北师范学院学报》2010年第3期）、张京华《〈日知录〉的版本与研究》（《衡阳师范学院学报》2014年第4期）、郭文磊《〈日知录〉训诂研究》（山东师范大学2015年硕士论文），等等。《义门读书记》的研究有李娟《〈义门读书记〉研究》（首都师范大学2012年硕士论文）、姜曼《陈澧〈东塾读书记〉研究》（首都师范大学2012年硕士论文）等。

关于王念孙《读书杂志》的研究比较多，择一二列之：专著有张先坦《读书杂志：词法观念研究》（巴蜀书社2007年）、张先坦《读书杂志：句法观念研究》（巴蜀书社2010年），博士论文有程艳梅《〈读书杂志〉专题研究》（南京师范大学2007年）、程泱《王念孙〈读书杂志〉研究》（复旦大学2009年），硕士论文有游睿《〈读书杂志〉词义考证专题研究》（曲阜师范大学2010年）、李苑静《王念孙〈读书杂志〉校勘方法研究》（西南师范大学2004年），单篇论文有王云路《〈读书杂志〉志疑》（《古汉语研究》1988年第1期）、王云路《〈读书杂志〉方法论浅述》（《杭州大学学报》1990年第2期）、万玲华《〈读书杂志〉与古书校勘》（《上海师范大学学报》1999年第3期）、刘精盛、陈卫南《从修辞角度论王念孙〈读书杂志〉校勘得失》（《汉字文化》2008年第2期）、张先坦《再论〈读书杂志〉在汉语语法学上的贡献》（《贵州师范大学学报》2009年第6期）、高倩《浅析〈读书杂志〉的考释方法》（《安徽文学》2009年第2期），等等。

关于《郑堂读书记》研究，陈晓华、许福谦《论〈郑堂读书记〉史学评论的特点》（《史学理论研究》2006年第1期）对《郑堂读书记》淡化皇权专制的色彩、敢于冲破旧的正统观念，史评态度公正客观，经世致用的优良传统等史学评论的特点进行了探讨。陈晓华《续〈四库全书总目〉之〈郑堂读书记〉》（《首都师范大学学报》2007年第3期）就《郑堂读书记》承续《四库全书总目》的特征及其优长进行了分析。王海明《〈郑堂读书记〉及其相关问题探析》（《大学图书馆学报》2014年第2期）通过对相关史实的辨析，厘正了《郑堂读书记》与李筠嘉《慈云楼藏书志》相关的若干问题。此外，还涌现了一大批硕士论文，如王彩霞《〈郑堂读书记〉与〈四库全书总目〉比较研究》（河南师范大学2006年硕士论文）、樊文亚《〈郑堂读书记〉文献学价值初探》（西北大学2010年硕士论文）、白育颖《周中孚与〈郑堂读书记〉》（台北大学2010年硕士论文）、张桩《〈郑堂读书记〉研究》（北京师范大学2009年硕士论文）、吴超楠《〈郑堂读书记〉研究》（河北大学2013年硕士论文）等，从不同的角度对周中孚及《郑堂读书记》进行了较为深入的剖析，然而在一些问题上也出现了重复研究。

此外，对李慈铭《越缦堂读书记》的研究论著也不断涌现，如殷月英《李慈铭〈越缦堂读书记〉评析》（北京师范大学2005年硕士论文）、姜黎黎《论李慈铭的文献学成就——以〈越缦堂读书记〉为中心》（华中师范大学2011年硕士论文）、韩李良《〈越缦堂读书记〉研读札记——以版本和校勘为中心》（西北大学2011年硕士论文）等，大多侧重于《越缦堂读书记》文献学方面的考察。

（6）清末新学术下的目录研究

清朝末年，是新旧目录著作共存时期。这个时期，伴随着西学的刺激和影响，西方目录学和图书馆学理论逐渐传入中国，冲击着延续两千余年的古代目录学，因而出现了一种适应当时社会文化发展需要的新的图书分类体系及理论，并诞生了一批重要的目录学著作，其中尤以梁启超的《西学书目表》、康有为的《日本书目志》为代表。此外，面对西方浪潮的冲击，清末的改良派和保守派都意识到培养夯实民族精神的重要性，于是他们纷纷编纂国学举要书目，既有采用新式分类法的，也有仍承四部分类法或依四部分类法而改进者，或新旧分类法并用的，但都意在为培元固本服务。这些书目的代表有张之洞《书目答问》、康有为《桂学答问》、梁启超《读书分月课程》

等①。以下我们就《书目答问》和《西学书目表》的研究作简要概述。

张之洞的《书目答问》自成书之日起便引起广泛关注，翻刻、校补之作大量涌现，对该书的作者、版本、评价及其补正的研究更是蔚然可观。自范希曾的《书目答问补正》出版以后，其他版本流行减少，范氏《补正》遂与原书并行。中华人民共和国之前的研究主要集中在对《书目答问》版本、作者及影响的初步校勘，如杨家骆《书目答问之影响及其新撰本》（《东方杂志》1941年第3期）一文就论述了书目答问之源流及其影响，认为《书目答问》的产生，导致了近代目录学的兴起，梁启超等人的《西学书目表》等目录学之书都受启发而撰成。改革开放以来，随着学界对目录学著作的日益重视，《书目答问》成为目录学领域的研究热点。对《书目答问》及其《补正》的作者、版本、文献学价值，以及所体现的目录学思想、教育思想等进行了深入研究，成果丰硕。陈东辉、任思怡《书目答问研究论著目录》（《中国索引》2014年第2期）将《书目答问》的相关研究分为著作，硕博士学位论文，著作和硕博士论文中的相关部分，期刊、论文集和会议论文，网络文章五部分，收录了2013年10月之前的主要研究成果，可资参考。总体而言，学界对《书目答问》及其《补正》进行了细致而翔实的探讨，研究范围进一步扩大，并且更加注重与相关书目如《四库全书总目》的比较研究。但诸著作中又不免有不少重复之作，这是我们在以后的研究中应当注意的地方。此外，孙文泱《增订书目答问补正》（中华书局2011年版）对范希曾《书目答问补正》进行了增订，是迄今为止颇为完备的增订之作。读者认可度高，学术可靠规范，是近年来影响较大的导读书目之一。

作为西学影响下的近代目录学代表，梁启超《西学书目表》对近代新书目录的分类产生了重要影响，因此成为学界关注的重点。林申清《试论〈西学书目表〉的成就和它在目录学史上的地位》（《赣图通讯》1982年第4期）是较早介绍《西学书目表》目录学价值的论文，他认为梁启超的《西学书目表》是我国目录学史上由古代目录向近代目录过渡中一部承先启后、继往开来的著作，它开创了我国目录学史中科学分类的先声。他的另一篇论文《关于〈西学书目表〉研究中的一些问题》（《图书馆学刊》1984年第2期）则对《西学书目表》的成书时间、版本、结构等进行了专门探讨，认为该书早于康有为

---

① 因《桂学答问》《读书分月课程》所列西学书目在整部书目中占比例极少，所以把它们放在国学举要书目内。

《日本书目志》。其他研究还有程磊《关于〈西学书目表〉的一些问题》(《河南图书馆学刊》1982年第4期)等十余篇，研究内容集中在该书在目录学上的地位以及受西学影响之后的分类体系。

对康有为的《日本书目志》的研究有张晓丽《康有为〈日本书目志〉的目录学成就》(《学术界》2009年第3期)、王宝平《康有为〈日本书目志〉资料来源考》(《文献》2013年第5期)，分别分析了《日本书目志》的目录学成就和史料来源。胡海迪《〈西学书目表〉与〈日本书目志〉的比较》(《辽宁师范大学学报》2012年第1期)则对两书进行了比较，认为两书不唯展现了康、梁不同的学术风貌以及相互策应、彼此补充的思想宣传策略，且在中国目录学史中，也具有接轨世界、走向近代、承前启后的重要地位。相较于《西学书目表》，康有为《日本书目志》的研究略显不足。

此外，清代还有如《关中金石记》《寰宇访碑录》《大清重刻龙藏汇记》《石渠宝笈》《秘殿珠林》等专科目录，如《浙江采集遗书总录》《江苏采进遗书目录》《四库采进书目》等特种目录，数量也不少。不过，对这两方面目录书籍的研究是比较少的。仅有李向菲《毕沅〈关中金石记〉考论》(《西部学刊》2015年第12期)、王昭《清代毕沅及其〈关中金石记〉研究》(北京师范大学2011年硕士论文)、何灿《〈浙江采集遗书总目〉研究》(山东大学2010年硕士论文)等少数篇章，有待加强。

由于清代的目录学著作尤其丰富，对专书的研究也就择要而列，以一斑窥全貌，不再一一述及。

3. 目录学家研究

清代学者重视目录之学，产生了众多目录学家，这些目录学家建树颇丰。后世对这些目录学家及其目录学成就进行了大量研究。不过，有关研究成果，多以论文形式出现。像郑伟章《文献学通考》(中华书局1999年版)一样的通论性著作极少。不过，郑伟章之作重在介绍。兹举目录学家研究数例如下。

姚际恒是清初著名的疑古派学者，著有《古今伪书考》《好古堂书目》等书。而对他目录学及其成就进行研究的论作主要有王军《姚际恒及其目录学成就评述》(《郑州航空工业管理学院学报》2013年第4期)、邵风云《姚际恒的目录学成就》(《图书馆学刊》2015年第6期)、2001年"中央研究院"中国文哲研究所《姚际恒研究论集》等。王文认为"姚际恒的目录学著作和传统工具性目录著作区别颇大，体现出较强的创新性，这也使他能够根据现实需要敢于突破原有分类法的束缚。"邵文则详细考察了姚际恒的两部目录学之作

《古今伪书考》与《好古堂书目》，认为这两部书有很高的目录学价值。"中央研究院"中国文哲研究所论集收有《古今伪书考》研究、《好古堂书目》研究两类，收录了多篇有关二书的文章。

朱彝尊研究有刘宝玲《朱彝尊的藏书实践及其目录学成就》(《史学月刊》2003年第3期)等，刘宝玲认为，朱彝尊的《经义考》这部经学专科目录对后世产生了非常大的影响，对《明史·艺文志》《四库全书总目》的编纂提供了大量资料，对保存传播古代文化做出了巨大贡献。

钱曾是清代著名的藏书家、版本学家、目录学家，他的父亲钱裔肃和族曾祖钱谦益都是藏书家。钱曾编有三部藏书目录《述古堂书目》《也是园书目》《读书敏求记》，后人对他的目录学研究也是集中在这三部著作。如曾凡英《钱曾及其〈读书敏求记〉研究》对钱曾生平及《读书敏求记》的目录学贡献做出了概述。胡静《清代著名藏书家版本目录学家钱曾及其善本书目〈读书敏求记〉》(《山东图书馆季刊》2004年第2期)认为"钱曾的《读书敏求记》为后世研究古籍版本提供了重要资料"。此外，通过《读书敏求记》对钱曾目录学思想展开研究的文章有刘娜《由钱曾〈读书敏求记〉看清代前期私家目录学》[《黑龙江史志》2009年第6期)、赵怀忠《钱曾与〈读书敏求记〉述略》(《当代图书馆》2010年第4期]、马娴《论钱曾对版本目录学的贡献》(《图书馆学刊》2010年第12期)、杨扬《钱曾与〈读书敏求记〉》(《河南图书馆学刊》2012年第1期)等。而罗志《钱曾藏书书目研究的新角度——以〈也是园书目〉为重点》则从《也是园书目》入手对钱曾目录学思想进行了研究。

对黄丕烈目录学思想的研究有范伟《黄丕烈与版本目录学》(《河南图书馆学刊》2011年第3期)及张厚生、杨海平《钱亚新先生关于目录学家的研究成果与贡献》(《图书馆学术论坛》2006年第1期)等文。范文认为，黄丕烈对目录体例的确立和发展有着突出的贡献。张厚生等人则分析了黄丕烈的目录学思想。此外，还有周少川先生点校《士礼居藏书题跋记》(书目文献出版社1989年版)等对黄丕烈及其著作的整理研究之作。

钱大昕虽然以研究经史之学见长，但其目录学思想仍值得作专门探讨。相关研究有刘红敏与石斌《钱大昕的目录学思想》(《图书馆工作与研究》2000年第9期)、郑春颖与杨萍《钱大昕目录学思想及成就》(《长春师范学院学报》2010年第3期)、祝捷《清代史学家钱大昕的目录学成就钩沉》(《兰台世界》2014年第36期)等。刘红敏等人归纳钱大昕的目录学思想是"以考据为基本研究方法，以经书史实为依据，综合运用校雠、版本、目录的知识来从事目录学研究"；郑春颖等人同样认为，"钱大昕将目录与版本、校勘、辑佚、辨伪等结合形成具有个人特色的考辨系统"；祝文则对钱大昕在目录学方面独到的学术见解进行了介绍和评述。作为乾嘉考据学者的代表，钱大昕的目录学思想自然烙上了深深的考据学的烙印，学界对钱大昕目录学思想的研究也主要围绕这一方面展开。

章学诚是清代杰出的史学家和思想家，其在目录学方面也取得了突出成就，对其目录学思想的研究也是章学诚研究的重要内容。王锦贵《试论章学诚的目录学》（《北京大学学报》（哲学社会科学版）1988年第4期）一文认为，章学诚的目录学成就是多方面的，他不仅提出"辨章学术、考镜源流"①，揭示了目录学的传统，强调"互助""别裁"，丰富了目录学方法，而且对专科目录学的发展和索引的推广也作出了突出的贡献。其他尚有廖璠《余嘉锡与章学诚目录学思想之比较研究》（《山东图书馆季刊》1989年第3期）、彭满珍《章学诚目录学思想的演变》（《图书情报知识》1993年第3期）等数十篇论文。这类文章数量庞大，且大多对章学诚"辨章学术，考镜源流"的目录学思想大加褒扬，同时论及其"互助""别裁"的编目理论，因而多有重复，且难以深入。王国强《辨章学术、考镜源流之评判——中国古典目录学价值重估》（《郑州大学学报》1991年第3期）一文打破常规，认为章学诚"辨章学术，考镜源流"不仅在理论上存在局限性，而且与书目实践脱离，引发学者对这一目录学理论的再思考。

姚振宗研究有戴维民《姚振宗目录学研究》（《四川图书馆学报》1985年第6期）、孔煜华《隋书经籍志研究》（北京师范大学2011年博士论文）等，戴文认为，姚振宗阐明了目录学与考证学、校勘学、版本学三者关系。确立了辑佚在目录考证上的地位。形成了自己的类例思想：类例不熟，分隶不清；据书立目；类中分类。孔文则考察了姚振宗对《隋志》的研究。

此外，学界对朱彝尊、钱曾、王鸣盛、顾广圻、姚振宗、孙诒让、缪荃孙等人的目录学思想也多有研究。如张永伟、谢琛《王鸣盛〈十七史商榷〉中的目录学思想》（《黑龙江史志》2011年第3期）提出"王鸣盛的目录学思想，主要表现在，充分肯定目录学在学术中的重要地位，揭示其对读书的指导作用。"林文锜《王鸣盛目录学思想简论》（《江苏图书馆学报》1987年第4期）认为在《蛾术篇》中所体现的目录学思想比《十七史商榷》更具体更明

---

① 章学诚.章学诚遗书[M]//章学诚.校雠通义内篇.北京：文物出版社，1985：95.

确些。朱静雯《试论孙诒让的书目工作实践及其目录学思想》(《江苏图书馆学报》1985年第6期)指出孙诒让对目录学理论没有系统阐述，只是他在编纂书目的过程中，当他采用某种目录方法时简单地回顾了目录学的历史发展过程及其作用，姑且可看作是他目录学思想的表述。

综上所述，对清代目录学著作及其目录学家等方面研究也已取得了不少成绩，清代目录学研究论著是丰富的，但却明显存在研究方法方式单一，多局限于文献学角度，缺乏与其他学科的联系，深度广度显然不够，各研究质量良莠不齐，总体而言质量不高的问题。此外，清代目录学研究还需要一部专著来对它进行系统总结，清代目录学研究是有很大开垦空间的。

4. 著作董理

由上所述可见，虽然清代目录学就整体而言，研究质量不高，但有关研究非常丰富。作为清代目录学研究的重要内容和依据，目录学书籍的点校、整理、出版也显得尤为重要。近年来，伴随着对清代目录学研究的日益深入，学界开始深入、系统地对一些目录书籍开展校补整理工作，并取得了可喜的成就。为方便学者更好地利用相关文献，我们有必要对清代目录学书籍的整理与出版情况进行梳理。

上海古籍出版社在2005年及其后几年出版了一套中国历代书目题跋丛书，里面涵盖了部分重要清代目录学书籍的整理和出版情况。如《绛云楼题跋》(钱谦益撰，潘景郑辑校，1958年第1版，上海古籍出版社2005年再版)、《虞山钱遵王藏书目录汇编》(钱曾撰，瞿凤起编，1958年第1版，上海古籍出版社2005年再版)、《鸣野山房书目》(沈复粲编，潘景郑校订，1958年第1版，上海古籍出版社2005年再版)、《唫香仙馆书目·旧山楼书目》(马瀛、赵宗建撰，潘景郑校订，1958年第1版，上海古籍出版社2005年再版)、《铁琴铜剑楼藏书题跋集录》(瞿良士辑，1985年第1版，上海古籍出版社2005年再版)、《天禄琳琅书目 天禄琳琅书目后编》(于敏中、彭元瑞等著，徐德明校点，上海古籍出版社2007年版)、《读书敏求记》(钱曾著，管庭芬 章钰校证，上海古籍出版社2007年版)、《思适斋书跋》(顾广圻著、黄明标点，上海古籍出版社2007年版)、《拜经楼藏书题跋记》(吴寿旸著，上海古籍出版社2007年版)、《〈滂喜斋藏书记〉〈宝礼堂宋本书录〉》(潘祖荫著，上海古籍出版社2007年版)、《文禄堂访书记》(王文进著，上海古籍出版社2007年版)、《持静斋书目》(丁日昌著，路子强编译，王雅新标点，上海古籍出版社2009年版)、《〈平津馆鉴藏记书籍〉〈廉石居藏书记〉〈孙氏祠堂书目〉》(孙星衍著，焦桂美编译，沙莎标点，上海古籍出版社2008年版）、《郑堂读书记》（周中孚著，黄曙辉、印晓峰校注，上海书店出版社2009年版）、《〈曝书亭序跋〉〈潜采堂宋元人集目录〉〈竹垞行笈书目〉》（朱彝尊著，杜泽逊、崔晓新点校，上海古籍出版社2010年版）、《浙江采集艺术总录》（沈初著，杜泽逊、何灿注，上海古籍出版社2010年版）、《郋园读书志》（叶德辉著，杨洪升注，上海古籍出版社2010年版）、《〈天一阁书目〉〈天一阁碑目〉》（范邦甸等撰，江曦、李婧点校，上海古籍出版社2010年版）、《东塾读书记》（陈澧著，钟旭元、魏达纯校注，上海古籍出版社2012年版）、《黄丕烈藏书题跋集》（黄丕烈著，余鸣鸿、占旭东点校，上海古籍出版社2015年版）等。

此外，中华书局及其他出版社也相继出版了一系列清代目录学书籍的整理版。如《越缦堂读书记》（李慈铭撰，由云龙辑，中华书局1963年版）、《重辑渔洋书跋》（王士祯撰，中华书局1958年版）、《藏园订补 郘亭知见传本书目》（莫友芝撰，傅增湘订补，傅熹年整理，中华书局2009年版）、《爱日精庐藏书志》（张金吾著，冯惠民点校，中华书局2012年版）、《皇清经解提要》（沈豫著，赵灿鹏校注，华夏出版社2014年版）。2011年以来，清华大学出版了一套《二十五史艺文经籍志考补萃编》，它把清代作者考补二十五史的艺文志、经籍志集于一编。如侯康撰《补后汉书艺文志》《补三国艺文》、章宗源《隋书经籍志考证》、姚振宗《隋书经籍志考证》等。

还有一些有关清代目录学的考补及编纂工作，如叶德辉《书目答问斠补》（苏州图书馆，1932）、翁方纲《经义考补正》、罗振玉《经义考目录》（1933年石印本）、范希曾编《书目答问补正》（上海古籍出版2008年版）、孙文泱编《增订书目答问补正》（中华书局2011年版）、来新夏等《书目答问汇补》（中华书局2011年版）等，都得以整理出版。

总之，目前对清代目录学书籍的整理与出版已取得了丰硕的成果。此外，这里还要指出的是，在这些目录书籍整理出版中，对《四库全书》《四库全书总目》等四库学著作的整理出版的成果尤丰，硕果累累。不过，有关《四库全书》《四库全书总目》《四库全书简明目录》等四库学著作，有众多刻本、影印本出版，对这方面的研究成果也众多，足可以写成专著，加以笔者以前曾对它们进行过学术史的研究①，因此这里不再述及。

此外，虽然来新夏《清代目录提要》、严佐之《近三百年古籍目录提要》

---

①　陈晓华. "四库总目学" 史研究 [M]. 北京：中华书局，2008.

二书较全面总结归纳清人的目录著作，为之作了提要，但清代目录学书目的整理出版还远远不够。为方便专家学者使用，还需要继续出版更多的清人目录著作。

当然，对于清代目录学书籍的整理与出版还有不少其他成果，兹不再一一列举。总体而言，对于清代目录著作的整理与出版虽然已经取得了很大的成绩，但是还依然有整理与出版的空间及深度。

总之，清代的目录学著作之多，历代罕有其匹，对专书的研究成果更是不胜枚举，今择要而论，只是冀以一斑窥全貌。总之，作为清代显学的清代目录学，为清代学术做出了巨大贡献。不仅有综合性的通论研究，还有专人专书的专门探讨；不仅涵盖了清代各个时期的目录学及相关研究，还有对目录学价值的整体考量；同时研究与出版并重，点校整理了一大批卓有价值的清人目录学著作。这些无疑都会将清代目录学乃至清代学术史研究引向深入。

不过，对它的研究，概而言之，致力于学者及其成果，比如黄虞稷、钱谦益、何焯、章学诚、周中孚、陈澧等目录学家及其贡献，《千顷堂书目》《绛云楼题跋》《义门读书记》《校雠通义》《郑堂读书记》《东塾读书记》等专书，以及清儒编修史志目录或补史志之作的成就研究，都有不少学者关注。研究《四库全书总目》者更是不乏其人，并有"四库总目学"理论的提出。然而，遗憾的是，虽然清代目录学研究取得了突出成就，但其中还存在不少问题。首先是重复研究。如一些论文题目相近，可是内容却并无新意。究其原因，仍然是对国内外研究现状了解不够而贸然执笔。其次是现阶段研究主要侧重对目录学著作的成书、版本、流传及目录学成就的探讨，且致力于一些比较知名的目录学家如钱谦益、朱彝尊、章学诚、周中孚、陈澧等人及其著作，但缺乏一种整体的学术史的关怀。此外，还存在研究不足、深度不够等问题，且多从文献角度分析，缺乏与其他学科的联系，视角与研究方法单一，视野不开阔，论文质量良莠不齐，总体而言质量不高。

而就清代目录学整体研究而言，多单篇论文，多就某一阶段目录学、目录学分支学科作整体论述或就清代目录钩玄提要。而有关著作，除着力于清代近代目录学部分的总结性之作如左玉河、李立民二作外，清前期、中期尚无系统总结，整体关照者。又清代目录学自始至终或多或少均受到过西学的影响，大多研究者注意到了西学对清代近代目录学的影响，却忽略了西学对清代前期、中期目录学的影响。此外，港台地区有关清代目录学研究则多是目录索引考释编纂之类，研究性明显偏弱。而国外对清代目录学鲜有关注。

因此，以有体系、有系统的全面研究来深入挖掘清代目录学的成果，探索清代目录学与清代思想文化政治之间关系的研究尚是空白。

以上研究现状既不利于很好总结清代目录学成就，又有偏颇之患。因为单就某目录学家及其著述或目录学分支学科或目录学发展某阶段研究的成果，往往不能很好见到清代目录学发展与变化的全貌，也难系统揭示出清代目录学与清代学术思想文化和政治之间相辅相成的关系，更难为文献学研究提炼新方法，开拓新思路，为文献学增添新内容。加以有关清代目录学研究各论著，良莠不齐，总体而言质量不高，亟须加强研究。因此，清代目录学研究前景是广阔的。迄待一部在前人研究基础上，着眼于广阔的社会背景和整个清代目录学，深入到清代学术发展的内在逻辑中，以目录学与政治文化之间的关系为切入点和研究导向，既注重目录学家和目录学著作的个案探讨，又联系时代以观群体，有系统、有深度的清代目录学专著问世。

基于此，本书立足第一手资料，力图衔接各方面研究以成一总体研究，并注重文献学与学术思想文化政治史研究的结合，关注西学在其中扮演的角色，系统全面总结清代目录学及其与清代学术思想文化政治之间的关系。

此外，笔者认为清代目录学有两个发展阶段，一为古代目录学阶段，一为近代目录学阶段。古代目录学是以四部分类法为主流与核心地位的中国本土目录学，近代目录学主要为接受西方分类法之后的目录学。虽然二者的时间界限，约定俗成的时间是1840年，但基于目录学所具有的强大的文化张力，古代目录学、近代目录学都具有一定的后延性。古代目录学在近代目录学时期，它的编纂方式方法依然存在，到现代也偶或用之。而近代目录学大规模登上历史舞台是在清同治光绪时期。

（二）自觉自律下的目录学

当清述处在上升阶段的时候，学者们以自己的感受形象地道出了学术蓬勃兴旺的这种态势，他们讲道："古今以智相积，而我生其后，考古所以决今，然不可泥古也……生今之世，承诸圣之表章，经群英之辩难，我得以坐集千古之智，折中其间，岂不幸乎？"[1]

这种状况的取得，从学术角度而言，目录学是功不可没的。因为这样的学术集成大势下，学者们虽然有机会接触更多的书籍，但如何找到阅读门径，

---

① 方以智.通雅：卷首[M]// 音义杂论考古通说.姚文燮，校订.清1644年刻本：1-2。

很好地饱读，或依自己喜好广为收藏，目录学正可发挥自己读书治学门径的功能。目录学也因此契机，获得了大发展，在有清一代成为显学。目录名家辈出，目录著作纷纷问世，目录理论得到总结并走向成熟。在这个过程中，古代目录学也悄然发生着变化。这个变化发展到后来，来了一个彻底的质变，使古代目录学，汇入了近代目录学的潮流，走向新的发展阶段。

1. 自觉全面性

明人嗜书宝书者不少，为藏书往往自编书目，体现出较强的自觉性。但明代目录书，也受到了明代学风的影响，书目编纂多停留在"部次甲乙"的层面上。同时，经过明末战乱，明代目录书籍大多亡佚。存世者，据汪辟疆研究：大抵类别没有什么变化，议例多守成法。唯晁氏《宝文堂分类书目》，在每书之下，间为注明某刻，可以考见明代版本的源流。祁氏《澹生堂书目》，邵懿辰认为可分为四十七卷，书中分类，颇为精细，很得要领，值得推尚。而著录丰富，体例严谨，则当推黄虞稷《千顷堂书目》。① 汪辟疆的这个论点无误，但汪辟疆的话有误。成于明代的应是黄虞稷父亲黄居中《千顷斋藏书目》，黄虞稷《千顷堂书目》成书年代应在清初，它为《明史·艺文志》编撰做了前期准备工作。明代目录学的如此现状，为清代目录学留下了广阔的发展空间。

承明代目录学而来的清代目录学，去除了明代目录学的弊病，继承了明代目录学优点，成为自觉于目录学事业的明代目录学家的直接继承者，使清代目录学明显表现出自觉性的特征。

当然，清代目录学的发展是有得天独厚的条件的。丰富的公私藏书为它的发展提供了坚实的基础。公家藏书有天禄琳琅等之藏。而私家藏书之盛，"大江南北莫不家有藏书。"② 时人赞之为："我国家文明之治与宋埒，而藏书家之多，则不啻百乎过之。其发为高文典册，黼黻昇平者，可不论。"③ 在公私藏书兴盛的局面下，清官府与私人都自觉于目录工作，目录学遂发展到顶峰。

清代目录学的自觉性特征，一是体现在目录书籍的自觉编纂上。这在清前中期，表现尤为突出。

① 汪辟疆. 目录学研究 [M]. 上海：华东师范大学出版社，2000：42.

② 钱曾. 读书敏求记校证 [M]// 钱遵王读书敏求记序跋题记·濮梁印本序. 管庭芬、章钰，校证. 长洲章钰民国15年刻本：482.

③ 钱曾. 读书敏求记校证 [M]// 钱遵王读书敏求记序跋题记·赵孟升刻本自序. 管庭芬、章钰，校证.478.

清代目录书籍的自觉编纂，是清代书籍编纂自觉性之一表征。

清顺治前后，为国固民安，实行老英雄术，自觉于图籍的搜集整理编纂与流播。皇太极天聪三年（1629），"夏四月丙戌朔，设文馆，命巴克什达海及刚林等翻译汉字书籍，库尔缠及巴什等记注本朝政事"，崇德四年（1639）命"达文成公_海翻译国语《四书》及《三国志》各一部，颁赐耆旧，以为临政规范"①。顺治、康熙、乾隆谨遵先朝之例，也重视典籍及其编纂与流播。顺治开史馆修《明史》。康熙留意文籍，旧藏书籍，多由儒臣摘叙简明略节，附夹本书之内。②康熙四十五年（1706），康熙发布谕旨"朕制《古文渊鉴》《资治通鉴纲目》等书，皆已刷印，颁赐大臣。此等书籍，特为士子学习有益而制，可速颁行直省。凡坊间书贾，有情愿刊刻售卖者，听其传布"③。乾隆十四年（1749）九月，因福建学政奏议闽省生童于《御纂四经》未经寓目，于是下旨令"该布政使转饬州县，照大中小学，核定数目，详司刷印，颁发各该（学）教官，听从士子照价购买"④。四库书成后，抄写七份分贮七阁。章学诚说："四库搜罗，典章大备，遗文秘册，有数百年博学通儒所未得见，而今可借钞于馆阁者。纵横流览，闻见广于前人。"⑤在官方推动下，书籍编纂流通事业大兴。不过，这种兴旺的书籍编纂形势，在清中期之后，随着清政府国势日衰而日趋消退。当然，这只是国力是否允许的关系，和书籍编纂是否自觉并无因果，因此并无碍清代书籍编纂自觉性的结论。

除官刻外，清代书院、书坊刻书也很兴盛。如张伯行鳌峰书院就刻有《正谊堂全书》。书坊，北京以五柳居、文粹堂为最。其他地方，像江浙一带也有为数不少像扫叶山房一样刻书精良的书坊。寺庙刻书也卓有成绩。雍正十三年（1735）刊刻总共724函的佛经汉文《大藏经》，包括《续藏》，7168卷，乾隆三年（1738）刻就。而私人如黄虞稷、钱曾、黄丕烈等都有优质家刻本问世。这些刻书，形成了从中央到地方，从官刻到坊刻到私刻的系统，加之清代印刷技术的改进和提高，清代编纂的书籍超过了历代封建王朝。据统计，

①　顾廷龙主编．续修四库全书：1179册 [M]// 昭梿．啸亭续录：卷一．上海：上海古籍出版社，1996：609.

②　永瑢等．四库全书总目 [M]// 圣谕．1.

③　索尔讷等．钦定学政全书：卷四 [M]// 颁发书籍．清乾隆三十九年武英殿刻本：1.

④　索尔讷等．钦定学政全书：卷四 [M]// 颁发书籍．12.

⑤　章学诚．章学诚遗书 [M]// 章学诚．文史通义外篇三·为毕制军与钱辛楣宫詹论续鉴书．79.

清代著作约126649部、约170多万卷①。就方志而言，据《中国地方志联合目录》统计，传世的清代总志和地方志有4889种，加上其他志书，有清一代所修志书当在5000种以上，约占历代全国方志总数的70%以上。

而修纂各类书籍，必然需要目录书籍为之参考，目录书籍依类求书，因书究学的功用因此得以彰显。且在编纂书籍过程中，也会因编纂而产生相应书目。为应和兴盛的书籍编纂形势对书目的需求，官方和私家纷纷自觉编纂目录书，呈现出前所未有的盛况，目录书随势而兴。

官方编修的目录书，著名者有史志目录如《明史·艺文志》《古今图书集成·经籍典》、续三通的《经籍考》《艺文略》《经籍志》，解题目录《四库全书总目》，版本目录《天禄琳琅书目》，专科目录如宗教目录《大清重刻龙藏汇记》、书画目录《石渠宝笈》《秘殿珠林》等，特种目录如征书目录《浙江采集遗书总录》《江苏采进遗书目录》《四库采进书目》、禁书目录如《四库全书》馆所编《全毁书目·抽毁书目》、军机处奏准《全毁书目·抽毁书目》。

与官修目录一样，私家目录书籍编纂也很兴盛。著名者有藏书目录：钱谦益《绛云楼书目》《绛云楼书目补遗》②、钱曾《也是园藏书目》《述古堂书目》、徐乾学《传是楼书目》、徐秉义《培林堂书目》、姚际恒《好古堂书目》、范懋柱《天一阁书目》、孙星衍《孙氏祠堂书目》、丁日昌《持静斋书目》、瞿镛《铁琴铜剑楼藏书目录》、汪宪《振绮堂书目》，解题目录：朱彝尊《经义考》、钱曾《读书敏求记》、翁方纲《通志堂经解目录》、沈廷芳《续经义考》、谢启昆《小学考》、章学诚《史籍考》、翁方纲《经义考补证》，张金吾《爱日精庐藏书志》、陆心源《皕宋楼藏书志》、丁丙《善本书室藏书志》，史志目录：钱大昕《补元史艺文志》、章宗源《隋书经籍志考证》，版本目录：孙星衍《平津馆鉴藏书记（补遗、续编）》、黄丕烈《求古居宋本书目》，专科目录：金石目录如毕沅《关中金石记》、孙星衍《寰宇访碑录》，特种目录：丛书目录如顾修《汇刻书目初编》、地方书目如邢澍《关右经籍志》、专人目录如王昶《郑学书目考》、专书目录如全祖望《读易别录》，等等。

此外，还出现了新的目录著录体裁，即以短小精悍著称的读书记。清代的读书记，一是文化总结大势下见闻丰富、阅读便利的随读随感随记，一是清代兴盛的游幕游学生活下不得长篇大作环境中的随读随感随记。从顾炎武

---

① 杨家骆.中国古今著作名数之统计[J].新中华复刊，1946，4（7）：25.

② 虽然钱谦益大部分时间生活在明末，但钱谦益其人定型是入清后完成的，其书目及题跋也是在入清后完成的，因此把钱谦益放在清代来论述。

《日知录》等开其端，出现了如何焯《义门读书记》、周中孚《郑堂读书记》、陈澧《东塾读书记》等大批成就斐然的著述。这些作品虽篇幅不大，但学术含量极高。加以有清一代诸多学术名家颇好这类体裁，大多作有自己的读书记名作，这更使得有清一代读书记声名高远，丝毫不逊于长篇大作，而且它不拘一格的体裁，更可超越学术著述的局限，扩大受众范围，深入人心，历久不衰。

总之，以上公、私目录，或为收藏编制目录、或提要钩玄、或记录收藏感悟、或品评鉴赏、或谈读书治学心得，自觉编纂中呈现出丰富多彩之姿。

除自觉于目录书籍编纂外，清代目录学的自觉性特征，还表现在官方与私家不约而同为之做的准备。这个准备也尤有特色，同样在清前期表现突出。

入关前后自觉于图籍编纂的清政府，为书籍编纂，专门设置修书机构，自觉为各类书籍的编纂做准备。入关前，为笼络士大夫，加强文治，并为编译各类书籍而专门设文馆。入关后，为了稳固统治，统治者更加大了应对力度。其一就是自觉设置更多专门机构编纂各类书籍。如顺治时为纂修《明史》等，专设各史馆，隶属于内三院。康熙九年（1670），改内三院为内阁，编纂书籍仍为内阁重要职责之一。又凡遇敕纂书籍，翰林院例得参加。此外，还设有南书房、尚书房。南书房、尚书房虽不是专为修书而设，但编纂书籍都是它们重要职责之一。在这些官方机构主持下，与各类书籍相应的有关书目，如《明史》的《艺文志》《古今图书集成》的《经籍典》《四库全书》的《四库全书总目》等目录书籍也得以编纂。既教化了天下，加强了思想钳制，又笼络了士大夫。其二就是自觉征集遗书。入关之初，顺治即下旨"一切紧要图籍，俱著收藏毋失"①、"南京各衙门图书史册，太常司祭器及天文仪象地理户口版籍，应用典故文字，责令各该衙门官吏，用心收掌，不许乘机抽毁，致难稽考。其或散失在民间者，许赴官交纳，酌量给赏"②。顺治十四年（1657）三月甲寅："诏直省学臣购求遗书。"③到乾隆时清政府依然不遗余力征集遗书。据陈登原研究，清自入关以后即有意于征书，而乾隆朝开四库馆前，酝酿编书也已经过了多年准备。④这些遗书的征集，为目录书籍编纂做了很好

①　世祖章皇帝实录 [M].北京：中华书局，1985：152.

②　世祖章皇帝实录 [M].154.

③　世祖章皇帝实录 [M].848.

④　陈登原.古今典籍散聚考·政治卷：第7章 [M]// 四库全书馆与禁书运动.上海：上海书店1983：88.

的准备。而与征集遗书相伴的是征书目录。如乾隆征集遗书，就编纂了如《四库采进书目》《浙江采集遗书总录》等相应的征书目录，为目录书籍编纂打下了坚实的基础。

除官方为目录书籍编纂自觉准备外，私家也自觉于目录书籍编纂的准备。如为很好修撰《明史·艺文志》，黄虞稷在自觉整理父亲所编书目基础上编成了《千顷堂书目》，《明史》的《艺文志》即以它为蓝本。四库馆开，正是在章学诚建议朱筠上书乾隆辑佚《永乐大典》、周永年倡导儒藏说，以及乾隆听从朱筠诸人的请求，下诏求遗书等的共同合力下促成的。为修《四库全书》，朱筠、鲍廷博等纷纷自觉献书。朱筠称："'臣自幼授书，籍隶辇下，岁时喜购旧刻逸编，积之三十年，家中间有善本。恭逢我皇上求书盛典，亦愿以蠡酌管辉，上资海日。臣自奉命来南，家中故籍现嘱门人吏部主事程晋芳、礼部主事史容积两家收贮。臣程晋芳现在四库馆充纂校之事。臣谨记忆所有经史之外，宋元集部略多，凡得四十余种，开单呈览，伏祈皇上可否即以臣所开单付馆，令臣程晋芳等检取校录，其可用者附入全书，缮录进呈，俾陈册幽光彰发轩露，臣所抱献，与有荣施。'奏入，逮敕馆臣征取，讵所呈之书，早为程吏部转假他人奏进矣。"[1]浙江鲍廷博、范懋柱、汪启淑、两淮马裕进书，为数五、六、七百种。[2]除自觉献书外，一些士人还自备斧资，入馆抄缮书籍。这其中不乏热望功名利禄却仕途坎顿的士子。当然，他们当中也不乏出于功利者。官方非常照顾这批自备斧资人员，倘若他们修书工作能出色完成，他们是非常可能得到自己最初的期许的。或获得分别录用的机会，或被特许在京城参加乡试、会试。因此，自备斧资入馆者，像从刚开馆的乾隆三十八年（1773）发布考列二等的陆蓉等十四名人员，有愿意在办理《四库全书》处效力者，准许他们在誊录上行走之类的旨令到乾隆四十六年（1781）依然有发出。乾隆四十六年（1781）五月初七日，军机大臣奏称吴树萱等呈请自备资斧充当《四库全书》处分校[3]。同乾隆五十二年（1787）二月二十五日奏请钦赐三分书校对贡生陈煦等举人并准予会试[4]。而像洪亮吉等学问确实优良，为四库馆抄缮成绩也突出者，于是获得在京城参加乡试的恩准，加以

① 傅增湘.藏园群书经眼录：卷一二 [M]// 韩集举正十卷并叙录一卷.北京：中华书局出版社，1983：1055 − 1056.

② 中国第一历史档案馆编.纂修四库全书档案 [M].上海：上海古籍出版社，1997：211.

③ 中国第一历史档案馆编.纂修四库全书档案 [M].1349.

④ 中国第一历史档案馆编.纂修四库全书档案 [M].1986.

他们参加四库馆抄缮工作，得以结识四库诸臣，以及京中贵胄，最后就有终于中举而走上仕途者。就上述洪亮吉而言，可以说，没有四库馆抄缮这段经历，也就没有未来开人口学先河的洪亮吉。但无论他们以何种方式为什么目的参与四库修书，都是他们自觉做出的选择。

而乾隆[①]也自觉参与了四库修书全程，从征书、访书、书籍存毁删改到书籍装帧、各阁建制、书籍入阁等，一直掌控全局。而且还在《四库修书》期间，为修书准备，下旨整理内府藏书，编纂了《天禄琳琅书目》。而且四库征书官民得以消除疑虑踊跃献书，都与乾隆有意引导息息相关。对于献书，乾隆以帝王之尊下旨许诺不会因书中违碍罪及献书人，奖励有功于献书者，引导士民大胆踊跃献书。"鲍士恭、范懋柱、汪启淑、马裕四家，著赏《古今图书集成》各一部，以为好古之劝。又进书一百种以上之江苏周厚堉、蒋曾莹、浙江吴玉墀、孙仰曾、汪汝瑮，及朝绅中黄登贤、纪昀、励守谦、汪如藻等，亦俱藏书旧家，并著每人赏给内府初印之《佩文韵府》各一部，俾亦珍为世宝，以示嘉奖。"[②] 其中精醇之本，经进呈乾隆乙览，如纪昀《春秋经解》、励守谦《长短经》、鲍士恭《唐阙史》等还获得了乾隆题诗，冠于卷首的恩宠。无论奖励或被题咏者，都视之为无上荣光。

此外，自明末曹学佺倡导儒藏说号召公藏以保书籍传之久远以来，目录学家多能自觉意识到私密书籍的弊病，互通有无取长补短，并自觉向前代目录学家学习并借鉴前代目录学家成果且补前代目录学家的不足。黄宗羲、曹溶、章学诚等就是其中之一。

清代目录学家多不再私密书籍，而是自觉互通有无取长补短。为收书，黄宗羲到同里世学楼钮氏、澹生堂祁氏、南中千顷斋黄氏、吴中绛云楼钱氏处抄书。"穷年搜讨，游屐所至，遍历通衢委巷，搜剔故书。薄暮一童，肩负而迫，乘夜丹铅，次日复出，卒以为常。"[③] 晚年更加喜好聚书，所抄来自鄞的天一阁范氏、歙的丛桂堂郑氏、禾中倦圃曹氏，吴的传是楼徐氏。[④]

曹溶则明确希冀世人互通书籍有无，他说："封己守株，纵累岁月，无所增益，收藏者何取焉。予今酌一简便法，彼此藏书家，各就观目录，标出所

---

① 之所以把乾隆列入私家，是去除他官方的身份，仅从他个体而言。因为就乾隆个人而言，四库修书也是他兴趣所在，他对四库修书倾注了巨大热情。

② 中国第一历史档案馆编.纂修四库全书档案[M].211.

③ 四部丛刊初编[M]//全祖望.鲒埼亭集//梨洲神道碑文.上海：商务印书馆1936：3.

④ 四部丛刊初编[M]//全祖望.鲒埼亭集//梨洲神道碑文.15.

缺者，先经注，次史逸，次文集，次杂说，视所著门类同，时代先后同，卷帙多寡同，约定有无相易，则主人自命门下之役，精工缮写，较对无误，一两月间，各赍所钞互换，此法有数善，好书不出户庭也。有功于古人也。己所藏日以富也，楚南燕北皆可行也。"①

而钱谦益、黄虞稷、丁雄飞等互通书籍有无，正与曹溶的呼吁一致。钱谦益曾作《黄氏千顷斋藏书记》来记录自己采诗到黄虞稷千顷斋借阅千顷斋藏书的事。《黄氏千顷斋藏书记》云："戊子之秋，余颂繁金陵，方有采诗之役，从人借书。林古度曰：'晋江黄明立先生之仲子，守其父书，甚富，贤而有文，盍假诸。'余于是从仲子借书，得尽阅本朝诗文之未见者。"② 黄虞稷与丁雄飞也因书交友。丁雄飞《古欢社约》曾描写黄虞稷每次到自己藏书斋心太平庵时心旷神怡的情状，称道黄虞稷与自己之间寻书藏书，互通有无，互相质证，互有发明之举，并认为这是天下最快乐的事。又严虞惇阅完294卷元刊本《资治通鉴》卷十九前二日曾登钱曾莪匪楼，阅读钱曾的藏书。③ 朱彝尊也曾割爱赠送王士祯④欲得的书给王士祯，而王士祯因素不相识的张夏秋钞录自己搜寻未果的书并千里寄给自己，生出古道犹存的感慨。⑤

以上公藏理念，直接影响到《四库全书》的修纂。《四库全书》的修纂，其中一个宗旨，就是要实践自明末以来的公藏理念，"寓藏于修"。《四库全书》修成后，藏于七阁，即意在广阅读，使天下士子有机会得以多见珍本秘籍。

至于在目录学方面，自觉向前人学习，并借鉴前人成果，且补前人的不足，章学诚是其中卓有成就者。

综观章学诚目录学治学体系，其实和郑樵路数一致，但是章学诚在学习借鉴郑樵目录学基础上，也对郑樵目录学有所修正。因为郑樵不能平心静气以论古人，终难窥古人大体，是非得失也难免有失公允。且虽详备论求书、校书的方法，但未究求书之前，文字如何治察，校书之后，图籍如何守护，故而章学诚基于郑樵目录学以上弊端，作出了补正。章氏补郑氏的不足，约

---

① 曹溶. 流通古书约 [M].《知不足斋丛书》本：1.

② 黄虞稷. 千顷堂书目 [M]. 瞿凤起，潘景郑，整理. 上海：上海古籍出版社，2001：795.

③ 瞿良士. 铁琴铜剑楼藏书题跋集录·资治通鉴 [M]. 上海：上海古籍出版社，2005：33.

④ "王士祯"本名"王士禛"，"禛"是避雍正庙讳而改。雍正年间，为避胤禛庙讳，改"士禛"为"士正"。乾隆三十九年（1774）十二月，因乾隆认为"正"字与原名不相近，恐流传日久，后世不知为何人，于是改为"士祯"，以便与他的兄弟行派不致混淆。并下令各馆书籍记载，全部照改。

⑤ 汲古阁书跋 重辑渔洋书跋 [M]// 王士祯. 重辑渔洋书跋·东海生集. 陈乃乾，校辑，上海：上海古籍出版社，2005：75.

而有四方面：第一，承认郑樵书有名亡而实不亡之说非常卓识，但却言之太过。中肯的说法应是：求访古代的书不获，求访今天现存的书则可。古书亡而实不亡，实则不易。第二，求访古代的书不获，那么求访今天的书，有采辑补缀成法，即采类书材料以补。一隅反三，充类求之，古代亡逸的书可采补者颇多。第三，不可以卷帙多寡定古书的全与缺。第四，补郑樵因对班固的偏见而来的校《汉志》之误。①

最后，目录学的自觉性还表现在自觉为学术政治服务。在康熙崇尚历算西学之际，有梅文鼎《勿庵历算书目》、韩霖《西士书目》应运而出。在乾嘉考据兴盛局势下，各正史未有史志者被诸学者自觉补充，钱大昕《补元史艺文志》等补史志之作纷纷问世。到清末，张之洞为引导士子读书，自觉纂写了《书目答问》。同样，为和改良运动相呼应，王韬编了《泰西著述考》、沈兆伟撰有《新学书目提要》、黄庆澄有《普通学书目录》、杨复等有《浙江藏书楼书目》、梁启超编了《西学书目表》（1896）、康有为纂有《日本书目志》（1897）、徐惟则编有《东西学书录》（1899）、顾燮元有《译书经眼录》（1904）。在他们努力下，近代西方学术及分类方法被自觉引入中国。

在清代自觉于目录学事业的风气下，目录学在有清一代获得了空前发展。举凡目录书籍的各种类型，都可以在其中找到代表，对目录理论的探讨与总结也蔚为兴盛。

2. 时代与学术政治的反映

明亡之后，明朝的遗民总结明亡的教训，归因于明浮泛的世风。黄宗羲、顾炎武等即从学术入手，倡导经世致用的实学，希冀以此达治本之效，还世风的淳朴。表现在目录著述方面，就有对读书记体裁有开创之功的顾炎武《日知录》。对《日知录》，顾炎武自言道："愚自少读书，有所得辄记之。其有不合，时复改定。或古人先我而有者，则遂削之。积三十余年，乃成一编，取子夏之言，名曰《日知录》，以正后之君子。"②

日有所知辄录，即《日知录》，也就是说顾炎武欲就平日考察山川形势，以及对历代兴衰所感等，发表己见，以导经世致用之路，以为光复明朝准备。当然，顾炎武作《日知录》的根本目的——光复明朝的希望是落空了的，给我们留下的倒是他为达到光复明朝目的而进行的反思，以及从中反映出来的

---

① 章学诚. 章学诚遗书 [M]// 章学诚. 校雠通义内篇一 // 补郑第六. 北京：文物出版社，1985：97–98.

② 顾炎武. 日知录集释 [M]// 目录. 黄汝成，集释. 秦克诚，点校. 长沙：岳麓书社1994年：1.

遗民心态。在《日知录》中，顾炎武提出"文之不可绝于天地间者，曰明道也，纪政事也，察民隐也，乐道人之善也。若此者有益于天下，有益于将来，多一篇，多一篇之益矣"①，明确表达了自己为学将继承经世致用传统的观点。潘耒为之所作序称"将以明体适用也，综贯百家，上下千载，详考其得失之故，而断之于心，笔之于书，朝章、国典、民风、土俗，元元本本，无不洞悉，其术足以匡时，其言足以救世"②，也肯定了顾氏对经世致用的回归。这个经世致用以求实为本，所以观《日知录》，其中典故出处必有来源，实已启汉学学风。

此外，清初还有一批贰臣，除满足个人收藏爱好文人雅趣外，还在把玩藏书中感念故国，在编纂目录书目撰写藏书题跋中发泄在新朝的不得志，如钱谦益编写《绛云楼书目》、撰《绛云楼题跋》，即意在此。

不过，在顾炎武日日撰写所知所感，钱谦益在绛云楼中寄托故国之思在书酒中逃禅，新朝不属于他们这些故人之际，清政府却在为如何稳固统治，一统思想，大费脑筋。

1644年入关前，皇太极即改变了父亲"抗拒者被戮，俘取者为奴"③的政策，广泛重用汉族知识分子。洪承畴投降，皇太极大喜，谓近侍道："吾欲取中原，然如瞽者之不识途径，今得承畴，犹水母之有虾也。"④得士者得天下的道理，清初统治者非常明白，因此他们的笼络政策相当成功。对明朝遗民，极尽能事招纳，并示以宽大。愿效力者给以官爵厚禄，不愿者，竭尽招贤诚意。故而士子多入清统治者彀中，不合作者寥寥。康熙十八年（1679），试内外荐举博学宏儒于体仁阁，李颙、傅山、杜越坚辞不赴。李颙"始以隐逸荐，继以宏博征，皆辞以疾。至是有旨召试，大吏趣行，固辞疾笃。舁其床至省，则绝粒六日，至欲拔刀自刺，大吏骇而止，因叹曰'生我名者杀我身，此皆生平洗身未密，不能自晦之所致也。'自是荆扉反锁，不得与人接，所著书不以示人，以为近于口耳之学，惟以《反身录》示学者……门人王心敬，号沣川，鄠县人，能传其学，两举贤良方正，皆不赴"⑤，但也有认识到清的开明气象，自己为着节气二字不愿效力清室，为天下而让门生子弟出仕者，像记录

① 顾炎武.日知录集释：卷一九 [M]// 文须有益于天下.黄汝成，集释.秦克诚，点校，674.

② 顾炎武.日知录集释 [M]// 潘耒.原序.黄汝成，集释.秦克诚，点校.1.

③ 清太祖高皇帝实录：卷四〇 [M].北京：中华书局，1985：12.

④ 黄鸿寿.清史纪事本末 [M].上海：上海书店出版社，1986：17.

⑤ 黄鸿寿.清史纪事本末 [M].159–160.

每日所知，思索如何复明的顾炎武等，就为这类士人之一。当然，他们不愿为今朝效力，却愿为前朝修史。为此，深得老英雄术精髓的清初统治者开了《明史》馆等编纂大型书籍，来作为笼络的良策，于是有了《明史·艺文志》等的修撰。

清政府笼络士人的同时，也确定下以朱子学为统治思想的方针。顺治向天下明确表示"今天下渐定，朕将兴文教，崇经术，以开太平"①，其后诸帝深谙顺治的心，承继有加，发扬光大之。康熙认为"发挥圣道者，莫详于有宋诸儒"②，并驾幸曲阜，亲谒孔林，谒孔庙，留御前曲盖于大成殿，以示尊崇正学③。雍正、乾隆虽然打击朱子学者，使朱子学退出了官学地位，但朱子学的思想统治地位在雍正乾隆心里并没有丝毫改变。雍正元年（1723）丁巳，即遣大学士祭先师孔子。④六月加封孔子先世五代俱为王爵⑤。而乾隆帝所关注的程朱理学即在于：

> 训诸臣研精理学，谕，朕命翰詹科道诸臣，每日进呈经史讲义，原欲探圣贤之精蕴，为致治宁人之本。道统学术，无所不该，亦无往不贯。而两年来，诸臣条举经史，各就所见为说，而未有将宋儒性理诸书，切实敷陈，与儒先相表里者，盖近来留意词章之学者，尚不乏人，而究心理学者盖鲜，即诸臣亦有于讲章中，系以箴铭者，古人鉴槃几杖，有箴有铭，其文也，即其道也。今则以词藻相尚，不过为应制之具，是歧道与文而二之矣，总因居恒肄业，未曾于宋儒之书，沉潜往复，体之身心，以求圣贤之道，故其见于议论，止于如此。⑥

这个以朱子学思想为统治根基的方针政策的确立是依靠清初理学名臣来引导完成的。这些理学名臣为清初稳定以及思想一统贡献尤巨，所以清政府非常恩宠他们。撇开君王与理学名臣的恩怨，我们可以发现，正是君王恩宠

① 清世祖章皇帝实录 [M]. 北京：中华书局，1985：712.

② 景印文渊阁四库全书：别集 1298[M]// 玄烨. 圣祖仁皇帝御制文集 // 性理大全序. 台北：台北商务印书馆，1983：184.

③ 徐珂. 清稗类钞 [M]// 圣祖知崇正学. 北京：中华书局，1984：241.

④ 世宗宪皇帝实录：卷四 [M]. 北京：中华书局，1986：97.

⑤ 世宗宪皇帝实录：卷八 [M].155.

⑥ 清实录：第 10 册 [M]// 高宗纯皇帝实录：卷一二八. 北京：中华书局，1986：875–876.

这些理学名臣，使他们或能有财力聚书编书，或能无衣食之忧，有安定环境发挥满腹才华于著述事业。如徐乾学《传是楼书目》、徐秉义《培林堂书目》，都是为自己的藏书而自编的书目。如果不是他们有高官厚禄，是难以汇聚如此多的藏书的，且不可能撇下衣食之忧而专力于与著述价值相等但地位难以等同的目录书目编纂的。而像何焯《义门读书记》之成、陈梦雷《古今图书集成》之编，如不是因为二人各知遇于康熙的皇子，不会有展示此等才华的机会。当然，这也注定了他们日后人生的不测。他们的著述也就自然烙下这个时代的影子，尤其反映在他们记录学术思想心得的读书记中。

何焯《义门读书记》内容博涉子史，校勘精审，拾遗补阙，发正经义、评阅史书、小到一般的事物名称，大到历史事实、作者的思想、创作意图，再到政治经济制度，无所不包。在理学总体还占据官学地位的康熙时期，正如康熙由宠奖到倡导经学，融经学于理学，试图以经学济理学之穷，何焯虽然也在发凡义理，但明显注重考证，使义理更令人信服、更有说服力，为后来的校勘学和考据学树立了榜样。何焯《义门读书记》的这种以汉学助力宋学，无疑暗合了康熙以经学济理学之穷。何焯的学术具有先知先觉，与时代暗自应和，反映了学术由宋学到汉学的趋势。但是，遗憾的是，虽然何焯《义门读书记》的学术嗅觉与时俱进，但他的政治立场却并没有与时俱进，他没有因风向骤变，转而投靠新的主子，注定了悲惨的结局。这也是一个有着理想并"货与帝王家"①却错投了主子的士人的必然命运。

与政治需要相应，到乾嘉时期，一批反映乾嘉考据特色的目录书因之纷纷问世，《四库全书总目》即为其一。乾隆开馆修书，欲引导并确立汉学学风，四库馆于是成为汉学家的大本营，《四库全书总目》也成为乾嘉学风的领军。其余像黄丕烈《求古居宋本书目》、毕沅《关中金石记》等，注重版本考证，都是乾嘉学风的代表。

不过，《四库全书总目》虽然使四部分类法定于一尊，但学术的发展，书籍的增多使四部分类法即使在《四库全书总目》中也出现勉为其难的状况，如金石著作入史部目录类，道教著作附于道家，丛书或入史部汇编或入子部杂丛类或入子部族姓类。这一切，虽然表明四部分类法已不能完全切合所有书籍，但它仍是当时最合理的分类法，其主流地位丝毫不容置疑。

故而，即使在乾隆时期，四部分类法至尊的时候，也出现了不以四部分

---

① 冯梦龙.喻世明言[M].西安：陕西人民出版社，1985：276.

类的孙星衍《孙氏祠堂书目》。孙书将所藏书分为经学、小学、诸子、天文、地理、医律、史学、金石、类书、词赋、书画、小说等十二类。孙氏的十二分法在四部分类法至尊时的出现，分明反映出四部分类在实践中的尴尬局面，预示着四部分类法的盛极而变。不过，这并非主流。而且合之仍可以四部归之。

言及此，我们要注意的是，自16世纪末以来中西第一次正面大规模接触以来，西学随着传教士的传教走入中国各阶层，尤其是知识阶层。在这个西学传播过程中，他们的学科分类观念也通过艾儒略《西学凡》等书传入了中国。不过，当时系于正统的夷夏之防，虽然意识到西方分类法与中国学科之间的对应关系，但并未用它来纠正中国传统四部分类法的弊病，而是以之附中，归入中国可与之对应的部类子部杂家类杂学，充分显示出四部分类的强大吸附力。这与整个中国文化的包容性开放性吸纳特质是一致的。

而自乾嘉以后，中国的学术文化发生了巨大变化：小说等文学作品数量与质量都得以提升，形成了文学发展高潮；出版事业相当兴盛，丛书大量出版；西书也大量涌入，数理化军工等书籍无所不有，新的图书分类法也由美国传入。四部分类法发展到这个时期，相较前一时期，即使依靠细化四部分类法的子目，各部用汇编、杂丛之类来弥补，但也避免不了因学术发展变化、书籍种类日益加增带来的分类不科学的弊端。因此，就有如张之洞《书目答问》将丛书独立单列，变四部为五部的实践。此外，在书籍数量种类日益增多，以及西方分类法的传入对传统分类法冲击的现实面前，于是有如康有为《日本书目志》、梁启超《西书提要》等，打破四部分类法采用西方分类法来适应新学术，介绍西学，为那些欲寻找新知或变法求通者，开启认知世界向世界学习的门径，并揭示近代学术和学科知识体系的信息。这一系列变化，除西学冲击，以及政治需要的外因之外，就中国传统学术分类本身来看，也确如余嘉锡所指"欲论次群书，兼备各门，则宜仿郑樵孙星衍之例，破四部之藩篱，分之愈细愈佳，亦樵之谓'类例不患其多也'"[1]，也是传统文化在新时期的一次自我革新。当然，破四部藩篱，也与四分法的包容性与开放性分不开。四分法自产生之日起，就以其包容性与开放性，不断吸纳新增书籍，各安其位，无论中外，一视同仁。如《西儒耳目资》入《四库全书总目》经部小学类，《天主实义》《交友论》《七克》《西学凡》入《四库全书总目》子

---

① 余嘉锡 . 余嘉锡说文献学 [M]// 目录学发微 . 上海：上海古籍出版社，2001：152.

部杂家之杂学，因关系思想，就都存目。《泰西水法》入子部农家，《奇器图说》入谱录类器物，与技能有关，不涉思想大政，全部著录。充分展示出中国人的思维观念、知识系统与学科体系，吸纳他者文化的强大黏合力。而四分法被分解，其包容性开放性也在起着积极作用。分之为新式分类法，合之仍可四分法，且在学理上都能讲通。正所谓以西附中，以西析中。

3. 总结性

清代是目录学得以总结的时期，出现了《四库全书总目》《越缦堂读书记》等对目录学进行总结的作品。

清代目录学理论主要侧重目录学"辨章学术，考镜源流"，读书治学门径、读书藏书与目录学关系，以及书目编藏等的探讨，完成这个任务的有章学诚、王鸣盛、四库馆臣等。

关于辨章学术。章学诚尤为欣赏治目录学领会刘向、刘歆旨意者，提醒大家注意目录书"辨章学术，考镜源流"的重要性，并且他认为"非深明于道术精微，群言得失之故者，不足与此。后世部次甲乙，纪录经史者，代有其人，而求能推阐大义，条别学术异同，使人由委溯源，以想见于坟籍之初者，千百之中，不十一焉"[①]。章学诚的时代正是目录编纂兴盛的时代，这个时代造就了章学诚理想中的目录学佳作，完成了他的理想。以章学诚心仪的四库修书为例见之。

清修《四库全书》的同时，也编撰了相应的目录书及其提要——《四库全书总目》及《四库全书简明目录》，二书都出色完成了目录书"辨章学术，考镜源流"的任务，而参与编撰者正是章学诚所言博通古今，知晓群书精义者。《四库全书总目》："每书先列作者爵里以论世知人，次考本书之得失，权众说之异同，以及文字增删，篇帙分合，详为订辨；四部之首，各冠以总序，撮述其源流正变，以挈纲领，四十三类之首，亦各冠以小序，详述其分并改隶，以析条目。如其义有未尽，例有未该，则或于子目之末，或于本条之下，附注案语，以明通变之由。"[②]条学术流别，明学术得失，为目录书籍典范，其价值不菲。

首先，《四库全书总目》的撰修成功是目录学史上的一件大事。它的撰修使中国古典目录学发展到了最高峰，是中国目录学事业鼎盛发展的表现。于

① 章学诚 . 章学诚遗书 [M]// 章学诚 . 校雠通义 .95.

② 永瑢等 . 四库全书总目：卷首 [M]// 凡例 .18.

此，后人多有论述。清人周中孚曾盛赞道："窃谓自汉以后，簿录之书，无论官撰私著，凡卷第之繁富，门类之允当，考证之精审，议论之公平，莫有过于是编矣。"①《四库全书总目》以它简练严密的序论和提要阐述了古代学术源流、各书作者的事迹、内容正误、价值高低，考证精详，有许多精确的论证。它是对18世纪以前中国古代学术文化的一次大总结，许多学术观点至今仍值得借鉴。

其次，《四库全书总目》的分类体系和编撰体例达到了古代目录书的最高水平，影响了后来许多目录书的编纂。如周中孚《郑堂读书记》《清史稿·艺文志》以及大批清代私藏目录都采用《四库全书总目》的分类法。后来，四部分类法虽因时代发展而落伍，不再普遍适用了，但一些涉及古书的目录书，仍有采用四部分类法的。如近人范希曾《书目答问补正》、傅增湘《藏园群书经眼录》、周子美《嘉业堂钞校本目录》《天一阁藏书经见录》，今人的《续修四库全书总目提要》等。可见，对于我国古籍的整理，四部分类法并未过时。②

在清代目录学发展到乾隆时期，出现中国古典目录学最高成就《四库全书总目》的大势下，尤其需要目录理论来总结它的成就，因此章学诚"辨章学术，考镜源流"的提出正是时代与目录实践、目录编撰自身发展的必然。

关于读书治学门径。如何求得读书治学门径，清人也进行了总结。清王鸣盛指出，目录学是求学的第一要事，从它问学才能得到读书治学门径。但是如果要想学好目录学，并非只勤学苦研就能做到的，还必须要有良师指引。③金榜认为"不通《汉艺文志》，不可以读天下书。《艺文志》者，学问之眉目，著述之门户"④。其实二人讲的是同一道理，即读书治学需从目录学入手。只是金榜更看重《汉艺文志》揭示中华学术之本的特质。《汉书·艺文志》著录的是汉代及其以前的书籍，是问学先秦学术的门径，而先秦是中国文化的起源，是中国文化的命脉。只有明晓这个道理，方能继续了解中国文化。故而金榜说，不通《汉艺文志》无以读天下书。无论王鸣盛、金榜二人怎么品评目录指引治学门径的功用，但二人终究还是令我们遗憾，因为二人都没有成系统的专门目录著述问世。专门目录著述尤体现目录治学门径的是四库

---

① 周中孚. 郑堂读书记附补逸: 卷三二 [M]// 钦定四库全书总目. 北京: 商务印书馆，1959: 587.

② 陈晓华. "四库总目学"史研究 [M]. 北京: 商务印书馆，2008: 92.

③ 王鸣盛. 十七史商榷: 卷一 [M].1.

④ 王鸣盛. 十七史商榷: 卷二二 [M].162.

馆臣编撰的大型目录书《四库全书总目》。《四库全书总目》在总结中国古代学术文化，指引读书治学门径方面，为清代目录编撰最具代表性的成果。

《四库全书总目》是18世纪，尤其是明代以前典籍的汇总。阅读它，无疑可以一窥中华民族传统文化精华，为后来者有效地指引了阅读中华传统文化书籍，以及研究中华传统文化的门径。张之洞认为《四库全书总目》是学问门径诸生良师①。确如其言，近代以来不少大学问家都是从中汲取养分，奠定深厚学问功力的。如陈垣、余嘉锡就是其中尤为典型者。

关于藏书理论。清代的藏书家，就何为公藏做出论述，并认为藏书与读书、藏书与目录学一体，同时对编藏作出了理论总结。乾嘉时期的藏书家一再强调藏之一地一时都不足取，无法久存，提倡传借流通，号召公藏。为此，周永年继明代曹学佺再倡儒藏说，主张仿照佛教、道教贮藏经典的办法，把图书集中起来，分别藏在学宫、学院、名山、古庙等妥善的地方，供学者使用，防止遭到意外的破坏。四库开馆即与清初以来讨论如何藏书密切相关。这更令学者关注藏书理论，而且大多有公之天下的心。如章学诚追溯藏书之始至孔子，指出藏书的方法古已有之，司马迁所语藏书于名山，即是书籍自古就有收藏理论的明证。因此，章学诚也认为道藏佛藏可以永久保藏本教书籍，因此也建议仿效道佛二家藏书的方法藏世俗的书，并以道佛二家所藏的书补国家书库所没有搜集到的书籍。他们认为"天下好书当与天下读书人共之"②，图书安身立命最佳方式是公藏公有。

他们还从购求、鉴别、钞录、校雠、装订、编目、收藏和曝书等方面来讲述编藏经验，并都注重版本目录。在他们看来，藏书治学不习目录版本，犹访胜境而徘徊于门墙之外。他们也把自己的这个群体分为鉴赏家、考订家等类，即"藏书有数等，得一书必推求本源，是正缺失，是谓考订家，如钱少詹大昕、戴吉士震诸人是也；次则辨其版片，注其错讹，是谓校雠家，如卢学士文弨、翁阁学方纲诸人是也；次则搜采异本，上则补石室金匮之遗亡，下可备通人博士之浏览，是谓收藏家，如鄞县范氏天一阁、钱塘吴氏之瓶花斋、昆山徐氏之传是楼诸家是也；次则第求精本，独嗜宋刻，作者之旨意纵未尽窥，而刻书之年月日最所深悉，是谓赏鉴家，如吴门黄主事丕烈、邬镇鲍处士廷博诸人是也；又次则于旧家中落者，贱售其所藏，富室嗜书者，要

---

① 张之洞. 輶轩语 [M]// 语学. 清光绪 8 年江西聚珍版：25.

② 瞿良士. 铁琴铜剑楼藏书题跋集录 [M]// 草莽私乘. 上海：上海古籍出版社，2005：81.

求善其价，眼别真赝，心知古今，闽本、蜀本一不得欺，宋椠、元椠见而即识，是谓掠贩家，如吴门之钱景开、陶五柳，湖州之施汉英诸书估是也。"① 他们的目录学也就是版本目录学，以版刻授受源流的记述考订、以纠谬正讹的校雠等为内容。

在藏书家类型上，他们还认为有能藏者不能读者，能藏能读者却不能写者，能藏能读能写三者俱全的藏书家为世不多，但藏书确应以读书与编写为目的。正是"夫藏书必期于读书，然所谓读书者将仅充渔猎之资耶，抑将以穿穴而自得耶。夫诚研精得所依归而后不负读书"②，藏书读书本一脉相通。

明代部分私家目录表

书名	卷数	作者	著录卷数	存佚	附说
经籍目略		王佐		佚	据《千顷堂书目》，下注：琼州临海人
古今书刻	二	周弘祖		存	据《千顷堂书目》，下注各府州县所刊书及石刻，一作四卷。叶焕彬从日人得影写本，据以刊行
西亭中尉万卷堂书目	一六	朱勤美		存	据《千顷堂书目》。观古堂刻本作四卷，朱睦㮮。又名《聚乐堂艺文目》，见邵目。又名《万卷堂艺文目》八卷
篆竹堂书目	六	叶盛	二二七〇〇	存	据《千顷堂书目》，今刻入《粤雅堂丛书》内。据《千顷堂》此目下又注有《篆竹堂碑目》十卷
丛书堂书目		吴宽		佚	据《千顷堂书目》
李蒲汀家藏书目	二	李廷相		存	据《千顷堂书目》。今刻入上虞罗氏《玉简斋丛书》内，作四卷
王文庄书目	二	王鸿儒		佚	据《千顷堂书目》
临颖贾氏藏书目	二	贾咏		佚	据《千顷堂书目》
世善堂藏书目	二	陈第		存	据今刊入鲍氏《知不足斋丛书》内
顾尚书书目	六	顾璘		佚	据《千顷堂书目》

① 续修四库全书 [M]// 洪亮吉. 北江诗话：卷三. 上海：上海古籍出版社，1995：18.

② 全祖望. 鲒埼亭集：卷三二 [M]// 丛书楼书目序.12.

续表

书名	卷数	作者	著录卷数	存佚	附说
天一阁藏书目	四	范钦			据《千顷堂书目》。《天一阁书目》十卷本，乃嘉庆间阮元重编。薛福成编《天一阁现存书目》六卷
宝文堂分类书目	三	晁瑮		存	据《续通考》。瑮字君石，开州人。《四库提要存目》云书下著明某刻，可考明版刻源流
百川书志	二〇	高儒		存	据《千顷堂书目》
姑苏吴氏书目	一	吴岫		佚	据《千顷堂书目》
玩易楼藏书目	二	湖州沈氏		佚	据《千顷堂书目》
陆文裕藏书目		陆深		佚	据胡应麟《经籍会通》。陆自序云：分经、理、性、史、古书、诸子、文集、诗集、类书、杂史、诸志、韵书、小学、医药、杂流、制书
寄傲堂书目	四	韩氏		佚	据《千顷堂书目》
得月楼书目	一	李如一		存	据《常州先哲遗书》。又《粟香室丛书》本。李如一又作李鹤翀
焦氏藏书目	一	焦竑		佚	据《千顷堂书目》
欣赏斋书目	六	焦竑		佚	据《千顷堂书目》。下注又《欣赏斋金石刻目》
澹生堂书目	八	祁承爜		存	据《千顷堂书目》。今刻入《绍兴先正遗书》，作十四卷。邵云可分为四十七卷。分类颇精
澹生堂明人集部目录		祁承爜		存	据《邓氏风雨楼丛书》
大业堂藏书目		周廷槐		佚	据《千顷堂书目》，下注金溪人
二酉山房书目		胡元瑞	四二三八四	佚	据王世贞《二酉山房记》。又胡应麟《经籍会通》卷二

续表

书名	卷数	作者	著录卷数	存佚	附说
徐氏家藏书目（又名《红雨楼书目》）	七	徐火勃		存	据《千顷堂书目》。缪小山抄本作《红雨楼书目》四卷，邵《目》作十卷
千顷斋藏书目录	六	黄居中	六〇〇〇〇	佚	据《千顷堂书目》。按黄虞稷，居中次子
脉望馆书目		赵琦美		存	据邵懿辰《四库简明目录标注》。四册
夏氏书目	一	钱塘夏氏		佚	据《千顷堂书目》
徐氏书目	一	华亭徐氏		佚	据《千顷堂书目》
沈氏书目	一	平湖沈氏		佚	据《千顷堂书目》
古今书目	一〇	丁雄飞		佚	据《千顷堂书目》
汲古阁珍藏秘本书目	一	毛扆		存	据《士礼居丛书》
玄赏斋书目		董其昌		存	据《四库目录标注》作二册
西吴韩氏书目		失名		存	据李之鼎《书目举要》云明季所编，二册
芙蓉庄书目		顾从义		存	据《四库目录标注》
道藏目录详注	四	白云霁		存	据《千顷堂书目》。今有退耕堂景印文津阁《四库全书》本
经籍志	六	焦竑		存	据《续通考·经籍考》。今刻入《粤雅堂丛书》第五集
订正马端临经籍考	七六	何乔新		存	据《千顷堂书目》。有明刻本
诸史艺文钞	三〇	祁承爜		存	据《千顷堂书目》。有明刻本

第一章　清初目录学

一、由明入清的目录学

明代中叶以降世风学风都浮泛，明中叶以后的出版业，受浮泛世风学风影响，无论商家或私家，不管出于商业利益或个人喜好，"刻书无不臆改"[①]。对此，顾炎武曾评价道："万历间，人多好改篆古书，人心之邪，风气之变，自此而始。"[②] 明人因此获有"刻书而书亡"的美誉。受这种风气影响，明代目录书多不重视版本，也不重视学术渊源流变的考释。同时，明代从事目录著述者少有学术名家，目录著述缺乏学术含量。因此，目录著述也就多停留在"甲乙"记录账簿层面，大多只著录书名、作者、卷数册数等项，反不如宋代晁公武《郡斋读书志》和陈振孙《直斋书录解题》的叙录体目录。

这种状况到清初得到了改变。一则清初目录学家有亡朝的伤痛，且多为博通的士人，他们能改学术的弊病，也自能剔除明代目录著述的糟粕而吸取它的精华，一洗明代目录学的弊病。他们的目录学注重版本，往往手自校勘，并记载心得，讲求学术流变；一则清政府从皇太极到雍正，都重视文治，尤其留心典籍的搜集与编纂，孕育了清初学术文化的兴盛。在兴盛的学术文化大势下，需要目录书籍来总结书籍集成大势，并指导读书治学，加以藏书聚书本就蕴涵文人雅趣，藏而有记，读而有书，许多著名学者无不涉其藩篱，

[①] 顾广圻．思适斋书跋 [M]// 广弘明集十卷 校本．王大隆，辑．秀水王氏学礼斋刊本：30.

[②] 顾炎武．日知录集释：卷一八 [M]// 改书．黄汝成，集释．秦克诚，点校．长沙：岳麓书社出版社，1994：672.

有关著作和群书目录大量问世。目录学得以大发展，成为当时的"显学"①。在前此的目录体裁之外，出现了如藏书志、题跋记、读书记等新体裁。这些新体裁中，题跋专门就书籍做出议论，既是读书心得、学术流变，又是书籍版刻优劣流传过程的介绍。而有些学者并非从登录藏书入手编制目录，而是从致力学术研究入手，随读书而记个人心得与见解，这就是读书记。这些目录新体裁的代表人物，有钱谦益、朱彝尊、何焯等。

当然，明代目录学也有自己卓有成就的目录学家，以及目录学著述，像毛晋即明代目录学名家，其《汲古阁书跋》为其中优秀作品。钱谦益、黄宗羲、王士禛、朱彝尊、何焯等都直接或间接受毛晋及其著述影响。

钱谦益与毛晋亦师亦友，钱谦益很欣赏自己这个博闻强识的学生兼良友，夸赞毛晋刊雠流布书籍的功劳，并赞赏毛晋对书籍穷究源流的态度。钱谦益称许毛晋道："奋起为儒，通明好古，强记博览，不屑丽花斗叶，争研削间。壮从余游，益深知学问之指。意谓经术之学原本汉唐，儒者远祖新安，近考余，不复知古人先河后海之义。代各有史，史各有事、有文，虽东莱武进以巨儒事钩纂，要以岐枝割剥，使人不得见宇宙之大全，故于经史全书勘雠流布，务使学者穷其源流，审其津涉，其他访佚典，搜秘文，皆用以裨辅其正学。"②观钱谦益《绛云楼题跋》也如他对毛晋校雠刊布书籍重视学术源流的表彰一样，重视版本，考述学术渊源，并述自己心得体会，而钱谦益《列朝诗集》即是毛晋为他刊刻的。《列朝诗集》本名《国朝诗集》，为钱谦益考虑，毛晋劝钱谦益改"国朝"为"列朝"，以避清政府的忌讳。

王士禛非常关注汲古阁藏书现状，曾去汲古阁访书。有关访汲古阁藏书情况，他的《渔洋书跋》中有自己查访汲古阁所藏《群芳谱》现状的记载，他说："中间《群芳谱》原板贮琴川毛氏汲古阁，版已散在质库。康熙辛巳，予既曲赎以归，告于祖庙，兹验方写本。则癸未冬十一月长至，得之京师慈仁寺市，几杖琴瑟，音容如在，吾世世子孙其永宝之。"③王士禛所藏书籍也往往用汲古阁本校对。如他在康熙壬申秋七月十五从慈仁寺市淘到的鹈鸣馆旧刻宋姚宽撰上下卷各阙二纸的《西溪丛语》，就是取汲古阁本雠对补订完毕后，装潢收藏的。

① 来新夏.古典目录学浅说[M].北京：中华书局出版社，2004：12.

② 汲古阁书跋 重辑渔洋书跋[M]//毛晋.汲古阁书跋//钱谦益.隐湖毛君墓志铭.潘景郑，校订.上海：上海古籍出版社，2005：1.

③ 汲古阁书跋 重辑渔洋书跋[M]//王士禛.重辑渔洋书跋·三补验方.陈乃乾，校辑.23.

何焯则推重有父风的毛晋的儿子毛扆，据《常昭合志稿》记载："晋奋起为儒，好古博览，构汲古阁，目耕楼，藏书数万卷，延名士校勘，开雕十三经、十七史，古今百家及从未梓行之书，天下之购善本书者，必望走隐湖毛氏。所用纸，岁从江西特造之，厚者曰毛边，薄者曰毛太，至今犹沿其名不绝……其所藏旧本，以宋本元本椭圜印别之，又以甲字印钤金于首……季子扆，字斧扆，陆贻典婿也，最知名，尤耽校雠，有海虞毛扆手校，及西河汲古后人，叔郑后裔朱记者，皆是也。兼精小学，何义门辈皆推重之。"①顾广圻为自己藏书及为他人著述所作序跋，也常谈及毛氏汲古阁本。当然，毛晋并不仅仅在精校精注本方面引起时人乃至后学的关注、效仿，还以他的目录理论影响着他们。

论及此，我们再回过头来看看明代的目录学。明代目录学很值得一提的是，明代有已经意识到文人学者题跋和目录学家题跋有别并指出二者区别，同时指出目录书题跋蕴含深厚学术矿藏。如胡震亨就看到了毛晋题跋与苏轼黄庭坚等所作题跋的区别，认为苏黄之类题跋"每游戏取胜"，不过"袭词赋风流之一派耳"，毛晋题跋则不尽然。毛晋校刻书籍必求宋元善本而折中，其跋数语于篇终，使读者考其世知其人，非仅仅清言冷语逞词翰机锋。②胡氏还指出，目录书题跋以刘向《别录》为始，用几句话就道出作者著书大意，以简质精确为得体，后世像晁公武《读书志》、陈振孙《书录解题》才继承了《别录》之风。至于汪洋辨博如序论的曾巩《书录》，已失刘向《别录》的旨意，其他如苏、黄书传题跋，虽有韵致且言取自适，也离刘向叙录尤远，而毛晋题跋正是继承刘向叙录的旨意，"语虽多隽，不为苏黄之佻，辨虽多详，不为曾氏之冗，大抵原本晁陈两家，以持论为主而微傅之采缋，以合于都水氏序录之遗，则信可传者，宜同调之多爱也。"③以短小精悍的话语叙述学术源流蕴涵厚重学术分量，诚如正止所表扬："具体而微，譬诸螟蜓以分寸之身，头角四肢，宛然屈信，变化与神龙无异，非所谓小之可以敌大也。"④也如王象晋所赞："或剔前人之隐，或揭后人之鉴，或单词片句，扼要而标奇，或明目张胆，核讹而黜谬，平章千古，会萃百家，用意良已勤矣。倘所谓驽书成淫，

---

① 汲古阁书跋 重辑渔洋书跋 [M]// 毛晋 . 汲古阁书跋·常昭合志稿 . 潘景郑，校订 .4.

② 汲古阁书跋 重辑渔洋书跋 [M]// 毛晋 . 汲古阁书跋 // 胡震亨 . 叙 . 潘景郑，校订 .6.

③ 汲古阁书跋 重辑渔洋书跋 [M]// 毛晋 . 汲古阁书跋 // 胡震亨 . 毛子晋诸刻题跋引 . 潘景郑，校订 .9.

④ 汲古阁书跋 重辑渔洋书跋 [M]// 毛晋 . 汲古阁书跋 // 正止 . 引 . 潘景郑，校订 .10.

好奇成癖者非耶。每一批阅，击节赏叹，啧啧不忍舍去。"①正有后来章学诚所言"辨章学术，考镜源流"的质地。观毛晋《汲古阁书跋》，考作者：如《陆玑草木鸟兽虫鱼疏》作者有陆机、陆玑二说，毛晋以陈振孙所考确定为陆玑。陈振孙所论有二据：一是《陆玑草木鸟兽虫鱼疏》引《尔雅》郭璞注，则《陆玑草木鸟兽虫鱼疏》成书当在郭璞后，未必为三国时吴国人；二是陆机为晋人本不治诗。②毛晋认为陈振孙所论言之凿凿，也由此论定作者为陆玑，是无误的。考世系：如据沈氏家族墓志及古今人兄弟命名偏旁取义都相肖，考定沈括与沈遘二人是叔侄关系，得出沈氏曰同曰周为一代、曰振曰扶曰括为二代、曰辽曰遘为三代，确定《四朝史》与《姑苏志》所言无疑错误。考书籍真伪：如郭中丞公自云为秘阁石本的新刻《子贡诗传》，毛晋却认为"真赝未敢臆决"，于是疑以阙疑，希冀待"博雅君子"③以定。此外，毛晋在校书方面，则提出了校书难，如"落叶难扫"④，即使善本也有未尽校的遗憾的观点。他"辨章学术，考镜源流"之迹显而易见。当然，毛晋自己也是意识到题跋学术分量的一员。他曾明确指出，题跋虽然看似属于小品之类，却实非小品，并且要写好题跋必须具备深厚功力，即"非具翻海才射雕刻雕手，莫敢道只字"⑤。因此，他的题跋自然也能有别于同时代账簿之类目录书。

此外，毛晋对时人后人的影响还在于他访书爱书护书精神。毛晋访书有泥古的癖好，如"缒海凿山"⑥以求宝藏一样，不限远近，千方百计购访他人未见的书，一定要得到才快乐。并且他购书不惜重金。宋椠本按每页二百计价，旧钞本每页四十，时下善本，别家出一千，毛晋出一千二百。同县中有谚戏称三百六十行生意，不如卖书给毛晋。毛晋也自言自己访书甘苦："余觅《宝晋斋集》十余年矣，惜乎不传，凡从稗官野史，或法书名画间，见海岳遗事遗文，辄书寸楮，效白香山投一磁瓶中，未可云全，鼎一脔肉也。"⑦毛晋爱书护书，一在使书籍恢复原貌。毛晋家所藏书籍，都经过毛晋亲自钞写校勘，纠讹谬，补遗亡，即使被蛛丝鼠壤，以及风雨所糜败者，也一一整顿，"雕板

①　汲古阁书跋 重辑渔洋书跋 [M]// 毛晋 . 汲古阁书跋 // 王象晋 . 引 . 潘景郑，校订 .8.

②　汲古阁书跋 重辑渔洋书跋 [M]// 毛晋 . 汲古阁书跋·草木鸟兽虫鱼疏潘景郑，校订 .3.

③　汲古阁书跋 重辑渔洋书跋 [M]// 毛晋 . 汲古阁书跋·子贡诗传 . 潘景郑，校订 .3.

④　汲古阁书跋 重辑渔洋书跋 [M]// 毛晋 . 汲古阁书跋 /·郑注尔雅 . 潘景郑，校订 .4.

⑤　汲古阁书跋 重辑渔洋书跋 [M]// 毛晋 . 汲古阁书跋·容斋题跋》潘景郑，校订 .36.

⑥　汲古阁书跋 重辑渔洋书跋 [M]// 毛晋 . 汲古阁书跋 //. 陈继儒 . 叙 . 潘景郑，校订 .5.

⑦　汲古阁书跋 重辑渔洋书跋 [M]// 毛晋 . 汲古阁书跋·米元章志林 . 潘景郑，校订 .17.

流通，附以小跋，种种当行，非杜撰判断，硬加差排于古人者。"①并且亲为题评，于心无憾方公诸天下。②一在与天下共享爱书。于书无所不窥的毛晋，并不私密书籍，而是把书"悬国门"③，与世人分享。对书籍的爱，无疑是一种大爱。

当然，除毛晋外，明代还有一些目录学家，在读书、聚书、购书、鉴书等方面对清代目录学家颇有启益。如在祁承煠看来，"读书"：务须奋志法古④；于郑樵求书八法之外新增辑佚法、别出法、序跋法以购书。"鉴书"：藏书关键在于识鉴，而识鉴所用者在审轻重、辨真伪、核名实、权缓急而别品类。⑤不过，遗憾的是，祁承煠所藏书为避明末丧乱，全部运载到云门山化鹿寺，由此而散佚。后来，黄宗羲专门入山检点三昼夜，载十捆而归，得到了祁承煠藏书的精华。剩下的则全归石门吕庄生。吕庄生痛惜祁承煠后人佞佛卖书，感慨藏书易散，曾作诗记录这事道："阿翁铭识墨犹新，大担论斤换直银。说与痴儿休笑倒，难寻几世好书人。宣绫包角藏经笺，不抵当年装订钱。岂是父书渠不惜，只缘参透达磨禅。"⑥不过，虽然祁承煠的藏书散佚了，但为藏书而作的《澹生堂藏书约》流传了下来，后来被鲍廷博收入了《知不足斋丛书》。然而遗憾的是，《澹生堂藏书约》重在总结，创新不足。不过，祁承煠《澹生堂藏书约》在内容上的遗憾被他的《澹生堂藏书目》一定程度上弥补了。《澹生堂藏书目》在著录中采用了"互著""别裁"法、四部之外增"丛书"一目，无疑具有很大的创新。而祁承煠的《庚申整书略例》则总结了互著、别裁理论。后来章学诚认为不少书籍的内容都不是单一的，主张采用互著和别裁的编目方法，以及张之洞《书目答问》四部之外增"丛书"一目，都有受《澹生堂藏书目》影响的一面。

总之，清初目录学承明代而来，去除的是明代目录学的弊病，吸收的是明代目录学的精华。这与清初治目录学者，大多为名家，见多识广，学力深厚，不无关系。正因为此，他们大多能罗致异本佳籍，经史子集无所不包。也能自觉校书，校书精核详明。他们几乎都为自己藏书作有书目，并抒发心得体会于书跋中。这些书跋烙入了他们深厚的学识与功力，渗入他们的思绪

---

① 汲古阁书跋 重辑渔洋书跋 [M]// 毛晋 . 汲古阁书跋 // 陈继儒 . 叙 . 潘景郑，校订 .5.

② 汲古阁书跋 重辑渔洋书跋 [M]// 毛晋 . 汲古阁书跋 // 王象晋 . 引 . 潘景郑，校订 .8.

③ 汲古阁书跋 重辑渔洋书跋 [M]// 毛晋 . 汲古阁书跋 // 王象晋 . 引 . 潘景郑，校订 .8.

④ 祁承煠 . 澹生堂藏书约 [M]. 上海：上海古籍出版社，2005：7.

⑤ 祁承煠 . 澹生堂藏书约 [M].18.

⑥ 祁承煠 . 澹生堂藏书约 [M]// 附录 // 缪荃孙 . 藕香零拾本缪荃孙跋 .27.

感慨，道出了他们的人生境界，实为书籍的大功臣。他们的书目，在分类上汲取前人的优点，又据自己喜好灵活安排目录，类目设置上层次增多，分类更趋合理。为适应图书发展需要，还新增不少类目。并且回归目录解题的传统，拓展了版本目录。同时，他们治目录学代有继承创新，颇有理论建树，而他们中游宦作幕者，限于时间与精力，多著有读书记，对有清一代读书记贡献良多。

二、清初求书访书

清初目录学有良好的发展机遇，清初无论私家或官方都重视典藏。目录学者几乎都致力于藏书，又是藏书家。

明末战乱，书籍损失惨重。钱谦益称"丧乱之后，国家宝书玉牒，与故家缥囊缃帙，靡不荡为煨烬"[①]，朱彝尊自言先世藏书经明末战乱丧失殆尽，而王士禛家先世所藏书籍经明末兵火竟使数代积累的藏书散佚了一半。有学者叹息书籍的厄运道："举凡珠囊玉笈，丹书绿字，绨几之横陈，乙夜之进御者，用以汗牛马、掣骆驼、蹈泥沙、籍粪土，求其化为飞尘、荡为烈焰而不可得。自有丧乱以来，载籍之厄，未之有也。"[②]

战乱平息后，修复战火造成的文化创伤就成为有识者的共识。当然，要修复受重创的文化，政府的参与非常重要而必要。就此而言，精于老英雄术的清初统治者，必然自觉全心投入这项事业中去，服务于建设自己正统文化继承者的形象。因此，他们也就自觉致力于文化恢复的重要基础，即书籍的搜求。他们入关前就重视访书，入关后更重视典籍的搜集购置。清宗室昭梿曾讲道："列圣万机之暇，乙览经史，爰命儒臣选择简编，亲为裁定，颁行儒宫，以为士子仿模规范，实为万目之巨观也。"[③]为此，清政府还增设了专门修书机构[④]。有学者统计，三朝间内府刊刻抄行的钦定诸书数量很多，计有经部

---

① 钱谦益.绛云楼题跋[M]// 吉州施氏先世遗册.潘景郑，辑校，上海：上海古籍出版社，2005：189.

② 钱曾笺注.牧斋有学集.卷二六[M]// 钱谦益.黄氏千顷斋藏书记.梁溪金匮山房主人，清康熙24年刻本：3-4.

③ 顾廷龙主编.续修四库全书：1179册[M]// 昭梿.啸亭续录：卷一// 本朝钦定诸书.上海：上海古籍出版社，1996年：609.

④ 前文已述，兹略.

27种、953卷，史部79种、5738卷，子部34种、111718卷，集部19种、3410卷，共159种，121819卷。至于私家与官方一样致力于这项事业，一则是为满足他们的个人嗜好，一则是中国传统的绍先继志精神的影响与激励，一则是传承中华文化的需要。因为清初这些藏书家的藏书，既是绍承祖志基础上的藏书，又是明代藏书风气的延续。他们在承继祖上藏书的同时，也继承了祖上嗜书的癖好，致力于搜集购置守护书籍。如黄宗羲儿子黄百家称父亲黄宗羲是"身心性命一托于残编断简之中，故颠发种种，寒以当裘，饥以当食，忘忧而忘寐者，惟赖是书耳"①，又说："余家所得野史遗集、绝学奇经，殆不胜纪。道虽穷矣，书不可谓不富。而家大人方将旁搜遍采，不尽得不止。则是目所未见、世所绝传之书，数百年来沉没于故家大族而将绝者，于今悉得集于续钞，使之复得见于世。"②而拥有曝书亭的朱彝尊不管自己身在何方，只要遇残编断帙，都不惜典当衣物来购求书籍。即使自己这样积攒二十年，但是相较于池北书库所藏，却只有十分之二三。③又池北书库主人王士禛自出仕开始，就目耕肘书，借书抄书。每月初一与十五，都前往慈仁寺寻书购书，购书不惜花掉所有俸禄。如此三十年，然而家传的藏书库仍然没有补足。④并且他每次见到中意书籍就如遇交于契阔死生之后的朋友，"悲愉感慨有出于寻常相万者，故剑之情，讵可忘耶？"⑤他收藏的"援据甚博，实二刘之功臣"⑥的《王损仲二书训故》实访求二十多年，才得到。因担心子孙保护不力，还专门告诫子孙辈"所当宝惜"⑦。此外，《宋史记凡例》，世人以为亡佚。康熙庚午（1690），石门吕褒中携带入京城，朱彝尊借钞其副。王士禛以为神物护持，不与劫灰俱烬，殆有天意，并专门作文记录下这件事。⑧虽然这种癖好从某种程度来讲与玩物丧志并无多大不同，王士禛自己也知晓，但这种癖好王士禛终生未改，他也如实把自己这种癖好告诉子孙，并记载在自己所写书中。《居易录》称："稍后收缉康熙乙巳自扬州归惟图书数十箧而已。官都下二十余载，

① 黄百家 . 学箕初稿：卷一 [M]// 续钞堂藏书目序 . 四部丛刊本：1.

② 黄百家 . 学箕初稿：卷一 [M]// 续钞堂藏书目序 .1.

③ 朱彝尊 . 曝书亭集：卷六六 [M]// 朱彝尊 . 池北书库记 . 台北：商务印书馆，2011：504.

④ 朱彝尊 . 曝书亭集：卷六六 [M]// 朱彝尊 . 池北书库记 .503.

⑤ 汲古阁书跋 重辑渔洋书跋 [M]// 王士禛 . 重辑渔洋书跋·世说新语二则 . 陈乃乾，校辑 .31.

⑥ 汲古阁书跋 重辑渔洋书跋 [M]// 王士禛 . 重辑渔洋书跋·王损仲二书训故 . 陈乃乾，校辑 .98.

⑦ 汲古阁书跋 重辑渔洋书跋 [M]// 王士禛 . 重辑渔洋书跋·王损仲二书训故 . 陈乃乾，校辑 .98.

⑧ 汲古阁书跋 重辑渔洋书跋 [M]// 王士禛 . 重辑渔洋书跋·宋史记凡例 . 陈乃乾，校辑 .10.

奉钱之入，尽以买书，尝冬日过慈仁寺市，见孔安国《尚书大传》《朱子仪礼经传通解》、荀悦袁宏《汉纪》，欲购之，异日侵晨往索，已为他人所有，归来怏怏不可释，病卧旬日始起，古称书淫书癖，未知视予何如？自知玩物丧志，故是一病，不能改也。亦欲使吾子孙知之。朱翰林竹垞尝为予作《池北书库记》。"①《古夫于亭杂录》道"昔在京师，士人有数谒予而不获一见者，以告昆山徐尚书健庵，徐笑谓之曰：'此易耳，但值每月三五，于慈仁寺市书摊候之，必相见矣。'如其言，果然。庙市赁僧廊地粥故书小肆，皆日摊也。又书贾欲昂其直，必曰：'此书经新城王先生览赏者。'"②。对于王士禛的癖好，其后的《藤阴杂记》等也有记载。《藤阴杂记》记载道："孔东塘尚任《燕台杂兴》云：'弹铗归来抱膝吟，侯门今似海门深，御车扫径皆多事，只向慈仁寺里寻。'"③ 王士禛嗜书的情状跃然纸上。

为护惜自己的藏书，只要条件允许，这些藏书家都会为之建藏书楼。当时著名的藏书楼，除上述朱彝尊曝书亭、王士禛池北书库外，其余的还有黄宗羲续钞堂、钱谦益绛云楼、钱曾述古堂、毛扆汲古阁、徐乾学传是楼、徐元文含经堂、徐秉义培林堂、黄虞稷千顷斋、丁雄飞心太平庵、赵昱赵信兄弟小山堂。他们广罗心仪书籍，藏在这些藏书楼中，且随搜随记，记录下丰富的搜书、藏书、护书经验，著有藏书目录题跋，或读书心得，传于后世。他们也因书会友，记诸藏书目录题跋中。如王士禛的书跋既记录下自己的藏书状貌，也记录下包括朱彝尊与自己在内的同时代人嗜书访书护书，刊布流通书籍的事迹。像朱彝尊割爱，三千里驰书寄《研北杂志》给王士禛，令王士禛打开《研北杂志》即想起朱彝尊赠书的深情④，诸如此类王士禛和朱彝尊之间以书会友、惺惺相惜的佳话在王士禛的书跋中历历可见。这些藏书目录题跋，著名者有钱谦益《绛云楼书目》《绛云楼题跋》、黄宗羲《续钞堂书目》、朱彝尊《曝书亭跋》、徐乾学《传是楼书目》、徐秉义《培林堂书目》、钱曾《也是园藏书目》《述古堂书目》《读书敏求记》等。并且，这些藏书家少有私密自己所藏者。如此，保护传承了文化，中华文化代有人继。

在官方与私家共同关注典藏和流通的机遇下，图书市场因之得以活跃。当时书坊很兴盛，书籍事业得到了大发展。至此，经明末战火之劫的书籍再

---

① 景印文渊阁四库全书：第869册 // 王士禛.居易录.473.

② 王士禛.王士禛全集 [M]// 王士禛.古夫于亭杂录.济南：齐鲁书社，2007：4882.

③ 戴璐.藤阴杂记：卷七 [M]// 西城.上海：上海古籍出版社，1985：79.

④ 汲古阁书跋 重辑渔洋书跋 [M]// 王士禛.重辑渔洋书跋·研北杂志二则.陈乃乾，校辑.28.

次获得新生。

三、清初目录学家代表及其题跋书目

清初目录学与清初学术政治紧密相连。当黄宗羲等倡导"经世致用"学风时，作为清初学术中一员的目录学也在自觉实践之。徐乾学的《传是楼书目》，黄宗羲盛赞它"大经大法，兵农礼乐，下至九流六艺，切于民生日用者"①，都能著录，发挥了经世致用之功。获毛奇龄"非博极群书，不能有此"②赞誉的朱彝尊《经义考》，翁方纲认为之所以大家都知道有《经义考》一书，是因为它切于考订，有资于考订。而梅文鼎作《勿庵历算书目》，正与康熙年间历算兴盛局面相合，并切合了康熙欲把学术引向求实之途的需要，而评价者也是多从详征的推步实理，即事征文，不离日用方面去认识它。韩霖《西士书目》作为第一部西学书目完成了西学在康熙年间兴盛局面下需要书目引导学习并认知西学的任务。此外，在与学术政治紧密联系的清初目录学中，还有一类特别的书目与题跋，他们也在反映着学术与政治，但不同寻常的是，他们代表的是一批未能融入清政府的贰臣对当时学术世事的认知，反映着这群特殊人群的心声。而钱谦益又尤为典型。

（一）钱谦益及其题跋书目

1. 钱谦益其人

清代有一批被乾隆皇帝所不齿的"贰臣"，钱谦益在其中享有特殊的地位，他是乾隆皇帝最憎恶甚鄙弃的"贰臣"。既变节作了清朝臣子的钱谦益，理当忠于自己投效的新主，但还把"狂吠之语"刊入自己的集子中，影射自己的新主人，以掩自己失节之羞，乾隆皇帝自然大为恼怒，尤为鄙弃，自然嗤之为"有才无形之人"，并点名把他列入日后《贰臣传》的乙编。当然，这只是乾隆皇帝的一己私见。不过，即使这样做了，乾隆皇帝也还不满意。四库修书时，所有钱谦益的著作全被排斥在外，涉及钱谦益名字者或改或删，丢尽钱谦益读书人的脸面方罢休。

中国传统认可并教授的是忠义，所以不食周粟的伯夷、叔齐历代承颂不

---

① 徐乾学. 传是楼书目 [M]// 黄宗羲. 传是楼藏书记. 东武刘氏味经书屋抄本.

② 朱彝尊. 经义考 [M]// 毛奇龄. 经义考序. 北京：中华书局，1998：4.

衰，享尽生后殊荣。他们是世人眼中即使饮贪泉也不会产生任何贪欲者，"古人云此水，一酌怀千金。试使夷齐饮，终当不易心"①的赞颂，可证世人对他们执着的厚爱。至于历代服药求长生者，即使贵为帝王也根本无法求得与伯夷、叔齐因德而来的万古不死。"服药求长年，孰与孤竹子？一食西山薇，万古犹不死！"②因此，二人是历代士人仿效的楷模："庙貌林山古苇幽，双魂节烈亘千秋。顽廉懦立无穷羡，效武称汤实可羞。孤竹城垣成往恨，首阳薇蕨至今愁。黄旄战马归陈事，唯有滦河曲水流。""滦水回环曲抱州，崇台百尺枕清流。乔松右籁拂衣落，快与前贤共唱酬。"③那么是什么支撑着二人的信念呢，韩愈对此进行了揭示。韩愈认为二人心无所求，是"信道笃"支撑着他们的"自知明"，令他们最终选择完全不合作，包括身体发肤的不合作。身体发肤受之父母，是不能轻易损伤一丝一毫的，但二人的选择，无疑背离了孝道原则。在忠面前，孝只能退居二位。忠孝难两全，自古由然。

　　不过，很少有人关心伯夷、叔齐他们内心的真实想法。其实，二人不过是道义的祭牲。他们坚持仁义，不吃周朝的粮食，符合了最高的道义标准，成就了他们千古令名。然而，面对生命的结束，他们又有着无限的无奈。他们是知识者，生命的消逝意味着一切抱负的虚无。但最终他们无奈地选择了为道义殉葬，并归因于命运的安排，日后的项羽在这点上颇类似伯夷、叔齐这两个圣人。据记载，伯夷、叔齐快要饿死的时候，作了一首歌，歌词是："登上那西山啊，采摘那里的薇菜。以暴臣换暴君啊，竟认识不到那是错误。神农、虞、夏的太平盛世转眼消失了，哪里才是我们的归宿？哎呀，只有死啊，我们的命运是这样的不济！"唐代大诗人白居易有一首《读古史》，对伯夷、叔齐采薇而食悲愤而又无奈的心情做了细致的描绘，对二人宁可忍受饥苦而不变节操给予了赞颂。诗曰："朝采山上薇，暮采山上薇。岁晏薇已尽，饥来何所为？坐饮白石水，手把青松枝。击节独长歌，其声清且悲。枥马非不肥，所苦长执维，豢豕非不饱，所忧竟为牺。行行歌此曲，以慰常苦饥。"

　　当然，无论二人怎样思考，他们终归是归于沉寂了，满足了历代封建者强烈的道义需求，为历代封建王朝的稳定铸就了精神榜样。

　　对于投降而言，封建道义从根本上是鄙弃的。当然，对投降的认识还得

---

① 晋书 [M]// 良吏传·吴隐之 . 北京：中华书局，1974：2340.

② 四库全书存目丛书 [M]// 蒋一葵辑 . 尧山堂外纪 . 济南：齐鲁书社，1995：222–223.

③ 景印文渊阁四库全书：第1304册 [M]// 御制诗集：二集卷五三 // 清风台 . 台北：台湾商务印书馆，1986：117.

区别对待。如晏子在崔杼杀齐庄公后所立的齐景公朝中继续为相，晏子自己的解释是，为社稷，非为君。管仲为齐桓公相，孔子为此和弟子子贡有一段很著名的为管仲正名的对话。二人的对话如下"子贡曰：'管仲非仁者与？桓公杀公子纠，不能死，又相之。'子曰：'管仲相桓公，霸诸侯，一匡天下，民到于今受其赐。微管仲，吾其被发左衽矣。岂若匹夫匹妇之为谅也，自经于沟渎而莫之知也。'"①。同时，投降为当朝所重者，就整个封建历史长河而言，并不缺乏历史的言说，但这亦需要机遇和境运。所以当年谯周入西晋受到恩宠，而后来同样行为的常璩满怀投降的赤诚希冀东晋政府重用，却不可能。皇帝的胸怀并非每个都是宽广的，何况还有机会和境遇的问题。

当平蜀之后，桓温欲打着"举贤旌能"的幌子，笼络巴蜀人心，也给江东做一个礼贤下士的伪装，来收买江东人心。这一系列举动，使"温声望极高"②，达到了桓温的预期目的。而实际上桓温的用心并非真正做巴蜀人的"伯乐"，江南的形势也不允许他去赏识重用江东所认为的鄙远之邦的众降臣，而且东晋的门阀观尤盛于西晋。

"东晋新政权是以北来的世家大族为主要支柱的，在东晋政权中，北来的世家大族，特别占优势"③。所以，"江左重中原故族，轻蜀人"④则是必然的趋势，而身为蜀人及降臣双重身份的常璩虽以贤士面目出现于江南，自然不能为社会接受、认可，更不会被朝廷重视。这时已与当年蜀汉谯周入西晋受晋武帝隆重礼遇的形势大异了，更不用说像常璩这些投降的蜀臣了。恰在这时，与常璩一起降晋并被任为参军的原成汉官员王誓、邓定等又起而反叛。常璩虽未参加叛乱，但被猜忌则是免不了的，东晋政府自然更不会委以重任了。

由隋入唐的王绩虽满腹经纶也只能在家乡的东皋"薄暮望"，感叹无所倚侍，一切的欢乐属于新朝代的弄潮儿们，他"相顾无相识"，唯一的解脱就是怀抱"采薇"求得心灵的静谧。

博通古今的钱谦益应该非常清楚历史上降臣的故实，他也应该早就清醒地认识到，在前早有洪承畴等诸降人在清政府核心圈内，他一个后降之人，入阁拜相可能性是不大的。圆宰相梦是钱谦益为官的最大追求，在明季他数次距宰相之位仅一步之遥，但最后都失之交臂。在清的强大的军事力量面前，

---

① 阮元校刻.十三经注疏 [M]// 论语·宪问.北京：中华书局，1980：2512.

② 王仲荦.魏晋南北朝史 [M].上海：上海人民出版社，1979：333.

③ 王仲荦.魏晋南北朝史 [M].327.

④ 任乃强.华阳国志校补图注 [M]// 前言.上海：上海古籍出版社，1987：2.

强烈的求生欲望，拜相梦想的召唤，对前程的渴念，继而保全全城性命的思考下，他对清政府是满怀赤诚的。自己投清后，他为清政府招降江南极为尽心，"以招降江南为己任。"① 他对清政府寄予的期望过高，多少有点狂热过头而失去理性分析，他得到的结果只能使他彻底失望，清政府对他的兴趣并不大。这个时期，清政府统一全国已属必然，而钱谦益弘光一朝并没有多少高尚的品行，清政府并不愿意信任他，最后清政府只授予他礼部侍郎的职位，管秘书院。这个职务只有虚名却没有实位，拜相的梦彻底落空了。有名无实的虚位自然笼络不了钱谦益这样一个胸怀济世之志率性高蹈的人。

在资本主义萌芽，工商业兴盛，讲求生活情趣的明季，既有满街是圣人的心学大兴，讲求日用生活即是道；又有尊情抑理，不从世俗，率性高蹈，重童心讲狂禅之风并行。钱谦益应该是深受世风濡染的，他声称自己："少喜读龙湖李秃翁书；以为乐可以歌，悲可以泣，欢可以笑，怒可以骂，非庄非老，不儒不禅，每为抚几击节，盱衡扼腕，思置其人于师友之间。"② 与非正统的李贽、汤显祖、达观等过从颇密，并自称"广大风流教主"，享声乐，狎歌姬，花甲之年不顾众人声讨，以正室之礼娶柳如是。他既看重世俗功利，又知晓道义及其作用。在崇祯朝他为正流清议派，党望所归；在弘光小朝廷，他却附和阮大铖、马士英。当弘光被执，南京沦陷，诸降臣都向清政府致礼币，其中有达万金者，钱谦益独致礼甚薄，以表自己的廉洁。而当南明诸臣见到被清军囚禁的弘光帝时，"群臣见故主，皆伏地流涕。王铎独直立，戟手数其罪恶，且曰：'余非尔臣，安所得拜？'遂攘臂呼叱而去……是日独钱宗伯伏地恸哭不能起……"③ 有学者指出，钱谦益以"好色"和"怨悱"为其情的基础，以"真"为核心；"好色"突出摆脱传统规范，"怨悱"强调民族灾难时的悲壮崇高，两者形成其主情审美命题的个性内容和特点。④

因此，在钱谦益的政治生涯中，他既可以为故主悲，也可以做新朝的臣子。一旦期望达不到，也可以义无反顾地辞官，还可以回归士人的气节。率性也谓道。

钱谦益如此反反复复的行为是不可能邀宠清政府的。钱谦益的反反复复

---

① 台湾文献史料丛刊：6辑[M]// 李天根. 爝火录：卷一〇。北京：人民日报出版社，2009：594.

② 钱谦益. 钱牧斋全集[M]// 钱谦益. 有学集：卷二一// 松影和尚报恩诗草序. 吴江薛氏邃汉斋铅印本，清宣统二年：10.

③ 王应奎. 柳南随笔[M]// 王彬，严英俊，点校. 北京：中华书局，1983：27.

④ 裴世俊. 钱谦益主情审美命题及其价值[J]. 江海学刊，1991（4）：169.

如果说值得同情，那就是他的反反复复，起因于尚未泯灭殆尽的士人的节气。士人的气节，钱谦益并没有荡然无存。在期望达不到，失望之余，痛定思痛。为气节，他是可以回归的。

　　"平生谈节义，两姓事君王，进退都无据，文章那有光？真堪覆酒瓮。屡见咏香囊，末路逃禅去，原为孟八郎。"①这是乾隆对钱谦益的点评之一。这点评虽然有过头之处，但确可概括钱谦益一生。名隶东林，自视清流的他，在南明朝，竟然诣事马士英，推介阮大铖。顺治二年（1645），当多铎大军进逼南京，他又和同是大手笔的王铎共同拟定《降清文》，经王铎亲笔抄就，赵之龙签署，把南京拱手让给了多铎。他出卖南明，性命无虞之外，还换得了新朝的职位。他对生的留恋，背离了他少小就接受并无条件遵循的忠义。所以，当他听从柳如是劝说，准备为崇祯殉葬跳湖时，临湖之际却突然想到了湖水的冰凉，一念之间就收回了许多日来酝酿满腹的壮志豪情，打道回府了，以后更生出了与王铎等上演的那幕投降剧。对于这惊天动地的行为，钱谦益自称："仆真见大事已去，杀运方兴，弃身舍命，为保全万姓之计，触冒不测，开此大口。"②而降清后，清政府并不能满足他的封相愿望，他曾有诗"剧怜渭水垂纶叟，未应非熊鬓已皤"③言宰相之志，其间充满不能实现的惆怅。失望不能不使他又生出对不起故国之念，何况他身上还流淌着士人的血液。因此，他和抗清人士来往，并暗中资助他们。回想他和王铎拟定的降书上的豪言壮语"谁非忠臣，谁非孝子，识天命之有归，知大事之已去，投诚归命，保全亿万生灵，此仁人志士之所为，为大丈夫可以自决矣！"他又对不起收留他的第二个主人清朝。不论当初投降动机如何，既然如其所言"投诚归命"就应该安命，做新朝的忠臣，但钱谦益再次没做到。确乎进也失据，退也失据。乾隆不给他好脸色，也是应该的。所以，钱谦益获得的只能是清政府对他的彻底遗弃。不过，乾隆连带骂他的文章只堪覆酒瓮，却是因人废文，未免过激。钱谦益的文名是无可指摘的。钱谦益，明万历三十八年（1610）进士，他的诗文与吴伟业、龚鼎孳并称"江左三大家"，著有《初学集》《有学集》《投笔集》《杜诗笺注》等，编有《吾炙集》《列朝诗集》，是明末清初的大诗人。

---

① 方濬师．蕉轩随录·续录：卷二 [M]// 钱牧斋．北京：中华书局，1995：41.

② 钱谦益．钱牧斋全集钱谦益 [M]// 牧斋外集：卷二二 // 牧斋杂著·与邑中乡绅书．上海：上海古籍出版社，2003：823.

③ 钱谦益．钱牧斋全集 [M]// 钱谦益．牧斋初学集：卷一五 // 丙舍诗集：上 // 钱谦益．岁暮杂怀·其七．吴江薛氏鋈汉斋铅印本，清宣统二年：23.

清代沈德潜编选《国朝诗别裁》时，将他的作品放在首位。当一切抱负无法实现时，钱谦益剩下的只有书本。

2. 从《绛云楼题跋》^①看钱谦益

钱谦益为绛云楼书籍所做籤题，因绛云楼失火，荡为灰烬。亦即，钱谦益并没有成帙的题跋之作，他的题跋散诸于平生著述中。而钱谦益为绛云楼书籍做的题跋流传下来的，据潘景郑核查，载《初学》卷八十三至八十五及《有学》卷四十六至五十两集外者，零星捃摭，不存什一。潘景郑弱冠即从事钱谦益绛云楼题跋的搜集工作，寻到《有学集》初刻五十卷及二刻金匮山房重刻五十一卷本。他比较二本异同，发现出入甚多。他又寻得黄宗羲评本，以之勘正讹夺。由此得出，初刻本诗多三题，文多七首；二刻本则增益诗二十一题，文多九十首。涵芬楼影印入《四部丛刊》，初据金匮山房本传布。《丛刊》再版时，征得他家所藏初刊本，别录金匮山房本校补附行。此外，除他搜求到的初刻《有学集》及金匮二刻本外，传世抄本还有较金匮本复有增益的《牧斋有学集补遗》一书。又，他别藏有三本之外的丁祖荫校正误字甚精的抄本《牧斋外集》二十五卷。综和他钩稽以上所藏钱谦益书籍所得，并访求其他佚文，他汇辑钱谦益为绛云楼书籍所做题跋二百六十五首成帙，取名《绛云楼题跋》。^②

绛云楼是钱谦益钟情之所，它凝聚着钱谦益与柳如是共同的爱好与志趣，是钱谦益心志表达的场所，心灵的最后归依。在为绛云楼藏书而作的题跋中，我们就能感觉到钱谦益的这种心声。

对于自己降清复归的行为，以及由自己行为带来的后半生的只能与书为伍，钱谦益个人其实很是无奈的。本来自己在明季就尽谓余生誓念，此身日礼空王，忏悔宿业，终此残年。然而弗意稼轩公"纶音重"，召移镇西粤。不两年间，四方瓦解，有破碎山河之叹。自己驻节江上，进退维谷，究作画虎不成之举，最后只好归而谋遁湖山。^③

我们看他为《易笺》做的题跋，他由文王、孔子的《易》讲起，"文王明夷，则君可知矣。仲尼旅人，则世可知矣。故曰：作《易》者。其有忧患乎"，点出《易》源于忧患。由此指出闇斋遭丧乱之余，晚而好《易》，对《易》"极

---

① 把《绛云楼题跋》列入目录题跋，是因为此跋是钱谦益为绛云楼藏书而作，且其中不少地方是在考订作者、书籍出处，详述学术源流等。

② 钱谦益.绛云楼题跋 [M]// 潘景郑序.潘景郑，辑校.上海：上海古籍出版社，2005：1.

③ 钱谦益.绛云楼题跋 [M]// 苏眉山书金刚经.潘景郑，辑校.74–75.

深而研几"，是因为切身所历，有余悲，有余思。宋代谢石，以拆字术忤权贵，是因为以字为字，局于其中，未参悟透玄理，其实就等于未工此术，而以身为字的方是工于此术的高人。钱谦益历经数次患难，大起大落之后方清醒地认识到此。念及自己没有识先机的能力，钱谦益自然不无遗憾。由此而思《易》文明柔顺的含义，慨叹自己就是宋代的那个以字为字的谢石，以仕进为仕进，不能跳出此圈，别开新境。几十年都在蒙昧中度过，终归致祸。慨叹非亲历不悟，于是自命为蒙叟，来作为自己曾有过祸患之记的鉴戒，而自己也由此方读懂闇斋《易笺》，为闇斋《易笺》作题跋也意在此。当然，钱谦益也希望自己人生的忧患能如《易》的"明夷"一样，黑暗过去之后就是无限光明。当然，这等表白，无疑也是钱谦益仍然执着信念不放弃理想的见证。所以，我们不难理解他降清及隐居后，还与抗清义士的私下来往。既然难以在清政府的朝堂上达到致君尧舜上，自然就又回归原初，让自己身上流淌的中国封建时代士人的血液重新沸腾。因此，整个题跋语重心长，凝重而深刻，颇有痛定思痛之感。

　　钱谦益在《绛云楼题跋》中常常流露出这种情绪。他称明季是"胜国之季"①，南明建立，偏安一隅，是"帝车南指"②，明亡为"丧"，明末清军南下为"天地翻覆，劫火洞然"③，为"乱"，他见旧日所藏扬雄《方言》，虽经丧乱，而"纸墨尤精好"，"纸背是南宋枢府诸公交承启札，翰墨灿然"④，感丧乱以来，自己所蓄法书名画，以及国家宝书玉牒与故家缥囊缃帙，都一一荡为劫灰，于是生出了无限故国思绪，慨然道："于今思之，更有东京梦华之感。"⑤

　　这种故国思绪是与自悔失节相关联的。因此钱谦益又时时对失节检讨，尤其是见故人或者故人子弟，这种自我声讨尤其强烈。他回忆自己与能始的交往是刻《初学集》请能始作序时开始的。能始为《初学集》作序因不多见自己的诗文，于是他靠想象作序。虽然缪相推与，但他的言辞貌貌。自己读这些文字，感能始人格魅力，更自恨交能始太晚。如今，能始已仙去三年，藏血化碧，自己却做楚囚越吟，连蹇不即死。思绪及此，感自己劫后余生，诸多自恨，以致对自己的眉目嚬笑，"临流揽镜"，也往往自憎自叹，"趣

---

①　钱谦益．绛云楼题跋 [M]// 山晓窗诗稿．潘景郑，辑校．164.

②　钱谦益．绛云楼题跋 [M]// 山晓窗诗稿．潘景郑，辑校．164.

③　钱谦益．绛云楼题跋 [M]// 偈庵诗册．潘景郑，辑校．165.

④　钱谦益．绛云楼题跋 [M]// 方言．潘景郑，辑校．7.

⑤　钱谦益．绛云楼题跋 [M]// 方言．潘景郑，辑校．7.

欲引而去之"。① 确然，钱谦益面对这样一个真性情的素未谋面的朋友，想想自己这几年的所作所为：明亡，既未能全身而退，也没有死节，却犹怅怅于朋友了解自己太浅，未免太愚而可笑了。而相对故友，往年游南北两都时的秦川贵公子，继而山东英妙，已而西东京循吏，西台遗老，今日"遂坏衣休发，修头陀行，拄杖拈锥，扬眉瞬目，作堂头老和尚"的剑叟和尚，一生面目，虽然几次改换，使人有形容变尽之感，但剑叟和尚能为故国"雀人水化为蛤"，而自己却不能，"犹刺作老秃翁"，苟且偷生。② 对自己而言，是其可悲哀的。据载：

> 大盲头陀，故明遗民，不传其姓氏，钱牧斋尝为刻其诗百首，陈菊人为之序曰：头陀少负隽才，名噪诸生间，每思效陈汤傅介子班超马援，扬旌秉钺，立功万里外。国变后，呕血数升，卸衣去巾，咏"满地芦花和我老，旧家燕子傍谁飞"，及"宁可枝头抱香死，何曾吹陨北风中"之句，辄涕下被面。久之，往来秦淮，亲见蒲柳宫墙，铜驼荆棘，呻吟梦呓，发为诗歌，其忠孝大节，嚼然不其久如此。牧斋最喜其"牧马人归夕阳影，报钟僧打过潭声"，及"鸥惟空阔无他恋，燕亦炎凉到处飞"之句，以为世之有名籍甚，张鳞竞爪者，恐未能有此逸句。③

所以，他发誓不作诗文，间有应酬，都不削稿，如"庄乌之越吟，汉军之楚歌，讹然而吟，讪然而止"④，以免触动自己的心灵。其实，他的诗文是很具才华的。

然而他的誓愿几乎无实现的可能，退而求诸著述是学者文人出仕无望的必然归宿，但表白搁笔并不代表与笔绝缘，饱经人世沧桑与风云变幻后的顺治五年（1648）他作的《吴门春送李生还长干》"阑风伏雨暗江城，扶病将愁起送行。烟月扬州如梦寐，江山建业又清明。夜乌啼断门前柳，春鸟衔残花外樱。尊酒前期君莫忘，药囊吾欲傍余生。"萧瑟遒劲中透露出惆怅苍凉与沉郁。无论笔力诗意与境界均有胜过明季诸作之处，而唏嘘慨叹中则又明显流

---

① 钱谦益.绛云楼题跋 [M].潘景郑，辑校.159.

② 钱谦益.绛云楼题跋 [M]// 官和尚天外游草.潘景郑，辑校.171.

③ 李岳瑞.春冰室野乘 [M]// 大盲头陀遗诗.上海：上海世界书局，1922：175–176.

④ 钱谦益.绛云楼题跋 [M]// 为黄子羽书诗册.潘景郑，辑校.194.

露出故国思绪。亭台依旧，城阁犹在，然而却是物去人非，江山易主。扬州曾有自己如梦的往昔欢娱与骄矜，清明来临，念故叹今抚昔，如梦如烟，惆怅如许。如今，自己病魔缠身，无有他念，药囊将是自己余生的依傍了。因此，钱谦益的发誓也就无所益无所谓了。这和他为人倒也颇一致。由此，钱谦益入清后诗文应该成就更大，应是我们不得不肯定的。经历了岁月洗礼，理想彻底破灭，对人生世事更有深刻感悟的钱谦益，在他与绛云楼为伍的岁月，满纸血泪，字字珠玑，笔力自然比往昔老道遒劲。这等情状《罗近溪记张宾事》题跋表现得非常真切。在题跋中，钱谦益道：

> 盱江罗汝芳记云：关西康德涵，扶乩下神。神批云："我张右侯也。"问右侯为谁，曰："君不读晋载记乎，我石氏辅张宾也。吾少有大志，自期佐真主定天下，不幸失身伪朝，言听计从，封为右侯。自愧功名不如管乐，每与横林子中夜叹息，未尝不涕泗横流也。"问横林子为谁，曰："苻氏相王猛也，与吾并事伪主，各负感愤，至今郁郁鬼录。"汝芳万历间名儒，所谓近溪先生者也。斯言得之同年王中丞，为德涵乡人，而申论之曰，千载之下，豪杰尚抱终天之恨，吾侪幸生盛世，其可不勉。当是时，款塞互市，三垂晏然，不知近溪何为而发此论，余窃怪之，又常观刘聪子约暴亡而苏，言见元海于不周之山，经五日从至昆仑，三日后还不周，见诸王公卿相死者悉在，宫室壮丽，号曰蒙珠离国，以宾猛之灵爽，其殁也，岂无蒙珠离国，可以栖托，而幽沉鬼录，若是备钦，抑亦有其地而不乐居，聪子以为昆仑乐国，而彼自以为幽都九关与。抑亦诸人所居，亦有如所谓蒙珠离国者，自有国土，自有君臣，终不获与华夏管乐之俦，比肩陟降与。不然，何其谋略展于当时，勋德着乎殊俗，而魂魄私恨无穷，历百代未瞑也。呜呼，孟孙景略，赵魏之英，宾希子房，猛儗孔明，风高月满，佐命告成，名飞八部，魂羁九京，失身膻潼，遗恨丹青，戴记悠悠，鬼录冥冥，关塞月黑，风凄哭声，约梦则妖，乩告有灵。近溪子之戒，其可不惩。①

这题跋即为钱谦益的内心独白。夷夏之防，是汉族士大夫难以逾越的鸿

---

① 钱谦益.绛云楼题跋[M]//罗近溪记张宾事.潘景郑，辑校.22-23.

沟。对于那些曾在少数民族建立的政权任职的士人，在汉族士大夫看来，即使如张宾、王猛之属，功勋卓著，名盖天下，但身前的荣耀，是始终换不来身后令名的，连魂魄也将私恨无穷。钱谦益借罗汝芳的记载，通过罗汝芳所载张宾的自述，以及同年王中丞的申论，表达了自己这个观点。言下之意，千载之下，屈身侍奉新朝之主的豪杰，不可胜数，尚抱终天之恨，何况我钱谦益一个普通人。并且，钱谦益还想象并设定一个侍奉新朝之主的蒙珠离国。蒙珠离国的人们，"自有国土，自有君臣，终不获与夏管乐之俦，比肩陟降与"①。因此，虽然他们"谋略展于当时，勋德著乎殊俗"②，而魄"私恨无穷，历百代未暝"③。可见，虽然钱谦益以自己远不能与古豪杰媲美来告慰自己不必以侍奉少数民族建立的新朝廷为遗憾，但他始终是愧而有憾的。此等道白与当初草拟降清文，以及为清政府劝降江南时的他大相径庭。再次经历的磨难，无法实现的将相梦，令钱谦益回归本原，检讨士人根本与夷夏之辨之间的关系。此举究来是在为自己降清而实际上的复叛找借口，还是真的回归汉族士大夫的根本。历史对此言说纷纭，至少乾隆相当鄙嗤。乾隆三十四年（1771）六月谕旨："钱谦益本一有才无行之人，在前明时身跻膴仕，及本朝定鼎之初，率先投顺，洊陟列卿，大节有亏，实不足齿于人类。朕从前序沈德潜所选《国朝诗别裁集》，曾明斥钱谦益等之非，黜诗不录，实为千古纲常名教之大闲。彼时未经见其全集，尚以为其诗自在，听之可也，今阅其所著，《初学集》《有学集》，荒诞背谬，其中诋谤本朝之处，不一而足。夫钱谦益果终为明臣死不变，即以笔墨腾谤，尚在情理之中，而伊既为本朝臣仆，岂得复以从前狂吠之语刊入集中。其意不过欲借此以掩其失节之羞，尤为可鄙可耻。钱谦益业已身死骨朽，姑免追究，但此等书籍，悖理犯义，岂可听其流传，必当早为销毁……。"④郑方坤在《东涧诗钞小传》也传达出对钱谦益行径的甚为不齿，认为钱谦益首鼠两端，既叛明复叛清，两次背叛主子，德行堪耻。不过，无论钱谦益作这题跋的动机如何，至少其中的故国思绪、自悔侍清却是真切的。清政府并没有带给他所需要的东西，何况在降清前他自己也曾挣扎斗争过。然而，死对他太难，他有太多的东西无法割舍，抱负又一直未实现。降清是个契机，只要清政府满足他的愿望，他可能就会全心忠于

① 钱谦益 . 绛云楼题跋 [M]// 罗近溪记张宾事 . 潘景郑，辑校 .22.

② 钱谦益 . 绛云楼题跋 [M]// 罗近溪记张宾事 . 潘景郑，辑校 .22.

③ 钱谦益 . 绛云楼题跋 [M]// 罗近溪记张宾事 . 潘景郑，辑校 .22.

④ 高宗纯皇帝实录 [M]. 北京：中华书局，1986：155.

清政府了，但历史却偏偏给他开了个大玩笑，令他彻底失望，最后一走了之。当时弃官是需要勇气的，因为"是时法令严，朝官无敢谒假者"①。但钱谦益竟毅然弃官返回老家，并不畏惧生死。这一去，遂令他的余生伴随故国思绪和对失节的悔恨。儒家文化缔造了他，也害了他。"致君尧舜上"不成，是他回归的根本所在。

因此，他喜寒铁道人《南溪杂记》袁小修所言的真文理论，尽"古人之妙理，作者之文心"②，但他实际欣赏的是杂记中表现的爱国精神，这个爱国就是对明的思念，洪觉范、陆放翁二人均是抗击外族入侵的名人。对于《南溪杂记》为何称洪觉范、陆放翁为南溪二友，他为通其中旨意，亲自去石门拜谒"梁公鲁庙李愬画像诸诗，佛子忠义郁盘，扬眉努目，现火头金刚形相者。放翁巢车望尘，家祭嘱子诸诗"③，并且在"学仙学佛，何独取乎二友……二友之文章光怪发作，化为灵凤怪雨，怳忽遁去，子不可不慎备"④的疑惑中，从道人不答，反手长啸，目直上视，仰睇云汉者很久的情状中深深感受到道人的故国之思。这种无法言述的尴尬，也应是钱谦益的尴尬，这才是钱谦益喜欢《南溪杂记》的根本所在。

在《广宋遗民录》中，他的这种思绪也毫不遮掩，表露无遗。元人吴立夫，读龚圣予所撰文履善、陆君实二传，辑祥兴以后忠臣志士遗事，作《桑海余录》，然而有序无书。明朝程克勤，取吴立夫之意，撰《宋遗民录》，记谢皋羽以下十一人。于此，钱谦益明言自己遗憾程克勤此书仅止于十一人，打算续程克勤之志，增而广之，作《续桑海余录》，可惜自己亦如吴立夫一样，只写了序言，就搁笔了。然而，可喜的是，淮海李小有辑有《广遗民录》。对于李小有所辑的《广遗民录》，钱谦益虽遗憾于《广遗民录》中的谬误与踳驳杂出，但他看重的是其中表现的精神，故而赞赏李小有经历陆沉之祸，却能以"先世相韩"⑤，以《广遗民录》回报故国。李小有为明朝李文定公的孙子，因此钱谦益口中所言"先世相韩"，无疑是向清室挑战，难怪乾隆生气。乾隆一朝修《四库全书》，涉及民族忌讳的书籍全列入违碍之列，李小有这本书也应是其中之一。然而钱谦益对李小有的《广遗民录》，还希望后来的

① 邓之诚.清诗纪事初编.上海：上海古籍出版社，1984：306.

② 钱谦益.绛云楼题跋[M]//南溪杂记.潘景郑，辑校.42.

③ 钱谦益.绛云楼题跋[M]//南溪杂记.潘景郑，辑校.42.

④ 钱谦益.绛云楼题跋[M]//南溪杂记.潘景郑，辑校.42.

⑤ 钱谦益.绛云楼题跋[M]//广宋遗民录.潘景郑，辑校.25.

君子，能对它补亡刊正，厘为全书。对于能致力明代史实，愿意修撰者，钱谦益则寄予厚望，认为这类书的问世，意义重大，"自关千秋不朽计"①。明代文化不灭，则明代不灭。因此，他欣喜地讲道："心幸二子旦夕成书，得一寓目。又惧二子以速成自愉快，与市肆所列诸书无大异也。乃二子不要名，不嗜利，不慕势，不附党。自矢必速，而不求连，曰终身以之。然则此事，舍二子其又谁属。"②故而，他号召海内藏书诸家，及与自己交好者各出所撰书籍及家藏本授与吴赤溟、潘力田二人，并从人格上代二人保证，布告同人，吴、潘二人必不肯攘善，且忘却大家帮助的大德，希望大家"毋以我老耄而愁遣我"③，则为故国之幸，文化之幸。

稼堂先生之兄柽章，虽以南浔庄氏史狱牵连罹惨祸，其人亦名士而志节者也。庄氏私史，柽章实未寓目，徒以名重为所搁引，列之参阅中，遂及于难。柽章，明诸生。明亡，隐居韭溪，肆力于学，综贯百家，天文、地理、皇极、太乙之学，靡不通晓。已乃专精史事，欲仿马迁书作《明史记》，而友人吴炎所见略通，遂与同事。柽章撰本纪及诸志，炎撰世家、列传，其年表、历法则属诸王锡阐，流寇志属诸戴笠。私家难得实录，柽章鬻产购得之。而昆山顾炎武、江阴李逊之、长洲陈济生，皆熟于典故，家多藏书，并出以相佐。间出其蒉质之钱宗伯谦益，谦益大善之，叹曰："老夫耄矣，不意今日复见二君。绛云楼余烬尚在，当悉以相付。"遂连舟载其书籍归。撰述数年，其书既成十之六七。自柽章及炎罹庄氏难，而书卒不就，并已就者亦不传矣。窃谓柽章诸人，皆博雅谙史法，其分体著书，志在搜拾前明掌故，必不敢干触忌讳，诋毁圣朝。乃自庄氏大狱起，而其人既惨膺斧锧，其书亦终付劫灰，他日史馆宏阔，遂不获出残冗而资采辑，殊可惜也！钱谦益晚节摧颓，为世诟病，其奖借文人，虚心服善，亦自寸有所长。即绛云楼余烬，脱手赠人，不可谓非古贤风义也。谦益记问该洽，诗文颇有根柢，不得以懵于大义，并没其著作之微。④

---

① 钱谦益.绛云楼题跋 [M]// 修史小引.潘景郑，辑校.33.

② 钱谦益.绛云楼题跋 [M]// 修史小引.潘景郑，辑校.33.

③ 钱谦益.绛云楼题跋 [M]// 修史小引.潘景郑，辑校.33–34.

④ 清代笔记资料丛刊 [M]// 陈康祺.郎潜纪闻四笔·潘柽章修辑明史记.褚家伟，张文玲，点校.北京：中华书局，1990：93–94.

对于这种故国思绪，无论哪个民族，只要忠于自己的王朝，钱谦益都是很钦佩的。他表彰金人平水所刻《本草》，是因为平水对故国的执着。平水刻的《本草》："题泰和甲子，下己酉岁金章宗太和四年甲子，宋宁宗嘉泰四年也，至己酉岁，为宋理宗淳祐九年，距甲子四十五年，金源之亡已十六年，犹书泰和甲子者，蒙古虽灭金，未立年号，又当女后摄政，国内大乱之时，而金人犹不忘故国，故以己酉系太和甲子之下，与作后序浑源刘祁，字京叔，著《归潜志》。"① 于此，虽然对历史而言本就是一种合理的评价，但有夷夏之防的古人几乎不能认识到这个层面上去。这也和他谈张宾、王猛拘于夷夏之防大不同。似乎钱谦益终于超越自我，逾越了狭隘的民族观，从此跳出了折磨自己的夷夏之防。看来他可以不必为侍奉新主遗憾了。但我们知道，这对钱谦益是不可能实现的。因为谈平水的忠义和谈张宾、王猛功勋成就是有本质区别的。张宾、王猛二人是背国效忠新主而来的功业，平水是生在新朝不忘故国。但钱谦益既背故国又不忠新主，并且事实也是如此，因为每念及"二十年来，陵谷迁移，人才遒尽"② 的明亡，钱谦益依然会心痛。这个痛，是钱谦益降清复归后永远的痛。如果没有明亡，他的一生不会大节有亏。因此对平水的表彰也就无异于他的其他任何一种为自己开脱的说辞，并且这一切也并不足以洗刷掉钱谦益降清的耻辱。当然，前面已述，能不在夷夏之防中论忠义，钱谦益已然迈了一大步，倘若他再进一步，如顾炎武等一样总结出亡国亡天下，那确实是可以不必为侍奉清室耗费整个余生去遗憾去痛心了。可惜，他未再前进一步。

因此，倘若到乾隆朝时钱谦益还在世，肯定会与文字狱结缘，乾隆禁毁他的书相对而言只不过是小惩而已，钱谦益似乎也是幸运的了。有言"钱蒙叟《有学集》，以有指斥国朝之语，遂被厉禁，焚书毁板，几与吕晚村戴南山诸人等，二百年后，遗集始稍复出，尝取集中诸诗文，一一勘校，虽指斥之词，触目皆是"③。且看他在《广宋遗民录》题跋中所言，就不奇怪从清政府角度看他的文章得出满篇指斥当朝的结论了。在《广宋遗民录》中，钱谦益道："李叔则氏，谓宋之存亡，为中国之存亡，深得文中子《元经》陈亡具五国之

---

①　钱谦益.绛云楼题跋 [M]// 本草.潘景郑，辑校 .71—72.

②　钱谦益.绛云楼题跋 [M]// 冯留仙和《和陶诗》.潘景郑，辑校 .166.

③　李岳瑞.春冰室野乘 [M]// 钱牧斋诗案 .178.

义。余为之泣下沾襟。其文感慨曲折，则立夫《桑海录序》，及黄晋卿陆君实传后序，可以方驾千古，非时所能办也……逝者如斯，长夜未旦。尚论遗民者，殆又将以二君为眉目，呜呼尚忍言哉！"①宋的存亡为天下存亡，那明的存亡，不也是天下存亡，置清于何地；大清天下光明无限，怎能说"长夜未旦"；大清君主大公至正，有什么可隐忍不言，言犹未尽的。至于见宋御府刻《杨子法言》而感慨："有宋隆平盛际，群贤当国，人文化成，于此可以想见靖康板荡，图籍北迁，此本尚留传人间，真希世之宝。"②宋金对比，明显褒奖宋朝，指斥金南下造成的文化灾难。这是否有影射当今清政府之嫌。而为此"泫然涕流者久"③，更是发思古之幽，泄对清的满腹牢骚。至于说"典午之后。宇宙之劈裂。凡三降而为五胡。又降而为五代。戎翟盗贼。交窃神器。求其衣冠文物之似。不可得矣"④，也处处牵动清政府脆弱的神经，触犯清政府的忌讳。

清政府虽自开国以来就以满族汉族为一体，并无歧视为口头禅，然处事却未尝不重满而排汉。就官员任命上，朝廷大吏，虽满汉兼用，但汉人任事而品级低，而满人则品高而权重，至于外省，抚司以下，间用汉人，总督则历世不多睹。⑤就言论而言，则不但不准对辽金元等曾入主中原的少数民族稍有微词，而且不准对任何少数民族有所异议。为了满足清政府的心理平衡，符合清政府所需要的标准，四库征书时，清政府对各省进呈的书籍，除要求对字句狂谬、词语刺讥及有触悖处的书籍全部销毁外，还特别对民族敏感问题加以专款条呈。而《四库全书》的撰修者们对涉及民族敏感问题的著述，只要触犯清政府的忌讳，便或挖改，或删削，或全毁，或抽毁，致使《四库全书总目》的编撰严重缺失。孟森在《选印四库全书平议》中讲道"四库馆未开以前，自康熙以来，君主之意旨，臣民之揣摩，为女真讳，为建州讳，其风已炽"，到四库开馆，就"根本删改、禁毁原书"，以致成为"清代书籍中一大公案"。⑥

钱谦益晚年的忏悔确乎真诚，对命定等的深信不疑，甚或可谓惝恍。他

① 钱谦益.绛云楼题跋[M]//广宋遗民录.潘景郑，辑校.26.

② 钱谦益.绛云楼题跋[M]//杨子法言.潘景郑，辑校.35.

③ 钱谦益.绛云楼题跋[M]//杨子法言.潘景郑，辑校.35.

④ 钱谦益.绛云楼题跋[M]//黄正义扇.潘景郑，辑校.69.

⑤ 萧一山.清代通史：卷中[M].上海：商务印书馆，1927：23–24.

⑥ 孟森.选印四库全书平议[J].1933，青鹤，19（23）：3.

见宋朝的书，屡思"东京梦华"，常抚卷为之流涕。① 得见不得已售出的宋版前、后《汉书》，认为是冥冥之中自有佛祖护佑的结果。并从此认为佛所道"昔年奇物，经历年岁，忽然覆睹，记忆宛然，皆是藏识变现"② 之语，果然不虚，认为世事前因后果都是有定数的。他晚年对张良的认识大别于十五岁时盛谈神奇灵怪。不过，晚年的他虽然看到的是张良为国复仇，不再大谈神奇灵怪，但他却又明显地被宿命所缠。张良博浪之椎，一发不中，将百发而未已，他疑惑是张良自料"必有济"③；他认为张良求士却遇沧海君，潜匿却遇圯上老人，穷途亡命，萍埂相值，"固非有意钓奇"④，那么就是天意如此。此后，辅佐刘邦定天下，自请封留。当汉室出现继位危机时，张良又倾平生智慧，请来四皓"以肇安刘之绩"⑤。钱谦益认为这是使两家宿债，"一往酬还"⑥。这样的际遇，是钱谦益梦寐以求的。有功勋如斯，他也会效仿张良功成后"长谢世间，伴黄石而寻赤松"⑦。正可谓了却平生营营，喜得属于自己的人生，修得人生正果。然而，钱谦益却永远只有抚古叹己，归因张良的成就于天意，"岂若子房，天助神佑，功成身退，五世之仇，报于一身；多生之债，酬于现世"⑧；只有自在一边艳羡张良的遇合佳际，"真千古之幸人"⑨。倘若如钱谦益所言，那他钱谦益就是没有天命护佑的不幸的人。这等话语，对于不给他机遇的清政府看来，钱谦益内心不就希望有如张良一样能在当世报明亡之仇，因为钱谦益口中竟说出还不满足于南宋末年的厓山忠臣，请得天帝允许，百年后报仇，让元朝仅能得中原百年，所谓"借力于百年，又将结债于来世，以债还债，宁有了时"⑩ 的话语。清政府容他平安一生，死后免挫骨扬灰，如乾隆言已经仁至义尽了。

　　不过，我们知道，似乎钱谦益有的时候也挺矛盾，他认为相较于《史记》《汉书》来说，《春秋》方可称得上万世之史，孔子方具万世之眼，因为孔子

---

① 钱谦益 . 绛云楼题跋 [M]// 抱朴子 . 潘景郑，辑校 .37.

② 钱谦益 . 绛云楼题跋 [M]// 抱朴子 . 潘景郑，辑校 .14.

③ 钱谦益 . 绛云楼题跋 [M]// 自跋留侯论后 . 潘景郑，辑校 .34.

④ 钱谦益 . 绛云楼题跋 [M]// 自跋留侯论后 . 潘景郑，辑校 .34.

⑤ 钱谦益 . 绛云楼题跋 [M]// 自跋留侯论后 . 潘景郑，辑校 34.

⑥ 钱谦益 . 绛云楼题跋 [M]// 自跋留侯论后 . 潘景郑，辑校 .34.

⑦ 钱谦益 . 绛云楼题跋 [M]// 自跋留侯论后 . 潘景郑，辑校 .34.

⑧ 钱谦益 . 绛云楼题跋 [M]// 自跋留侯论后 . 潘景郑，辑校 .34.

⑨ 钱谦益 . 绛云楼题跋 [M]// 自跋留侯论后 . 潘景郑，辑校 .34.

⑩ 钱谦益 . 绛云楼题跋 [M]// 自跋留侯论后 . 潘景郑，辑校 .34.

"仁管仲之功，一匡天下，民到于今受其赐"①。就此而言，所谓降与不降就有更深层次的含义了。既然，钱谦益能认识到此，他完全不必忏悔。然而，新朝廷没有重用他，他没有管仲的功勋，抱负落空，心却不甘，也就只赢得后半生无尽的悔恨。

（1）对禅的皈依

对作为明朝臣子的钱谦益来说，背叛明朝本就不该，然而他叛明降清后又复归田园，虽然是士人节义的觉醒，但对收容他的清朝无疑又是一个"叛"字。两次背主，自然给自己加上了日后"贰臣"的千古骂名。就南明时期高官盛名下的钱谦益而言，无论叛明还是日后复叛清，他都不能逃了之事，更不是逃禅就能完全解决得了的。背叛明朝前后，自己生死之外，更重要的还是全城的生死存亡。入清后，一则本身气度不够，一则他未能活到足以看到清朝盛世时万千气象之时，以至于他去世时，在他心中所有的还只是狭隘的"黍离之哀"的理论。民族及文化亡了就是亡天下，余者都只是亡国，不过政权更迭而已。"保国"为保卫旧的封建王朝，延续文化却是保天下。汉族文化的延续，明季遗民自觉做了，清代统治者也做了，清朝代替明朝自然就非亡天下了，因为它也自觉延续了汉民族文化命脉。虽然这些争论在今天看来，无有孰是孰非，但当年除了少数几个哲人外，如钱谦益等是不可能认识到这些的。虽然钱谦益也有超越夷夏之论的忠义观，但他在清盛世到来前就去世了，所以他的思想自然难以再进一步。在遭际坎坷，在矛盾的人生心态中，自小所受家庭熏陶的"禅"就或多或少伴随在其左右，终其一生都未曾离开他。

无奈禅归

对清寄予莫大期望的钱谦益投清后，他为清政府招降江南极为尽心。不过，对清政府寄予的期望多少有点狂热过头而失去理性分析，他得到的结果只能使他彻底失望。这个时期，清政府统一全国已成定局，而钱谦益无论在崇祯朝还是南明弘光朝都是有瑕疵的人物，何况在他之前，早有洪承畴等诸降臣进入清政府核心圈，加以事实上清政府存在满汉有别的国策，他一个后降的人，清政府对他的兴趣并不大，也不可能完全信任他，最后他得到的就只是礼部侍郎一职，管秘书院。此职虚名无实位，钱谦益自明以来就怀有的拜相梦彻底落空了。当然，清政府也任命钱谦益为《明史》馆副总裁，满足

---

① 钱谦益.绛云楼题跋[M]//杜苍略史论.潘景郑，辑校.32.

钱谦益为文人的虚荣。虽然修《明史》本是钱谦益的理想，然而这种情况下的《明史》修撰就并非钱谦益之愿。有名无实的虚位，自然也笼络不了钱谦益这样一个胸怀济世之志又不时率性高蹈之人。因此，在迎降的第二年，即顺治三年（1646）六月，钱谦益即称疾乞归，返回南京，继而携柳如是返常熟，退出了政治的正面舞台，隐于幕后。但这个退出是钱谦益不得不完成的无奈举措，是他没有"杀身成仁"的最后归宿。入世与退隐的矛盾，始终未彻底离开钱谦益，这需要钱谦益自己去寻求解脱的良方，而他选中的良方就是禅。就在他称疾乞归的这年，他给常熟的乡绅们写了封信，表达了从此礼佛忏悔的宏愿，他说："天南地北，关河邈然。回首暮云，能无感恋？风闻吾邑物议，大以不肖为射的。标榜士论者，与挟持宿怨者，交口弹驳，体无完肤。此固薄德所招，亦是宿业所积。齐心持戒，朝夕向如来前发愿忏悔。"①

然而，在表达礼佛宏愿后的第二年，即清顺治四年（1647）丁亥，钱谦益却受淄川谢陛案牵累被逮，银铛北上入刑部大狱。第二年（1648）又因黄毓祺案被株连，羁囚南京狱。所有灾祸，都赖柳如是全力奔走营救，请托斡旋，至顺治六年（1649）方彻底获得自由。获得自由的钱谦益移居常熟红豆山庄，专心经营绛云楼。日后的岁月，虽然他也暗中和反清势力联络，但无论是面对当朝清政府还是故明王朝或是反清复明势力，钱谦益既满足不了自己作为封建士大夫无法逃离的"致君尧舜上"的心态，又不能彻底摆脱曾事两姓的罪赎心理，不能摆脱清人及明人对他的双重责难，以入世之心出世的他遂不时得从禅中寻求解脱。

逃禅的这个禅，对钱谦益而言，有佛道、书本与酒三途。钱谦益选择了佛道，也选择了书本与酒，并清晰反映在入清后的他寄托人生的题跋中。这个结果就是上接明季的学术，与明代好收藏善题跋的嗜好一脉贯通，在承续旧学的同时完善旧学并把旧学提高到了一个新的层次，拓展了题跋抒发学术心得、个人情感的空间，为题跋在清代成熟，为目录学在清代成为显学贡献了一分力量。此也可谓另一种承先继志，保天下了。所以当绛云楼毁于一炬后，钱谦益的生命也就随着绛云楼彻底走向了虚无，"生人之趣，于我何有哉"②，道家的"逍遥自适"再也救不了他了。

这个绛云楼至明季一直伴随着他起伏升沉，自崇祯年间，从牢狱中获释，

---

① 钱谦益.钱牧斋全集 [M]// 钱谦益.牧斋外集：卷二二 // 牧斋杂著·与邑中乡绅书.上海：上海古籍出版社，2003：823.

② 钱谦益.绛云楼题跋 [M]// 沈石天浣花闲语.潘景郑，辑校.42.

在拂水边筑居室，建绛云楼其中，用来贮藏图书，如赵明诚、李清照一样，与柳如是焚香瀹茗，校勘赓酬，名满天下，堪与王衍、韩愈媲美。直到绛云楼毁于火，才开始生出白首有期、汗青无日的慨叹。绛云楼已经融入他的生命中。

禅的因缘与禅道禅机

当然，降清后的钱谦益有禅可逃，并非一蹴而就。入清前钱谦益就与禅有缘，只是前后心境与所向不一罢了。入清前是一种好尚，多有消遣之味。入清后，则是一种皈依与寄托。

在《傅文恪公大事狂言》题跋中，钱谦益讲到了与禅的不解之缘，这是未入清前就自己与禅的因缘的一次直接表述。钱谦益生在奉佛之家，自小熏染佛事佛教。万历壬子自言儿时游破山，于残灯石壁中依稀可见谢朓诗，而常少府所称禅房花木却几乎成了往劫事。为了重振寺院，当年钱谦益父亲重金延请高僧无著经营破山寺十余年，使之稍还旧观。而家中城南数顷地，亦被卖去修复长卿碑了。此等奉佛，几等于罄产倡缘，几似昔贤之舍宅。长卿文修复三年后，无著殁，其师弟钵庵，住持此山，亦相继殁。[①]钱谦益父亲礼佛也承自家中女性长辈，钱谦益祖母等的督促和影响。生在礼佛世家，对禅耳濡目染，自然会生出兴趣。境遇不佳时，也自会逃避其中，是普遍的规律。

因此，成人后的钱谦益能接纳异端，交游佛道，与李贽、达观等过从有加，游刃于儒佛道之间，一点不足为怪。对于禅，他有自己的见解。他认为谈禅，应该贵践履。明末学风世风走向浮泛空虚，对禅的认识自然更是看重禅的虚无的一面，但钱谦益在明末曾以清流身份积极投身政治，参与反对魏忠贤的活动，亦一心指望入阁。因此在他看来，禅也应该实学实行。所以他诋斥那些终日谈玄说妙，言行不一，却讥贬圣贤，纯粹口鼓舌燥之流。他说："今日谈禅者，皆宗赵大洲只贵眼明不贵践履之说，终日谈玄说妙。考其立身制行，辞受进退之际，无一毫相应者，乃反贬剥周程。岂知彼在塔中安坐，而我乃遥说相轮耶。因病发药，箴砭干慧，口鼓之流，可谓至矣。"[②]认为禅应该与圣道，即周程理学一脉相通，而并非相悖，并且要实行。当然，就今天看来，当时清流的实学实行，在其时其势下未免拘泥小节而忽略大是大非，但我们并不能就此否定他们的实学实行。

---

① 钱谦益.绛云楼题跋[M]//屠隆重建破山寺碑.潘景郑，辑校.98.
② 钱谦益.绛云楼题跋[M]//傅文恪公大事狂言.潘景郑，辑校.40.

　　然而，现实生活中的钱谦益，与他自己所讲的禅的圣道却多少有所背离。作为清流也自居清流的他，为了入阁，不惜谋求排挤尚书温体仁、侍郎周延儒，三人因之互相攻讦。温体仁追论钱谦益典试浙江取钱千秋关节事，又贿赂常熟人张汉儒攻讦钱谦益贪肆不法。钱谦益求救于司礼太监曹化淳，最后以刑毙张汉儒，温体仁引疾而去，钱谦益也以削籍归乡收场。入弘光朝廷后，他与阮大铖则有同流合污的嫌疑。可见，无论在明朝还是在清朝，钱谦益可谓一直都是矛盾体，反对宦官魏忠贤与官场受贿舞弊交接宦官，同时聚于一身，令名与秽名并存不悖。抛开钱谦益激昂说出诸如此类的谈禅的大道理的语境 ①，倘若仅从他的言行与谈禅论道的不一致来看，透过他的参禅中的圣道，我们可以这样认为，这其实既是钱谦益在陈述自己彰扬礼仪道德为天下表率的决心和旨归，又是在借助说教遮掩自己不为人耻的一面。这看来相悖的两方面，被钱谦益以光辉的语词艺术地表述出来，如果我们不仔细推究，多半只能看到其中钱谦益高尚光彩的一面，难怪乾隆骂钱谦益满口仁义道德，文章最后却只堪覆瓮。而钱钟书认为钱谦益借奉佛以"隐愧丧节"，也颇中肯綮。

　　此外，从《严道彻独瘵寐言》题跋中，我们亦可以肯定钱谦益又在参禅悟道。他说："余读道彻子独寐寐言，视瞿元立所著生传，大有径庭焉……人生而吉凶相攻，情伪得失相感，犹形之有影也。人有形而影斯傅焉。至于影又岂有傅之者哉。坐而起，行而止，离之则宛然，而即之则无有也。貌影中之人，而别其美丑，象其色笑，虽善画者，必穷执影中之人而加以玄冕，施以桁杨，虽善使物者不能也……极元立所搜次，不出仁义道德之属，皆盗余也。元立以为金玉，而道彻子以为土苴，视世儒之发冢胠传攘臂而仍者，不已远乎。道彻子语余，瘵言之为梦呓也久矣，子何以觉我。余曰：'为善无近名，为恶无近刑，庄生为子作注脚矣，余复何言。'道彻子笑而不答。" ② 就形影之间的关系来讲人生吉凶、情伪，且对物体为金玉还是土苴、善恶与名刑之间的关系作出了辩证认识，娓娓道来中蕴含哲思玄理，不啻又是对禅的一次深刻的阐释。依照钱谦益叙述的禅机，在钱谦益眼中，仁义道德在一定条件下是可以转换的，所以钱谦益日后既能降清继而又能回归田野，钱谦益对禅的认知无疑和他的人生走向又是一致的。

---

① 钱谦益有大义凛然的一面，他谈论禅的圣道不完全是为自己遮掩不光彩行为。

② 钱谦益 . 绛云楼题跋 [M]// 严道彻子独瘵寐言 . 潘景郑，辑校 .40–41.

不过，入清前就好仙佛①的他，也确有对禅真挚的热爱。在他看来。如果杀生多了，就如产破镜鸥鹨之属，或噬人，或自杀，其种杀业尤深，感杀报尤重，一生自然会孤单短折，要化解就只能多行善事。因此，我们就不难理解他劝人放生不杀生。不难理解他所道，如果本县愿意多生男子，愿意多出贤能子弟，就应该积极参与到修放生池的行动中去，令"两湖泽国，皆将化为八功德水"②之类的言行与举措；也并不要奇怪于他就如何以应持何观点的文章作佛事，并研究有加的言行。他说："东坡作《岐亭诗》，岐亭之人化之。有不食肉者，坡作诗以戒杀，西佩作赋以放生。世之君子，愿以文章作佛事者，应作如是观。"③而为禅道的蠹坏，他也积极投入赈救队伍中去，也是他必有的举措。

> 佛海上人欲续修《传灯录》，谒余而请曰，愿有以教我也。嗟乎！禅学蠹坏，至今日而极矣。吴中魔民横行，鼓聋导瞽，从者如市。余辞而辟之良苦，要之殊不难辨也，拈椎竖拂，胡喝盲棒，此丑净之排场也。上堂下座，评唱演说，此市井之弹词也。缪立宗祧，妄分枝派，一人曰我临济之嫡孙，一人曰彼临济之假嗣，此所谓郑人之争年，以先息为胜者也。古德之立言，如精金美玉，而今人如瓦砾。古德之行事，如寒冰凛霜。而今人如粪土。希声名，结俦党，图利养，营窟穴，以乞儿市驵之为，而袭诃佛骂祖之迹。入地狱如箭射，鬼神皆知谴诃，而愚人如蛾之附火。死而不悟，岂不悲哉！昔人谓赞宁为僧中之董狐，觉范为禅门之迁固，当斯任者。必如将印在手，纵夺惟我。又如摩尼在握，胡汉俱现，然后可以勘辨机缘，发挥宗旨。不然，手眼未明，淄渑莫别，宵行之熠耀，夜然之阴火，将与兰膏明烛，争光夺焰。长夜昏途。伥伥乎莫知所适，从何传灯之与。有续禅灯者，所以续佛命也。传灯之指一淆，则佛命亦几乎断矣，可不慎哉！上人将遍走海内名山古刹，网罗放失，以藏续灯之役，新安江似孙辑本朝僧史有年矣，上人之采访，必自似孙始也，其并以余言告之。④

---

① 钱谦益.绛云楼题跋 [M]// 峨眉仙人诗.潘景郑，辑校.178.

② 钱谦益.绛云楼题跋 [M]// 放生池册.潘景郑，辑校.103.

③ 钱谦益.绛云楼题跋 [M]// 刘西佩放生阁楼赋.潘景郑，辑校.102.

④ 钱谦益.绛云楼题跋 [M]// 佛海上人.潘景郑，辑校.103-104.

　　故而，入清后，对政治生涯的绝望，也就促使他逃到禅中去。据谢正光研究，钱钟书指斥钱谦益以明朝旧臣投靠清政府，借奉佛以"隐愧丧节"，论定钱谦益昌言佞佛，非真奉佛，不过借佛门中人事以"浇块垒""自明衷曲"而已。谢正光认为钱谦益生长于佛教气氛极浓厚的家庭，自他的祖辈起，大都崇奉三宝，所以钱谦益自孩童时即习知奉佛，也常常参与教中诸事。另外，他的常熟宗族中与钱谦益至亲的顾氏、瞿氏及严氏，都礼佛虔敬至极。因此可知钱谦益入清前即奉佛，他并非借奉佛而隐瞒投清的隐情。钱谦益对时政的评论，往往于偈佛护法的文字中发微，它们的要义有三：人主之奉佛与否，与国运之盛衰密不可分；士大夫之谋人军师国邑者，应效佛门僧徒谋浮屠塔庙之诚；为重臣者，宜以明初文臣宋濂之以佛法事太祖为典范。[①] 笔者认为，钱钟书的逃禅之说无误，但并不周全。钱谦益在明代对佛的热衷，凭借的是个人生长环境的影响，及成人后的好尚。入清后，对佛，确实有一份逃在里面。不过，在逃的同时，对佛依然保有一份如明时一样的热爱。而钱钟书所论的是入清后钱谦益奉佛的情况，对逃有放大了来认识的一面。如果能把明代时钱谦益和佛的因果再交代一下，既逃又礼的双重特征，就会同时彰显出来。正如前所述，故国思绪及悔悟常伴钱谦益后半生，禅应该是一份很好的精神疗剂。而谢正光看到了明代时的钱谦益对佛的崇护及运用，却忽视了钱谦益入清后对禅的莫大寄托，这其实就是逃禅。不过，既逃又礼，注定钱谦益的逃禅不可能彻底。

双重特征的禅与逃禅

　　绛云楼火后，钱谦益的逃禅可谓更厉害。他说"世多凡才，不得不逃之于仙；世多鬼才，不得不趣之于圣"[②]，这也是他屡屡所道的[③]。他自言病榻婆娑之际，所做的是杜门谢客。病中的他，执笔如握石，看书如障绡，[④] 明确表明自己要逃禅其中。然而，他言一夕就能"味象名山，移情老宿，既窥瑶轮之秘，奚须万卷，悟宝笈之旨，兼空四大"[⑤]，未免又悟道太速，所以他的禅终究难以逃得彻底。

---

① 谢正光.钱谦益奉佛之前后因缘及其意义 [J].清华大学学报，2006（3）：13.

② 钱谦益.绛云楼题跋 [M]// 沈石天浣花闲语.潘景郑，辑校.43.

③ 如"余老而栖心释典，犹泪曰故纸中"（《绛云楼题跋·杨九皋梅花百咏》，第166页）、"余老饭空门"（《绛云楼题跋·潢益道人自传》，第90页）等。

④ 钱谦益.绛云楼题跋 [M]// 苏眉山书金刚经.潘景郑，辑校.75.

⑤ 钱谦益.绛云楼题跋 [M]// 沈石天浣花闲语.潘景郑，辑校.43.

然而，这个禅，除去掩饰那段为人所耻的降清经历外，其余的还是多为了故国。这是作为中国士人固有的品性的复苏与复苏后的无奈。的确，当时的清政府及其治下臣民，大都有着狭隘的民族主义，时人即使有吊屈和陶之思，也只有长歌当泣而已。① 对于禅，钱谦益曾谈到孟阳晚年归依心禅，作《缃云诗》数十章，婵媛不休的事。孟阳的这个归心禅，准确说应该叫逃禅，如钱谦益一样。如果说明代时钱谦益还有其他凡事俗物缠身，禅只是业余爱好。那么到清代之时，钱谦益对禅则如孟阳晚年一样，颇有依赖。当然，这份依赖不时来源于对前事的忏悔。他讲自己读《缃云诗》的感受是"读此诗，感叹宿艸，不复向明月清风，闲思往事，亦少有助于道心。"② 明月与清风，其实就是钱谦益人生的两难。这两难如何消解，钱谦益总结的结果是去情就可望达到，"人生斯世，情之一字，熏神骨，染不唯自累，又足以累人而已。"③ 情去，就可以逍遥自乐了。如何去"情"，恐怕只有禅能办到。因此钱谦益可以沉迷诗中忘却一切，而这个诗应该是充满禅意禅趣的诗。重要的证据就是钱谦益唏嘘慨叹孟阳之际生出了恨孟阳早逝，不能与自己"共为吟赏"④，共同忘情之念。此念，非禅，更不可能是其余。至于钱谦益高谈明月清风，如果钱谦益尤其高寿，能见到清代的盛世，那么他几乎就没有幸存下来的可能。日后乾隆骂骂他，只图到一个解气，算是便宜了他。从这个角度而言，钱谦益又是幸运的。

因此，在清初需要稳定，不遗余力笼络人心，尤其是上层士人的大势下，相对日后接盛世之踵而来的严苛形势而言，钱谦益所处的时期是颇宽松的，虽然在钱谦益自己看来周围环境如霜逼剑割。

对明末遗民，清政府极其能事招纳，并示之宽大。愿效力者给以官爵厚禄，不愿者，竭尽招贤诚意。召了不来，再召，再请。实在不来，也不以刀铖相逼。想尽办法勉强请来的，其意实在不肯，便送回去，吩咐地方官厚待之。何况钱谦益所处清初岁月，清朝忙于解决还没有彻底清理干净的内忧外患。清政府以文字罪及"文人学者"，炼成冤狱，毁书禁书，颇富特色，但统治者的注意力并不在高层知识分子和时贤名流身上。对多数时贤名流、上层知识分子，明知其人其书有碍其统治，但清政府对这些人物的处置有所顾忌。

---

① 钱谦益.绛云楼题跋 [M]// 张子石湘游篇.潘景郑，辑校.158.
② 钱谦益.绛云楼题跋 [M]// 张子石湘游篇.潘景郑，辑校.158.
③ 钱谦益.绛云楼题跋 [M]// 张子石湘游篇.潘景郑，辑校.157.
④ 钱谦益.绛云楼题跋 [M]// 张子石湘游篇.潘景郑，辑校.158.

清政府清楚地知道，若只打击上层知识分子，禁毁其书消灭其人，那只是少数而已，他们的思想照样会流传，甚而会传播更快更广。对于那些大多数平民百姓而言，并未涉及他们自身，反而会加深他们对清政府更大的仇恨，远不能让他们震慑敛心，根本不能治本，如果收列时贤名流、上层知识分子的著述，反而可以显示皇朝的宽大，多少可以缓冲一下矛盾，或许竟至可以延揽这些具有号召力的名士。故而即使钱谦益触及了明月清风，他还是可以继续无所损伤地在民间谈自己的禅，谈高人胜流的兴寄与禅的契合。在钱谦益看来，古代的高人胜流，蜚遯遗俗者，他们的神情兴寄，必栖托于山水，或清斋燕处。倘若没有来得及登涉，就往往用图画代替。人生大千世界，沈埋五浊恶世，市廛桎自己的身体，名利梏自己的心，如蛣蜣转丸，不能自出，只有栖名山，临大川，空灵秀发之气，吸而取之，方可以涤荡尘俗，舒写道心。所以周亮工并不是独爱自己的画，而是欲借画而有所寄托。道书言宇内洞天福地，都是仙真所治，如人间的宫府。而佛言人间深山旷野，诸阿罗汉圣道场地，世间龎人所不能见。世之龎人，既不能见名山洞天圣道场地，则他们对于烟云风月所变现的笔墨，把玩起来就无声色咀嚼起来也无滋味，实属本然。那么，古之高人胜流、蜚遯遗俗者的寄托如何与禅契合的呢？他认为：无始来二气，与业识和合，成就人身，这心识所变之境一分，与心识和合成人一分，即是山河大地国邑，山河大地都依第八业识变现，而画家的灵心妙韵遂涌现于笔墨间。由彻悟之人观之，比之于山河大地，尤为相近。周亮工妙契唯识，试于此着眼，因此参悟透文字品性，即是般若，能于画册中炽然说法。[①] 在钱谦益看来，山河大地，水陆空行，一切唯识中的相分。画家的心，玲珑穿漏，在行间布山水，从笔底吐云物，一切皆唯识中的见分。[②] 此外，钱谦益还用隐者之教，以鼻观论诗，作香观说。[③] 他也谈文人的前世今生与禅趣禅意。有如王右丞道"宿世谬词客，前身应画师"，杜工部称"一重一掩吾肺腑，山鸟山花吾友于"之语。无论论画论诗，钱谦益都与禅达到了一致。

当然，如他在明季一样，钱谦益对禅还是依然保有一份真挚的热爱的。他的《绛云楼题跋》中的题跋有相当大部分是为佛道经典而作，数量之多，

---

① 钱谦益.绛云楼题跋[M]//赖古堂宝画记.潘景郑，辑校.67.

② 钱谦益.绛云楼题跋[M]//纹照法师所藏画册.潘景郑，辑校.69~70.

③ 钱谦益.绛云楼题跋[M]//书金刚经后.潘景郑，辑校.75.

不是完全用"逃"一言概之的，有一份热爱在里面应是必然的。正是出于热爱，他也研究禅。他经过考证，指出铭浮屠者，应当知道有所谓古法可以从事。①他告诉我们，真正归禅不易，"即中见公，赞惟谔上座行履，极称其舍道归禅，得三圣设教之意，而愚以为归禅犹易。归禅之后，习禅于闻谷，学教于新伊，晚而谂决于灵峰。一时魔禅盛行，开堂付拂，纷起如蝟毛，而能湛寂自守，不堕其云雾中，此则枝柱末法。为风雪当门之人，斯为难能也。溯其生平，乘戒两急，福慧双修，以六度万行，训迪子孙，俾其谨守木叉，精严持诵，重规迭矩，击蒙守拙，而不敢掠虚，头标影悟，扇狂风而卷恶慧。厥孙苍晖，受灵峰遗嘱，杰然称师子儿，其家风可知也。苍晖勉之，真修实悟，勿负二老人为法苦心。即堪从佛转轮，作人天眼目，余将援笔以观其有成。"②他也讲儒、佛、道之间的区别，揭示佛的真谛。他说："孔自孔，老庄自老庄，禅自禅，乘流示现，面目迥别。宋儒林鬳斋，影掠禅宗，注庄子河伯海若，谓与《传灯录》忠国师无情说法，无心成佛同看，却又不敢不依傍程朱。移头换面，三家门庭，从此无风起浪，葛藤不断。庄生云，凿混沌之窍，七日而混沌死，其鬳斋之谓与。石天居士具正法眼，具大辨才，说庄颂庄，横说竖说，非鬳斋一知半解之比。方今魔外盛行，矫乱论议，佛法世谛，如金银铜铁搅和一器，其罪业尤甚于毁佛谤经，请石天特出手眼，横截众流，勿使明眼人谓鬳斋一往败阙。延津剑已去，尚有刻舟人也。"③非热爱，无以认识如此深刻。

　　基于对禅的热爱，钱谦益进而为佛教中人作应酬文，并自觉整理佛教典籍。晚年的钱谦益一则身体不佳，一则厌倦世间俗人俗文，并不愿意作应酬之作，况且又曾发有甲申以后不作文的誓言。他称自己下根钝器，衰老失学，每见世间文字，及诸方语录，堆床积案，便眼昏头晕，不能开卷。每拈懒瓒语，哪有闲功夫，替俗人拭鼻涕。不过，这个誓言，钱谦益并未能遵守。在为佛书作应酬文，钱谦益的态度完全违背了誓言。他每于灯残月落之时，梦回癔醒，先佛古师，一一染神克骨，语句影略逗漏，时时落齿牙喉吻中，如小儿弄语时，婆婆和和，有人诘之，茫然不能置答，只有掩口一笑罢了。而他与觉浪和尚相闻十余年，始得把臂，且不交一语，顿觉心腑清凉，于是就

① 钱谦益.绛云楼题跋 [M]// 汰如法师塔铭.潘景郑，辑校.92.

② 钱谦益.绛云楼题跋 [M]// 惟谔上座传.潘景郑，辑校.92.

③ 钱谦益.绛云楼题跋 [M]// 沈石天洞书.潘景郑，辑校.95.

伸笔作文以赠。① 在对佛的热爱下，钱谦益进而对佛门遗书的整理，也自甘其任。如对紫柏大师手札的搜集整理工作，他感念冯研祥能承祖父遗志郑重藏弄祖父珍藏的紫柏大师手札，使自己得以有机会翻阅缮写，免去了自己即使搜集整理也难以成书的艰辛与遗憾。因为紫柏大师作书，都不属草，随写随散。全集仅载二纸《与祭酒书》，甬东陆符搜访所作别集也不全。自己亲身经历如此，所以他相信，佛教散佚的典籍，因缘际会之中，终有重现人间之日。所谓"研祥胚胎前光，熏染深厚，正法眼藏，如力士宝珠在额上，久当自现"②，而自己则愿意虔诚地执简以待，为佛开作文之戒。就此而言，钱谦益虽然有违誓言，但相对于他时借禅而逃，这一切无疑是真诚无私的。

不过，就逃禅而言，逃到书中，对钱谦益仍是不够的，他还要进一步由书而逃到酒中。醉老酒乡，把玩酿酒秘方，炼得修罗采花法，酿成仙家烛夜酒，而且要传给后人遵王，以免遵王远求罗浮铁桥下。说来可笑，他修炼酒道的秘方竟来自一名叫《酒经》的书。此书经绛云楼火后幸存下来，他特别宝贝，认为是上天有意给他留的一寄托。不过，他自己也承认，这本书和余杭老媪家油囊俗谱差不多。晚年经绛云一劫的钱谦益竟然逃到了一本也许他以前不屑一顾的书中，因此书教人如何酿酒，他可以从酒中"终老"③。

虽然如此，但是正如他所言"世无名士，则上无孙刘之主，下无管葛之佐，神州陆沉，而天地或几于熄矣。余老废，归于空门，愿作不求名比丘，然未尝不愿斯世有名士也"④，他还是愿意世间出名士，以弥补他人生的缺憾。不过，字里行间也不难看出钱谦益其实是在以名士自况，大有明朝败亡就是因为明朝廷没有足够重视他这个名士，未满足他入阁的愿望，以致有神州陆沉之势。因此当朝者就应该吸取教训，重用他这个人才。当然，这也是他自己的夙愿。至于他口中的"斯世"，自然就是清政府，这就大有埋怨清政府不重用他之意，原来他一直未忘记清王朝这个王阙。不过，他的话锋在言"神州陆沉"后，言"天地"只说几乎毁灭。天地在他心中既然没有寂灭，他就还有俗世的欲念。钱谦益真正躲到禅里了吗？只有钱谦益自己能回答。

（2）忠义观

自己未做到忠孝节义，但忠孝节义却可谓钱谦益一生的说教。这是乾隆

---

① 钱谦益.绛云楼题跋 [M]// 觉浪和尚天界初录.潘景郑，辑校.94.

② 钱谦益.绛云楼题跋 [M]// 紫柏大师手札.潘景郑，辑校.98.

③ 钱谦益.绛云楼题跋 [M]// 酒经.潘景郑，辑校.45.

④ 钱谦益.绛云楼题跋 [M]// 黄正义扇.潘景郑，辑校.69.

洞悉之并尤其痛恨的。

在明时，钱谦益就以忠孝节义自任。崇祯辛未夏日晒书整理云间人钞书旧册，得南宋末汪元量记国亡北徙方面的诗二百二十余首，感念汪元量不忘故国，周详恻怆，推许汪元量为诗史。自己读毕汪元量诗，援笔书之，亦不觉流涕渍纸。[①]他笔下的明时士大夫"或拮据河渠，或鞅掌国计，或僇力疆场，或讽议台省"[②]，都奉公忧国，有古劳人志士的风范。忠义之气跃然纸上。

不过，钱谦益的这种忠义，相对正统论者，超越了夷夏之防。在钱谦益看来，无论少数民族或汉族建立的国家，只要忠于自己所在的国家，就是忠义。当明代时，大家对元末不应辟召，但明太祖征至京师，却以老病为由辞归的江阴王原吉，对他效忠元的故国旧君之思，颇持异议，认为不属正统，不当为他颂扬。然而钱谦益却认为王原吉这个忠义与宋末谢皋羽对宋室的感情是一致的，应当与谢皋羽诸人并列于忠义。个人生于何时何国，是没有办法选择的。士君子生于夷狄之世，食其毛而履其土，虽国亡社屋不忍废君臣之义。一旦其居华夏，仕中朝，又肯背主卖国，那么无异于把华夏的君父当成市侩？夷齐不忘殷，与原吉不忘元，他们的志节其实是一致的。于此，孔子必有所取。至于那些认为原吉为元的遗民，不当与谢皋羽诸人并列于忠义者，也闇于春秋之法。[③]就此而言，钱谦益的忠义观已经超越了时代，在当时肯定会招致非议的。由此，我们也不难理解钱谦益的诸如以正室之礼娶柳如是、降清见故主，在南明众降臣纷纷唾骂故主或视而不见之际，他却独行臣礼且颇伤痛、其后清朝未能满足他所愿，又率尔叛清，且逃禅并终其余生为降清辩解等特立独行之举，他整个就是一个矛盾体。当然，这也仍难以排除钱谦益是在为自己做说辞的嫌疑。不过，诸如钱谦益不以夷夏论忠义，这样的论调顾炎武等也有。然而遗憾的是钱谦益并没有能长寿到看到清的盛世，所以虽能在一定程度上超越夷夏之防，但正如前文所论，他并未能如顾炎武一样总结出亡国亡天下的理论。因此，他余生也只能在有愧于士大夫节义中逃禅度过。

这种忠义观，日后入清，钱谦益依然坚持，而且钱谦益宣扬忠孝节义的姿态语调一点没变，依然俨然的教主，虽然我们认为钱谦益入清后应该腼言

---

① 钱谦益.绛云楼题跋[M]//明钞本汪水云诗.潘景郑，辑校.112.

② 钱谦益.绛云楼题跋[M]//刘司空同年会卷.潘景郑，辑校.186.

③ 钱谦益.绛云楼题跋[M]//王原吉梧溪集.潘景郑，辑校.113.

忠义。不过，我们想想钱谦益降而不被重用复辞官回乡，思想回归汉族士大夫行列的遭际，不难认识钱谦益入清后宣讲忠义之旨。按照钱谦益的这种忠义观，倘若清室满足了他入阁的愿望，他是完全有可能忠于清室的。但历史和钱谦益开了个大玩笑，虽然他为清室招降江南尽了全力，但清室早有洪承畴等先降之引路人，是断不会信任自然也不会重用他这个在明末以来就有不端之迹的后降之人的。也正是这背后的苦涩，需要他来认识讲解忠义。也许不断地讲经布道，可以减少内疚与悔愧。当然，这个忠义其实存在每个汉族士大夫心中。然而因为易代，一些汉族士大夫选择了侍奉新主，于是有了不忠不义的烙印，并且这个烙印永远洗不掉。也正是这个烙印使他们在旧主新主之间挣扎，或者在两难中痛苦一生，或者选择回归。钱谦益最后选择的是回归。

入清后的钱谦益，继续作着表彰忠孝节义的文章。他表扬能继承父志的孝子，认为当如梁元帝著书记述忠孝一样，用金银管书写他们的事迹，"或者不达而比量文辞，绳以斑竹之例，则亦末之虎乎其为论矣。"[1] 表彰颜真卿、留仙、楚南云等人的节义。"忠臣谊士，殁而登真度，世往往有之。盖当其见危授命，之死靡佗，脱离分段，生死如旅人之去其次舍耳。东坡云：颜平原握拳透爪，死不忘君，此正其修炼得力时也，刘聪自知为遮须国王，且不畏死，而况如鲁公者乎，读米南宫所记鲁公事。方摊书欲卧时，不觉悚然而起。"[2] "子瞻以英声直节，播迁岭海，乃作《和陶诗》。留仙保全东南有善类，触迕权臣，谪官左宦，作《和和陶诗》，感时危，忧国蹙，风尘行役，杯酒淋漓，长歌浩叹，申写胸臆，此留仙之《和和陶诗》也，留仙长身山立，乐易轩豁，酒酣杯持耳，诙笑杂出，语及小人误国，四郊多垒，头毛植立，声泪俱下。二十年来，陵谷迁移，人才遒尽。吾眼中岂复见此忠诚奇伟之男子乎。渊明《咏荆轲》曰：'其人虽已殁，千载有余情。'吾于留仙亦云。"[3] "大慧禅师尝云，余虽学佛者，然爱君忧国之念，与忠义士大夫等。紫柏老人读《李江州传》，涕泪交下，侍僧有不哭者，便欲推堕万丈深坑中。余观楚南云行者，破衲如败芭蕉叶，悠悠忽忽，不颠不狂，其为诗，深幽古淡，寄托迢然，忠义之气，蟠结于笔端，如欲喷薄而出。"[4]

---

① 钱谦益.绛云楼题跋 [M]// 袁泰征遗稿.潘景郑，辑校.163.

② 钱谦益.绛云楼题跋 [M]// 米元章记颜鲁公事.潘景郑，辑校.20.

③ 钱谦益.绛云楼题跋 [M]// 冯留仙和〈陶诗〉.潘景郑，辑校.166.

④ 钱谦益.绛云楼题跋 [M]// 南云集.潘景郑，辑校.173.

　　然而，越是表扬忠义节气，似乎钱谦益就越难解释自己的降清。但是，我们知道，钱谦益这样做好像很自然，并不尴尬，也不矛盾。因为，就钱谦益自己看来，他认为自己降清事出有因，并无妨忠义节气。我们读他借山川城郭形势，以及攻守利弊，来寄托江山永固的理想，并于其中指出明朝廷任人不当，致使贤人能士未得其位，故而败北的题跋，就不难读出钱谦益上述观点。如他说："世庙年间，倭寇内讧。濒海诸邦，蹂践无宁宇。吾邑苍野王公，殉身倭难。城幸以全。是城也，人知守之维艰。不知未成之先，经画指定，凿凿不刊，实北虞先生为之倡也。其议坚论弘卓，形势详明，洵足为当事者之鉴。呜呼，世之俎豆先生，百有余年矣。童蒙者师其文，表德者高其品，而此屹然如带，扞灾御患，以至于今，不尤可尸而祝哉。先生老于公车，未尝建立于天下，使当日身膺大任，发挥事业，其有裨于斯世斯民。必不托诸空言已也。"①这其实就是钱谦益在暗指明廷不重用自己，因此有了自己后来种种不得已。所以日后自己为了保全全城生民性命的降清，就无关忠义节气了。

　　因为自己曾拥有"不得已"，所以他希望世多伯乐，自己也愿意为天下的伯乐，使自己不得有愧于天下。他说："遗山论溪南诗老辛愿曰，敬之业专而心敏，敢以是非白黑自任……余之言不能如遗山之推辛老，使天下信而徵之，则余之有愧遗山多矣。"②由此，最后他的落脚点自然就落在对民瘼的关心："使世之人皆知屋漏有鬼神，则一切贪淫破戒负心倍理之事，不待刑辟而自寡矣。聊为拈此以助善长救世之百一云。"③他希望优孟之后更有优孟，敬亭之外还有敬亭。但优孟之后更无优孟，敬亭之外宁有敬亭。④这是令他失望的，也是他所以深为天下士大夫愧的缘故。

　　以清朝文网的严密，钱谦益按理应被祸文字狱，但他却没有罹难其中。到清末时，李岳瑞对这事仍纳罕。他说："牧斋文指斥本朝处，较诗为少，而词意之狂悖，抑又甚焉，其《赠愚山子序》略云：愚山子以地师游人间，嘉定侯广成久殡未葬。愚山子叹曰：'安可使忠臣之骨，露暴腥秽。'跋属二千里，相视吉壤，哭奠而去。访余小阁，余乃告之曰：佛言南印度为象主，东支那为人主，西波斯为宝主，北猃狁为马主，吾彝考之，唯南东二主而已，

---

① 钱谦益.绛云楼题跋 [M]// 邵北虞筑城议.潘景郑，辑校.28.

② 钱谦益.绛云楼题跋 [M]// 中州集钞.潘景郑，辑校.182.

③ 钱谦益.绛云楼题跋 [M]// 德馨斋稿.潘景郑，辑校.161.

④ 钱谦益.绛云楼题跋 [M]// 柳敬亭册子.潘景郑，辑校.71.

印度为梵天之种，佛祖所生。支那为君子之国，周礼之所化。南曰月邦，东曰震旦，日月照临，临教相上，波斯轻礼重货，猃狁犷暴忍杀，区以别矣，安得曰葱岭以西，俱属梵种，铁门之左，皆曰胡乡，既指蕃口为佛国，将点梵亦滥胡名。九州十道，并为禹迹，燕代迤北，杂处戎胡，厥后茹血衣毛，奄有中土，肃慎孤竹，咸事剪除，皆马国之杂种，幽冀之部落，东之逼于北也，东之劫也。南居离位，东属震明，为阳国，西北则并为阴国，今俨然称四王焉。何居，阴疑于阳必战，大易所以有忧患也，此地理之当明者一也……今北平之东，自元之辽东大宁，尽还辽水之阳，皆孤竹山戎故地，汉末匈奴北遁，鲜卑强盛，其别种为库莫奚契丹，而阿保机之兴也，在白狄故地，今之大宁也，阿骨打之兴也，在肃慎故地，今之开平也，契丹为鲜卑遗种，金源又为契丹杂种，并居山戎挹娄故地，则皆东胡耳，开辟以来，为中国患者，猃狁山戎而已矣。猃狁之祸，至蒙古而极，山戎之祸，至黑水鞑靼而极，大矣哉，齐桓之伐山戎也，全集诸文，唯此二篇，最为刺目，窃怪当时文网之密，何以竟敢阙剿流传？"这疑问待他读顺治所言，"明臣而不思明者，必非忠臣"[1]，方才明白。正是顺治这句话，使当时文字之祸，因此而能释者，"正自不少"。然而，他却认为，虽然故国之思无可厚非，但"立乎人之本朝，而负恩反噬，如对仇雠，则悖逆耳"。倘使没有乾隆焚禁书籍，彰显钱谦益的失德，那么以钱谦益最后回归心向明室，钱谦益很可能能与顾炎武、黄宗羲诸公同样有资格并称明遗民的。但是，对于钱谦益这样一个反复的人，如得与顾炎武、黄宗羲诸公同样地位，结果将是"何以教忠而示后"。[2]不过，李岳瑞以上所论钱谦益固然不错，但对清初的文字狱却认识不足。虽然顺治一句话可以保全一些人免于文字的祸患，然而，这一部分仅限于明末入清的汉族上层士人。

清初对明末入清的士大夫上层是礼遇而宽容的，博学鸿词、征召隐逸，开馆修史等，"借此以坐消岁月，暗老豪杰"[3]。清初的文字狱空间广，力度大。不过，清政府以文字罪及"文人学者"，炼成冤狱，毁书禁书，颇富特色，其打击面主要倾向下层，近乎疯狂。对多数时贤名流、上层知识分子，明知其人其书有碍其统治，但清政府对这些人物的处置有所顾忌。有学者研究，当

① 萧一山．清代通史[M]．739.

② 李岳瑞．春冰室野乘[M]//牧斋诗案．186–187.

③ 钱谦益．绛云楼题跋[M]//一笑散．潘景郑，辑校．180.

时"禁书与文字狱并未涉及到高层知识分子和学界名流，而他们的著述中并不是没有违碍字句。……统治者的注意力并不在高层知识分子和时贤名流身上"①。这个说法很有见地。清统治者清楚地知道，若只打击上层知识分子，禁毁其书消灭其人，那只是少数而已，他们的思想照样会流传，甚而会传播更快更广。对于那些大多数平民百姓而言，并未涉及他们自身，反而会加深他们对清政府更大的仇恨，远不能让他们震慑敛心，根本不能治本，如果收列时贤名流、上层知识分子的著述，反而可以显示皇朝的宽大，多少可以缓冲一下矛盾，或许竟至可以延揽这些具有号召力的名士。连乾隆帝亦主动向天下表白，从不以语言罪人。②故而，作为上层知识分子的钱谦益能自由言论清风明月，任性来去，而丝毫无损。史书也有了一个多彩的钱谦益。而下层知识分子则根本不可能有此等待遇，等待他们的只有残酷无情的文字狱。

（3）文学主张

钱谦益才华甚高，不事苦吟，所作诗词华丽。王应奎《柳南续笔》曾记载桐城钱幼光《田间集》曾道："虞山不信诗有悟入一路，由其生长华贵，沉溺绮靡，兼以腹笥富而才情赡。因题布词，随手敏捷，生平不知有苦吟之事，故不信有苦吟后之所得耳！苦吟之后，思维路尽，忽尔有触，自然而成。禅家所谓绝后重甦，庸非悟乎？"③王应奎《柳南续笔》还曾记载何焯对钱谦益的品评，称何焯评定钱谦益是异才。只是可惜钱谦益的古文，反被元人所拘缚，争逐欧阳修、苏轼的末流。王应奎认为何焯所道未必尽然。他认为，钱谦益好言宋、元，也是为学王、李者发药罢了。而钱谦益自己所写的古文，也有上攀《史》《汉》，平揖韩、柳的作品，如《高阳行状》《应山墓志》诸篇，根本没有被元人所拘缚。何况元人文章，清真雅正，不离本色，而钱谦益则词华较胜，他们二派本来就自不同。④

与钱谦益才情富赡不事苦吟相应，钱谦益在文学上，讲求真实与性情。所以对陆定尔所集"能撮略标举，淘汰杂糅而刺取其精英。其大指则存乎发挥性命，申写物状，么弦孤桐，取裁天律，而尽刊烦嚣怒张剿略补缀之词，一二幽人韵士，词林罕知其氏名，一经拣择，眉目咳唾，隐见于行墨之间，

① 漆永祥.乾嘉考据学研究 [M].北京：中国社会科学出版社，1998：78.

② 陈晓华."四库总目学"史研究 .105–106.

③ 王应奎.柳南续笔 [M].王彬，严英俊，点校.北京：中华书局，1983：208–209.

④ 王应奎.柳南续笔 [M].王彬，严英俊，点校 .181页 .

如与述作同游者"①的《明诗句》甚为惊奇敬佩，因为"有明三百年之诗，分门立壃，未有定论，其中识见通别，才力强弱，阡陌委曲，虽作者有不自知"，陆定尔却能捕捉精髓真义，拾遗补阙，画龙点睛，确为了不起之举。同时，钱谦益也要求为文注重言外之旨。

> 吾邑诗人，自某宗伯以下，推钱湘灵、冯远公两公。湘灵生平多客金陵、昆陵间，且时文、古文兼工，不专以诗名也。故邑中学诗者，宗定远为多。定远之诗，以汉、魏、六朝为根柢，而出入于义山、飞卿之间，其教人作诗，则以《才调集》《玉台新咏》二书。湘灵诗总少陵，有高旷之思，有沈雄之调，而其教人也，亦必以少陵。两家门户各别，故议论亦多相左。湘灵序王露湑诗云："徐陵韦壳，守一先生之言，虞山之诗季世矣。"又序钱玉友诗云："学于宗伯之门者，以妖冶为温柔，以堆砌为敦厚。"盖指定远一派也。②

在如何才能有助于言外之旨表达上，钱谦益早年对复古不是很满意。因为，在钱谦益看来，表达言外之旨，集古不如集句，他说："迩者中原诸才子，竞嗜古学，汉魏三唐之诗，胪列简牍，字句搜攞，殆如五都列肆，亦可谓勤古者矣。若以标解举要，领略于文句之外，则集古不若集句之为近也。"③不过，对于复古的态度，他中年后有所改变，自比为以创残疲驽得以老马识途，他曾明确说："余中年始少知学古。"待见那些"骨力老苍，与其意匠经营，不失古人寸度，阡陌曲折，盖举目而得之。……才力雄健，掉鞅词林，薙剪稂莠，殆将如齐桓北伐山戎，悬车束马，刜令支，斩孤竹"之作后，方使自己划然心开，④对学古佳作有所礼敬。他尊崇古代，既宗唐⑤，也宗宋。入清后再经乱离劫难生死后的钱谦益，禅意与书本，古今都成为他追问之所。这是促使他文风注重言外之旨的同时走向兼收并蓄的根本所在。在题跋中，这种特点是显明的。他每劝学者通经。先汉而后唐宋，希望"识者当不河汉其

---

① 钱谦益.绛云楼题跋[M].潘景郑，辑校.159–160.

② 王应奎.柳南随笔[M].王彬，严英俊，点校.88.

③ 钱谦益.绛云楼题跋[M].潘景郑，辑校.160.

④ 钱谦益.绛云楼题跋[M].潘景郑，辑校.161.

⑤ 钱谦益.绛云楼题跋[M]//沈石田手抄吟牕小会前卷.潘景郑，辑校.185.

言"①，因为由汉则可通先秦。至于那些熟玩句读，不谙玄旨，不问神理者，则未为读书。他说："有客渡江，嗤点诸名士诗，谓将《文选》唐诗，烂熟背诵，捃撦搜略，遇题补衲，不问神理云何，警策云何。盖末流学问之误如此，余谓此非学问之误，乃胎性使然也。仙家言胎性舍于营卫之中，五藏之内，虽获良针，故难愈也。今诗人胎性凡浊，熏于荣卫五藏，虽有《文选》唐诗以为针药，适足长其焰烟，助其繁漫耳，学问何过之有。余苦爱退之《秋怀诗》云，清晚卷书坐，南山见高楼，高寒凄警，与南山相栖泊。惊绝于文字之外，能赏此二言，味其玄旨，斯可与谈胎性之说。遵王近作《怀秋》十三首，余观其有志汲古，味薄而抱明，冏冏乎南山之遗志也。故亟取焉。而遵王避席请未已，若退之梦吞丹篆，傍一人抚掌而笑，似是孟郊。余老矣，无以长子，他日丹篆文成，余为梦中傍笑之人，不亦可乎。"②他对言外之旨的追求，更寄予希望于后人光大发扬之："吾老矣，不复措意此道，吾党有人，望古遥集，岂有意为斯世之针药乎，属吾儿传示定尔，姑秘吾言，世当有过而问焉者。"③

那么，除吸取古今精华以助言外之旨，达到为文为诗佳境，其余则应该做什么呢？于此，钱谦益指出，大家要做的是多读书。他说："断句诗神情轩举，兴会络绎，颇似陆鲁望，自遣三十者，殊非今人格调，良可喜也。多读书，厚养气，深造而自得之，如鲁望所谓凌轹波涛，穿穴险固，率造平淡而后已，吾有厚望焉，仲文之赋湘瑟，思公之继玉台，钱后风流，庶几再睹，吾老矣，当泚笔以俟之。"④

如何读书。钱谦益要求不要妄议古人，需具备谦虚谨慎实事求是的读书态度，扎实的学问功底。他的《左传随笔》六篇，多在教人读书。如《左传随笔一》以钟伯敬不详句读，误认为郑庄公与他母亲所赋诗"大隧之中，其乐也融融""大隧之外，其乐也泄泄"为《左传》叙事的话语，于是加抹并评为俗笔为例指出，钟伯敬这样读书是一种武断的读书。而这种武断的读书法，正是今人"学问谫浅，敢于訾讥古人"⑤的表现。由此告诫后学，要应引以为戒，摒弃之。《左传随笔二》则紧接随笔一告诫今

---

① 钱谦益．绛云楼题跋 [M]// 春秋繁露．潘景郑，辑校．160.
② 钱谦益．绛云楼题跋 [M]// 遵王怀秋诗．潘景郑，辑校．167–168.
③ 钱谦益．绛云楼题跋 [M]．潘景郑，辑校．160.
④ 钱谦益．绛云楼题跋 [M]// 遵王绝句．潘景郑，辑校．168.
⑤ 钱谦益．绛云楼题跋 [M]// 左传随笔一．潘景郑，辑校．3.

人"读书句读宜详，勿以小学而忽之"①，不然会误读古书，造成理解错误。

此外，钱谦益为文讲求标举性情。他说"复金声而玉振，标举性情，师法风雅，百年以来，颓风俗学，无片言只字点染其笔端，岂非天姿绝出，兼有家学渊源，而能若是乎，深心勉学，重积厚发，以必及古人为期，而无以能越今人为喜，双龙两凤，踵机云之清尘，吾有厚望矣。"②要求以情为文。

标举性情，这是要求为文真实的钱谦益必然的举措，因为只有具备真情的文章才是真实的。如此，文章才会动人，传之久远。当然，以情为文，其实也正是钱谦益本人的写照。钱谦益为情破俗以正室礼娶柳如是。他不能实现拜相愿望，离开清政府，属于率性任情。他筑绛云楼与柳如是在楼中共读书同著述，也有情在其中。而绛云楼岁月，与书为伍，书书有情，字字动感，所有感情尽聚其中，也是一情字。因此，他自然要求为文要有真性情。他自言："人生斯世，情之一字，熏神染骨，不唯自累，又足以累人而已。"③他赞赏袁小修所云"文人之文，高文典则，庄重矜严，不若琐言长语。取次点墨，无意为文，而神情兴会，多所标举。若欧公之《归田录》，东坡之《志林》，放翁之《入蜀记》，皆天下之真文"④。而黄宗羲称赞钱谦益："文章之坛坫者五十年，几与弇洲相上下。其叙事必兼议论而恶夫剿袭，诗章贵乎铺序而贱夫涧巧，可谓堂堂之阵，正正之旗。"⑤也正是表彰钱谦益为文真实有情。

至于文章如何不朽，钱谦益认为文章不朽在德。他说："金银管书之，尔承之诗，读者当用此例，勿以雕虫篆刻求之可也。"⑥在钱谦益看来，德气充溢的文章，是可以光溢千秋的。这和古人对德的追求是一致的。立言要讲德，德在言立。像孔子"上道周公遗制，下明将来之法"⑦的《春秋》，汉代司马迁"究天人之际，通古今之变，成一家之言"⑧的《史记》，范晔"增损东汉一代，自谓无惭良直"⑨的《后汉书》，因为德在，流芳至今。而诸如魏收之类人不遵史法，诡妄诬语的史作，得到的是"秽史者，所以自秽；谤书者，所以自谤。

---

① 钱谦益.绛云楼题跋 [M]// 左传随笔二.潘景郑，辑校.4.

② 钱谦益.绛云楼题跋 [M]// 二叶子诗.潘景郑，辑校.169.

③ 钱谦益.绛云楼题跋 [M].潘景郑，辑校.157.

④ 钱谦益.绛云楼题跋 [M]// 南溪杂记.潘景郑，辑校.41.

⑤ 故宫珍本丛刊：史部别史类第59册 // 黄宗羲.思旧录·钱谦益.海口：海南出版社，2001：15.

⑥ 钱谦益.绛云楼题跋 [M].潘景郑，辑校.162.

⑦ 刘知幾.史通笺注 [M].张振珮，笺注.贵阳：贵州人民出版社，1985：423.

⑧ 班固著.汉书 [M]// 司马迁传.颜师古，疏.北京：中华书局，1975：2735.

⑨ 刘知幾.史通笺注 [M].张振珮，笺注.144.

素行为人所羞，文辞何足取重”①的骂名。

不过，为文之德和为人之德，是否完全一致，那就不一定了，至少在钱谦益身上得不到统一，所以乾隆骂他。当然，我们也知道钱谦益在不时弥补自己的这个缺憾。他讲文化的传承，其实就是在弥补对德的亏缺。

文化传承有多种途径。如保存好前代书籍，能为修前代史做出贡献，也是一种文化传承。钱谦益就很注重书籍的保藏，希冀借书本传承文化。他要传承的这个文化主要还是明代的文化，他的藏书也多来自明代。所以他表彰藏书有功的人：“丧乱以来，余所蓄法书名画，一一荡为劫灰……江左青箱，故是王氏世业，沩其慎守之，使乌衣马粪，后世传为美谈，庶不虚德操弓冶之望也。”②文化不灭，一国精神犹在，故国也就不亡了。作为学界领袖，身负文化传承的使命，对传承文化的书本自然珍爱有加。而那些对书籍保藏有功的护书爱书者，无疑保存并接续了文化。因此，钱谦益对他们的褒赞，无疑寄予了传承文化的厚望。故而，黄道周说：“虞山尚在，国史犹未死也。”③的确，一则钱谦益学识渊博，才华横溢，明一代典章制度故实晓然于心，把它诉诸笔端公之于世，只在于他是否愿意为之罢了。一则钱谦益保藏存有诸多明代典籍，故国典籍在，故国文化因之传承，故国之史当然没有亡。由此，他多少弥补了对故国的亏欠，对德的歉疚。

当然，学问传承是需要后继者的。视自己为故国文化传承者也意在担当故国文化传承重任的钱谦益也就对后生小辈怀有所期许。因此他痛心当今后生小辈中的抄袭风气，“窜窃人文字，墨汁未干，即夸诩为手笔，或反唇询之”④，表彰有求实风气的杨梦羽。并警醒那些以抄袭为能事的后生，要他们拿自己和杨梦羽比比，高下究竟如何。当然，这个求实也是清初学风的一大表征。亦即在这方面，钱谦益与顾炎武、黄宗羲等一样，为清初汉学的发展助力了。

不过，对于学问，钱谦益是不会为时风正统拘囿的。我们知道适情适性，是他的本色。他的学问亦如此。他推崇憨山与紫柏“皆以英雄不世出之资，

---

① 章学诚．文史通义内篇五 [M]// 史德 .40.

② 钱谦益．绛云楼题跋 [M]．潘景郑，辑校 .163.

③ 钱谦益．钱牧斋全集 [M]// 钱谦益．有学集：卷一四 // 启桢野乘序．吴江薛氏邃汉斋铅印本，清宣统二年：9.

④ 钱谦益．绛云楼题跋 [M]．潘景郑，辑校 .158.

当狮弦绝响之候，舍身为法，一车两轮"①那样自然适意的狂禅，"自倚白头还纵酒，偶携红袖为听歌"②"荔枝酝熟鲈鱼美，醉依银筝续放歌"③"中山醉死真堪羡，千日无劳问醒期"④是他向往的生活情趣与境界。因此，凿空杜撰、纰缪不经的经学自然为他不满。这种不满，在季本《春秋私考》题跋中鲜明地表达了出来。他说："本著《春秋私考》，于惠公仲子，则曰隐公之母。盗杀郑三卿，则曰戍虎牢之诸侯，使刺客杀之。此何异于中风病鬼，而世儒犹传道之，不亦悲乎。传《春秋》者三家。杜预出而左氏几孤行于世。自韩愈之称卢仝，以为《春秋三传》束高阁，独抱遗经究始终。世远言湮，讹以传讹，而季氏之徒出焉。孟子曰：'始作俑者。其无后乎。'太和添丁之祸，其殆高阁三传之报与。季于《诗经》《三礼》皆有书，其鄙倍略同。有志于经学者，见即当焚弃之，勿令缪种流传，贻误后生也。"⑤故而他不排斥传奇，为李渔传奇正名⑥，表彰女性诗集⑦，正与他言情的学问走向，尚情任性的人生，不受正统约束一致。据载：

东坡云："予以事系御史台狱，狱吏稍见侵，自度不能堪，死狱中不得一别子由，故作二诗，授狱卒梁成以遗子由。"而某宗伯云："丁亥岁三月晦日，忽被急徵，银铛拖曳，命在漏刻。河东夫人冒死从行，慷慨首涂，无刺刺可怜之语，余亦赖以自壮焉。狱急时，次东坡《御史台寄妻》诗以当诀别。狱中遍绝纸笔，临风闇诵，饮泣而已。"夫寄弟诗也，而谬曰寄妻，《东坡集》具在，不可证乎？且伊原配陈夫人，此时尚无恙也，而竟以河东君为妻，并后匹嫡，古人所戒。即此一端，其不惜行检可知矣。⑧

① 中华大藏经 [M]// 钱谦益. 憨山大师梦游全集序. 北京：中华书局，1994：68.
② 钱谦益. 钱牧斋全集 [M]// 钱谦益. 初学集：卷一五 // 丙舍诗集：上 // 中秋五首·十五夜. 吴江薛氏邃汉斋. 清宣统二年：15.
③ 裴世俊. 钱谦益诗选 [M]// 钱谦益. 丁家水亭再别柽园. 北京：中华书局，2005：176.
④ 钱谦益. 钱牧斋全集 [M]// 钱谦益. 初学集：卷四 // 归田诗集：下 // 以顶骨饮器劝酒次秀才韵. 吴江薛氏邃汉斋，清宣统二年：10.
⑤ 钱谦益. 绛云楼题跋 [M]// 季氏春秋私考. 潘景郑，辑校.7.
⑥ 钱谦益. 绛云楼题跋 [M]// 李笠翁传奇. 潘景郑，辑校.180.
⑦ 钱谦益. 绛云楼题跋 [M]// 明媛诗纬. 潘景郑，辑校.183.
⑧ 王应奎. 柳南随笔 [M]. 王彬，严英俊，点校.2-3.

然而，这适情适性与政治追求一联系却未免添加了许多无奈的苦涩。风流才子，学界领袖，"操海内文章之柄"，既有文才，还有一定武略；既享受人生，又怀苍生之念，还希冀一朝腾达，跃至君王身边，一人之下万人之上，诸如此类等等，使他成为文穷而后工中的一员，注定了他人生的矛盾与学问的通达。中国古人的文穷而后工，既是穷尽为文之道的后工，也是人生无有他途，只有专力文字的后工。倘若拿钱谦益的文穷与陶渊明、陈寿、李白三人相比，陶渊明的文穷源于因官小且不适宜做官以致归隐而来、陈寿的文穷是仕途不顺、李白的文穷在狂狷不羁，而钱谦益的文穷则集三人文穷之合。他的文穷，有不合官界时宜，有仕途不顺，有狂狷不羁，更有无以达最高理想，宰相梦碎的文穷。同时，他的文穷也穷尽为文之道。他文坛盟主，自小饱读诗书满腹经纶，当然可以穷尽为文之道，引领坛坫。这一切铸就了他的文工。

（4）书画观

钱谦益认为书画能启发文人的才思，赞同王维称诗人前身应是画家的观点。此外，钱谦益论书画，禅意多是其中必不可少的成分[①]。书画带给他的是禅一样的空灵静谧。

同时，钱谦益又注重书画保存与传承文化的功能。如对于碑刻字画，他叹息它们遭遇的时间泯灭与历史沧桑，希冀碑刻能得到妥善保存。因为倘若前代所拥有的碑刻书画等能得到妥善保藏传于后世，不致最后殆灭无闻，则可传承部分故国文化，而故国也可因之不灭。故而他视在清初清兵入川，不识文物古迹的珍贵，损毁了不少名胜古迹的形势下仍装潢完好的"王稚子石阙碑"为"劫火后希世之宝"[②]，并自述自己痛失收藏的宋刻兰亭字画的经历，表明善本极不易得，希望毛黼季珍惜自己所藏的定武兰亭。在这些碑刻字画中，钱谦益寄予了无限的故国不灭的厚望，寄托着自己的自视遗民的黍离哀痛。《绛云楼题跋》谈及书画散失时每被赋予此等理念。为此，钱谦益也颇强调碑刻教化风俗的功劳。他指出《武林两关碑记》，是当时吴越先王故土遗民"漆书煌煌，昭垂金石，作忠教孝"，用意良远的结果。至于先王故土遗民能"遗爱"至今，也正是依赖《武林两关碑记》所载，佳惠教化着吴越后世子孙，如钱谦益所言"今日者南北两关，考贞珉而镌乐石，金银之管，琬琰之录，

---

① 钱谦益.绛云楼题跋 [M]// 书金刚经后.潘景郑，辑校.75.

② 钱谦益.绛云楼题跋 [M]// 王稚子石阙碑.潘景郑，辑校.29.

炳烺于沧桑变易劫火洞然之后。德泽之在人心，与天壤俱敝，可知已"。所以他切望碑文得以长存，使其所蕴含的风化之教亦能得以传播人世，因此自己愿意主动承担起"不可以不志，于是乎书"的重任。[①]究其实，这一切依然与寄托故国之思传承故国文化一脉相通。然而，这一份厚重的理想，对钱谦益而言并不能完全实现，因此他竟有把碑刻的存毁归于佛的因果之时。如他认为穆倩钩揭"唐人新集金刚般若经石刻"，是此经"冥祥感应，耸动幽明。以丛残石本，犹能于千载之下，现此灵异"[②]的结果，并认为穆倩"安知非有唐诸人，宿世信持，乘彼愿轮，重来开显者"，而穆倩依秦译经文摹而刻之，不独王羲之的书法，得仗法宝不遭灰劫，且昔人刊削圣教的过愆，亦隐然代为忏除。为此，他慨叹"斯或如来护念付嘱之遗意"[③]，对文物存毁托于佛手。当然，对文物存毁托于佛手，这其实就是钱谦益的禅的体现。这个禅，不时拉他归因事理于佛中。所谓凡才逃于仙，鬼才趣于圣。[④]这个禅融入了钱谦益整个人生，他论书画也自难例外。

至于印文，钱谦益认为私印之作，独盛于元，虽然看来只是一艺，但实本于六书，而六书之学，自非上窥六经，下穷小学者，不能贯通。因此，倘若对于吉日之题、歧阳之鼓、仲山甫之鼎，以至于欧阳修、赵明诚的《金石录》，洪适《隶释》的内容等不能荟萃贯通，则习印文，可免于驳乱混淆，几乎不可能。所以印文并不是谁都可以轻议的，非博雅君子，深思好古者，不能为之。而那些意识到印文并非小艺者，才是真正谙识印文要旨的人。

当论及明人书法时，钱谦益则认为多涂鸦结蚓。又明人每自书诗文，往往如鸟言鬼语。使人展卷茫然，不可别识。那么，如何避免这等弊病？我们可以在他的《詹希元楷书千文》题跋中找到答案。他在《詹希元楷书千文》题跋中指出，书学亡灭书法弊端丛生，"犹庶几乎六书之巾象待，分隶之螺赢"。并站在他所在的时代，指出即使制度文章，也莫不有"高曾规矩之叹。岂独翰墨一小技"[⑤]。这正如后汉宦官汝阳李巡建议灵帝与诸儒共刻五经文，于是灵帝诏蔡邕等正文字。自后五经一定，熹平所刻石经，儒林传为美谈，但众人却不知道五经刻石起于李巡的建议。因此，他认为，要纠书法的弊病，

---

① 钱谦益.绛云楼题跋 [M]// 武林两关碑记.潘景郑，辑校.30–31.

② 钱谦益.绛云楼题跋 [M]// 唐人新集金刚般若经石刻.潘景郑，辑校.73.

③ 钱谦益.绛云楼题跋 [M]// 唐人新集金刚般若经石刻.潘景郑，辑校.73.

④ 钱谦益.绛云楼题跋 [M]// 沈石天浣花闲语.潘景郑，辑校.43.

⑤ 钱谦益.绛云楼题跋 [M]// 詹希元楷书千文.潘景郑，辑校.51.

就应寻到书法弊病的源头。而书学就是这个源头。故而，重拾书学，明人书法的弊病就会迎刃而解。

对于书品和人品，钱谦益和历代书家的认识是完全一致的。书法自有自己对德的要求。故而，颜真卿的字因本人的"忠孝"，于是在产生理学的宋代确立了他名家的地位。黄庭坚评价苏轼的书法时则更看重苏轼的学问文章："余谓东坡书，学问文章之气，郁郁芊芊，发于笔墨之间，此所以他人终莫能及尔。"①在黄庭坚看来，超卓的学问文章更赋予了苏东坡书法的令名。而宋徽宗瘦金书虽然把书法推向一个新阶段，但他的瘦金书并没有如颜真卿等一样获得赵氏专利。因为他的失德，历史给予了他无尽惩罚。所以，岳飞、康有为等人下笔自有浩气在。王铎从某种角度言，他秀逸婉转中所体现出的刚健豪迈、苍郁挺拔的气骨，正是投降者不得用的必然结果，使他在他的草书中书写今生的无奈，完结自己的余生，在最佳的草书境界中无意中成就了自己少有人企及的草书高度。其实，钱谦益与王铎是一样的，本没有资格谈书品。然而，他论书法，依然高讲人品。这并不奇怪，因为他曾名隶东林，自视清流，志在天下苍生，他与王铎等壮举，至今遗留史册。因此，他当然讲书品即人品。故而，他见颜真卿写的诏告即"感激流涕"②，并就书家个体来阐述书品与人品的一致。他说，尹子求每天早晨起来手自涤砚，写楷书百余字，钩摹魏晋书法，搜剔抉摘，细入丝发。其帖老苍瘦劲，含光明雄骏之气，环旋盘行于笔墨间，实为收藏的佳品。这与尹子求生平不吐一俗语，不作一俗事，不侣一俗客，处中朝士大夫中如异鸡介鸟有关。其晚节卓绝，更是如此，就像昔日颜真卿一样，书品如人品。不过，就钱谦益本人而言，书品与人品之间却是矛盾的。

此外，钱谦益在《绛云楼题跋》中还对董其昌书法、李长蘅画册等进行了评价。他认为董其昌所书山谷题跋，轻浓得中，姿态横陈，正合唐人以"春花发艳，夏柳低枝"喻秀媚，并未视为弊病的旨意。因此书法要拙多于巧、意相似却并不竟然；他览李长蘅所画扇，闲适清幽，充满山林隐逸之气，所谓"碧梧红豆村中，凉风将至，白鸥黄叶，身在长蘅画扇中，仙酒独酌，炉香凝尘，因念柴桑处士，观《山海经》，览穆王图，流

---

① 黄庭坚.山谷题跋 [M]// 屠友祥，校注.上海：上海远东出版社，2011：129.

② 钱谦益.绛云楼题跋 [M]// 颜鲁公自书诏.潘景郑，辑校.47.

咏荆轲田畴胸中，犹扰扰多事，放笔一笑"①。不过，李长蘅天启崇祯之交的画，则是另一番境界。系于感国忧时，笔墨间凝滞着感愤抑塞之气，以至于酸辛呕血。作枯木皴石，虬曲蟠郁，亦所谓肺肝槎牙生竹石，境由情生。

综观钱谦益论书画，他的博识，足以使他所论的时间与空间跨度很大；而其人其品，又令他的书画论很难逃脱自己的经历与情结，所以他论书画，往往又在讲道，讲道中掺杂"怨悱"与禅趣。有论者认为，钱谦益是以"好色"和"怨悱"为他的情的基础，以"真"为核心的。突出摆脱理学家的道学传统规范的"好色"，加以降清复归却仍不能忘情政治，使他的书画论中有禅；强调民族灾难时的悲壮崇高的"怨悱"，则使他很容易地就在观书画中抒发起黍离之悲身世之叹。这一切，自然使他的人生与论书画对接。

确然，政治上的反复，对生命的留恋，使钱谦益道德气节都黯然失色。80岁垂暮之年钱谦益曾自我评价："今吾抚前鞭后，重自循省，求其可颂者而无有也。少窃虚誉，长尘华贯，荣进败名，艰危苟免，无一事可及生人，无一言可书册府。濒死不死，偷生得生。"②低调地检讨了自己的一生，诉说了自己一生的无奈。然而，他文章优劣，学术成就是靠岁月来检验的，决不会因政治或道义的缺陷或乾隆帝的不屑一顾而减色。当然，他的文名终究还是会受累于他的道德气节的，因为我们的传统是要求道德文章合一的。为此，陈寅恪就写了《柳如是别传》为钱谦益正名，以挽救他道德上所披的骂名，以纠补他因之受累的文名。

最后，我们来看看作为藏书家的钱谦益。

经过明末战乱，书籍亡佚颇多，正如钱谦益所言："甲申之乱，古今书史图籍一大劫也。"③加以明人改篡书籍，书籍讹谬也甚多。入清后，有识之士痛感于此，致力于书籍搜集整理，钱谦益即为其中一员。

与清初大多藏书家所好一样，钱谦益嗜旧本古籍，尤贵宋元本。当然，钱谦益贵旧本，其本还是对书籍负责，希望借助旧本古籍还书籍原貌。这个嗜好，在明末就有了。崇祯年间，他珍视朋友所赠宋建安余仁仲校刊《左传》，曾为文称："此等书古香灵异，在在处处，定有神物护持。守者观者，

---

① 钱谦益.绛云楼题跋[M]//李长蘅画扇册二.潘景郑，辑校.60.

② 钱谦益.钱牧斋全集[M]//钱谦益.有学集：卷三九//与族弟君鸿论求免庆寿诗文书.吴江薛氏邃汉斋，清宣统二年：1.

③ 钱谦益.绛云楼题跋[M]//抱朴子.潘景郑，辑校.14.

皆勿漫视之。"① 他寻觅古籍以求至善，故而他虽然寻到了《春秋繁露》残宋本，但更希望能寻到完好的宋本。他讲道："万历壬寅，余读《春秋繁露》，苦金陵本讹舛。得锡山安氏活字本，校雠增改数百字，深以为快。今见宋刻本，知为锡山本之祖也。宋本第十二卷《阴阳始终篇》'入者损一而出者'句下，二行阙五字，二行阙六字。虽纸墨漫漶，行间字迹，尚可扪搎，锡山本盖仍之，而近刻遂相沿以为阙文。其第十三卷《四时之数》及《人副天数》二篇，宋刻阙卷首二纸，亦偶失之耳，非阙文也。如更得宋本完好者，则尚可为全书，好古者宜广求之。"② 他推崇古本，称自己所藏史明古家旧本，可以订讹纠谬，想见"先辈名儒，汲古嗜学"的"流风"③。

3.《绛云楼书目》

《绛云楼书目》系绛云楼火后，钱谦益根据记忆追录而成。钱谦益藏书，为读而藏，视版本而收，既开钱曾、黄丕烈等侫宋元本的先河，也导虞山藏书风气之先。曹溶评价他道："每及一书，能言旧刻若何，新版若何，中间差别几何，验之纤悉不爽，盖于书无所不读，去他人徒好书束高阁者远甚。然大偏性，未为深爱古人者二端，一所收必宋元板，不取近人所刻及钞本，虽苏子美、叶石林、三沈集等，以非旧刻，不入目录中；一好自矜啬，傲他氏所不及，片楮不肯借出。仅有单行之本，烬后不复见于人间。"④ 至于他私密书籍致使秘本不复在人间，为时人痛心，引为鉴戒，更加注重书籍流通，如曹溶有偕同志申借书约之举。

由此可见，《绛云楼书目》所收版本弥足珍贵。对于《绛云楼书目》，叶德辉在版本上有详细考校。叶德辉认为，《绛云楼书目》世所传者详略不同。《孙氏祠堂书目·外编》作一册，吴寿旸《拜经楼藏书题跋记》作不分卷上下二册，黄丕烈《士礼居藏书题跋记》作一卷一册，伍氏粤雅堂刻本有陈景云注者又作四卷。⑤ 鉴于叶德辉已对版本有精审考订，今略而不论版本问题，择伍氏粤雅堂刻本有陈景云注者四卷本，以见它在类例等方面的特征。

《绛云楼书目》卷一：经总类、易类、书类、诗类、礼类、乐类、春秋类、

① 钱谦益.绛云楼题跋 [M]// 宋版左传.潘景郑，辑校.3.

② 钱谦益.绛云楼题跋 [M]// 春秋繁露.潘景郑，辑校.6.

③ 钱谦益.绛云楼题跋 [M]// 聂从义三礼图.潘景郑，辑校.2.

④ 王云五.丛书集成初编 [M]// 钱谦益.绛云楼书目 // 曹溶.绛云楼书目题词.陈景云，注.上海：上海商务印书馆，1935：2.

⑤ 叶德辉.郋园读书志.杨洪升，点校.上海：上海古籍出版社，2010：178.

孝经类、论语类、孟子类、大学类、中庸类、小学类、尔雅类、经解类、纬书类、正史类、编年类、杂史类、史传记类、故事类、刑法类、谱牒类、史学类、书目类、地志类；卷二：子总类、子儒家类、道学类、子名家、子法家、子墨家、子类家、纵横书、子农家、子兵家、子释家、子道家、小说类、杂艺类、天文类、历算类、地理类、星命类、卜筮类、相法类、壬遁类；卷三：道藏类、道书类、医书类、天主教类、类书类、伪书类、六朝文书类、唐文集类、唐诗类、诗总集类、宋文集类、金元文集类、国初文集类；卷四：文集总类、骚赋类、金石类、论策、奏议类、文说类、诗话类、本朝制书实录、本朝实录、本朝国纪、传记、典故、杂记。合计73类，与他的73柜书架对应。著录图书3300多种。收善本极多。以经为首，是对尊经汲古之风的继承。各卷所著录书目大都简单介绍作者卷数朝代。如陆德明《经典释文》廿六册下出"卅卷"二字、陆辅之《吴中旧事》下出"宋人"二字，《列国宫殿考》出"宋李昉撰，历代宫殿名，一卷"，偶有如《西使录》出"一卷，元刘郁都太仆尝举使至秦，作《西使记》，柯九思叙潘昂霄《河源志》云，宪宗皇帝二年，命皇太弟旭烈帅诸部军征西域，凡六年，辟封疆四万里，见《辍耕录》第二十二卷，郁盖当时西征从军者"等介绍较详的内容。但总体而言，《绛云楼书目》和记录甲乙账簿之类的书目区别不大。不过，除常见书目外，新增地志、天主教、伪书等类，却是很有见识的。私家目录著述随藏主需要灵活处理目录的特质也有所体现。如出于自己拟修明史的需要，著录完各类书籍后，钱谦益在书目最后著录了明朝若干书籍。另外，书目的73类也与他的73个书架相对应，又与孙从添的"书柜书目"相符合，是为了便于取阅而设。

　　总之，在分类上，《绛云楼书目》既汲取了前人分类的优良传统，又根据藏主的需要灵活取舍。类目设置上呈现层次化特点，有的书目大类之外，分二级甚至三级类目，分类更趋合理明晰。同时，新增了一些类目以适应新的图书门类的需要。不过，总体而言，《绛云楼书目》并未按经史子集四部著录书目。如卷一经部史部书籍合在一起，卷三子部集部书籍合在一起，卷四集部史部书籍合在一起，显得混杂。某些类目掺杂训诂著作，如道学类就著录有《小学大全》《小学集注》《文公小学注》等训诂书籍。道家类著录有《苏眉山道德经注疏》《老子集注》等。只有少部分书籍记有集数或册数，间或注明版本。此外，有些书归类重复。如小说家类与类书类都有《太平广记》，道藏类与道书类都有《真仙通鉴》，一书二属，实属不当。天文、历算往往难以截然分开，《绛云楼书目》这二类各自为类，不便归属和这二类都有关的书籍。

如徐乾学《传是楼书目》在"天文""数"二类都可见的《周髀算经》，在《绛云楼书目》中只出现在"历算类"。于此，钱谦益、徐乾学二书各有优劣，徐乾学照顾到了书籍实际归属却难免重复的弊病，钱谦益避免了书籍归类重复，却未顾及书籍实际归属。这二者难以兼得的毛病，日后四库馆臣用"天文算法类"解决了，由此可见《四库全书总目》的四部分类虽然也难免缺陷，但无疑是近代之前中国图书分类最严密的目录著述。

　　不过，《绛云楼书目》还是应值得我们高度关注。一是它及时反映了当时最新学术成果。其一，对于谱牒学在清代的再次兴盛，以及方志在清代日渐成学的现状，钱谦益敏锐地捕捉到了，他在《绛云楼书目》中各用一目来著录这二类书籍。其中地志类属首创。此外，各正史除《宋史》有道学传专门讲道学诸子外，其余正史无此传，而目录书籍列道学类首见《隋书·经籍志》，此后目录书籍时或列此类。自先秦创立有关道的学说，历代承继不衰。钱谦益列道学类，著录《朱子语录》《伊洛渊源》《近思录》《周濂溪集》《龟山语录》《程氏遗书》《传习录》《白沙绪言》《理学蒙养》等，反映了道学发展实情。不过，《绛云楼书目》不管是文集还是传记，只要是道学家著作，统统归入其中，显然分类不科学。与《四库全书总目》相比，虽然《四库全书总目》因不满宋学，不设道学类，以上著作被各归其类，如《伊洛渊源》入史部传记类，《近思录》《传习录》入子部儒家类，这在分类上是符合了各书籍实情，分类较其科学。然而，遗憾的是，中国学术史上的重要流派道学派的整体风貌，却无法得以集中展现出来。其二，明末清初进入中国内地的传教士，多睿智博学之士，他们交结中国士大夫，以科技学识立足中国，以著述表达思想，已然对中国有所影响。然而，有着牢固夷夏之防的中国，大多数士人并不乐意接受他们，于是漠视西人西学的存在，更鲜以谈及他们的著述。能记录下他们的著述者，非通达博识开明之士，不能为之。钱谦益即为其一。有着叛逆精神少小礼佛晚年逃禅的钱谦益，对于这样一个有别于儒佛道却向儒佛道取经以迎合士意的新学，自然颇有兴趣。他记录下西学书籍，反映出西学对中国既定影响。《绛云楼书目》单独设置"天主教"类专门记录西学书籍，此外"历算"类也著录有西学书籍。"历算类"著录的西学书目为：《乾坤体义》《授书历法撮要》《西学凡》《数书》《浑盖通宪图记》《勾股义》《表度说》《圜容较义》《测量法义》《天问略》《几何原本》《西洋测食略》《西域立成》《同文算指通编》《戊申立春考正》《数术记遗》《太阳通轨》《太阴通轨》《西域立成》《庚戌冬至正讹》《西域日月交食通轨法》，"天主教"著录的西学书目为:《天主实义》《天学初函》《交友论》《七克》《地震解》《职方外纪》《西儒耳目资》。这些西学书籍的著录,及时反映了当时西学的成就,为目录学增添了内容。此外,专门设置"天主教"一类,比徐乾学在《传是楼书目》中设置史部"蛮夷"类归类少数民族或外域史地著述,符合实际,且较少夷夏之防。其三,设置史学一类,反映了清代史学独立成学的新趋势。清初公私双方对书籍倾力搜集整理,典籍大兴,满足了学者饱览的需求。学者由此融会贯通,史学为之一振。顾炎武、黄宗羲等人就是清代史学的开山。这正如梁启超所言"明清之交各大师,大率都重视史学——或广义的史学,即文献学"①。当时,对史学在学术所起的重要作用成为共识,如为古文辞者倘若"不由史出",则被视为"饮食不本于稼穑"②。其后各目录学家目录著作多设史学一类,不无钱谦益倡导之功。

三是发展了中国古典目录学。其一,《绛云楼书目》打破古典目录学家大多把金石类放在史部目录类的做法,把金石从史部目录类中独立出来,而这是钱谦益之前或同时代或之后的大多数目录学家都没能做到的,无疑非常卓识。因为目录和金石各自为类,一则反映了当时二类书籍兴盛的现状,一则反映了二类本该独立为类的事实。这样安排,使分类更趋于科学。其二,中国古代伪书多、早、巧、久、深可谓世界之最。朱熹所辨伪书达60多种,胡应麟辨伪书104种,姚际恒《古今伪书考》达91种,张之洞称一分真伪古书去其半,张心澂《伪书通考》达1104种。而伪书在中国学术史上却有着重要地位。梁启超曾言:"中国旧学,十之八九是书本上学问,而中国伪书又极多,所以辨伪书为整理旧学里头很重要的一件事。"③亦即研究中国古典文化,必须会辨别伪书。但目录书专门设伪书为一类,并不多见。《绛云楼书目》设立伪书一类,为较早认识到且以书面形式承认中国古典文化中有好作伪书的一面,并认识到伪书的学术价值的学者之一。其三,设置纬书一目。纬书是中国学术与政治紧密相连的产物。它起于汉代,之所以称纬书,是相对于经书而言的。它借助儒家经义宣扬符箓瑞应占验。自隋炀帝焚纬书之后,虽然纬书日渐亡佚,但散见于各经注疏,或为其他文献征引者不少,因此纬书实际上还是存在的。明孙毂就辑有《古微书》,清马国翰《玉函山房辑佚书》也

---

① 梁启超.中国近三百年学术史 [M].太原:山西古籍出版社,2001:87.

② 章学诚.文史通义内篇二 [M]// 文德 .17.

③ 梁启超.中国近三百年学术史 [M].241.

辑有不少纬书。而纬书也是认知中国传统的一面镜子。自《隋书·经籍志》承《七录》列有谶纬类外，鲜有目录著述列纬书为一类。钱谦益家中仅藏有《礼纬含文嘉》《杂抄诸纬》两本纬书类书籍，本可附录，但他却单独为它们设置纬书一目，可见对它们的重视。既然纬书在历史上曾有过辉煌，到他的时代还亡而未亡。那么设置一目，无疑更有利于认知中国的学术发展脉络，见知学术与政治之间的关系。于此，钱谦益眼光独到。其四，设置"天主教"一类，非常有识，表明钱谦益认识到了进入中国的西人西学的真实面目。不过，在对西学书籍归类上，有些归类却不尽妥当。如《职方外纪》是讲外域史地的，本应入地志。《西儒耳目资》是教来华传教士学习汉语的音韵学书籍，本应入小学类。《西学凡》是讲教育的，钱谦益都归入历算类，实属归类不当。日后《四库全书总目》对它们进行了正确归类，《四库》不愧目录学顶峰之作。

四是它著录了清政府的忌讳书目，有存史证史之功。清初重在稳定，文化专制并非重点。清初文字狱多偏向下层士民，令他们不敢附和有反清思想的上层士人，使这些上层士人只能孤芳自赏，与自己著述一道老死。故而，当时知识阶层的上层在清初的境遇相对雍正乾隆而言，其实是宽容而幸运的。这是钱谦益能在彻底诀别清政府后与抗清人士来往却能无恙于绛云楼的根本原因。所以他的绛云楼能比较自由也敢收藏日后清政府忌讳的书籍，并且他为他的绛云楼藏书所作的《绛云楼书目》也记录下他绛云楼所藏的这些清政府日后忌讳的书目。如地理类：《职方考镜》《译语》《山西大同镇图说》《北虏事迹》《北虏考》《西尸事迹》《北虏风俗》《封贡考》《贡市边记》《虏王图》《大宁考》《高文襄边略》《备堵酋书揭》《东尸考略》《平壤录》《东事始末》《西夏记》《西夏记闻》《东戍录》《建州考》《金辽考》《献俘图》《辽事芹》《沈应奎度辽言》《定平王定平交南录》《三黔三记》《使安录》《辽事杂记》《平番稿》《平粤录》《韩襄毅平蛮录》《平漳寇录》《国朝制书》《国朝诗史》《万历邸报节抄》。这些书籍，或涉及少数民族，或涉及边事，或涉及明末时事，或揭示出明清臣属关系，都触及清政府忌讳。这些有碍清政府忌讳的书籍，日后乾隆四库修书，都未入著《四库全书》及《四库全书总目》，几乎消失殆尽。《绛云楼书目》著录这些书目，正可彰揭清政府毁书的过错，有补正史。

最后，要特别指出的是，《绛云楼书目》卷四的《本朝制书实录》著录有《高皇帝御制文集》《皇明祖训》《皇明诏令》《大明宗支》等，《本朝实录》著录有《洪武实录》《永乐实录》《万历起居注》等，《本朝国纪》著录有《大潢玉牒》《皇明本纪》《洪武圣政记》等。以上各"本朝"，都是指明朝。曾经降清复叛清但已食清粟的钱谦益竟然仍然称明朝为"本朝"，文化与政治上显然都不以清为正统。乾隆日后大骂他，虽然表面上看来是乾隆痛恨钱谦益为人首鼠两端，但愤恨钱谦益揭自己祖宗老底，彰显自己祖宗之短，不以清政府为正统，当是最主要原因。不过，钱谦益非常幸运，生在清初，并且还是文坛领袖，因此他完全可以大放厥词。因为清初的统治者对汉文化领悟非常到位，他们要断思想不稳定的根，所以他们选择大面积打击的对象是下层士人，如此实可断上层士人号召的基础。而其宽容对待上层士人，反而使天下被其气魄所震慑，为其气度所折服，国家自然稳如泰山了。至于钱谦益称明朝为本朝，这虽然可以向世人证明钱谦益自己不忘故国，气节未泯，但实在又是钱谦益狂狷的一大表现。当然，这也是钱谦益自视为遗民的结果。不过，他的聪慧也足可使他领会到清政府的文化政策，以至于敢做出在时人后人看来狂狷之举。像稍晚的徐乾学称呼明朝为皇明，同样没有被罪及。因为这是清初上层士人的常态，是清初惯相。

　　总体而言，虽然《绛云楼书目》有一定价值，但其分类琐细，著录有失刘向刘歆父子目录著述之旨，归类也有不少欠缺，并非上乘目录学著述，然而，因钱谦益四海宗盟之故，《绛云楼书目》影响很大，《郋园读书志》所道"当时好事者人钞一册，为按图索骥之资，故传本之多，半出名人手校"①就足可以想见当年《绛云楼书目》名闻天下的盛况。

（二）朱彝尊及其题跋书目

　　钱谦益未能看到清政府的繁盛，清政府也没有满足他的愿望，所以他在清的岁月中就只能是不尽的无奈。清代那批最终放弃遗民立场与清合作者，比钱谦益幸运，他们看到了清的兴盛，体会了清的宽容，清一定程度上满足了他们为士人的期望，因此他们从文化上认同了清，并由文化认同最后走向政治认同。就这批人而言，朱彝尊（1629-1709）无疑具有典型性与代表性。

　　朱彝尊，清代词人、学者、藏书家，字锡鬯，号竹垞，又号醧舫，晚号小长芦钓鱼师，又号金风亭长，秀水（今浙江嘉兴）人。曾祖父朱国祚是明朝万历十年（1582）进士，做官做到户部尚书兼武英殿大学士，加少傅。去世后被赠太傅，谥"文恪"，《明史》有传。祖父朱大竞，曾为云南楚雄知府。但祖父朱大竞为官清廉，辞官回乡时，"力不能具舟楫"，行李仅"敝衣一簏"。

---

① 叶德辉 . 郋园读书志 [M]. 杨洪升，点校 .180.

到生父朱茂曙时，家境更是每况愈下。如果遇到荒年，家中经常缺粮。嗣父是朱大竞长子朱茂晖，凭借恩荫获授中书科中书舍人，是明末"复社"的重要成员之一，没有儿子，于是过继弟弟朱茂曙长子朱彝尊为子。

明朝灭亡时，朱彝尊十六岁，虽然出于士人及明朝贵胄后代的责任，他也参加过抗清斗争。但是在明代这段时间，朱彝尊只不过居家读书，在政治上与明朝廷几乎没有交集，加以充其不过家道中落、等同平民的前朝贵胄没落子孙的身份，所以他的易代之痛与深荷明恩、政治上与感情上同明有千丝万缕联系的如黄宗羲、顾炎武等是不同的。因此日后朱彝尊参加会试，参加康熙十八年（1679）的博学鸿词科，应该说是必然的。

朱彝尊深厚的古文功底是在明末打下的。明末纷乱的局势，使朱彝尊的老师放弃教学生时文，转而教授学生《左传》等古文。这造就了朱彝尊深厚的古文功底。入清后复兴明朝的希望的破灭，加以清的新气象，当康熙十八年（1679）清政府开博学鸿词科，朱彝尊于是放弃了遗民立场，以布衣入选，授官翰林院检讨，参与修纂《明史》。康熙三十一年（1692），朱彝尊乞假归里，隐居林下，著书立说。他编撰的书目题跋多以考订见长，深刻影响着其后的目录学发展。其中，《经义考》一书，对《四库全书总目》经部提要的撰写产生过重要影响，但称《四库全书总目》抄袭《经义考》则言过其实，二书在提要内容、类目命名以及对汉宋学的态度上都存在明显差异。《曝书亭序跋》注重考证与辨伪，详述版本学术源流，注重知人论世，同时重视利用金石文献，而不专主一家，体现了作者实事求是的严谨学术态度。《潜采堂宋元人集目录》《竹垞行笈书目》二书，在著录宋、元、明学者著作等方面，可与四库收书互为补充。此外，他所撰书目题跋，注重考经证史，讲求学术流变，还著录有西学文献，反映了当时的学术新动向。

1.《经义考》

《经义考》为朱彝尊考证历代经籍存佚的著作，共三百卷。康熙三十四年（1695）到康熙三十八年（1699）期间撰写而成。原名《经义存亡考》，只列存、亡二例。康熙第三次南巡时，居家著述的朱彝尊进呈其中"易""书"二类，获康熙称许，并特赐"研经博物"匾，予以褒奖。康熙四十四年（1705）开始刊行，只刊行了半部，至《春秋类》即毕，共一百六十七卷。这就是曝书亭刊本，即朱彝尊家刻本。

朱彝尊死后，他的后人无力续刻。直到乾隆甲戌（1754），朱彝尊次孙朱稻孙才获得主政扬州的卢见曾资助，由扬州马曰琯、马曰璐兄弟续刻朱氏遗稿，第二年（1755）刻成，这就是扬州马氏刻本，分列存、阙、佚、未见四例，改名为《经义考》。之后，又有四库馆臣汪汝瑮从朱彝尊后裔得到刻板进行校补，并进呈朝廷，到乾隆四十二年（1777）刻成，这就是《四库全书》本。后来浙江书局在光绪二十三年（1897）翻刻《四库全书》本。中华书局四部备要本则是据扬州马氏刻本而成的校刊本。

《经义考》将历代经籍分为《御注》《敕撰》《易》《书》《诗》《周礼》《仪礼》《礼记》《通礼》《乐》《春秋》《论语》《孝经》《孟子》《尔雅》《群经》《四书》《逸经》《毖纬》《拟经》《承师》《宣讲》《立学》《刊石》《书壁》《镂板》《著录》《通说》《家学》《自叙》，共三十类，在承袭前代的基础上又有所增删。每类下列书目。每一书目下，首列作者、卷数。同书卷数有异同的，也出注。然后考述该书存、阙、佚、未见各情形，并一一详载该书序、跋，以及诸家评论，间或低格加案语附于本书目题跋末。另有原属某经但又自成卷帙的经籍，如《周易》的《系辞注》《尚书》的《洪范五行传》《大戴礼记》的《夏小正》等，都一并附在该经之后。《经义考》是清初出现较早、体例最称完备的解题目录，对于恢复宋元以来的解题目录传统具有重要意义。《四库全书总目》评论该书，"上下二千年间，元元本本，使传经原委，一一可稽，亦可以云详赡"[1]。吴玉搢评价该书"最为该博，然《春秋》而下存佚卷帙微有讹舛。疑当时未见其书而漫以己意度之"[2]。不过，就《四库全书总目》的高度赞扬，与吴玉搢褒赞中的批评而言，还是吴玉搢较中肯些。因为，系于朱彝尊见闻，以及私人著书共有的资料等方面的缺陷，他的《经义考》所著录书籍并非尽合经书标准，所考一些经籍的阙、佚情形也确实不尽无误。不过，其后翁方纲撰《经义考补正》一书，对其多所补充订正，可部分弥补其上述的不足。

另外，还值得注意的是，今人有称《四库全书总目》涉及经部书籍提要时，多袭《经义考》。就笔者看来，今人所道抄袭的话语未免过头。以《经义考》曾得康熙"此书甚好"、乾隆"实有裨于经学"[3]的褒奖，以及君王的臣子们步君王后尘的表彰，如陈廷敬评价说："虽其或存或佚者，悉载简编。余以为经先生之考定，存者固森然其毕具，而佚者亦绝其穿凿附会之端，则经义之存又莫有盛于此时者矣。微竹垞博学深思，其孰克为之。圣天子典学右文，

---

① 永瑢等. 四库全书总目 [M].732.

② 吴焯. 绣谷亭薰习录 [M]// 吴玉搢. 绣谷亭薰习录记. 仁和吴氏双照楼刊松邻丛书，1918：1.

③ 朱彝尊. 经义考 [M]. 北京：中华书局，1998：10.

石渠白虎集议，方殷诸儒必将以竹垞为大师，而正经学以淑人才，有厚望焉。余序竹垞经义之书而及唐宋以来所以教人取士之法，意固在此而不在彼。"①卢见曾称述道："朱彝尊所纂《经义考》三百卷，博征传世之书，志以存佚，提衡众家之论，判厥醇疵。幸际昌期，首冠以圣明之巨制，备陈列代不遗夫师友之绪言，挈领提纲，开卷瞭如指掌，升堂入奥，披函灿若列眉，实裨益于稽古之儒，宜刊布于右文之世……较陈振孙之《解题》更加繁富，比晁公武之《书志》尤觉精详。"②《经义考》得到的是君臣上下一致好评，四库馆臣自是非常重视《经义考》。因此，《四库全书总目》撰写经部提要时，参考《经义考》，实属必然。

而对《四库全书总目》参考《经义考》这个事实，馆臣并不隐晦，它的经部书籍提要即屡屡提及《经义考》。如《四书》类小序"朱彝尊《经义考》于《四书》之前仍立《论语》《孟子》二类……《明史》并入《四书》，盖循其实，今亦不复强析其名焉"③。如果是抄袭，就不会屡屡提及抄袭的书的名字。况且古人引书是不注出处的，有相同的地方而没有道出名姓，本就不属于抄袭。今就《论语》诸提要及《御注孝经》提要，见《四库全书总目》与《经义考》二书经部异同。

《论语义疏》④：《经义考》未见何晏集解、皇侃疏本，仅罗列《隋志》《国史志》《中兴书目》及晁公武所言的材料就何晏集解、皇侃疏本提要钩玄。此外，还另出亡佚的颜越《论语义疏》、张冲《论语义疏》二本。颜本提要非常简略，只有一"佚"⑤字，张本提要为"《隋志》二卷，《吴中人物志》作十卷。佚"⑥，而《四库全书总目》知人论世，裁剪融合，补《经义考》未备，就书籍存佚、传承等作出论断。也对《经义考》未见何晏集解、皇侃疏本的原因做出了说明，指出此本唐时旧本流传海外，康熙九年（1670）日本山井鼎《七经孟子考文》称自己的国家有这个本子。不过，《四库全书总目》辨章学术时仍不离汉宋之争，明显鄙斥宋学。而这是《经义考》没有的。

①　朱彝尊．经义考：卷首 [M]// 陈廷敬．经义考序．12.

②　朱彝尊．经义考：卷首 [M]// 卢见曾．经义考序．11.

③　永瑢等．四库全书总目 [M].289.

④　朱彝尊．经义考 [M].1091，永瑢等．四库全书总目 [M].290.

⑤　朱彝尊．经义考 [M].1091.

⑥　朱彝尊．经义考 [M].1092.

《论语正义》[①]:《经义考》简单罗列《中兴书目》、晁公武、陈振孙的材料，谈此书成书过程。并以《宋史》本传材料，简略谈作者邢昺生平及著述。《四库全书总目》除引用以上材料外，还引用了《七经孟子考文》材料，并较《经义考》多所评论。《四库全书总目》提要则谈及此书与《论语义疏》的关系，以及版本异同优劣，并把它与《论语义疏》比较，以实例辨异同，得优劣。继而指出汉学、宋学赖此书转关。并批评后来者，即宋学家们忽略前人成就的不良学风，指出此书价值非后来之书可代替，正所谓"先有是疏，而后讲学诸儒得沿溯以窥其奥，祭先河而后海，亦何可以后来居上，遂尽废其功乎"[②]。

《论语笔解》[③]:《经义考》仅罗列材料。《四库全书总目》裁剪融合，就版本异同作出论断。

《论语拾遗》[④]:《四库全书总目》扩展《经义考》，就《经义考》所言"辨正"内容讨论。

《论语全解》[⑤]:《经义考》谈《论语》诸家的学术传承。《四库全书总目》则先指出邓浩本与陈祥道本非同一版本，并做出了论证。继而论陈祥道学术所长并举例说明，且评判《论语全解》这本书的优劣，指出这本书"不免创立别解，而连类引申，亦多有裨于考证。惟其学术本宗信王氏，故往往杂据庄子之文以证佐，殊非解经之体，以其间征引详核，可取者多，故不以一眚掩焉。"[⑥]

由以上《论语》各提要可见，四库提要有参考《经义考》的迹象，但并非原封不动抄袭，且在知人论世、辨章学术源流，讲究版本流传，论断优劣是非方面明显胜过《经义考》。

再以《御注孝经》为例。就清政府而言，清夺了宗主江山，也就只能以孝治天下了。像清顺治就曾言百行孝为先，而《经义考》又是经辑录者朱彝尊进呈康熙由康熙御览过的，编者卢见曾还是封疆大吏。就这几个角度而言，无论哪一方，为尊正统尊皇室，自然都愿意以御纂或敕纂居首。因此《御注

---

① 朱彝尊.经义考[M].1094，永瑢等.四库全书总目[M].290.

② 永瑢等.四库全书总目[M].291.

③ 朱彝尊.经义考[M].1093，永瑢等.四库全书总目[M].291.

④ 朱彝尊.经义考[M].1095，永瑢等.四库全书总目[M].292.

⑤ 朱彝尊.经义考[M].1096，永瑢等.四库全书总目[M].292.

⑥ 永瑢等.四库全书总目[M].293.

孝经》必然如《经义考》中它的提要所言"世祖章皇帝亲自删定，文简而义该。顺治中镂板印行，而民间流传甚少。臣同里礼部尚书杜臻购得宝藏，臣谨录之以弁《经义考》之首"①，理所当然位居《经义考》之首，而顺治《御制序》也必然在它的提要的开篇并几乎占据全篇，也必然只在末尾，才有就《御注孝经》的版本，以及著录《御制序》的缘由的一点说明。当然，顺治《御制序》的作用也是不小的。由它可见《孝经》著述的由来，以及历代沿革及其功用。不过，《御制序》的钦定色彩，又使它言及明代时，显然对明代的批评较其余朝代露骨而激烈，文中道："明季著述纷纭，或拾前贤之绪余，文其谫陋；或摘古人之纰缪，肆彼讥弹，不知天怀既薄，问学复疏。因心之理未明，空文之多，奚补其于作经之意均未当耳。"② 政治倾向不可谓不浓。

　　而四库修书，当馆臣为邀宠，把修书过程中乾隆的历次谕旨及所题《四库全书》诸书诗文列在《四库全书总目》卷首，并在经、史、子、集各部冠以圣义、圣谟等六门，恭载列圣钦定诸书及乾隆御制御批各种，乾隆对此的反应是发出"列朝御纂御批御制各书，分列各家著撰之前，不必特标名目，并令将卷首所录御题四库诸书诗文撤出，分列御制诗文各集之前，所以示大公也。朕一再思维，《四库全书》之辑，广搜博采，荟萃群书，用以昭垂久远，公之天下万世。如经部易类，以《子夏易传》冠首，实为说《易》家最古之书，允宜弁冕羲经。若以钦定诸书列于各代之前，虽为纂修诸臣尊崇本朝起见，而于编排体例，究属未协"③"所有《四库全书》经、史、子、集各部，俱照各按撰述人代先后依次编纂。至我朝钦定各书，仍各按门目分冠本朝著录诸家之上。则体例精严，而名义亦秩然不紊"④ 等指示。对于上述乾隆发出的要求修书公允及兼容并包的指示，四库馆臣详悉于心，因此《四库全书总目》的《御注孝经》提要即归于本位。而《御注孝经》提要在言明这本书总的功用后，即由版本的选择晓谕息今古文门户之争、杜绝改经之渐，来达到表彰君主重视教化，海纳百川的雍容气度的目的。虽然实际上四库修书偏袒汉学，并未真正做到兼容并包。但馆臣如此提要，正和乾隆旨意一脉相通。而与朱彝尊提要所辑《御制序》露骨的批评相比，经纪昀大手笔裁剪的《四库全书总目》此提要，无疑要高明不少。

① 朱彝尊. 经义考 [M].19.
② 朱彝尊. 经义考 [M].19.
③ 永瑢等. 四库全书总目：卷首 // 圣谕.6.
④ 永瑢等. 四库全书总目：卷首 // 圣谕.6.

不过，就《御注孝经》提要的内容，《经义考》明显比四库提要详悉。细究原因，一则二书提要因体裁之别，影响到详略的因素是需要考虑到的。因为就书目解题与辑录体提要而言，需要综合裁剪创造功夫的书目解题撰写的难度当然更大。一则因为《经义考》被康熙御览过，其中的《御制序》经康熙御题，四库馆臣要超越或另有发挥，都很难妥洽。于是提纲挈领，宗旨表明即搁笔，确不失为明智之举。故而，二书《御注孝经》提要是各有短长的。

当然，总体而言，在类目命名上，《四库全书总目》提要类目命名充分吸取了前人类目命名的优点，有融汇古今的功劳。故而，它的经部类目命名参考《经义考》的经部类目命名，也实是理所当然。如在《礼》类分目上，《经义考》分为《周礼》《仪礼》《礼记》《通礼》四目，《四库全书总目》提要则增《三礼总目》《杂礼书》而至六目。《五经总义》类目的命名，《四库全书总目》提要参稽诸家命名折中而定。《四库全书总目》提要从宣帝时讲起，追溯诸家命名历史。汉宣帝时有石渠《五经杂义》十八篇，《汉志》无类可隶，于是杂置在《孝经》中。《隋志》录许慎《五经异义》以下诸家，附于《论语》之末。《旧唐书·志》始别名"经解"，诸家著录因之，但不见兼括诸经之义。朱彝尊《经义考》别目为《群经》，感觉不妥，采刘勰《正纬》之语改之，然又不见训诂之文。而徐乾学刻《九经解》、顾湄兼采总集经解之义名为《总经解》，何焯斥其不通，等等，并一一考证各类目实际归属的书，认为实际上都是五经的流别，于是定名为《五经总义》。在《四书》类命名上，也是如此。四库提要尊重朱彝尊《经义考》的《四书》类之前仍然立《论语》《孟子》二类、黄虞稷《千顷堂书目》凡《大学》《中庸》都附于《礼类》以略存古义的旨意，但认为面对赵岐、何晏以下有关《论语》《孟子》古籍存者寥寥、梁武帝《论语义疏》以下散佚殆尽、元明以来所解都自《四书》分出的事实，以及《明史》循实都并入《四书》的先例，于是只立《四书》类一目。可见，《四库全书总目》提要并没有全然一成不变地采用《经义考》的命名，只是参阅之。它的命名，是斟酌古今而定的。

又就汉宋学是非而言，乾隆时期，在以经学济理学之穷，考据学占据主流之际，对宋学及其门户的不满，使以汉宋兼采为口号的四库馆，很难真正做到持衡，《四库全书总目》提要明显表现出了这个倾向，《进四库全书表》所言即为对这倾向的一大揭示。《进四库全书表》道："经崇世教，贵实征而贱虚谈；史系人心，削诬词而有公论。选诸子百家之粹，博收而不悖圣贤，惩十人九集之非，严汰而宁拘门户。"①

而作为辑录体的朱彝尊《经义考》，辑录材料，就事论事，是不需要对汉宋是非做出论断的，因此《经义考》可以说鲜有汉宋倾向。而需要反映时代主流学风，融汇并申而论之，做出己断的《四库全书总目》提要显然不可能与它在这方面做到同样超然。《四库全书总目》提要对汉宋是非评判论定是常态。当然，因为《经义考》是辑录体，所辑内容有反映汉宋学是非的，也在所难免，但这并不影响《经义考》本身固有的特质。

至于在著录书目方面，四库修书，以举国之力为之，加以后来者居上，所搜所见自然大大超过以私人之力修书的朱彝尊，因此经部提要参考《经义考》的四库提要自然对朱彝尊《经义考》所收的缺漏进行了补充。如《论语义疏》，朱彝尊未见，四库征书则搜集到这书，它所作此书提要自然胜过《经义考》。当然，我们知道史馆修书也是有局限的，加以其他因素，《经义考》也是有胜出四库提要的。

此外，这里还需注意的是，四库有些部类所著录的书籍少于《经义考》。如所著录《论语》各书，就不如朱彝尊多。因为四库修书需要别择各书，不符合正统道统者往往被禁于入著之列，且不列佚书，因此在某些书籍著录上，是比不上连佚书也出序跋的朱彝尊《经义考》的。而《经义考》对佚书也出序跋，对辑佚古书了解佚书情况，对有清一代辑佚学的兴盛，也是意义重大的。这些也是二提要有别之处。

故而，《四库全书总目》经部提要很难称得上抄袭《经义考》，称参考借鉴《经义考》，确是成立的。

2.《曝书亭序跋》《潜采堂宋元人集目录》《竹垞行笈书目》

（1）《曝书亭序跋》

《曝书亭序跋》是朱彝尊详考古今典籍而作的序跋，主要收录在其代表作《曝书亭集》中。《曝书亭集》由朱彝尊亲自删定，共80卷，刻成于康熙四十八年（1709），包括赋1卷、诗22卷、词7卷、散文50卷，其散文中又包含序8卷、跋14卷，此为《曝书亭序跋》之主体。朱氏序跋考订精详，多能发前人所未发，《四库全书总目》即多处参考引用朱氏序跋，称其"考讹辨异，原原本本，实跨黄伯思、楼钥之上"②。今考《曝书亭序跋》全文，略述其特色

---

① 永瑢等.四库全书总目：卷首 [M]// 永瑢等奏.进四库全书表.10.

② 永瑢等.四库全书总目 [M].1523.

如下。

第一，注重考证。朱彝尊擅长考据，"凡所撰述，具有本原"①，在他所作序跋中尤有体现。潘耒《曝书亭集序》赞朱彝尊序跋道："考古证今，原原本本，精详确当，发前人未见之隐，剖千古不决之疑。"《四库全书总目》提要也赞朱彝尊题跋"订讹辨异，本本元元，实跨黄伯思、楼钥之上"②。对于考证的热爱，朱彝尊自己在序跋中也毫不掩饰，他说自己喜读《春秋地名考》是因为爱它考迹疆理，多所厘正，简而能周，博而能要。同时，朱彝尊的序跋，凡所考证，都求其是。未有足够证据，即疑以阙疑。如《寰宇通志跋》——考订参撰作者，唯曹恩，马昇二人无从知晓他们的籍贯，就疑以阙疑，并在跋中申明以待洽闻君子补自己所未道③。《商祖丁爵铭跋》，慨叹自己自张弨去世后，不能如欧阳修撰《集古录》得到刘仲、杨南仲帮助一样有帮自己辨识如《商祖丁爵铭》中无人可识的六个字④的得力助手。

第二，详述书籍来龙去脉，剖析版刻及学术源流。如《周易义海撮要序》，就《周易义海撮要》来龙去脉作了详细交代，指出宋熙宁间，蜀人房审权集郑玄以下到王安石《易》说百家，择取专明人事者，编成百卷命名为《周易义海》。绍兴中，江都李衡删去冗复，增加欧阳修、苏辙、苏轼三家，命名为《义海撮要》，总共十卷，并附《杂论》以补房书的阙略。后来《义海》失传，《撮要》反而流传下来，为后来学者所乐得讲习。⑤对于《聂氏三礼图》，朱彝尊详述了此书得以颁布学官并绘图宣圣殿后北轩，以及被下诏命令毁图的过程，并论定此书功过是非，指出虽然此书确实不尽如古，但胜过转而求诸野，应自有它的价值。

第三，注重知人论世。所作序跋，多出作者的介绍。如《周易义海撮要序》指出《周易义海撮要》作者李衡即世所称乐庵先生，宣和末入辟雍，乾道中官秘书修撰，后升为侍御史，改起居郎。后因上书言事得罪，离开朝廷，退居昆山，聚书讲学。称赞《易璇玑序》作者吴沆，虽为一布衣，却卓然成一家之言，不与世俗同流。由此批评偏安一隅的南宋王朝不积极抗敌，反而把命运系之一《易》的占卜，臣子士人纷纷附和，把这视为终南捷径。对于

---

① 永瑢等.四库全书总目[M].732.

② 永瑢等.四库全书总目[M].1523.

③ 朱彝尊.曝书亭序跋[M]//朱彝尊.寰宇通志跋.上海：上海古籍出版社，2010：164.

④ 朱彝尊.曝书亭序跋[M]//朱彝尊.商祖丁爵铭跋.185.

⑤ 朱彝尊.曝书亭序跋[M]//朱彝尊.周易义海撮要序.23.

《合订大易集义粹言》作者，自己的朋友纳兰容若的介绍，朱彝尊充满深情。在朱彝尊看来，古来只有王弼勘与纳兰容若相比，而实际上，纳兰容若更胜于王弼。对于二人的早逝，他慨叹天摧才子。他说："昔王辅嗣注《易》，每取旧解，所悟者多，深斥阴阳灾异小数曲学，专明人事。论者谓其独冠古今，出荀、刘、马、郑之上。顾官止尚书郎，年仅二十四而夭，说经者恒惜之。容若清才逸辨，兼工风骚乐府、书法。即其会粹二书，不专言理，变占象数并收，补《大传》训注之阙，虽老儒亦逊焉，岂意短命而终。读其书不禁兰摧而蕙叹也。"[1]言词纡徐，委婉有致，蕴涵无限哀思。触书伤人，读者也自然感染其中，激起读者因作者必一读此书的向往。又考证出《海东诸国纪》作者申叔舟，字汎（范）翁，仕朝鲜，官至议政，封高灵君。《海东诸国纪》成书于成化七年十二月。[2]

第四，注重碑刻等金石文献的价值，解疑去惑，论定古今是非。唐人裴谞诗，刘元济《统签》、季振宜《全唐诗》都未收入，而赣州储潭庙有碑刻之，[3]正可补二者著录的缺失。史传所无的妒女神，却在平定州娘子关有祠有碑。[4]故而，朱彝尊呼吁大家重视碑刻的印拓。

第五，注重辨伪。以辨书画真伪为例。他辨书画真伪往往从印记、跋、书画风格、庙讳等方面辨伪。如从卷前南宋南廊库经手人郭墨印记及卷后米芾跋及赵孟𫖯诸人图书，确定宛平孙氏所藏王羲之"裹鲊味佳，一一致君，所须可示，勿难。当以语虞令"[5]19字书法帖为王羲之真迹。以风骨戍削，判《十二月织图》为赵孟𫖯晚年家居时手笔，并指出以假乱真者只不过仅得它的妩媚而已。[6]在《跋赵魏公书》中又指出动用粉笺双钩以眩人目不如摹拓存其真。在《跋草书千文》以宋真宗以后庙讳直书，认为草书《千文》当属宋初墨迹，怀疑是南岳宣义大师梦英所书，非怀素、亚栖所书。

第六，客观辩证对待学术，不专主一家。如对宋的讲学家微责，指出正是宋讲学们的烦琐讲学，令研究《礼》者少，致使慎终追远之义辍而不讲，

① 朱彝尊.曝书亭序跋 [M]// 朱彝尊.合订大易集义粹言.26.

② 朱彝尊.曝书亭序跋 [M]// 朱彝尊.书海东诸国纪后.168.

③ 朱彝尊.曝书亭序跋 [M]// 朱彝尊.唐储潭庙裴谞喜雨碑跋.234.

④ 朱彝尊.曝书亭序跋 [M]// 朱彝尊.平定州唐李諲妒神颂跋.235–236.

⑤ 朱彝尊.曝书亭序跋 [M]// 朱彝尊.裹鲊帖跋.280.

⑥ 朱彝尊.曝书亭序跋 [M]// 朱彝尊.赵子昂书十二月织图后.282.

百姓对道德日渐淡薄。① 也批评当时士人谨守绳尺，无事博稽，然而拿笺疏考问他们，却茫然自失。② 指出不必守一家之说。因为守一家之说，足以自信，不足以析疑。只有众说毕陈，纷纭到极致，最佳者方会出现。故而反约之功，贵博学而详说。③ 由此可见，朱彝尊为学不专主一家，能认识各家优劣，公正对待各家。而综观朱彝尊具体为学，义理考据辞章都擅长，也确实实践了自己所言，"兼有众长"④。

最后，我们要注意的是，虽然未受明大恩的朱彝尊最后出仕清，但朱彝尊还是不时有遗民情结的。他的书跋就不时流露出故国思绪、遗民哀痛。如他对赵孟頫仕元颇有讥刺，认为有着南宋王孙身份的赵孟頫题字在南宋所收的录有南廓库经手人印记的王羲之帖后，有愧于南廓库经手人。⑤ 不过，朱彝尊自己虽然批评有着皇室血统的赵孟頫仕元，但他自己和包括赵孟頫在内的历代遗民一样，同样没能逃离易代士人的矛盾，并且也同样流诸著述。仕与不仕，忠义与背叛，令易代士人往往处于两难。这两难，朱彝尊在书跋中有所表现。故而他能抨击赵孟頫仕元，也对黄宗羲隐而不仕倍加推崇，但同时又遗憾于黄宗羲因之而不得一展才华，辜负一身抱负。在他看来，四明山之所以熠熠生辉，散发光华，是黄宗羲隐居四明山中，在著述中寄托抱负抒发抑郁的结果。这是四明山的幸运黄宗羲的不幸。在表述对黄宗羲无限同情的同时也显露出自己的两难心理。当然，无疑也向世人解释了自己最终出仕清的缘由。

（2）《潜采堂宋元人集目录》《竹垞行笈书目》——兼与《四库全书总目》比较

朱彝尊富于藏书，其藏书目录现仅存《潜采堂宋元人集目录》《竹垞行笈书目》两种。其中，《潜采堂宋元人集目录》是朱氏所藏宋元两代学者的著述，也是其藏书的精华部分。《竹垞行笈书目》顾名思义，是其出行时常备书籍的书目，是朱彝尊当日读书治学的真实记录。兹将《潜采堂宋元人集目录》《竹垞行笈书目》二书与《四库全书总目》所载相关书目予以比较，以瞻朱氏书目题跋。

---

① 朱彝尊 . 曝书亭序跋 [M]// 朱彝尊 . 读礼通考序 .30.

② 朱彝尊 . 曝书亭序跋 [M]// 朱彝尊 . 五经翼序 .36.

③ 朱彝尊 . 曝书亭序跋 [M]// 朱彝尊 . 五经翼序 .35.

④ 赵尔巽等 . 清史稿 [M]// 朱彝尊列传 . 北京：中华书局，1998：3416.

⑤ 朱彝尊 . 曝书亭序跋 [M]// 朱彝尊 . 襄鲊帖跋 .280.

　　从《潜采堂宋元人集目录》与《四库全书总目》所载的宋人著述来看，二者实可互相补充。《四库全书总目》所收宋元人著述远远多于朱彝尊所收，因为私人藏书毕竟有限，必然不能以举国之力所修目录书抗衡。不过，朱彝尊《潜采堂宋元人集目录》却可弥补四库收书的缺失，纠正四库提要的某些错误，这主要体现在以下方面。

　　其一，补《四库全书总目》收录不全。四库修书采书匆匆，多有书未得收入。就二书目都收人物的书目来看，如司马光：《四库全书总目》仅收《传家集》，《潜采堂宋元人集目录》则收《司马光文集》《诗集》；梅尧臣：《四库全书总目》所收《宛陵集》为诗赋集，《潜采堂宋元人集目录》所收《梅尧臣集》为个人全集；寇准：《四库全书总目》收《寇忠义愍公诗集》，《潜采堂宋元人集目录》收《莱公集》。以上个人文集，《潜采堂宋元人集目录》所收正可补《四库全书总目》著录不全。

　　其二，补禁毁而来的缺失。四库修书，著录书籍有因忌讳而来的缺失。而时人或前人目录书中所著录，则或多或少可补它的缺失。《潜采堂宋元人集目录》就著录有这类书目。以宋人集为例，宋人集所著录郑思肖《井中心史》，因其人其书有激烈的违碍清政府忌讳的言行，故被摒弃在四库著录之外。《潜采堂宋元人集目录》对它的著录正好弥补了《四库全书总目》著录的缺失，见证四库修书，乾隆的文化政策。

　　其三，除补《四库全书总目》著录阙佚外，《潜采堂宋元人集目录》还可纠正《四库全书总目》提要的错误。如林希逸《鬳斋集》如依四库馆臣所言"久佚不存"[①]，则已经亡佚许久，所以《四库全书总目》仅著录了其续集，即《鬳斋续集》。然而馆臣所言久佚不存有误，因为《潜采堂宋元人集目录》著录有《鬳斋集》。《潜采堂宋元人集目录》录有《鬳斋集》，表明《鬳斋集》在康熙年间尚存。康熙年间到四库修书的乾隆年间，时间并不长，也就不能说久佚不存。

　　此外，我们需要注意的是，二书还有因官修私修而来的区别。如同是《龟山集》，《四库全书总目》出作者姓名杨时，《潜采堂宋元人集目录》仅出姓，即一"杨"字而已。又，《潜采堂宋元人集目录》所著录《文文山集》，把"文"作为作者姓来讲方讲得通。因为"文山"为文天祥号，"文"也就应是文天祥的姓。而《潜采堂宋元人集目录》所著录的《宋人小集》中的"宋人"，把它

---

①　永瑢等.四库全书总目 [M].1409.

当作作者或借指作者生活时代来理解才讲得通。私修，具有一定随意性。这三处，大约就是作者随意而记，后来也没有再补全或修订而留下的痕迹。而经乾隆总控全局，纪昀一手裁定的官修《四库全书总目》则是不允许这种情况出现的。

至于《潜采堂宋元人集目录》以元好问文集居首，这无疑是朱彝尊在以遗民自况。确然，朱彝尊和历代所有有仕新朝经历的士人一样，一生都难以去掉前朝情结。

《竹垞行笈书目》以字号归属自己的藏书，有"心字号""事字号""数字号""茎字号""白字号""发字号""生字号""涯字号""一字号""片字号""青字号""山字号""空字号""林字号""有字号""雪字号""相字号""待字号""古字号""道字号""人字号""独字号""还字号"23字号，每个字号所收书籍有些许规律可循。如"心字号"收文集共33种，"事字号"收丛书《津逮秘书》106本、《百川学海》40本2种及纪事本末42本1种，"数字号"收经部书籍24种，"茎字号"收史地政书艺术15种，"白字号"收经部政书35种，"发字号"收丛书诏令史书字书诗歌绝句13种，"生字号"为诗文集地理政书史书艺术等、"片字号"收有关《资治通鉴》书8种、《宋史》1种，"空字号"仅收《明人杂集》1种。

此外，《竹垞行笈书目》所著录明代书目可补清政府因忌讳篡改删毁，以及因文字狱民间自动焚毁明代书籍而带来的明代史料缺失之过。如就崇祯朝书目来看，《四库全书总目》仅著录崇祯朝《崇祯五十宰相传》《崇祯砀山县志》《崇祯阁臣行略》三书目，而《竹垞行笈书目》却著录有《崇祯纪略》《崇祯遗录》《崇祯宰相年表》《崇祯殿阁表》《崇祯长编》五书目。面对史书对崇祯朝史事记载尤为缺乏的实情，按目索书，正可补崇祯朝史事的缺失。此外，《竹垞行笈书目》所著录其余有关明朝的书目，如《明名臣言行录》《明宰辅传》《忠节录》《沈侍御疏》《嘉靖大政编年》《尽忠录》《妖书事纪》《野获编》《殉难诸臣考》《谋夏录》《南烬纪闻》《殉义诸臣考》《间中野语》《大涤洞天记》《御侮录》《兵燹杂记》《神宗纪要》《明内阁诸臣记》《奇门大成》《天乙阁书目》等都是《四库全书总目》所未载的。这些书籍，除《天乙阁书目》为目录书外，或为有明一代重要史书，或为野史杂闻，或为不入正流的术艺之书，都可补史事。至于《天乙阁书目》未能入载《四库全书总目》，则是这书到四库修书时已散佚不全①。不全者，质量自然达不到入著四库的标准。因为《四库全书总目》除政治入著标准外，还有质量标准。

至于《竹垞行笈书目》所著录的那些没有涉及清政府忌讳、有利于表彰忠节或表现宽容及质量符合入著者，如《南渡录》《契丹志》《北狩等录》《夏忠靖遗事》《甲申杂记》《江南野史》《孤臣泣血录》《谰言长语》《文渊阁书目》，《四库全书总目》则都著录。此外，朱彝尊也是注意到西学的有识者之一。他以敏锐的目光，注意到了西学这个新学术动向，著录有西洋书43本，反映出西学经明末以来的传播，到清初，已进入中国有识士大夫阶层，不得不加以正视的事实。而朱彝尊等诸多名家则顺应了这个潮流，记录下这个潮流，为之做出了贡献。

（三）王士禛及其书跋

王士禛（1634—1711），字子真，又字贻上，号阮亭，中年又号渔洋山人、蚕尾老人，山东新城（今山东淄博桓台）人。先世自山东诸城迁徙到家新城（今桓台县），是济南的望族。生于明崇祯七年（1634）闰八月二十八日，卒于清康熙五十年（1711）五月十一日，时年七十八岁。据《清史稿》记载"士禛初名士禛，卒后，以避世宗讳，追改士正。乾隆三十年，高宗与沈德潜论诗，及士正，谕曰：'士正绩学工诗，在本朝诸家中，流派较正，宜示褒，为稽古者劝。'因追谥文简。三十九年，复谕曰：'士正名以避庙讳致改，字与原名不相近，流传日久，后世几不复知为何人。今改为士禛，庶与弟兄行派不致淆乱。各馆书籍记载，一体照改。'"②。顺治八年（1651）中举，十二年（1655）中进士，十五年（1658）谒选扬州推官，后历官侍讲、侍读、国子监祭酒、少詹事、兵部督捕侍郎、户部右侍郎、左都御史、刑部尚书等，康熙四十三年（1704）以案失察坐免官归里，乾隆三十年（1765）追谥文简。③

王士禛诗、文名都极盛，一代诗坛盟主的他，创"神韵说"，开一代诗风，学者仰之为泰山北斗。有《渔洋前集》《渔洋续集》《蚕尾集》《渔洋山人精华录》《池北偶谈》《香祖笔记》《居易录》《分甘余话》《古夫于亭杂录》等三十多种著作。

王士禛性好藏书，王士禛曾经在跋《世说新语》中自诉藏书癖道："《世

---

① 存世的是嘉庆年间阮元重编十卷本，又薛福成编有《天乙阁书目》现存书目六卷本。

② 赵尔巽等.清史稿：卷二六六.北京：中华书局，1977：9954。

③ 赵尔巽等.清史稿[M]// 王士禛列传.2563.

说新语》《侯鲭录》二书及《白孔六帖》《万花谷》，皆吾家旧书，时在顺治戊子、己丑间，予尚童稚，未为诸生也。予游宦三十年，不能以籝金遗子孙，唯嗜书之癖老而不衰。每闻士大夫家有一秘本，辄借抄其副。市肆逢善本，往往典衣购之。今予池北书库所藏……可以娱吾之老而忘吾之幼。"① 他所藏书一部分来自继承祖上遗产，一部分源于购买，一部分是抄书的成果，一部分得自他人赠予。对于书籍，王士禛反对书籍秘不示人，主张书籍流通。他把自己搜集来的书籍，储藏在池北书库。对于池北书库，他曾自述它的命名由来，他说："予所居先人之敝庐，西为小圃，有池焉，老吴数椽在其北。余宦游三十余年无长物，唯书数千卷庋置其中，辄取乐天池北书库之名名之。"② 即他因白居易藏书室池北书库之名而命自己的藏书室为池北书库。为池北书库藏书，他著有《池北书库藏书目》一卷，收录宋元明本469种，附碑目69种。《池北书库藏书目》不分类，只著录作者书名，大半为集部。朱彝尊为之作有《池北书库记》。

王士禛每获一书必撰写题记，品评书籍优劣，版刻传写，藏家名姓等。不过，遗憾的是，他生前并未把这些散见于文集、笔记中的题记专门编成一书。后来经乾隆时期锡山刘坚"既参考说部所载各条，为《载籍》二卷，入之所编说部精华中，复取文集中书籍题跋"③，才辑成《渔洋书籍跋尾》。《渔洋书籍跋尾》，总共109篇，意在"补焦氏《经籍志》之遗"④。光绪四年（1878），仁和葛元煦方从《带经堂全集》中辑出115篇并刻版行世，命名为《渔洋书跋》，分为上下卷。陈乃乾认为收书不全，编次杂糅，没有类叙。这就是《渔洋书跋》的《啸园丛书》刊本。中华人民共和国成立后，陈乃乾也从《带经堂全集》中《渔洋文》《蚕尾文》《蚕尾续文》钞出书跋230篇编成《重辑渔洋书跋》一书，于1958年由上海中华书局出版。为便于观览，《重辑渔洋书跋》按照四部排比。后来，王绍曾等又辑录散见于池北书库旧藏诸书卷端篇尾、未经收入王氏文集、笔记，但载于诸家簿录者而成《渔洋读书记》，共收录640篇书跋，于1991年由青岛出版社出版。

观《池北书库藏书目》《重辑渔洋书跋》《渔洋读书记》三书，王士禛的题记主要着力于介绍品评人物、讲解版本并评介有关书籍的基本信息、考证

---

① 四库全书存目丛书：集部二二七册 [M]// 王士禛 . 蚕尾集 . 济南：齐鲁书社，1997：303.

② 王士禛 . 池北偶谈 [M]// 序 . 北京：中华书局，1982：6.

③ 周中孚 . 郑堂读书记_附补逸_[M].592.

④ 周中孚 . 郑堂读书记_附补逸_[M].592.

书的源流、评价书的优劣得失、著录序跋印鉴、考辨、论史、发抒爱书嗜书之情等。当然，王士禛为之做题记的书并非全是王士禛的藏书。

王士禛作有题记的书籍大都在集部，可见王士禛对集部的喜好。《四库全书总目》所著录的载有王士禛题记的书籍，也大部分集中在集部。经部仅《律吕正声》、史部则《五代史阙文》、子部见载于《中麓画品》《能改斋漫录》《疑耀》《挥麈录》《四朝闻见录》《唐阙史》等篇中，而集部，却有《牟氏陵阳集》《笠泽丛书》《后山集》《安晚堂诗集》《攻媿集》《嵩山居士集》《雪溪集》《西村集》《精华录》《吾汶稿》等几十篇中。这足可证明王士禛对集部的喜好。这一切也可说明王士禛是在以文学家身份撰写题记，他的题记，集部也是最有价值的。确然，对于集部的喜好，是由他文学家身份决定的。仕途顺利的他最擅长的还是诗文，也建树颇丰。

观《四库全书》所著录的载有王士禛题记的书籍，或肯定、或否定、或褒贬兼有。如《五代史阙文》一卷："宋王禹偁撰。禹偁字元之，巨野人，太平兴国八年进士，官至知黄州，事迹具《宋史》本传。是书前有《自序》，不著年月……王士禛《香祖笔记》曰：王元之《五代史阙文》，仅一卷，而辨正精严，足正史官之谬。如辩司空图'清真大节'一段，尤万古公论所系，非渺小也。如叙庄宗'三矢告庙'一段，文字淋漓慷慨，足为武皇父子写生。欧阳《五代史·伶官传》全用之，遂成绝调。惟以张全义为乱世贼臣，深合《春秋》之义，而欧阳不取，于《全义传》略无贬词，盖即旧史以成文耳，终当以元之为定论也云云。其推挹颇深。"①

《疑耀》："旧标题明李贽撰。贽有《九正易因》已著录。是编前有张萱序，称负笈数千里，修谒其门……王士禛《古夫于亭杂录》云：家有《疑耀》一书，凡七卷，乃李贽所著，而其门人张萱序刻者。余尝疑为萱自纂，而驾名于贽。以中数有校秘阁书及修《玉牒》等语。萱尝为中书舍人，纂《文渊阁书目》，而贽未尝一官禁近也。及观论温公一条中云：余乡海忠介，益信不疑云云。今因士禛之说而考之，奉朝请一条云，余今年五十矣。始为尚书郎。是萱官户部时语，贽亦未尝官六曹也。兰香一条云，此法在宋已有之，自吾广始。苏东坡一条云，东坡寓吾惠最久。文天祥一条云，文璧盖守余惠州而以城降元者。是皆广东人语，与萱之乡贯相合。贽本闽人，无由作此语也。知此书

①　永瑢等.四库全书总目：卷五一[M].464.

确出于萱，士禛所言为不谬。"①

《牟氏陵阳集》："宋牟巘撰。巘字献之，湖州人。父子才，理宗朝官端明殿学士、礼部尚书，以刚直著名。巘亦登进士第，官至大理少卿，入元不仕，闭户三十六年。故其集中《九日五言诗序》论陶潜于王弘中路具酒食事，及题渊明图诸文，意皆自寓。又尝谓世喜称渊明入宋，书甲子无年号，黄豫章亦曰甲子不数义熙前。然今陶集诗本无书年号者，渊明耻事刘裕，大节较然，此未深论云云。故巘文中多书至元年号，意本此也。是集凡诗六卷，杂文十八卷。前有至顺二年程端学序，王士禛《居易录》称其诗有坡、谷门风，杂文皆典实详雅。今观所作，知士禛之论不诬。牟氏本蜀之井研人，世居陵山之阳，至子才始著籍湖州。其以'陵阳'名集，盖不忘本。以韩驹诗先有是名，故此集冠以'牟氏'，用相别焉。"②

否定的：如《吾汶稿》："宋王炎午撰，炎午初名应梅，字鼎翁，后改今名。安成人。宋末为太学生。咸淳间，文天祥募兵勤王，炎午杖策谒之，留入幕府，旋以母老辞归。天祥被执北上，炎午为文生祭之，励以必死，尤世所称。入元后终身不出。因所居汶源里名其稿曰《吾汶》，以示不仕异代之义。其稿凡文九卷，《附录》一卷，揭傒斯、欧阳玄皆为之序。然传本颇稀，明宣德中始行于世。正德中其裔孙伟乃刻之南京，后版散佚。万历中其裔孙伯洪重刊，乃摘抄为二卷，仅录文二十八首、词二首，又自以杂文数篇缀于末，去取失当，殊不足观。此本从旧刻录出，犹完帙之仅存者也。炎午大节不亏，而文章不甚著名。其集晚出，或后人有所窜入，珠砾混杂，亦未可知。然要当以人重，不当仅求之词藻间。王士禛《居易录》至以为里社肆中庆吊卷轴之语，又摭其干姚参政、贯学士书，并其人而丑诋之，则未免责备太甚矣。"③

《雪溪集》："宋王铚撰。铚有《侍儿小名录补遗》，已著录。是编乃其诗集。陈振孙《书录解题》《宋史·艺文志》并作八卷。此本仅五卷。考《墨庄漫录》载铚所做《王文儒朦菴》诗一首，又《山村诗》一首。《越咏》载铚所做《云门寺》诗一首。今皆不见于集中。知今世所传，已佚其三卷，非完帙矣。铚诗格近温、李。王士禛《居易录》诋其诗不甚工，而独称其附载庐山

① 永瑢等.四库全书总目：卷一一九[M].1026–1027.
② 永瑢等.四库全书总目：卷一六五[M].1413.
③ 永瑢等.四库全书总目：卷一六五[M].1418.

僧可和诗一篇。似非笃论。惟铨以博洽名，乃集中《白头吟序》不引《西京杂记》，而引吴兢《乐府解题》，已迷其本。案《西京杂记》虽伪书，然在吴兢之前，即兢说所自出。又称宋志载文君诗云云。不知《宋书·乐志》《白头吟》实作古词，不作文君。此亦千虑之一失，信乎考证之难也。"①

褒贬兼有的：如《竹友集》："宋谢薖撰。薖字幼槃，临川人。《宋史·艺文志》、陈振孙《书录解题》载薖《竹友集》俱作十卷。而世所行本止四卷，又有诗无文。盖流传仅存，已多阙佚。此本乃明谢肇淛从内府钞出。凡古诗四卷、律诗三卷、杂文三卷与宋时卷数相合，盖犹旧本。卷末有绍兴壬申抚州州学教授建康苗昌言题识，称'二谢文集合三卷，邦之学士欲刊之而未能。朝议大夫赵士鹏来守是邦，始命勒其书于学官以称邦人之美意'。详其词气，盖与谢逸《溪堂集》同时授梓，故吕本中原跋亦总二集而言之也。本中称薖诗似谢玄晖，不免誉之太过。刘克庄《诗话》则谓薖视逸差苦思，而合玄晖者亦少。王士禛《居易录》又谓薖在江西派中，亦清逸可喜。然涪翁沈雄刚健之气，去之尚远。所评骘俱为不诬。士禛又称其《颜鲁公祠堂》《十八学士图》诸长歌及'寻山红叶半旬雨，过我黄花三径秋'二句、《靡靡江离只唤愁》一诗，持论亦属允当。至所称'按娑蕉叶展新绿，从臾榴花开晚红。瘦藤拄下万峰顶，老鹤归来千岁巢'，则殊不尽薖所长。盖一时兴到之言，非笃论也。"②

时代发展至乾隆时期，四库馆臣撰写提要时依然参考他的著述，言及他的题记，可见王士禛在学术界与官方所享有的地位仍旧不衰，他著述及其题记在学术上仍然具有价值和指导意义。

不过，也正因为他文学家的身份，使他的某些题跋功力略逊一筹。如在版刻源流考证方面，与黄丕烈《士礼居题跋》、顾广圻《思适斋书跋》相比，明显不如二书详列版刻源流、书籍传承分合、考证校雠并重，得目录学"辨章学术、考证源流"精髓。像同是跋《稽古录》（二十卷明弘治刻本），黄丕烈道："司马温公《稽古录》向藏陈禾叔，校本大都以意改定，非有旧本为据也。余初闻此黑口板本在金昌某骨董家，未及往访，先从他坊间获一本，与所闻同是黑口，去校旧藏为胜，盖刻在先尔。既而重访是册，见部叶有叶石君手迹，卷终并有两跋，遂复收之。中有阙页，悉从前本影钞足之，前本后

① 永瑢等.四库全书总目：卷一五八 [M].1359.
② 永瑢等.四库全书总目：卷一五五 [M].1339.

归五砚楼云。嘉庆丙寅二月廿有四日，荛圃黄丕烈识。"① 王士禛道："徐编修元正子贞贻石门吕氏新刊司马文正公《稽古录》二十卷，卷首有文正公《进表》一首。《朱文公与郑知院书》，以为此书当与六经同进讲筵，良然。"② 黄丕烈谈版刻源流，学术脉络、藏本现状，明显比王士禛的寥寥数语有功力。不过，王士禛并非专门的版本学家，他是因为好藏书才接近版本的，加以文学家的身份，他关于版本的认识与鉴定，出自臆测与个人好恶，在所难免。因此，在准确性与考证深度上是难以等同如黄丕烈、顾广圻等专门之家的。如跋《陈子昂文集》所道："子昂真无忌惮之小人哉，诗虽美，吾不欲观之矣。子昂后死贪令段简之手，殆高祖、太宗之灵，假手殪之耳。"③ 是出于个人好恶的臆测。跋《笠泽丛书》所道："夏五月端午后二日，傔人顾渊自虞山来，得毛扆斧季书，见寄此本，盖宋元符蜀人樊开本，而都穆重校刊者。"④ 则是凭臆测定版本。

当然，他的版本考证大部分还是可信的，不然时人不会推崇经他鉴定过版本的书籍，愿意出高价购买。他池北书库藏书所著录集部书籍大半为宋元人别集，就足可见他鉴识书籍版本的慧眼。宋元人别集不入明人之眼，传世很少，到清代自然弥足珍贵。也就是说，虽然王士禛不是专门版本家，但他对版本的鉴定还是相当有功力的。四库修书时，《四库全书总目》提要仍采纳他的某些版本鉴定成果。如《梧溪集》七卷："元王逢撰。逢字原吉，自称席帽山人……是书传本差稀，王士禛属其乡人杨名时访得明末江阴老儒周荣起手录本，乃盛传于世。"⑤《始丰稿》十四卷："此本自一卷至三卷为前稿，自四卷至十四卷为后稿，皆杂文无诗，当即王士禛家所藏矣……王士禛又称其《钱塘铁箭辨》精于考核。"⑥ 可见王士禛的版本鉴定能力及其在版本学史上的地位。

倘若要追溯王士禛版本鉴识能力，这得归功于他的学者与官员的身份。学者的身份使他拥有了这份理论基础。而为官的身份，使他获得了便利搜寻书籍的条件，以及足够的购买贵重书籍的经济实力，使他拥有了广阅众本的

---

① 黄丕烈.士礼居藏书题跋记.潘祖荫，辑.周少川，点校.北京：书目文献出版社，1989：16.

② 汲古阁书跋 重辑渔洋书跋 [M]// 王士禛.重辑渔洋书跋 // 稽古录.陈乃乾，校辑.8.

③ 汲古阁书跋 重辑渔洋书跋 [M]// 王士禛.重辑渔洋书跋 // 陈子昂集.陈乃乾，校辑.36.

④ 汲古阁书跋 重辑渔洋书跋 [M]// 王士禛.重辑渔洋书跋 // 笠择丛书.陈乃乾，校辑.42.

⑤ 永瑢等.四库全书总目：卷一六八 [M].4345.

⑥ 永瑢等.四库全书总目：卷一六九 [M].4379.

实践经验。这一切促就了他的博识广见。中国古代大多数版本学家并非专门学者，而是贩书买书积累起来的目验手过经验成为版本学家的。作为学者的王士禛在理论基础上加以实践，自然可以获得辨识版本的能力。而也正因为文学家、学者与官员的三重身份，他的题跋也就自然能独具一格。

首先，王士禛能在时人佞宋的藏书风气下独树一帜，并不完全看重宋本，他注重藏书版本的实用性。当然，他还是重视宋本的。王士禛既不同于专门藏书家季振宜、黄虞稷诸人，也别于钱谦益、朱彝尊之类的藏书家。他藏书是为读为写而藏，讲究内容的正确，版本的实用，认为择善而从，从错讹较小的善本即可，不必只贵宋本，且举博识如钱谦益因贵宋本拘泥于宋本，于是从宋本定杜集《九日寄岑参诗》某句为"两脚但如旧"，并得出"陈本作'雨'，此甚可笑"的错误结论，来告诫时人不必仅佞宋本。因为"两"与"雨"仅是俗语与书面语的区别，当时的人早已辨析清楚。他讲道："《冷斋夜话》云，老杜诗，'雨脚泥滑滑'，世俗乃作'两脚泥滑滑'。此类当时已辨之，然犹不如前句之必不可通也。"① 因此，他所作各书跋，重视版本源流，详析各本情况，以便实用。如对《笠泽丛书》的版本，他详述它的源流，就其中江西本、蜀本来龙去脉详为阐析。江西本是康熙甲子春，从温陵黄虞稷所借，系江西士夫家藏钞本，以甲乙丙丁为序。蜀本是仪人顾渊自虞山所得毛扆书并寄给自己之本，为元符蜀人樊开本。至于都穆重校刊者，则可补江西本的阙漏。② 对《李泰伯集》，他品评版本优劣："此集乃正德乙亥南城令孙甫刊本，有祖无择及泰伯自序，最为完善，予家藏本差不及。"这很能解释他的藏书为何多明刊本。对学者而言，所购书实用即可。当然，这并不等于王士禛藏书的版本价值就不高。他收有大量的出自名家的稿本、钞本，如藏有谢肇淛钞本杨亿《武夷新集》、檇李项氏钞本《耆旧续闻》等，还收有朱彝尊都未有的缺七十余卷的残本《太平寰宇记》。为此，康熙二十二年（1683）朱彝尊曾从其处借抄，两年后又从徐乾学处借其藏钞本补六十余卷，最后还是未能补全，缺八卷。

其次，他深明知人对于品评论定书籍的重要性，因此他的书跋不时可见他知人论世的观点。如他欣慰于《谷音》集中诸人本末，各有耿耿不没者，

---

① 汲古阁书跋 重辑渔洋书跋 [M]// 王士禛 . 重辑渔洋书跋 // 杜诗二则 . 陈乃乾，校辑 .36.

② 汲古阁书跋 重辑渔洋书跋 [M]// 王士禛 . 重辑渔洋书跋 // 笠泽丛书 . 陈乃乾，校辑 .42.

认为是有神物时时护持的缘故。① 而对朱彝尊以能目睹全碑补自己所见不全的《唐诗小补》传世本的遗憾为幸运的事，并不以为然。他认为，当知人论诗方为上乘。他讲道："朱竹垞太史憾其阙略，以得睹全碑为幸，则亦好奇之过也。……当时君臣上下，岂复知有羞恶之心耶，可为一叹。"② 也就是说，即使可以有效利用所见碑文补全诗集，但不如了解作者其人之后，更能得出诗的真谛重要。所以就史达祖，也并不因他的文采而替他遮掩低劣的人品，他讲道："史达祖邦卿，南渡后词家冠冕。然考其人，乃韩侂胄堂吏耳。……其人品流又远在康与之下，今人但知其词之工尔。"③ 批评史达祖的人品。他的这种品评人文品谊，椠版传写、藏弄姓名，以及为文直抒胸臆，流畅自然，独有韵味的风格，后来黄丕烈诸人习作颇可见。④

再次，他的书跋文学色彩浓烈，多胸臆的直抒。这种直抒胸臆的风格贯穿了他所有的题跋之作，随处可见。即使考据，也不离之。他的书跋重视考据，通过考证，他的题跋纠正了不少书籍的错讹。比如《蚕尾集》卷十《跋山居杂志》：

> "村歌聒耳乌盐角，社酒柔情玉练槌"，宋末《月泉吟社》中佳句也。《山居杂志》载杭人徐炬《酒谱》，乃引作少陵诗，不辨格调之类否，而妄称子美，则《虢国夫人》《杜鹃行》《狂歌行》诸篇妄人皆杂入杜集，又何怪乎？⑤

就纠正了《山居杂志》以"村歌聒耳乌盐角，社酒柔情玉练槌"为杜甫诗的错误，但从他考证的字里行间，我们还能非常明显地感受到他一气呵成，直抒胸臆之势。又如他夸赞东坡诗无一字无来历⑥，认为每被人欺者即多好奇考证疏漏者⑦，也让我们明显感受到他在嘉赞考据学风的同时也直接表达了所思。此外，像他称读《南村辍耕录》见所载杨奂《汴宋故宫记》、陈随应《南

---

① 汲古阁书跋 重辑渔洋书跋 [M]// 王士祯 . 重辑渔洋书跋 // 谷音 . 陈乃乾，校辑 .94.

② 汲古阁书跋 重辑渔洋书跋 [M]// 王士祯 . 重辑渔洋书跋 // 唐诗小补 . 陈乃乾，校辑 .98.

③ 汲古阁书跋 重辑渔洋书跋 [M]// 王士祯 . 重辑渔洋书跋 // 史邦卿词 . 陈乃乾，校辑 .101.

④ 郑伟章 . 文献家通考 [M]. 北京：中华书局，1999.94.

⑤ 王士祯 . 蚕尾集 [M].322.

⑥ 汲古阁书跋 重辑渔洋书跋 [M]// 王士祯 . 重辑渔洋书跋 // 东坡先生诗 . 陈乃乾，校辑 .47.

⑦ 汲古阁书跋 重辑渔洋书跋 [M]// 王士祯 . 重辑渔洋书跋 // 王献定文稿 . 陈乃乾，校辑 83.

渡行宫记》，不禁有"黍离麦秀之感"①，并由此感叹"盛衰兴废，何代蔑有"②，进而明言"此二书亦何可少乎"③，也清晰可见他胸臆的直抒。诸如此类，在他的书跋中颇为常见。这就使他的藏书题跋在风格上与文学家的题跋近似。刘坚就曾称"其文之短篇尺幅，味非酸醎，仿佛坡公小品云"④。当然，王士禛的书跋属于藏书家题跋，与苏东坡文学家的题跋还是有别的。二者只是在书写风格，表情达意上近似罢了。可见，他学者和文学家的身份被统一在题跋中了。

再次，藏而能读能写。他利用藏书著书立说，他以题跋的形式记录下自己的藏书读书心得。既把玩藏书，又是能藏能读能写者。王士禛自小好读书，终生未改。《分甘余话》记载道："余自幼小，凡博弈诸戏，一无所好，惟嗜读书，虽官户部侍郎、刑部尚书，最繁剧之地，下值亦手不释书卷也。自甲申归田六年矣，目力益昏，始悔少壮之过用其力。然老矣，终不能废书也。"⑤他告老还乡时71岁，此后，虽耳聋目花，仍读书不辍，著述不止。72岁时完成《香祖笔记》，《古夫于亭杂录》和《分甘余话》则写就于76岁之际，九十二卷《带经堂集》诗文集编订于临终前，未及刊刻即去世。读与写完全融入了他的生命，所以他的藏书与读写密不可分。

因收藏品位或目的不同，收藏家是各别的。宋人定书画收藏家为鉴赏和好事二类；明代胡应麟把收藏家别为专事收藏的好事家、专事甄别的鉴赏家和附庸风雅的"雅尚者"三家；而清代的洪亮吉，则有考订家、校雠家、收藏家、赏鉴家、掠贩家等类；清末学者叶德辉合考订家和校雠家为著述家、以专门刻书的藏书家为校勘家、专力收藏与赏鉴的藏书家为赏鉴家。

不过，虽然藏书家品性目的各异，但追本溯源，私家藏书初衷大都是为了著述，从学富五车，到"拥书百城，学问自成"，博通鸿儒，多注重藏书，以满足读书著书的需求。雕版印刷发明后，虽然书籍日增，藏书功能趋于多元化，但还是有不少以读书立说为目的收藏家。如司马光藏书读书堂即是为了读书，"一室萧然，图书盈几……又以圆木为警枕，小睡则枕转而觉，复起

---

① 汲古阁书跋 重辑渔洋书跋 [M]// 王士禛 . 重辑渔洋书跋 // 蒉菴 . 陈乃乾，校辑 .20.

② 汲古阁书跋 重辑渔洋书跋 [M]// 王士禛 . 重辑渔洋书跋 // 蒉菴 . 陈乃乾，校辑 .20.

③ 汲古阁书跋 重辑渔洋书跋 [M]// 王士禛 . 重辑渔洋书跋 // 蒉菴 . 陈乃乾，校辑 .20.

④ 周中孚 . 郑堂读书记附补逸[M].592–593.

⑤ 王士禛 . 王士禛全集 [M]// 王士禛 . 分甘余话 . 济南：齐鲁书社，2007：4958.

读书"①。刘恕则为了协助司马光编撰《资治通鉴》一书，据载："遇史事纷错难治，辄以诿恕求书，不远数百里，身就之读且钞，殆忘寝食。"②

以读与写为目的的藏书之风，到清代犹存，王士禛、严可均等就是其中的佼佼者。严可均总结自己藏书得失道"余家贫，不能多聚书。顾自周秦汉，以逮北宋，苟为撰述之所必需，亦略皆有之，南宋以下，寥寥焉。非不欲也，力不足也。四十年来，南游岭海，北出塞垣，遇稀有之本，必请缮写，或肯售，即典衣不吝。今插架仅二万卷，不全不备。以检近代诸家书目，如世善堂、天一阁、万卷楼、世学楼、传是楼、曝书亭及同时同好如鲁孔氏、闽张氏、汉阳叶氏、阳湖孙氏、绩溪方氏，以至石刻之本，异国之本，道释之藏，彼有而余无者多矣；彼无而余有者亦不少也。黄氏丕烈聚书多宋本，余与之交，不敢效之。书非骨董，未得宋本，得校宋本，足供撰述可耳"③，道出自己为读书著述而藏的旨意。因此，他虽然也知晓善本对藏书家的重要性，也致力于稀有之本的收集，但他并不介意藏书必须是宋本，也不介意藏书富甲天下。不过，对于研究必备的书籍，无论怎样，他都会尽力罗致。他的收藏是为了能有助于写作，是根据研究兴趣而来的。这是他有别于其他藏书家的地方。严可均的这个总结，发出了以藏为读为写藏书家的心声，展示了他们别样的藏书风格。与严可均藏书风格一致的王士禛也如是。王士禛以藏而读而写，为藏书作目作跋。他论李蓘《宋艺圃集》："内乡李子田蓘撰《宋艺圃集》二十二卷，凡二百八十人。时在隆庆初元，海内尊尚李、王之派，讳言宋诗，而子田独阐幽抉异，撰为此书，其学识有过人者。然于宋初载廖融、江为、沈彬、孟宾于之流，皆五代人也。又取马定国、周昂、李纯甫、赵沨、庞铸、史肃、刘昂霄诸人，皆《中州集》所载金源之产。定国又刘豫伪翰林学士也，而与平园、诚齐、石湖、放翁等并列，淄渑混淆，所宜刊正。"④

他评《疑耀》道："余家有《疑耀》一书，凡七卷，乃李贽所著，而其门人张萱序刻者。余尝疑其为萱自撰，而嫁名于贽，盖以中数有'校秘阁书'及'修玉牒'等语。萱尝为中书舍人，撰《文渊阁书目》，而贽未尝一官禁近也。又观《论温公》一条，中云'余乡海忠介'，益信不疑。萱，广东人，与

---

① 顾栋高．司马温公年谱 [M]．北京：中华书局，1990：252．

② 脱脱．宋史 [M]．北京：中华书局，1985：13118．

③ 续修四库全书 [M]// 严可均．铁桥漫稿·书葛香士林书屋藏书图后．上海：上海古籍出版社，1995：52．

④ 王士禛．王士禛全集 [M]// 王士禛．香祖笔记．4512．

忠介正同乡里。然必嫁名于李，又何说也？"①他把藏书读书合二为一，并把读藏书所得诉诸字里行间。

再次，王士禛藏书与自己兴趣紧密联系，藏书多集中在史传、说部、集部。中国古代学问有主理学经术的儒林、主词章典故的文苑二派，王士禛为学长于诗文，熟习掌故，他也就多留意史传、说部、集部书籍而藏。《居易录》自序道："予自束发好读史传，旁及说部，闻有古本为类书家所不及收者，必展转借录，老而不衰。"②出于兴趣，他亲手抄录了《诚鉴录》《芦浦笔记》。他还有《契丹国志》《金志》之类的钞本。他为寻求世所罕传的《南唐书》胡恢本，以及《汉上题襟集》，不惜多方打听，辗转相托，最后因未果而懊丧不已。对于集部书籍，他留意历朝总集、别集，尤其关注宋元别集。他关注宋元别集的搜集始于中年后涉猎宋元诗，因兴趣而起。从他笔记和书跋中可见，他所藏宋元别集，有他人赠送的，如徐秉义抄吴师道《礼部集》二十卷送给他，张贞寄岳珂《玉楮集》钞本八卷给他；有借抄的，如他从朱彝尊等家中借书抄录，他讲道："康熙己巳、庚午间，在京师，每从朱锡鬯、黄俞邰借书，得宋、元人诗集数十家，就中以长沙陈泰志同为冠，因钞其《所安遗稿》一卷，以周弼伯弜《汶阳稿》、临江邓林性之《皇荂曲》、金华杜旃仲高《癖斋小集》附之。"③他搜集宋元别集到了痴迷的程度，《分甘余话》记载道："门人殷彦来誉庆书至云，刘原父、贡父《公是》《公非》集，吴下藏书家有之，许借钞录。又新安族人携一书目，有《汉上题襟集》、苏叔党《斜川集》，客腊转售吴兴贾人。今续溪胡氏、宁国许氏尚有藏本，当多方购觅传写。余梦寐以之，聊记其语，以俟他日机缘若何耳。"④

也正是如此，加以得力者之助，他所藏宋元别集甚丰、收有黄丕烈都没有的石介《徂徕集》、尹洙《河南集》、岳珂《玉楮集》、张养浩《归田类稿》等，以及以抄本流传的如柳开《河东集》、葛立方《归愚集》、刘安节《刘左史文集》、谢薖《竹友集》、洪适《盘洲文集》、张孝祥《于湖集》、姜夔《白石集》等稀见之本。今传刘喜海抄本《池北书目》集部著录256种，半数以上是宋元人集。

由上可见，在王士禛的藏书生涯中，他官员的身份，使他实践了欧阳修、

---

① 王士禛.王士禛全集 [M]// 王士禛.古夫于亭杂录.4944.

② 景印文渊阁四库全书：第869册 // 王士禛.居易录·自序.10.

③ 王士禛.王士禛全集 [M]// 王士禛.香祖笔记.4554.

④ 王士禛.王士禛全集 [M]// 王士禛.分甘余话.5026.

黄宗羲等藏书往往得于有力的强者的论点。他学者、文学家的身份则增添了题跋的厚重与可读性，使他的藏书题跋较其他藏书题跋多了一层韵致，也多了独特性。

总之，王士祯集考订校雠鉴赏于一家，既能藏书读书作文，又精于版刻校勘鉴赏。当时的书商想提高书价，都必定会说该书是经过王士祯鉴定的。至于王士祯应归于哪类藏书家，若按照叶德辉对藏书家的归类标准来论定，那么王士祯应属著述类藏书家。用今人术语来描述，可称学者型藏书家。像黄宗羲、钱谦益、朱彝尊、翁方纲、钱大昕、戴震、卢文弨等都可堪当这称号。当然，他们也还有各自仅属于自己的藏书特色。

不过，遗憾的是，虽然王士祯嗜书如命，以《载书图》及其上的和诗闻名当世，风雅一时，但他的藏书在他去世后不久即散失。雍正九年（1731），他的儿子王启汸、王启汧在《答北平黄少宰书》中道："黄水为害，敝邑适当其汇，田禾庐舍飘殁一空……先君平日藏书，自弃世后，不思分析。因先长兄一病五年，不幸于丁未下世后，始查点三分收藏。孰知半饱鼠蠹，半坏积霖，而乘间攫去者亦复不少。及经查已多残缺，致使先人手泽尽付东流，可胜浩叹！"①由此可见，王士祯的藏书在自己儿子这代就有破损、丢失或散佚。到清末，叶德辉观古堂收有不少王士祯藏书，再后来叶氏观古堂藏书散入日本，因此今天日本也是能够寻找到王士祯藏书的踪迹的。今尚有部分钤有"池北书库"的藏书等存于国内图书馆或博物馆，其余的则散佚各地，难以寻觅。徒留下自况书癖《跋金薤琳琅》："近人所撰，如赵崡之《石墨镌华》、郭景昌之《金石史》、于奕正之《金石志》、叶封之《嵩阳石刻集记》，皆嗜古之士，其书予家皆有之，今得此书，四部书库中为不寂寞矣。向从禾中朱翰林竹垞所见南昌王孙厌原山人所刻《古钟鼎款识》，乃自石本临摹以授梨枣者，古雅不减宋椠，若得之以成双璧，可敌十五城矣。年已知命，书癖尚尔，佛家所谓结习者，非邪"②，以及所获得的时人对其书癖诸如"生平长物真绝无，惟载奇书数十乘"③、"祖帐临青门，车马纷喧阗。借问此何为，倾都饯名贤。须臾戒道来，观者行摩肩。傔从无几人，行李何萧然。五车载书图，任重驱不前。六十古云老，笃嗜犹中天。三事亦已贵，咿唔甚寒瘏。中间千万卷，无卷无

---

① 续修四库全书：第554册 // 惠栋．渔洋山人自撰年谱注补．上海：上海古籍出版社，1995：171.

② 王士祯．王士祯全集 [M] // 王士祯．渔洋文集 1711.

③ 四库全书存目丛书：集部394册 // 王士祯编．新城王渔洋（载书图）诗一卷．济南：齐鲁书社，1997：453.

丹铅。先生真遗容，拥此归心坚"①之类的美誉在世间回荡，任人评说。

（四）徐乾学及其《传是楼书目》

徐乾学（1631-1694），江苏昆山人，字原一、幼慧，号健庵、玉峰先生。顾炎武外甥。是集富贵文名于一身的康熙年间的大臣。他官宦通达，康熙庚戌（1670）进士第三，官至刑部尚书。他学识富赡，辑有《读礼通考》，著有《憺园文集》等书籍，主持编修过《明史》《大清一统志》等。他好藏书。家有中国藏书史上著名的藏书楼传是楼，藏书富甲康熙一朝。②他的传是楼收有季振宜"静思堂"的大部分珍品，以及李中麓所有藏书。黄宗羲在《传是楼藏书记》中赞扬徐乾学道："世之藏书家未必能读，读者未必能文章，而先生并是三者而能之，非近代藏书家所及。"③认为徐乾学能藏能读能文，胜过其他藏书家一筹。当然，徐乾学不仅以他的学识超越同时代的藏书家，而且他还有权位财富为自己藏书事业做保障。他位高权重，使得当时通经博古之士，如阎若璩等多集聚在他门下，合力为他的传是楼出谋划策，故而他的传是楼自能特色鲜明，宗旨有归。而以"九天供赋归东海"④所描述的他的富赡，他自能有足够财力收集到他人所不能得的秘本珍籍。以上诸种，自然赋予了他的《传是楼书目》所载"博而有要"⑤，胜于同时代藏书家。这也正实践了黄宗羲所道、欧阳修所说的聚于所好而常得于有力的强者⑥。因此，洪亮吉归徐乾学为收藏家类型藏书家，未免失之偏颇。

关于传是楼的版本源流，刘喜海有较详细的说明。嘉庆戊寅刘喜海从琉璃厂万卷堂书林得《传是楼书目》四册，此本为涿郡孙氏问字堂所藏，为毕秋骊贻本，分类杂乱，别集自明嘉靖开始全佚。道光丙戌，刘喜海借得北平谢珊峤所藏查氏隐书楼钞本，过录对勘，所载所佚全与毕本同。然而，查氏本按照焦竑《国史经籍志》体例，分隶无者，也标其目而空一行，刘喜海因此怀疑查本也非原本。就在借得查本这年冬，刘喜海路过杭州，到振绮堂拜访同年汪小未，得以钞《传是楼宋元板书目》一册。第二年回京后又把叶东

---

①　四库全书存目丛书：集部394册 // 王士禛编.新城王渔洋（载书图）诗一卷.457.

②　永瑢等.四库全书总目：卷二一 // 读礼通考.168.

③　徐乾学.传是楼书目 [M]// 黄宗羲.传是楼藏书记.东武刘喜海味经堂书屋抄本.

④　昭梿.啸亭杂录 [M]// 优容大臣.何英芳，点校.上海：上海申报馆仿聚珍本印.7.

⑤　永瑢等.四库全书总目：卷二一 [M]// 读礼通考.168.

⑥　徐乾学.传是楼书目 [M]// 黄宗羲.传是楼藏书记.

卿平安馆所藏《传是楼书目》旧钞本携归回家仔细校核，发现叶东卿所藏本分类以千字文分格，与振绮堂《传是楼宋元板书目》同，用的是明代《文渊阁书目》体例。叶东卿所藏本所载丰厚，别集自唐到清初，一无阙佚，于是确定叶东卿所藏本为徐乾学当日原本，因此钞录出装成六册，作为定本，而另外著录抄写毕本、查本以备参考。①

《传是楼书目》以经史子集四部分类，以千字文分格。一字为一橱，共56橱，收书3900多种。每书大都依次列书名、卷数、时代、作者、册数。如昃字上格二格 正史 "《史记》一百五十卷 汉司马迁 二十六本"。

《传是楼书目》经部分易、书、诗、春秋、礼、乐、孝经、论语、孟子、经解总、总经解、经总解、小学、书、数、近世蒙书16类；史部分正史、通史、编年纪录、霸史、杂史、实录、起居注、故事、职官、时令、仪注、法令、器用、酒茗、食经、种艺、鬻食、孝友、忠烈、名贤、高隐、家传、列女、科第、名号、冥异、祥异、谱系、家谱、簿录30类；子部分儒家、道家、释家、墨家、法家、名家、纵横家、杂家、农家、小说家、兵家、天文家、五行家、阴阳、医家、艺术家、类家17类；集部分制诏、表奏、别集3类；又史部地志、别志、朝聘行役、蛮夷4类。由此可见，《传是楼书目》在大的经史子集四部书目著录完毕外，又特地把前面史部所未列的地志、别志、朝聘行役、蛮夷单列分目著录。这和康熙年间国内国际形势有关。康熙年间，内有三藩、台湾、准噶尔之忧，外有沙俄之患，有识者势必关注地志、外交、外国民风政事，以备时需。徐乾学自然会尤其关注这方面书籍，为自己从政做参考。基于这些书籍的重要性，徐乾学在《传是楼书目》中单列这些书籍，实属必然。

当然，更值得称道的是，徐乾学的《传是楼书目》收录了日后的不少禁书，恰可补日后四库修书在收书方面的缺失。如蛮夷一类所收《九种夷风》《诸夷考》《建州女直考》《黑鞑事略》《裔夷谋夏录》），都是日后四库修书时的禁毁书。又，周亮工的《书影》《同书》《字触》《读画录》都有很高价值。《字触》的测字法远比《永乐大典》的《神机相字法》《龟鉴易影皇极数》所载高妙②，《因树屋书影》"所录皆杂论杂事，每引据旧文，而系以评语。大抵明末

---

① 徐乾学.传是楼书目 [M]// 刘喜海.识.
② 周中孚.郑堂读书记 [M]// 字触.909.

国初人所著为多，引古书者仅十之一二，然去取颇有持择，虽繁而不杂"①。然而周亮工的《读画录》因"人皆汉魏上，花亦义熙余"②而及违碍，致使四库修书时周亮工所有书籍都不被著录。而《传是楼书目》著录书目的原则是凡所搜集到的书籍都著录，没有政治倾向，因此周亮工不得入著四库的书籍在《传是楼书目》中得到了著录。又如明顾秉谦本人为阉党，《三朝典要》意在"罗织正士，献媚客魏，中间颠倒是非，天良灭绝"③。四库修书时，要求不著录作者德行有亏或书籍本身低俗的书籍，于是顾秉谦书籍概莫入著，《传是楼书目》则著录了顾秉谦的书。

此外，明代一朝多涉及清政府的忌讳，清四库修书于是就多禁毁有关明代史实的书籍，令《四库全书》及其《总目》对有关明代史事的书籍有失载的弊病。而明代因明成祖之故，有关建文朝史事所道不详，书籍缺略。《传是楼书目》著录的《皇明通纪》《皇明通纪辑要》《皇明资治通纪》《皇明法传录》《皇明类考》《两朝圣学圣政纪要》《皇明从信录》《五边典则》《国史类编》《国朝经济书》《洪武录要》《建文年谱》《建文逊国之际月表》《惠宗本纪》《逊国逸事》《致身录》《革除死事备遗编》《国史补遗》《国朝遗事》《姜氏朝史》《西征石城记》《抚安东夷记》《天顺北征事迹》《明野史汇》《交泰录》《兴复哈密记》《北虏事迹》《平攘录》《宁攘全编》《机务抄黄》《六诏纪闻》《阁谕录》《皇明启运录》《皇明记略》《东征记》《神宗光宗大事纪要》《中兴颂治》《督师纪略》《烈皇小识》《殉难纪略》《围城日录》《王垣笔记》《幸存录》《甲申大事记》《国榷》《故明论》《明史稿》《蜀难纪略》等书籍，都是四库所没有著录的书籍。它们中的如《皇明资治通纪》《皇明从信录》《甲申大事记》等为明朝一代史实，《五边典则》《平攘录》等则涉及夷夏之防，都有违清统治者的忌讳，而《建文年谱》《建文逊国之际月表》为明代本就语焉不详的建文一朝信史。《传是楼书目》对它们的著录弥补了《四库全书》及其《总目》著录的一些缺略，有存史证史的功劳。

除补充《四库全书》及其《总目》著录缺失，存史证史外，《传是楼书目》也偶或反映了中外交流的最新成果。如它著录了有关中外交流的《东西洋考》、汤若望《崇祯历书》《浑天仪说》《新法历》、南怀仁《灵台仪象志》、

① 永瑢等. 四库全书简明目录 [M]. 上海：华东师范大学出版社，2012：504.

② 周亮工. 读画录. 北京：中华书局，1985：16.

③ 姚觐元，编. 孙殿起，辑. 清代禁毁书目（补遗）、清代禁书知见录 [M]// 姚觐元编. 清代禁毁书目·补遗一. 北京：商务印书馆，1957：195.

艾儒略《职方外纪》。又，它也是少数注意到中国内部各民族，以及中外各民族之间的语言翻译问题的目录书籍之一。它著录了《诸史夷语音义》《方言类聚》《增订华夷译语》《朝鲜日本暹罗女直通用国语》《西番馆来文》等语言媒介类书目。

然而，遗憾的是，从它的经史子集四部来看，《传是楼书目》分类并不科学，甚至可以说相当芜杂。就经史子集四部各部分类来看，经部"经解总""总经解""经总解"三类命名旨意比较费解，不如日后《四库全书总目》一律命为"五经总义"合理。又"近世蒙书"本为小学类中一种书籍，应统一归入小学类。而经部"数"类收《数术记遗》《周髀算经》《四元玉鉴》《测圆算术》《度数衍》，相当于《四库全书总目》子部天文算法类，本应归入子部。但徐乾学视"数"类书籍为根本，因此列在最重要的经部。不过，为照顾有二重属性的《周髀算经》，《传是楼书目》又把《周髀算经》著录入其"天文类"中。天文、数学往往合一，这样著录，关照了《周髀算经》既是数学杰作又是天文典籍的身份。此互著之法，虽无可厚非，但未免繁复。日后《四库全书总目》以天文算法类统一天文数学二类书籍，避免了一书既二属但分类繁复的尴尬。

又，《传是楼书目》史部分类太细且有不当之处。像正史、通史二类的分法，就不妥。正史可是通史，通史也可是正史，二者在概念内涵外延上有交叉之处。此外，《传是楼书目》把实录、起居注、孝友、忠烈、名贤、高隐、家传、列女、谱系、家谱、科第、名号、器用、酒茗、食经、种艺、篆食、冥异、祥异各自单列为类，而《四库全书总目》把实录、起居注归入史部编年类，孝友、忠烈、名贤、高隐、家传、列女、谱系、家谱统归入史部传记类，科第、名号归入史部政书类，器用、酒茗、食经、种艺、篆食归入子部农家类，冥异、祥异归入子部术数类，比《传是楼书目》把它们单列为类科学，且避免了烦琐。

具体到各部下各类书目，则经部"书"目，有日字三格"书"，如《同文铎》《六书本原》《字汇》、日字四格"书"，如《正字通》《玉篇》《切韵指掌图》，月字上格"书"，如《韵府群玉》《广韵》；月字二格"书"，如《音学五书》《西儒耳目资》《书品》《法书要录》《墨数》《集古录》《金石录》《书苑菁华》《法帖释文》；月字三格"书"，如《北户录》《东观余论》《石刻铺叙》《六一题跋》《宣和博古图》《宣和书谱》《翰墨会纪》《博古奇书》《考古图》《历代钟鼎彝器款识》《籀史》《格物要论《格物论要》；月字四格"书"，如《铁网珊瑚》《兰亭志》《历代法帖释文考异》《金石文》《古今碑帖考》《金石评考》《毛子晋题跋》《金石史》，既有小学方面的文字、音韵书籍，又有艺术、金石、目录、谱录类书籍，还有相关考释书籍，按理，文字音韵应入小学类，金石类书籍该单列，题跋类应按照题跋内容确定其归属。目录家题跋入它的史部目录类，文学家题跋入它的集部别集。但《传是楼书目》把这些本应属经史子三部的书籍，却归于经部一类，分类很是杂糅不当。又本属子部天文类《律历考》、属集部的《玉台新咏》《中州乐府》《古乐府》《乐府诗集》《小山小令》《西厢记》《元人杂剧百种》《南柯》《邯郸》《紫箫》《紫钗》大约因书名关涉"乐"都被著录入乐类，属子部小说类的《西京杂记》大约因书名有"西京"二字而入史部别志，属集部诗文评《文心雕龙》入道家，属经部小学类的《方言》《急就篇》所涉面广而被入著子部杂家，《论语》类中《素王纪事》本该入传记类但因讲的是孔子事迹而被归入《论语》类。器用类有属人物传记的《文苑四贤传》，同样蒸食类也有属人物传记的《耆旧传记》①。

又《孝经》中《小学大全》非《孝经》类，且《孝经》中的《孝经集注》《论语》中的《论语集义》《论语集说》，只是注解《孝经》与《论语》，无关《孝经》《论语》本身。而儒家、道家类书目与注解儒家、道家的书目也被全部入著在一起。如《纂图互注荀子》为注解《荀子》的书籍、《太玄经解》《道德经集注》《道德经诸家疏解》为注解《道德经》的书籍，以上书籍归入小学类，当更科学。日后四库修书时，依然沿弊不改。当然，这也是历代目录学家的通病。但从另外一角度来认知，又算不上什么毛病。究其实，这是古人重视训诂的结果。各书之义是由训诂之作来义界的，比如经书，解经之作既是经书的派生物又是基础，二者彼此渗透，相互促进，缺一不可。如果归为二类，本体之义何以明晰。古人正是透视到二者互为依托的本质，所以如此归类。但以今人眼光来看，却有违归类的科学性。

《传是楼书目》的杂史类与史部朝聘行役类中都有《六诏纪闻》，注意到二者兼属的特性，但难免重复。当然，除非几乎难以区分书籍在内容多寡轻重上对类别的倾向性，是可以凭借内容的侧重来决定归属的，不必二属。

此外，有趣的是，《传是楼书目》把汤若望《崇祯历书》《浑天仪说》《新法历》、南怀仁《灵台仪象志》，正确归类入"天文类"，但却把艾儒略《职方外纪》放在史部"蛮夷类"，其实《职方外纪》是讲外域风土的，《四库全

---

① 《四库全书总目》未著录。

书总目》入史部地理类。《四库全书总目》地理类在《传是楼书目》中名地志，《职方外纪》归入《传是楼书目》"地志类"正合适。但《传是楼书目》专门设置史部"蛮夷类"，即意在著录中国少数民族或外域各国史地及其相关书籍。既然史部"蛮夷类"专门为这旨意设置，《职方外纪》也就只能归属这一类。不过，也正因为如此，徐乾学也就难逃浓厚夷夏观念的嫌疑。正是这个夷夏观念，使徐乾学把本属于"地志类"的书籍放在史部"蛮夷类"了。不光对作者是外国人的史地方面书籍如此对待，对作者是中国明代人张燮的《东西洋考》，也是如此。而本属经部小学类《方言类聚》，因有关少数民族语言也被列在史部"蛮夷类"中。只要言及中国少数民族或外域史地，徐乾学统统归在史部"蛮夷类"。当然，从当时目录著述来看，能在目录著述中提及西人书籍的学人并不多，徐乾学能提及其实已经很开明有识了。

又《传是楼书目》注重版本，同书异本者都一一罗列。如《国语》著录有二十一卷本、九卷本等，《周礼》有十二卷本、四十二卷本，《礼记日录》有四十九卷本抄本、二十九卷本。《十三经注疏》有监板、汲古阁板等。《五经四书大全》有明永乐胡广杨荣金幼孜纂修本、通行本、高丽本。当然，这也可以看出徐乾学传是楼收藏之富。而对版本的重视，使得徐乾学《传是楼书目》著录藏书时凡抄本则专门标出，如《国朝大法》著录为"《国朝大法》十二本抄本"①，《礼记摘萃》著录为"《礼记摘萃》 一本抄本"②。

另外，还值得一提的是，徐乾学应该为自己大量著录日后的禁毁书感到庆幸。徐乾学生活在清初的康熙朝，此时国家尚未一统，内忧外患犹在，实行老英雄术的清政府宁愿学者文人在文字中思念故国，乐此不疲，也不愿他们起来以武力抗争。并且清政府非常愿意表彰节义，甘心情愿做汉文化的继承者，所以清初的文化环境相对日后的雍正乾隆时期而言是宽松的。康熙年间仅有的两次大的文字狱，一是康熙未亲政前，实际上全应由鳌拜负责的庄廷鑨明史案；一是康熙晚年为了肃清党争的戴名世南山集案，都非有意针对上层知识分子。当时的文字狱往往倾向下层，以杜绝呼应反清的力量。深谙汉文化的康熙，加以本身的明智仁厚，对上层知识分子非常礼遇，甚至到屈尊的地步，如对于互相比昵的徐乾学昆仲与高士奇，只是夺他们的官而已。所以《传是楼书目》中虽然称明为皇明，著录大量日后涉及清违碍的书籍，

① 徐乾学.传是楼书目[M].38.

② 徐乾学.传是楼书目[M].41.

123

并著录有反映夷夏之防思想的书目，却并未有任何干碍，加以徐乾学大官僚的身份，反可为清政府向时人显示自己包容大度、褒奖忠义的绝佳范例。当然，徐乾学之所以在清代且食清禄时仍在自己所撰目录书中称明为皇明，还有一个原因就是徐乾学是由舅舅顾炎武养大的，虽然仕清，但对明也同样怀有感情。而顾炎武抚养这层背景，也使徐乾学本人成为清政府显示大度包容、恩抚笼络明遗民的标榜，使徐乾学能在清康熙时位至高官，俸禄丰厚，安然从容满足自己的藏书喜好，尽录所藏，著成获得黄宗羲盛赞的《传是楼书目》。当然，相比钱谦益在《绛云楼书目》中称明朝为本朝，徐乾学无疑光明磊落。皇明只是发自内心的尊崇，他徐乾学活在新朝。至于冠以本朝之称谓，则是自欺欺人了。明明已改朝换代，活在当下，难道凭一己私愿就能扭转乾坤，穿越回故国，分明一厢情愿，自我慰藉罢了。当然，徐乾学、钱谦益二人际遇大异，自然对待如何称呼故国，必然有所区别。

（五）钱曾及其《读书敏求记》

钱曾（1629—1701）为吴越王子孙。吴越王下十七世孙钱镛为鹿园支、钱珍为奚浦支，钱镛至钱曾计八世，钱珍至钱谦益计五世，所以钱曾为钱谦益族曾孙，但服属已远。钱曾十六岁，遇明清鼎革，曾经入学为诸生。[①] 他的父亲钱嗣美留心史事，搜访秘籍，所藏颇丰。钱嗣美所藏《东都事略》即为钱谦益艳羡。钱曾承父亲余绪，也尽心收藏，且随侍钱谦益左右，所藏渐富。绛云楼火后，钱曾以赵清遗书赠送钱谦益。又连续获得柳金、陆铣手写善本。同时与他交游者，有族祖钱求赤、毛子晋父子、冯已苍、定远昆弟、陆敕先、冯研祥、叶林宗、季沧苇、叶九来、徐健庵、顾伊人诸人。康熙八年（1669），编《也是园书目》三千六百数十种。《读书敏求记》仅是《也是园书目》的六分之一，只有601种。《读书敏求记》随笔写记，并非全是书库中惊人秘籍。

《读书敏求记》之所以显著于世，是因为康熙五十六年（1717）、雍正二年（1722）吴尺凫两跋，称朱彝尊康熙二十年（1681）辛酉典试江南，龚佳育大会名士，钱曾赴会，朱彝尊私下用黄金鼠赠予钱曾书童，启箧得《读书敏求记》原稿，命藩吏半夜钞出副本。[②] 然而，据章钰考证，这只是时人捕风

---

① 钱曾.读书敏求记校证[M]//章钰.读书敏求记校证补辑类记.管庭芬，章钰，校证.长洲章钰刻本，1926: 2.

② 钱曾.读书敏求记校证[M]//章钰.读书敏求记校证补辑类记.管庭芬，章钰，校证.4-5.

捉影之说。不过，虽然钱谦益身前，钱曾侍奉唯勤唯谨，钱谦益也呵护有加，但有传钱谦益去世后，钱曾为钱谦益家产，竟逼迫柳如是，以至于柳如是自尽，为人所不齿。陈鳣对这言之凿凿道："遵王平生最为蒙叟所暖。蒙叟卒，嗣子幼弱，遵王利其所有，率群不逞凌而欲夺之，致柳如是被逼自缢，则其人概可知矣。"① 不过，无论钱曾与钱谦益之间是非究竟如何，但至少，钱谦益的藏书是有入钱曾家藏的。此外，吴焯认为钱谦益毕生精华尽萃于《读书敏求记》中。而吴玉墀认为绛云楼失火后，秘本被烧毁，不能再见到了，只有靠《读书敏求记》来考证。这也为绛云楼藏书流入钱曾家藏的一个证明。② 此外，钱曾《读书敏求记》也偶有言及钱谦益及其藏书的地方，而当言及钱谦益的藏书时，则都以这些藏书流入民间后为自己无意中发现，于是收藏之这种方式出现。这就为世人留下悬念，为什么钱谦益的那些藏书偏偏会让钱曾从民间发现？就算钱曾是于偶然之间遇见钱谦益藏书，但钱曾自己留意却是必然的。以上这一切，自然为他人留下了可以捕风捉影并加以诟詈的地方。现统计《读书敏求记》谈及钱谦益处如下：

旧藏宋刻本《方言》，牧翁为予题跋。③

予昔侍牧翁于云上轩，晨夕伏承绪言，每叹此书绝佳，问津知途，幸免冥行摘埴，皆先生之训也。抚卷流涕者久之。④

牧翁云："诸凡韵书，元板去宋刻甚远，校过始知之。"⑤

《东都事略》，宋刻仅见此本，先君最所宝爱。荣木楼牙签万轴，独阙此书。牧翁屡求不获，心颇嗛焉。⑥

牧翁云："此盖宁王奉圣祖意，特标此一段以垂示千万世。不然，安敢以开国大事自立断案乎？"⑦

元顺帝为合尊之子，牧翁取余应诗与权衡《大事记》疏通证明之，

---

① 钱曾.读书敏求记校证 [M]// 钱遵王读书敏求记序跋题记·陈鳣校本题记五.管庭芬，章钰，校证.18.

② 钱曾.读书敏求记校证 [M]// 钱遵王读书敏求记序跋题记·吴焯校本题记一.管庭芬，章钰，校证.13.

③ 钱曾.读书敏求记校证：卷一 [M].管庭芬，章钰，校证.31.

④ 钱曾.读书敏求记校证：卷一 [M].管庭芬，章钰，校证.21–22.

⑤ 钱曾.读书敏求记校证：卷一 [M].管庭芬，章钰，校证.16.

⑥ 钱曾.读书敏求记校证：卷二 [M].管庭芬，章钰，校证.2.

⑦ 钱曾.读书敏求记校证：卷二 [M].管庭芬，章钰，校证.6.

作《瀛国公事实》。……牧翁《列朝诗集小序》中详载臞仙著述，而独遗《史略》，且书瀛国公事，又不援引其言以实之，岂当时未获见此本欤？①

《营造法式》三十四卷，《目录看详》二卷，牧翁得之天水长公。图样界画最为难事。己丑春，予以四十千从牧翁购归。牧翁又藏梁溪故家镂本。庚寅冬，不戒于火，缥囊缃帙尽为六丁取去，独此本流传人间，真希世之宝也。②

然绛云一烬之后，凡清常手校秘钞书都为六丁取去，牧翁悉作蔡邕之赠。天殆留此以佽助予之《诗注》耶？何其幸哉！又何其幸哉！③

牧翁从钱功甫得其乃翁叔宝钞本，自七卷讫十三卷。④

牧翁谓此诸公从众香国来，与梅花持世各数百年。⑤

牧翁据此考定开国功臣事略。今《事略》稿本已同绛云余烬荡为劫灰矣。此独留天壤间，予奉之为拱璧，以俟秉史笔者采择焉。⑥

由上文可见，无论钱谦益与钱曾之间是非是否成立，钱谦益对钱曾影响是很大的。

关于《读书敏求记》的版本，据章钰考证，据邓邦述本外的各刊校本为：吴兴赵用亨刻本、乾隆十年双桂草堂本、道光五年阮氏小娘环仙馆本、娄东宋定国校本、吴兴沈会侯钞本、绣谷亭校本、小山堂校本、振绮堂钞本、拜经楼校本、胡菊圃校本、陈简庄校本、芳椒堂校本、管芷湘校本、汪铁樵校本、丹铅精舍校本、濮梁刊本、道光二十七年就奢英堂本与小娘環仙馆本参校而成的《海山仙馆丛书》本、述古堂藏书目录题词稿本、小山堂残钞本、吴槎客原校本、黄荛圃校本、叶润臣影钞本、吴有堂传黄荛圃校本、于赤霞传录管芷湘校本、管芷湘会钞原稿残本、管芷湘会钞传录残本、谢枚如藏本；待访旧钞及校藏本为：吕氏明农草堂本、石门袁舒雯家藏善本、吴石仓校本、顾苍史钞本、蔡祖州校本、吴兴书贾旧钞本、纪文达校本、彭文勤藏本、王

① 钱曾.读书敏求记校证：卷二 [M]. 管庭芬，章钰，校证.7–8.

② 钱曾.读书敏求记校证：卷二 [M]. 管庭芬，章钰，校证.29–30.

③ 钱曾.读书敏求记校证：卷二 [M]. 管庭芬，章钰，校证.9.

④ 钱曾.读书敏求记校证：卷三 [M]. 管庭芬，章钰，校证.14.

⑤ 钱曾.读书敏求记校证：卷四 [M]. 管庭芬，章钰，校证.19.

⑥ 钱曾.读书敏求记校证.佚文 [M]. 管庭芬，章钰，校证.2.

秋涛藏旧钞本、知不足斋藏本、袁绶阶藏本、见简香藏本、许勋宗藏旧本、孙雨录原本、陈恭甫校本、蒋生沐校本、翁文恭校本。① 此外，《读书敏求记》还有朱彝尊钞本、严杰据黄丕烈本补二十一种本、据吴兴赵用亨刻本而成雍正六年延古堂本·乾隆六十年著英堂递修印本，以及章钰本人荟萃众本而成的校证本诸本。其中章钰本为现行《读书敏求记》最善的本子。②

而对《读书敏求记》的评价，一是佳赞之。佳赞者以赵用亨、曹一士、吴骞、李慈铭等为代表。赵用亨认为《读书敏求记》为读书人的聚书，彰扬了本朝文明。③ 曹一士在为赵用亨本作跋时，夸赞钱曾是嗜古博雅君子，他的《读书敏求记》所录都是宋元善本，考各本源头，评价各本优劣。④ 沈尚杰认为《读书敏求记》与宋代晁公武、陈振孙目录书有后先辉映的态势，实为好古者梯航。⑤ 濮梁也认为这本书是书籍版本优劣的指南⑥。李慈铭则讥讽嘉庆以后学者，对于目录这门学问，连晁、陈、焦、黄的学说还没有来得及学习，却有取鉴钱曾《读书敏求记》一书的。⑦

由上所见，对《读书敏求记》的表扬主要在著录精本、论版本源流与异同优劣方面。

一是讥刺之。以王豫、陈鳣等为代表。王豫在为赵用亨刻本作序时，指出《读书敏求记》为玩弄其华，对于学问于事无补的书。⑧ 陈鳣认为钱曾拿寻常本自诩为稀世珍宝。⑨ 劳权认为钱曾学术浅显，疏于鉴别，所论剽窃蒙叟钱谦益、屠守冯舒的学说，却因自己并未深谙二人学术，也就只停留在蒙叟、

① 钱曾.读书敏求记校证.读书敏求记据校各本略目[M].管庭芬，章钰，校证.1-6.

② 钱曾.读书敏求记校证 // 整理说明.2.

③ 钱曾.读书敏求记校证[M]// 钱遵王读书敏求记序跋题记·赵孟升刻本自序.管庭芬，章钰，校证.1.

④ 钱曾.读书敏求记校证[M]// 钱遵王读书敏求记序跋题记·曹一士赵氏刻本跋.管庭芬，章钰，校证.3.

⑤ 钱曾.读书敏求记校证[M]// 钱遵王读书敏求记序跋题记·沈尚杰修改本自序.管庭芬，章钰，校证.5.

⑥ 钱曾.读书敏求记校证[M]// 钱遵王读书敏求记序跋题记·濮梁印本序.管庭芬，章钰，校证.4.

⑦ 李慈铭.越缦堂日记[M]// 同治十一年十月初八.州：广陵书社，2004：5541.

⑧ 钱曾.读书敏求记校证[M]// 钱遵王读书敏求记序跋题记·王豫赵氏刻本序.管庭芬，章钰，校证.2.

⑨ 钱曾.读书敏求记校证[M]// 钱遵王读书敏求记序跋题记·陈鳣校本题记五.管庭芬，章钰，校证.18.

孱守二人学说的表皮，根本比不上同时代的陆敕先、毛扆。①

一是折中评定优劣。以四库馆臣、周中孚为代表。官修《四库全书总目》评价《读书敏求记》总体而言还是比较公正的，可以说为各公、私家论说的集大成者。当然，倘若我们再看看《读书敏求记》在《四库全书总目》中所处位置，就不难发现，其实《四库全书总目》对《读书敏求记》还是有倾向性的。即批评大于表扬。因为《四库全书总目》以《读书敏求记》入存目，而入著《四库》存目者应是贬大于褒者，故而我们完全可以得出《四库全书总目》对《读书敏求记》是持批评立场的结论。但《读书敏求记》提要对《读书敏求记》贬中有褒这样一分为二的评价，与纯粹的褒或贬相比，还是值得肯定的。下面，我们不妨来看看《四库全书总目》提要的评价："经之有六，曰礼乐、曰字学、曰韵书、曰书、曰数书、曰小学。史之支有十，曰时令、曰器用、曰食经、曰种艺、曰豢养、曰传记、曰谱牒、曰科第、曰地理舆图、曰别志。子之支有二十，曰杂家、曰农家、曰兵家、曰天文、曰五行、曰六壬、曰奇门、曰历法、曰卜筮、曰星命、曰相法、曰宅经、曰葬书、曰医家、曰针灸、曰本草方书、曰伤寒、曰摄生、曰艺术、曰类家。集之支有四，曰诗集、曰总集、曰诗文评、曰词。其分别门目，多不甚可解。如五经并为一，而字学、韵书、小学乃岐而三；纪传、编年、杂史之类并为一，而器用、食经之类乃多立子目；儒家、道家、纵横家并为一，而墨家、杂家、农家、兵家以下乃又缕析诸名，皆离合未当。又如书法、数书本艺术，而入经；种艺、豢养本农家，而入史，皆配隶无绪。至于朱子《家礼》入礼乐，而司马氏《书仪》、韩氏《家祭礼》则入史，吾衍《续古篆韵》入字书，而夏竦《古文四声韵》则入韵书。以至《北梦琐言》本小说，而入史，《元经》本编年，《碧鸡漫志》本词品，而皆入子。编列失次者，尤不一而足。其中解题，大略多论缮写刊刻之工拙，于考证不甚留意。如《韵略易通》至谬之本，而以为心目了然。《东坡石鼓文全本》，实杨慎伪托，而以为篆籀特全。《曜仙史略》载元顺帝为瀛国公子，诬妄无据，而以为修《元史》者所见不及此。《了证歌》称杜光庭，《太素脉法》称空桐仙翁，本皆伪托，而以为实然。《玄珠密语》最为妄诞，而以为申《素问》六气之隐奥……欧阳詹赠妓诗真迹至邵伯温时犹在，而以为寄怀隐士之作。皆不为确论。然述授受之源流，究缮刻之同异，

---

① 钱曾.读书敏求记校证 [M]// 钱遵王读书敏求记序跋题记·劳权校本题记二.管庭芬，章钰，校证.20.

见闻既博，辨别尤精。但以版本而论，亦可谓之赏鉴家矣。"①由《四库全书总目》所评来看，《四库全书总目》对《读书敏求记》的批评主要在《读书敏求记》分类编次、考证失当方面，赞扬则集中在它对版本鉴赏精审方面。无疑，《四库全书总目》所评是公允的。而《四库全书总目》以前各私家书目分类往往不科学，这也是当时实情。当然，《四库全书总目》分类虽然也不尽完美，但以四部统摄各属，尽可能合理地涵括了所容的书籍，确是当时最佳的分类，所以它对书目分类编次是最有发言权的。

此外，与四库馆臣一样，周中孚除批评外，还是首肯《读书敏求记》有承续发扬晁公武、陈振孙二书解题传统的一面。周中孚道："遵王雅好聚书，又恐其聚久必散，复择最佳之本六百种，各缀题识。……其所分附各类，多不可解，且以各书配隶，又绝无端绪。其中解题，大抵详于空言，而略于实际，间有考证，亦颇乖舛。然自晁、陈书目以来，此调不弹久矣。甚至如明《文渊阁书目》，并其撰人卷数而遗之。如遵王之分缀解题，评骘是非，较之晁、陈两家，已扩而大之矣，又可求全责备乎哉？"②以周中孚所论与四库馆臣所评相比，不难发现二者所论如出一辙。它们对《读书敏求记》的批评都集中在分类与考证上，只不过一概而言之，一详细解说罢了。当然，周中孚《郑堂读书记》被视为续《四库全书总目》的著作，它所论有与《四库全书总目》论调一致之处，也实属必然。

不过，四库馆臣评价《读书敏求记》也犯了一个错误，即它称《读书敏求记》数书应归属子部艺术类，实误。由《读书敏求记》所著数书类书籍为"王孝通《缉古算经》、孙子《算经》、夏侯阳《算经》、张丘建《算经》、五曹《算经》、秦九韶《数书九章》、李治《测圆海镜》、李治《益古衍段》、顾应祥《测圆海镜分类释术》"来看，它的数书类应归属子部天文算法类。当然，《读书敏求记》的弊病确实是《四库全书总目》成书之前大多私家目录书的通病。如就前述《传是楼书目》而言，就可以发现它和《读书敏求记》一样，史部下小类中都有器用、食经、种艺、豢养、科第，无疑都有分而无当且过细的弊病，且都没有设子部天文算法类来归类数书。数书列入经部，为经部下一小类。

此外，我们把《读书敏求记》放在它所属的学术团体中，则可以发现它

---

① 永瑢等. 四库全书总目 [M].745.

② 周中孚. 郑堂读书记附补逸 [M].593.

具有它所代表的学术团体的通病。钱曾是常熟人，清时围绕常熟藏书家形成了一个藏书派别，正如周星诒所言"藏书家首重常熟派"①，因为考证版刻源流，校订古今同异，及写录图书，装潢藏庋为他们所长，故而作为常熟派的钱曾确然在辨章学术，以及分类编次方面并非所长。他的所长在叙版本源流，版本优劣，各本异同，装潢情况。亦即，《读书敏求记》本就是版本目录书，"《敏求》独嗜宋刻，踵事增华，例益加密"②，版本鉴赏本就是它应重点论述的，也是它所长。它拓展了尤袤的版本著录，对版本目录学做出了贡献。因此诸家对它的批评，正如周中孚所言有求全责备的嫌疑。

故而，《读书敏求记》是有自己特色与优点的。像藏书家特有的护书爱书，以及实事求是等精神，在《读书敏求记》就颇有体现。下面略述之。

其一，论书籍校勘、版本优劣，纠谬正讹。钱曾认为书籍校勘应依旧存旧，故而叹息刊于《百川学海》的流俗本《师旷禽经》正文注释混淆，把《师旷禽经》原貌改变尽了。③并以毛晃妄改书籍造成千古错误的例子告诫世人不要轻易改动书籍。关于毛晃率意改《董娇饶诗》的"饶"为"娆"的错误，钱曾以《艺文》《乐府》及宋本《杜集》为证指出《董娇饶诗》的"娇饶"应并从食旁，毛晃以"娇饶"的"饶"为"娆"并增入宵韵，而《韵会》则把毛晃的错误坐实了。后人对这迷惘不解，于是一并改"娇"为"妖"。钱曾告诉世人自己之所以彰显这事，意在告诫世人书籍不应妄改，并订正历来的谬误。④

在校勘方法上，钱曾多采用对校法。如他就自己所藏宋刻本后归季沧苇的《方言》，以其中"吴有馆娃之宫，秦有泰娥之台"句与俗本比对，指出俗本《方言》这句脱"秦有"二字。⑤又就《道德指归论》仅存的《论德篇》，讲述它现存各本情况。如近代嘉兴刻本，列卷一至六，与《序》文大相径庭，其中阙落者尤多。钱谦益本，自七卷讫十三卷。前有《总序》，后有"人之饥也"至"信言不美"四章，与《总序》相合。不过，焦循所辑《老氏翼》也

① 钱曾.读书敏求记校证 [M]// 钱遵王读书敏求记序跋题记·周星诒校本题记二.管庭芬，章钰，校证.25.

② 缪荃孙.序.丁丙.善本书室藏书志 [M].钱塘丁氏开雕，光绪辛丑季秋：1.

③ 钱曾.读书敏求记校证：卷二 [M].管庭芬，章钰，校证.15.

④ 钱曾.读书敏求记校证：卷一 [M].管庭芬，章钰，校证.16-17.

⑤ 钱曾.读书敏求记校证：卷一 [M].管庭芬，章钰，校证.31.

没有著录钱谦益本，由此钱曾遂确定钱谦益本实为秘本。①

对于版本，钱曾认为善本很重要，故而他批评近人刻左克明《古乐府》不据善本反据讹本增改，日渐就错。②在版本鉴定方面，《读书敏求记》总结出了版本鉴定的方法，不仅从图书版刻、字体、纸张、墨色等不同特征来考订图书雕版印刷的年代，还从初印、重印、原版、翻刻等角度来评定版本优劣，③堪称善本之祖，给后世留下了珍贵的文献学研究史料。因此对善本，钱曾相当有感情。如他赞美宋刻《五臣注文选》镂板精致，殊可悦目。④佳美王弼《周易略例》北宋椠本，镂板朴雅，洵足动人。⑤

其二，好书护书精神。以清常道人怜惜旧钞讹谬，借金陵焦太史本雠勘，又从书贾搜得宋椠本第七卷补订入的事迹，表彰前辈好书之勤。⑥在陆德明《经典释文》条中则充满感情讲述自己与友人叶林宗嗜书之癖，并为友人去世感慨读书种子几乎灭绝，因为在友人去世三十多年间，自己遍访海内藏书家，罕有如友人那样真知真好书籍者。⑦而见劫烧之余的《圣宋皇祐新乐图记》则有陈振孙"承平故物"之感。⑧感慨昔人成一艺，笃信守，死而后已；今人留心学问，半途而废。⑨并以自己家收藏为例，告诫子孙应知先辈聚书的艰难，珍守先辈心血。他讲道，家藏《东都事略》宋本，父亲最为宝爱，钱谦益屡求不与，后虽家道中落，父亲依然不出让，以父亲护书精神告诫子孙慎守勿失。⑩又父亲多方寻觅《庚申帝史外闻见录》，仅见于眉公《秘笈》中，脱落舛误，十亡其五，自己得完本，缮写庋藏。父亲去世后，每见这本书就回忆起亡父，泪如雨下。⑪因此，葛常之《诗话》虽没什么值得可取的，但钱曾认为它的存在可见前辈嗜好之勤。就此而言，也是有保存价值的。⑫而对于珍籍

---

① 钱曾.读书敏求记校证：卷三 [M].管庭芬，章钰，校证.14–15.

② 钱曾.读书敏求记校证：卷四 [M].管庭芬，章钰，校证.6.

③ 钱曾.读书敏求记 [M]// 丁瑜.前言.丁瑜，点校.北京：书目文献出版社，1984：2.

④ 钱曾.读书敏求记校证：卷四 [M].管庭芬，章钰，校证.2.

⑤ 钱曾.读书敏求记校证 [M]// 佚文.管庭芬，章钰，校证.5.

⑥ 钱曾.读书敏求记校证：卷二 [M].管庭芬，章钰，校证.22.

⑦ 钱曾.读书敏求记校证：卷一 [M].管庭芬，章钰，校证.34–35.

⑧ 钱曾.读书敏求记校证：卷一 [M].管庭芬，章钰，校证.2.

⑨ 钱曾.读书敏求记校证：卷一 [M].管庭芬，章钰，校证.28.

⑩ 钱曾.读书敏求记校证：卷二 [M].管庭芬，章钰，校证.2–3.

⑪ 钱曾.读书敏求记校证：卷二 [M].管庭芬，章钰，校证.17–18.

⑫ 钱曾.读书敏求记校证：卷四 [M].管庭芬，章钰，校证.29.

秘本，钱曾则在《读书敏求记》中讲要宝爱之。如在孙奭《孟子音义》中指出，《孟子篇叙》世所罕见，应该广流传，不要轻视它。①

其三，实事求是，不轻下结论。其一体现在对版本不轻下结论。如《臞仙运化元枢》未悉所本何自，因此希冀博闻者来做判断。②《二王帖目录评释》恐遗漏者尚多，尚待续考之。③《难经》字法俱橅松雪翁，疑是元人所书，不知鉴赏家以为对不。④其二体现在不轻改文句。如称自己再次见王晦叔《梅苑》这本书，《声声慢》作《胜胜慢》，但还是未敢率意而改。⑤

此外，《读书敏求记》中还谈到当时书籍流通情况。如《古文四声韵》序文脱字甚多，尚待博访藏书家全本补录齐整。⑥在谈《营造法式》版本源流时，则专门附载李诫所著已失传书的书名，意在藏书家知道这事以便互相搜讨这些书。⑦由钱曾所言可见，当时藏书家是互通书籍有无的，书籍实处于流通状态。

当然，《读书敏求记》也并非一点不讲学术，完全拘泥于目录版本校勘方面，还是有一定识见的。比如它对某些历史的翻案，就颇有见地。像批评司马光不帝蜀，批评苏轼所议用孔明非将、据蜀非地，⑧都是颇具自己独到眼光的。又如他指出钱谦益所论宁王朱权编辑的《通鉴博览》之所以记载廖永忠在瓜步弄沉韩林儿是奉太祖之命来垂示后世，是不正确的。在他看来，朱权所编《通鉴博览》其实仅是记地名而已。因为当时已认定廖永忠的罪，然后再杀廖永忠的。杀廖永忠本是当年铁案。故而《通鉴博览》非为其他，只是为重提瓜步这个地名罢了。⑨又清初重视音韵学的学术风向，钱曾也敏锐感觉到了。他肯定郑樵有关切韵方面的学问起自西域的学说，感慨当今只有僧人学习，学士大夫反而以为绝学。⑩叹息音韵学荒废太久，士人徒沉溺于章

---

① 钱曾 . 读书敏求记校证：卷一 [M]. 管庭芬，章钰，校证 .31.

② 钱曾 . 读书敏求记校证：卷二 [M]. 管庭芬，章钰，校证 .3.

③ 钱曾 . 读书敏求记校证：卷一 [M]. 管庭芬，章钰，校证 .24.

④ 钱曾 . 读书敏求记校证：卷三 [M]. 管庭芬，章钰，校证 .6.

⑤ 钱曾 . 读书敏求记校证：卷四 [M]. 管庭芬，章钰，校证 .32.

⑥ 钱曾 . 读书敏求记校证：卷一 [M]. 管庭芬，章钰，校证 .15.

⑦ 钱曾 . 读书敏求记校证：卷二 [M]. 管庭芬，章钰，校证 .30.

⑧ 钱曾 . 读书敏求记校证：卷二 [M]. 管庭芬，章钰，校证 .5.

⑨ 钱曾 . 读书敏求记校证：卷二 [M]. 管庭芬，章钰，校证 .6.

⑩ 钱曾 . 读书敏求记校证：卷一 [M]. 管庭芬，章钰，校证 .18.

句罢了。① 故而，钱曾重视小学，且特别赞赏古人重视小学，培养幼童扎实基本功的教学方法，劝诫世人应效法古人循循善诱，别躁进弋获，别汩没于科举中，② 以振当时小学方面的不足。此外，钱曾《读书敏求记》在考证方面也是有一定贡献的。如考证出了糖霜的出处源流，指出："唐太宗遣使至摩揭陀国，取熬糖法，亦似今之沙糖，不言作霜也。大历间，有僧号邓和尚者，登缫山结茅以居，因取蔗糖为霜，流传其法。"③ 不过，虽然如此，但《读书敏求记》总体而言，确是缺乏深度与敏锐性的。如对来华传教士著述，钱谦益绛云楼有藏，绛云楼书大多归钱曾，但《读书敏求记》却没有著录。入著的外国书籍仅有《东国史略》《朝鲜八道图》《日本受领之事》等。《东国史略》，《读书敏求记》除介绍它的内容外，还谈及郑梦周事迹以表示该书为良史之作。《朝鲜八道图》，《读书敏求记》介绍它的内容后，即谈版刻装潢。《日本受领之事》，《读书敏求记》除指出它的字形奇诡，装潢楮墨，与中华异而精于中华，并解释什么叫"受领事"之外，并没有谈及其余。④ 可见，版刻始终是《读书敏求记》关注重点。

（六）梅文鼎及其《勿庵历算书目》

梅文鼎（1633-1721）的成名和李光地有关。为迎合康熙好历算的喜好，李光地招纳梅文鼎于自己幕府中，并向康熙引荐了梅文鼎。梅文鼎和康熙舟中促膝而谈，成就了君臣相惜的令名，梅氏历算更名闻天下，此后学习历算的人多视他为开山之宗。

康熙，虽然甚好西学，但作为君王的他，个人爱好必须服从国家利益，所以康熙对西人的优容，对西学的奖纳，是在合乎国本基础上的优容与奖纳。康熙朝的历狱之争，康熙惩办了反对西法的杨光先，并不代表康熙毫无保留完全接受西学。惩办杨光先主要是出于打垮鳌拜集团的政治需要，康熙与杨光先一样是国本的坚决维护者。因此，康熙对待西学，与清前期其余诸帝其实并无区别，也是重器轻神，故而康熙认知西学道："历原出于中国，传及于极西，西人守之不失……非有他术也。"⑤ 归西学源于中学，还以西人借根法授

---

① 钱曾.读书敏求记校证：卷一 [M].管庭芬，章钰，校证.17.

② 钱曾.读书敏求记校证：卷一 [M].管庭芬，章钰，校证.32.

③ 钱曾.读书敏求记校证：卷二 [M].管庭芬，章钰，校证.11.

④ 钱曾.读书敏求记校证：卷二 [M].管庭芬，章钰，校证.31.

⑤ 永瑢等.景印文渊阁四库全书：集部237-238册 [M]// 圣祖仁皇帝御制文集：第3集卷一九 // 三角形推算法论.上海：上海古籍出版社，1987：156.

梅文鼎孙梅毂成，并告诉梅毂成自己认为西人"借根法"即"天元一术"，让梅毂成为自己的学说寻找理论依据。梅毂成完成康熙所托，论证出了"借根法"即"天元一术"。①自是学者更加知道我国固有的算学，不可轻视。②深受康熙知遇之恩的梅文鼎，在西学观念上，与康熙西学观念完全一致，是康熙西学观民间的代言人。他积四十年而成的《勿庵历算书目》，即是他西学观的代表。

关于《勿庵历算书目》的主旨，施彦恪道："利氏来宾，西书群诧。在天道幽远，固屡析而逾精，论师授源流，亦本同而末异，不有高识，谁辩根宗，若夫搜讨网罗，综群言而求至当，制器尚象，因成法而得精思，大有人焉……方程句股，考《周官》而辄洞其微，北海榻穿，参尽天官之秘……旧仪新器，异同不厌详徵。集其大成，衷诸独见，谓马沙亦黑七政经纬之度分，于泰西已为蓝本，而《授时历》草圆容方值之巧算，较三角岂有悬殊。度里求差，亦守敬、一行之遗法，归邪举正，实唐虞三代之成模。术皆踵事而增，难忘创始，道在顺天求合，何别中西，释从前聚讼之纷，去诸家畛域之见，闇解还期共晓，立言总出虚公。"③施彦恪所言揭示出梅文鼎治历算所本，即讲西学中源，意在固本，但在固本基础上希冀学人去门户偏见，接纳西学，会通以求超胜。而从毛际可为梅文鼎作的传也能见到施彦恪所言梅文鼎的这等观念。在《梅先生传》中，毛际可道："先生尝病中西两家之历，聚讼纷纭……凡著历学书五十余种，算学书二十余种，其言曰：历以敬授人时，何论中西，吾取其合天者，从之而已。天不变道亦不变，故羲、和至今数千年，不过共治一事，以终古圣人未竟之绪。虽新法种种，能出尧典范围乎？若其测算之法，踵事而增，如西人八线三角及五星纬度，适足以佐古法所不及。至分宫置闰，尚宜酌定，又其书非出一手，不无矛盾，瑕瑜亦不掩也，且《周髀算经》言北极之下，朝耕暮穫，以春分至秋分为昼，秋分至春分为夜，《大戴礼》曾子告单居离，谓地非正方，汉人言月食格于地影，此皆西说权舆，见于古书者矣。彼骤闻西术而骇，与尊西太过，而蔑视古法，皆坐不读书耳。"④由毛际可所言可见，在梅文鼎看来，西学源于中学，倘若尊西太过，则为数

---

① 阮元.畴人传[M]//梅文鼎下.文选楼丛书.1–2.

② 梁启超.中国近三百年学术史[M].323.

③ 丛书集成新编:第一册[M]//梅文鼎.勿庵历算书目//施彦恪.微刻历算全书启.梅毂成,校正.台北:新文丰出版股份有限公司,1985:498.

④ 丛书集成新编:第一册[M]//梅文鼎.勿庵历算书目//毛际可.梅先生传.梅毂成,校正.499–500.

典忘祖之辈。

关于《勿庵历算书目》撰述缘起，梅文鼎称自己一生勤苦于历算学，自认为足以用它来窥探古人精密的思考，折中历家定论。至于自己游历大江南北，则意在把平生所学，公之于世，以便找到继承绝学的人，以不辜负自己平生所学。并声明自己平生志在学以贵用，并无意于身前身后名。

《勿庵历算书目》没有总序大序小序，直接著录各书书名，书名下列卷数，已刻书则出"已刻"二字加以说明，如"《交食管见》一卷_{已刻}"，并细及所刻具体情况。如为彰显君王恩宠的盛德，承蒙皇帝亲自阅览过的书籍势必需要特别说明，如进呈康熙经康熙阅览过的《历学疑问》《三角法举要》，特出"进呈"二字，"《历学疑问》三卷_{已刻进呈}"[1]"《三角法举要》五卷_{已刻进呈}"[2]；如"《交食蒙求订补》二卷_{内已刻日食一卷}"[3] 等未全刻者，则出所刻卷数以与全刻者区别开来。需要特别说明的各书，各书书名下则出特别说明文字，以明缘由旨归，如"《火纬本法图说》一卷_{解地谷立法之根，以正历书之误，已刻}"[4]"《七政前均简法》一卷_{订火纬表说因及七政}"[5]。各书目下则都有提要以明撰述本旨。

《勿庵历算书目》分历学书、算学书二类。这些书包括梅文鼎本人原创之作，以及对各朝各代历算书的补改之作二种。梅文鼎原创之作有如《宁国府志分野稿》《勿庵浑盖新式》等；对各朝各代历算书的补改之作则有如为补注明洪武时所译天顺时所刻《西域天文书》而作《西域天文书补注》、补注王锡阐书而作《王寅旭书补注》、订注西人穆尼阁《天步真原》所作《天步真原订注》、订注薛凤祚《天学会通》而作《天学会通订注》，等等。这些书目，正如毛际可所言"历以敬授人时，何论中西……新法种种，能出尧典范围……后之善读先生书者，不过岁月，而已得其梗概矣，则能梓行全书，以公诸海内，其津梁后学之功，可胜道哉"[6]，很好体现了梅文鼎会通中西学的主旨，为学习历算者的津梁，也完成了目录书读书治学门径的任务。故而《四库全书总目》称赞《勿庵历算书目》道："虽亦目录解题之类，而诸家之源流得失，

① 丛书集成新编：第一册 [M]// 梅文鼎．勿庵历算书目．梅毂成，校正 .4503.

② 丛书集成新编：第一册 [M]// 梅文鼎．勿庵历算书目．梅毂成，校正 .4503.

③ 丛书集成新编：第一册 [M]// 梅文鼎．勿庵历算书目．梅毂成，校正 .4507.

④ 丛书集成新编：第一册 [M]// 梅文鼎．勿庵历算书目．梅毂成，校正 .4504.

⑤ 丛书集成新编：第一册 [M]// 梅文鼎．勿庵历算书目．梅毂成，校正 .4504.

⑥ 丛书集成新编：第一册 [M]// 梅文鼎．勿庵历算书目 // 毛际可．梅先生传．梅毂成，校正 .499-500.

一一标其指要，使本末鳌然，实数家之总汇也。"①

不过，从历学书62种，已刻17种、算学书26种，已刻16种来看，已刻只是少数。由此可见，虽然有康熙君臣唱和，但当时历算学的普及还是不够的。一则历算学艰深，加以其中的历法代表天道，属于禁区，习历的人都来自朝廷认可的世代相传的掌天文历算之职的世家，敢自己私下习历者不多，因此从事历算者并不多；一则习历算的人，本人经济往往有限，愿意资助他们出版作品者，纯属个人爱好，且多凭己好有所选择。至于坊间刊刻则多为赢利，历算学市场狭窄，坊间并不愿意亏本出版，因此自然历算著述得以刊刻者为数不多。故而康熙年间历算学兴盛，只能是士大夫阶层范围内的兴盛，而不能有普及民间的声势，所以因历算获康熙知遇的梅文鼎，他的历算著作得以刊刻的也不过是少数。

《勿庵历算书目》开篇以《历学骈枝》居首，因为这本书为梅文鼎开始跟从倪竹冠先生学习交食通轨，稍发明交食通轨立法并订讹误补遗查缺的首部历学著作。从此以后，梅文鼎遂有志于学习历算。饮水思源，所以放在开篇。而《元史历经补注》与交食通轨有关，故而位居第二。而《古今历法通考》因为是通论，可起到提纲挈领的功效，因此位居第三。

至于梅文鼎的中西历观念，我们可从他为《古今历法通考》所作提要中一览无遗，梅文鼎认为《古今历法通考》遍考了古今中西历法得失异同。如指出非李淳风麟德历不能用来定朔，非何承天、祖冲之、刘焯诸历无以知晓岁差，指出马端临《文献通考》天文五行都齐备却独缺历法，评价邢云路《古今律历考》为"但知有授时，而姑援经史以张其说，古历之源流得失，未能明也，无论西术矣。鼎此书盖兼古术西术，考其同异，而求端于天，不敢以己见少为轩轾"②。因而，阅读《古今历法通考》提要，各历书优劣晓然于胸。此外，在阐明各历书优劣异同的同时，梅文鼎还提出了自己对中西历的看法。如他一一列举各朝的西历，如唐朝的九执历，明朝的回回历，并进行了论述，意在阐明中西会通的主旨，如指出修回回历诸人都会通回历以入授时，本朝时宪历实际上是西术的一个变体，西历与中历一样踵事增华而有多种。如王锡阐、方中通等学习西历者，都多有会通，后来居上，道出了西历所未道。

《古今历法通考》所体现的中西会通、中历为本的主旨，在《勿庵历算书

---

① 永瑢等.四库全书总目[M].901.

② 丛书集成新编：第一册[M]// 梅文鼎.勿庵历算书目.梅毂成，校正.4501.

目》的其他书目提要中也屡有体现。如《周髀算经补注》提要所认为的《周髀算经》所谓"北极之下，以半年为昼夜"的"里差之法"即"西人之说所自出"[①]，西学源于中学的观念，流露无遗。《中西算学通序例》提要指出："自利氏以西算鸣，于是有中西两家之法，派别枝分，各有本末，而理实同归，或尊己守残而废兼收之义，或喜新立异而缺稽古之功，算学之所以无全学也。夫理求其是，事求适用而已，中西何择焉。虽然，不为之各极其趣，亦无以观会通，因不揣固陋，著书九种，而为之序例，而后论撰稍多，因以此为初编云尔。"[②] 显然在讲会通中西。《三角法举要》提要把三角与句股对等，指出三角能通句股之穷，但三角的理论不超出句股范围。[③] 也分明在说西历出于中历。

此外，在表述上，我们可以发现，艰深的道理被梅文鼎深入浅出讲活了。历算在于有用而非象牙塔的摆设，历算需要传承就需要以平易的话语让更多的人能读懂。这实践了梅文鼎自己所言的学以致用，也有助于达成梅文鼎寻找传人的心愿。

总之，在《勿庵历算书目》中，举凡古今中西历算，梅文鼎寓深奥于平易的话语中，做出了自己所处时代所能达到的全面认知和总结，所以阮元在《畴人传》中称梅文鼎学问"博而大"，梁启超归纳梅文鼎历算成就为五：一、历学脱离迷信而超然独立于真正科学基础之上，自利、徐始启其绪，至定九才确定。二、历学的历史的研究——对于诸法为纯客观的比较批评，从定九始。三、知历学不是单纯的技术而必须以数学为基础，将明末学者学历的兴味移到学算方面，从定九始。四、因治西算而用古籍印证，知吾国也有固有的算学，因极力提倡以求学问的独立，黄梨洲首倡这论调，定九与彼不谋而合。五、他所著述，除发表自己创见外，更取前人艰深的学理，演为平易近人的小册，来力求这门学问的普及。这事即使大学者也难能完成，而定九在这方面比他们做得优秀。[④] 高度赞扬了梅文鼎对历算学的贡献。

由上述各书目题跋可见，清初目录书著录西书，虽然为数不多，有的还被放在特殊位置，但实足以表明西学已经被中国有识士人关注，走入士人阶层了。

---

① 丛书集成新编：第一册 [M]// 梅文鼎 . 勿庵历算书目 . 梅毂成，校正 .4502.

② 丛书集成新编：第一册 [M]// 梅文鼎 . 勿庵历算书目 . 梅毂成，校正 .4507.

③ 丛书集成新编：第一册 [M]// 梅文鼎 . 勿庵历算书目 . 梅毂成，校正 .4507.

④ 梁启超 . 中国近三百年学术史 [M].323.

四、清初读书记及其代表

开清代读书记先河的是顾炎武《日知录》、何焯《义门读书记》等。

（一）顾炎武《日知录》

1.《日知录》中顾炎武的志业

顾炎武虽然恢复明朝的愿望最终落空了，但留下了不少著述。《日知录》即其中一种。《日知录》是顾炎武每日记录所得所感的读书记。"自少至老，未曾一日废书，出必载书数簏自随，旅店少休，批寻搜讨，曾无倦色。有一疑义，反复参考，必归于至当。有一独见，援古证今，必畅其说而后止。"[1]因此，《日知录》可谓实用的《百科全书》式的读书记。它既为有清一代读书记之始，又开有清一代朴学学风，并系统反映了顾炎武经世致用的思想。虽然，它并非记录各书的所得所感，而是记录读书的具体心得体会并条列成目。但这些条目式心得体会，是读书所得，所以它仍不出读书记范围。

清初目录学在前代目录学的基础上，在清初公私藏书兴盛，以及清政府重视修书的局面下继续发展，出现了目录学新体裁，如藏书志、题跋记、读书记等，其中读书记虽然可以追溯到《郡斋读书志》，但《郡斋读书志》还算不上真正成熟的读书记体裁，而只是个别现象，并不能代表读书记体裁已经形成并普遍为学人使用。到清初，一则国家并不太平，一则大多学人由明入清，易代之痛未消，故国犹存，在长篇著述之外，也往往在对山川形势、人生得失、古今记载的感悟中，寄托自己的理想，抒发胸怀抱负，涤荡升华自己的境界。所感所悟，虽然篇幅并不长，但所蕴含的学术分量并不亚于长篇大作，而且因其短小精悍，清新可人，也颇为学人读者珍爱。《日知录》即顾炎武积三十余年，"稽古有得，随时札记"[2]，日久类次成书的读书笔记。此书如他自言"平生之志与业皆在其中"，以深厚的学术内涵为有清一代读书记的先锋与表率，也赢得当世后世的诸多赞誉。下面，以其中体现出的顾炎武的志向来认知它。

基于复明的理想，顾炎武在顺治十四年（1657）离开江南，先后到山东、河北、山西、陕西，游历考察史地，拜谒十三陵，并访问学者，1681年在陕

---

① 顾炎武.日知录集释[M]//潘耒.序.黄汝成，集释.秦克诚，点校.1–2.

② 顾炎武.日知录集释[M]//潘耒.序.黄汝成，集释.秦克诚，点校.2.

西华阴到山西曲沃的途中患病，于1682年正月初九去世，享年70岁。[1]

三十多年的岁月，顾炎武经历了清政府由纷乱走向稳定，看到了清的欣欣向荣，以及清政府的礼贤下士，开明气象。顾炎武看在眼里，心里其实是痛苦不堪的。传统道义下的士子，要求忠于一家一姓，但他所效忠的明室确实衰朽不可救药，而他生活的气象一新的新朝却是自古以来被汉人所鄙弃的夷，是继续严守夷夏之防，为明朝守节，还是为新朝服务，再续"致君尧舜上"的抱负，摆在顾炎武面前的是两难。最后，顾炎武选择了折中。他自己宁死不侍奉新朝，坚持住了士人的忠贞不贰传统，但他并不阻止子侄学生入仕新朝。这种折中不失一种睿智与理智，但在执着士人传统者看来，这无疑也是一种背叛。因此，顾炎武常被时人后人指责。对于这种指责，他曾辩解，称是效古而行。在这种痛苦的两难中，顾炎武思想得到了升华。他最终超越了时代，摆脱了狭隘的夷夏之防，总结出了自己的天下观，并在《日知录》中集中体现出来。在他看来，亡一姓，只是亡国，亡了中国文化，才是亡天下。谁继承了中华文化，谁就是中华之主。

因此，顾炎武把这一切载入《日知录》，寄托自己的理想与抱负。他说："有亡国，有亡天下，亡国与亡天下奚辨？曰：异姓改号谓之亡国，仁义充塞，而至于率兽食人，人将相食，谓之亡天下。"[2]这实际上就等于认可了清的正统地位。不过，虽然在天下观方面超越了狭隘的夷夏之防，但一旦论及夷夏问题，顾炎武又与此矛盾。对于夷夏之防，顾炎武赞成孔子的看法。他认为君臣名分只是在君臣二人之间，夷夏之分则关乎天下，所以孔子看重管仲的为天下，也是顾炎武认同的，他说："君臣之分所关者在一身，华裔之防所系者在天下。故夫子之于管仲，略其不死子纠之罪，而取其一匡九合之功，盖权衡于大小之间，而以天下为心也。夫以君臣之分犹不敌华裔之防，而《春秋》之志可知矣。"[3]显然，顾炎武还是坚持夷夏之防的。所以对于顾炎武，直到清末，章太炎还在批判他，说他首鼠两端，为自己变节找托辞。而由上述顾炎武天下观夷夏观之间表现出来的矛盾来看，章太炎的批评也并非没有根据。当然，虽然顾炎武在仕清问题上颇为世人非议，但这并不影响他作为中国士大夫的一员，对士德的热衷与弘扬。而在对士德弘扬上，或许更因为有

---

① 顾炎武.日知录集释[M]// 张岂之.顾炎武.日知录.黄汝成，集释.秦克诚，点校.1.

② 顾炎武.日知录集释[M]// 顾炎武.正始.黄汝成，集释.秦克诚，点校.471.

③ 顾炎武.日知录集释[M]// 顾炎武.管仲不死子纠.黄汝成，集释.秦克诚，点校.245.

在仕清问题上的纠结，他把不臣天子不友诸侯的古高士推崇到极致，认为他们的品行高过人君，与国士同列，居九五之上，与九三同为陆象。因为在他笔下的这些古高士在践清土，食清毛上，其实是与他一致的，这很像是他在自况。^① 然而，他还有与这些高士不同的一面，他并非不友诸侯，他与清高层其实有密切的来往。至于不臣天子，他仅止于自身，而不及于子侄学生门人。而高士是自身连及所有与己相关人等都要求无条件隐于林的。难怪不得，他虽然一再为自己解释，但终难脱他人质疑。

有此天下国家夷夏之论的顾炎武，对君民国家关系的认知也就能超越狭隘的忠义观。故而，在忠义问题上，顾炎武指出，能以道治国者，那么天下都是他的臣子；不以道治国者，那么强大而擅命者对他的国家虎视眈眈，也是无可厚非的。他推崇三代的禅让，认为禅让之世，即使君主去世，朝廷君主之位暂时空缺，也不会影响国家安定，如尧舜之际即如此，但传家之世却不可一日无君。^②

那么国君怎么才能治理好天下？顾炎武指出，贤君当视天下为一家，中国为一人。国犹水也，民犹鱼也。^③ 人主之德莫大乎下人。^④ 要顺应民情，遂民之愿，"垂衣裳而天下治"，变质而之文，自黄帝、尧、舜开始，所以在这方面有通变宜民的议论。^⑤ 在分配上，要做到均等。"民之所以不安，以其有贫有富。贫者至于不能自存，而富者常恐人之有求，而多为吝啬之计，于是乎有争心矣。夫子有言：'不患贫，而患不均。'"^⑥

而国家治乱与百姓生活息息相关，民间诅盟及鬼神之说，即因此兴起。他说："国乱无政，小民有情而不得申，有冤而不见理，于是不得不诉之于神，而诅盟之事起矣。"^⑦ 无疑在为生民鸣不平，希冀统治者重视民生。

至于学风，顾炎武同样认为关系国家存亡兴衰，他把明亡就归结到学风上。他说："昔之清谈谈老、庄，今之清谈谈孔、孟，未得其精而已遗其粗，未究其本而先辞其末。不习六艺之文，不考百王之典，不综当代之务，举夫

---

① 顾炎武.日知录集释[M]// 顾炎武.鸿渐于陆.黄汝成，集释.秦克诚，点校.18.

② 顾炎武.日知录集释[M]// 顾炎武.顾命.黄汝成，集释.秦克诚，点校.62.

③ 顾炎武.日知录集释[M]// 顾炎武.包无鱼.黄汝成，集释.秦克诚，点校.15.

④ 顾炎武.日知录集释[M]// 顾炎武.鸟焚烧其巢.黄汝成，集释.秦克诚，点校.19.

⑤ 顾炎武.日知录集释[M]// 顾炎武.垂衣裳而天下治.黄汝成，集释.秦克诚，点校.23.

⑥ 顾炎武.日知录集释[M]// 顾炎武.庶民安故财用足.黄汝成，集释.秦克诚，点校.223.

⑦ 顾炎武.日知录集释[M]// 顾炎武.闽中于信以覆诅盟.黄汝成，集释.秦克诚，点校.65.

子论学、论政之大端一切不问，而曰'一贯'，曰'无言'，以明心见性之空言，代修己治人之实学。股肱惰而万事荒，爪牙亡而四国乱，神州荡覆，宗社丘墟。"①所以他要纠正如明末一样的浮泛学风，以及与这个浮泛学风相联的学术门户，所以他呼吁学者一定不要执一不化，应做君子学问，"廓然而大公，物来而顺应，故闻一善言、见一善行，若决江河，沛然莫之能御，而无熏心之厉矣。"②并把学问分为大人之学与章句之学，指出大人之学举本以该末，可达融会贯通的境界。而章句之士，却不能够看到会通。至于高明君子，又或语德性而遗问学，都失掉了圣人的指意。③

此外，《日知录》体现了顾炎武坚持史学精神的一面。如他不迷信先人，破史迁之谬④。他也不迷信经典。如读《顾命》，见成王刚去世时，康王与群臣都穿着吉服，且没有哀痛的言辞，纳闷以召公、毕公之贤，怎么反不及子产、叔向？一再研读，终于发现原来《顾命》篇有脱简。⑤他并不因为《顾命》是经书，就盲从。

最后，关于山川形胜，典章制度，名物风情，历代成败等，《日知录》也都一一述及，从中尽现顾炎武的志业。

2.《日知录》的史源

对于《日知录》，后人甚为推崇，但顾炎武在《日知录》中把自己的话和引用别人的话混在一起，而且不加标点，存在的史源方面的问题。既然史源有问题，就必得正本清源后方能使之更好地服务于研究，服务于经世致用。今以《日知录》卷八《属县》条所载宪宗元和元年（806）割属东川六州制一究。

《日知录》卷八《属县》条，载唐宪宗元和元年（806）割属东川六州制：

> 分疆设都，盖资共理，形束壤制，亦在稍均。将惩难以销萌，在立防而不紊。故贾生之议，以楚益梁；宋氏之规，割荆为郢。酌于前事，宜有变通。⑥

---

① 顾炎武.日知录集释[M]// 顾炎武.夫子之言性与天道.黄汝成，集释.秦克诚，点校.240.

② 顾炎武.日知录集释[M]// 顾炎武.艮其限.黄汝成，集释.秦克诚，点校.16-17.

③ 顾炎武.日知录集释[M]// 顾炎武.予一以贯之.黄汝成，集释.秦克诚，点校.246.

④ 顾炎武.日知录集释[M]// 顾炎武.玄鸟.黄汝成，集释.秦克诚，点校.105.

⑤ 顾炎武.日知录集释[M]// 顾炎武.顾命.黄汝成，集释.秦克诚，点校.61.

⑥ 陈垣.日知录引唐割属东川六州制考[J].益世报（影印本），1947年10月13日第6版，人文周刊，新第23期，天津：南开大学出版社，2004：257.

按照它的内容，在相关史书中进行寻找，这事发生在唐宪宗元和元年
（806），事关地理沿革，首先应关注的便是两《唐书》的本纪以及地理志，可
是这两处都没有记载。《通典》《唐六典》成书在事发之前，《唐会要》和《资
治通鉴》只记其事，未载制书原文。《资治通鉴》卷二三七：

> 元和元年十月，制割资、简、陵、荣、昌、沪等六州隶东川。①

《唐会要》卷七一《州县改置门梓州》条：

> 元和元年十月，以平刘辟，乃割西川所管资、简、陵、荣、昌、
> 沪等六州隶东川，至四年正月，以东川所部，跨制太远，武元衡论
> 奏，复隶西川。②

《唐会要》的记载最为详尽，交代了割属东川六州的始末缘由，根据《会
要》的记载，六州是平刘辟之后由西川割给东川的，陈垣据此在相关记载中
寻找，最终发现《唐大诏令集》中收有此文，实为宪宗《平刘辟诏》中的一段，
明抄本《唐大诏令集》卷一二四《平乱门》载《平刘辟诏》中说：

> 不分疆设都，盖资共理，形或壤制，亦在稍均。将惩难以销明，
> 在立防而有素。故贾生之议，以楚益梁；宋氏之规，割荆为郢。酌于前
> 事，宜为变通。其西川资、简、陵、荣、昌、沪等六州，宜割属东川。③

当然，在引用文字上，《日知录》与《唐大诏令集》是有差异的。如《日
知录》引为"立防而不紊"，《唐大诏令集》作"立防而有素"，陈垣先生认为
"其中字句，与今《适园丛书》本《大诏令》偶有不同，则所据本异"④。

而比《唐大诏令集》后出的《全唐文》卷五九也载有《平刘辟诏》，其为：

---

① 资治通鉴 [M]// 唐纪：卷二三七 . 北京：中华书局，1956：7637.

② 王溥 . 唐会要 [M]// 州县改置门：卷七一 . 清乾隆武英殿刻本 .22.

③ 宋敏求 . 唐大诏令集：卷一二四 [M]// 平乱门·平刘辟诏 . 明抄本 .5.

④ 陈垣 . 日知录引唐割属东川六州制考 [J]. 益世报（影印本），1947年10月13日第6版，人文周刊，
新第23期 .257.

又分疆设都，盖资共理，疏域制壤，亦在稍均，将惩难以销萌，在立防而不紊，故贾生之议，以楚益梁；宋氏之规，割荆易郢，酌于前事，宜有变通，其西川资、简、陵、荣、昌、沪等六州宜割属东川。①

因《全唐文》成书在《日知录》后，所以陈垣认为顾炎武是据《唐大诏令集》引用《平刘辟诏》中的文字，且不书《平刘辟诏》之名，只以《割属东川六州制》名之，是顾炎武之误，并非特有一《割属东川六州制》，于是陈垣先生指出"《日知录》引此文，不冠以《平刘辟诏》，而单称《割属东川六州制》，实不可为法"②。

不过，对于《日知录》中的这条引用材料还有另外一种解释，栾宝群等点校《日知录集释》将该段文字断为：

宪宗元和元年，割属东川六州，制曰：分疆设都……

如此一来，顾炎武并非将这制命名为《割属东川六州制》，而只是说这段内容为"割属东川六州"，也就是说，并非是将《平刘辟诏》截取一段后命名为《割属东川六州制》，是由于断句不同造成的文义理解上的偏差。

此外，顾炎武《日知录》所引用的这段文字实际上也并非如陈垣所断引自《唐大诏令集》，而是引自《册府元龟》。明崇祯刻本《册府元龟》卷六四《帝王部·发号令》所记录的这道诏书如下：

十月，以西川平，下制曰："朕闻去天下之害者，受天下之利。故陈诸原野，非为乐战；法彼震曜，本于爱人……又分疆设都，盖资共理；形竦壤制，亦在稍均。将惩难以销萌，在立防而不紊，故贾生之议，以楚益梁；宋氏之规，割荆为郢。酌于前事，宜有变通。其西川资、简、陵、荣、昌、沪等六州，宜割属东川。③

---

① 崔诰等.钦定全唐文：卷五九 [M]// 宪宗.清嘉庆内府刊本.11.

② 陈垣.日知录引唐割属东川六州制考 [J].益世报（影印本），1947年10月13日第6版，人文周刊，新第23期.257.

③ 王钦若等.册府元龟：卷六四[M]//帝王部·发号令.明崇祯黄国琦刻本.14–15.书前自序："甲申春，余召对中左门将自呈，复痛时之已棘，伤哉！"

由上核之，《日知录》中引用的文字更加接近《册府元龟》。

再以《日知录》《册府元龟》《唐大诏令集》三书记载相异之处比较核之：《日知录》的"分疆设都""形束壤制"和"立防而不絫"，与之对应的位置，《唐大诏令集》作"不分疆设都""形或壤制"和"立防而有素"，《册府元龟》作"又分疆设都""形疎壤制"和"立防而不絫"。若《日知录》引文出自《唐大诏令集》，出现三处相异的可能性微乎其微，且将"不分疆设都"抄成"分疆设都"，"有素"抄成"不絫"，差异较大。《册府元龟》与《日知录》只有两处不同，将"又分疆设都"省略抄成"分疆设都"，文义不变；将"形疎壤制"抄成"形束壤制"，字音、形相近，所以说《日知录》这段引文来自《册府元龟》而非《唐大诏令集》，更为属实，同时由于《册府元龟》并没有注明这道诏书的名称，顾炎武在引用时便只写了诏书的内容和相应的文字。也就是说，顾炎武并没有找到史料的最早出处，史料是从后出的类书中引用的。

至于《全唐文·平刘辟诏》与《册府元龟》《唐大诏令集》都有不同，或版本有异，抑或是综合两种版本而成。在对待这段引文方面，顾炎武的不足是没有注明出处，混淆引文原文。

（二）何焯《义门读书记》

何焯，生于顺治十七年（1660），卒于康熙六十一年（1722），与康熙一朝相始终。江苏长洲（今江苏吴县）人。初字润千，因早年丧母，后改字屺瞻。晚年喜好品茶，所以又号茶仙。别署无勇、义门、憩闲老人、香案小吏。他家世代义门，为继承家风，于是命名书塾为义门。因常接济贫困但有才学的学生，又被学者称为"义门先生"。何焯在经学、史学、诗文方面均才力雄赡，造诣深厚，尤以考证见长，是开清代考据风气者之一。后世考证常引用他的成果为据。

不过，学识品行俱佳的何焯，一生并不得志。这主要来自两方面：一是他个性刚硬，疾恶如仇，不屈服名利权贵，凡是与仁义相悖的言行，他都据理力正。正是这样的个性，使他得罪了欲笼络他希冀他能为自己所用的昆山徐乾学学士、常熟祭酒翁叔元。这二人都曾把他召集到门下培养，他也曾游学于二人门下，但他因翁叔元受人唆使弹劾汤斌，于是向翁叔元自请削门生籍，与翁叔元断绝了师生关系。对徐乾学，则大为不满徐乾学在主持乡试及会试时舞弊弄权，最后惹怒了徐乾学，惹上官司。他的这些所作所为，直接影响到他日后的六次应考，他六次应考，六次被排挤。科举失败，使他失去报效朝廷的正途，志向必然难以实现。当然，他也因不阿附翁叔元、徐乾学获得了刚直的令名。二是他卷入了康熙年间纷繁复杂的党争中。他是皇八子胤禩的侍读，二人私交很好，是胤禩重要的谋士。皇八子胤禩争储失败，他也受到了打击排斥。晚年则被人诬陷造反而入狱。后来虽洗刷了罪名，但为报康熙知遇之恩，尽力编修事业，积劳成疾而逝。其间，康熙曾特别下诏恩赐医药。后来，康熙听闻何焯去世，大为惋惜失去一读书种子，为之还不高兴了许久。并专门下诏恢复何焯原职，特赠侍读学士。

何焯著述宏富，可惜他去世后，著述大多散佚，除《义门读书记》外，还有《义门先生集》十二卷、《义门题跋》一卷、《庚子消夏记校正》一卷、《困学纪闻笺》，以及与人一道奉敕撰写的《分类字锦》六卷等传世。其中《义门读书记》的成书，经历了三个阶段：第一阶段，何焯去世后，他的儿子何云龙、从子何堂与他的高足沈彤等，打算将他评阅过的古籍全部整理成书。但积数年之功，只完成了《春秋》三传、两《汉书》及《三国志》的整理工作。乾隆十六年（1751）书成问世，取名《义门读书记》，共六卷。第二个阶段，蒋维钧嗜何氏学，有意完成何云龙等未竟之志，花三年时间，尽力博访，将原书扩展到十八种。乾隆三十四年（1769），五十八卷本《义门读书记》刊行。该书分三部分，第一部分，是对《大学》《中庸》《论语》《孟子》《诗经》《左氏春秋》《谷梁春秋》和《公羊春秋》经义的发正，以"发先哲之精义，究未显之微言"为旨归。第二部分，是对史书的评阅，所评阅史书包括《史记》、两《汉书》《三国志》《新五代史》。其中《史记》、两《汉书》《三国志》的评阅，是何焯最得意之笔。第三部分是对《昌黎集》《河东集》《欧阳文忠公文》《元丰类稿》《文选》《陶靖节诗》《杜工部集》和《李义山诗集》的考释，工力最深。[1] 其中两《汉书》及《三国志》，乾隆五年礼部侍郎方苞校刊经史，颇采其说。[2]

《义门读书记》特色有二，义理考据并重，义理中有考据，考据中有义理。有学者称，何焯的考订都有义据[3]。何焯的这种学术倾向应和了顾炎武等所倡导的朴实之风，也与康熙奖纳经学，以经学济理学之穷，是一致的，为

---

① 何焯．义门读书记 [M]// 崔高维．点校说明．北京：中华书局，1987：2.

② 永瑢等．四库全书总目 [M].1031.

③ 何焯．义门读书记 [M]// 崔高维．点校说明 .2.

清代考据学的先锋。与何焯一样，对清代考据学贡献巨大的阎若璩曾称赞何焯的学术必将胜过同时代的人。可惜的是，学术嗅觉敏锐的他，政治嗅觉却没有与时俱进。

确然，与同时期的朱子学者相比，何焯已经注意到经义的发正必须言之有据，不同于言之无物的虚伪无根的义理学家，所以他的义理没有康熙朝朱子学者的诸种弊端。而与其后的专门以考据相尚的乾嘉学者相比，他的考据也无烦琐沉闷呆滞之累。以上特征，在他的《义门读书记》中得到了集中体现。

1. 义理必立于考证

《义门读书记》是讲义理的。他在书中指出司马迁《伯夷列传》，是七十列传的凡例，所反映司马迁的旨意有二，一是征信，一是阐幽。他赞扬司马迁广纳各阶层士民入史，胸怀生民的精神。此外，他还品评司马迁、司马光、朱子等前辈学人，认为断代为史的司马光显然不如贯通为史的司马迁睿智有史识。① 他指出治道贵清净而民自定，儒者何尝不清净。② 从上可见，分明在阐释义理。不过，他的义理并非虚浮不实，游谈无根。我们看他在《义门读书记》中所道诸如：晋人尚虚浮而亡③、慕虚名，被实祸，由来为此数言致败亡者多，④ 等等言论，就表明他治学是不会仅仅立于空谈的。因此，整部读书记，我们多见的是义理中有考据。兹以数例见之。如对《大学》《中庸》《论语》《孟子》等经，主要是就前人对他们品评阐释的优劣正讹而作出自己的论断。在论断中，他既讲义理也有所考订。如对"率性之谓道"，何焯就朱子所言率字不是用力字，进行了论定。他说："未有不离道工夫。只是言道之本然。故《章句》亦云，人物各循其性之自然。"⑤ 这句话，前半部分就朱子的解释作了进一步阐析，后半部分则引用《章句》证明自己的论断。既评析又考订。而对于"君子戒慎乎其所不睹"到底应做如何理解，何焯不同意二句是在讲主静。他认为慎独本来就是正要动之际，与静正好相反，怎么"戒慎恐惧"会是在讲主静？于是他引用《图说》及《定性》证明自己的论断，他指出《图说》认为："主静立于人极，非偏于静也。"静中有动，动后止静，静是

---

① 何焯. 义门读书记 [M].215.

② 何焯. 义门读书记 [M].278.

③ 何焯. 义门读书记 [M].215.

④ 何焯. 义门读书记 [M].300.

⑤ 何焯. 义门读书记 [M].9.

常常存在的。这正如《定性》所道，静中有动，动中有静。^① 动静是不可能全然区别开的，二者相互依存。也是既议论又引据证明。从何焯这里的解经义的话语可见，何焯是具有辩证思想的学者，所以他义理考据能并重，超越同时代人。

2. 考订不排斥义据

《义门读书记》虽然注重考订，以精核著称，但终观《义门读书记》，它并不排斥义理。

《义门读书记》中的考订，是考订的典范，常有后来陈垣总结的本校法、他校法等的具体实践。如他以《史记·平准书》定《汉书·食货志》"益广开"当作"益广关"^②，就是用的他校法，以他书校对需要校订的书。按照校勘原则，校书当以时代在前的书或版本为准，《史记》先于《汉书》，所以他以《史记》定《汉书》正误。不过，才力富赡的他还往往以理校论定是非正误，并且理校实是《义门读书记》最精彩之处。这就是何焯考订中不排斥义理的具体体现。如谈曹沫的事，何焯认为是战国好事者为之。他的理由是《春秋》没有这事，何况鲁国为礼仪邦国。^③ 对于《世语》及吴国人所作《曹瞒传》所言曹嵩是夏侯家的儿子，他以夏侯惇的儿子夏侯楙娶清河公主、夏侯渊的儿子也是娶的曹家女儿为据，指出是敌国传闻，不足信。^④ 同理，对于孙盛所言夏侯惇去世，文帝身为天子不哭于宗庙门外，而哭于城门，是失礼的说法，仍以夏侯家与曹家通婚为据指出，孙盛所议错误。^⑤ 诸如此类的理校，在《义门读书记》中有许多，不再一一列出。

与《义门读书记》考据不排斥义理一样，何焯对前人今人的成果，都同等对待。如顾炎武、阎若璩等的成果就被他用来证明己论。当然，他也注意纠正今人错误^⑥。同时，读《义门读书记》如同在读何焯自己，他在书中寄托了自己的人生理念。对于如何读书，他认为读书虽然讲数量，但一定要通^⑦，

① 何焯 . 义门读书记 [M].10.

② 何焯 . 义门读书记 [M].262.

③ 何焯 . 义门读书记 [M].219.

④ 何焯 . 义门读书记 [M].425.

⑤ 何焯 . 义门读书记 [M].429–430.

⑥ 何焯 . 义门读书记 [M].1、38、125、127.

⑦ 何焯 . 义门读书记 [M].125.

还需要天资①，为文则须周密②。作为皇子谋士，他很注重对时势异同的分析，曾反复讲述这方面的道理。如对于是否立六国之后，他认为需要依据时势来定。就秦汉形势来看，张耳、陈余劝陈胜立六国，是符合时势的，因为可以结援树党，合力打败秦国。而之后的郦食其劝刘邦立六国之后则不可，这个时候正是力扫群雄，逐鹿中原的时候，如立六国之后，分明是在为自己夺取天下无端设置出障碍，树起敌人，延缓统一。③对于游侠在汉时的不同命运，他也指出是时势异同造成的。如侠士郭解败亡，那是因为武帝禁网密，战国余风尽。而汉初期的朱家、剧孟以豪侠闻而保首领，那是西汉初期矫枉过正，网漏吞舟的结果。④至于王莽仿效董仲舒，却不度时宜，行之过当，遂扰天下。⑤霍光族灭是不思时势变迁，居中自卫，权重势逼，满盈致祸。元世祖不效法令百姓一意农桑，而承袭赵宋会子金源交钞，不善变法。⑥都是不依时势变化采取变通应对之策的结果。

此外，《义门读书记》还体现出何焯以民为本、国家至上的观念。比如何焯指出奉己而不在民，所以无益于俗。⑦无德易亡，不欲险阻。⑧诸侯发难，晁错不急匡救，却欲报私仇，反以亡躯，可谓切而中。⑨同理，汉武帝戾太子刘据的师傅劝刘据造反，是鄙夫的行为，只是为自己一身打算，不顾祸及宗社，⑩结果也自是如晁错一样。至于国家兴亡，他认为非一朝一夕，由来久也，希冀统治者爱惜民力。圣人是不以天下奉一人的。⑪因此秦的灭亡，他不完全归罪于秦二世，认为秦乱不始于二世，只不过二世更昏乱而已。⑫而汉的败亡，他认为可以溯源到汉武帝身上。他拿汉初赋税与武帝赋税比较，指出从其中

---

① 何焯 . 义门读书记 [M].26.

② 何焯 . 义门读书记 [M].127.

③ 何焯 . 义门读书记 [M].220.

④ 何焯 . 义门读书记 [M].233.

⑤ 何焯 . 义门读书记 [M].262.

⑥ 何焯 . 义门读书记 [M].262.

⑦ 何焯 . 义门读书记 [M].262.

⑧ 何焯 . 义门读书记 [M].280.

⑨ 何焯 . 义门读书记 [M].281.

⑩ 何焯 . 义门读书记 [M].302.

⑪ 何焯 . 义门读书记 [M].131.

⑫ 何焯 . 义门读书记 [M].239.

异同，可以观汉的世运。亦即，汉武帝对汉日后的败亡得负一定责任。[①] 至于做人行事，他认为要见微知著。汉成帝封中山舅谏大夫冯参为宜乡侯的时候，有贤名的冯参当时就应该见几知退，坚决辞让。这样，就可以避免日后傅太后的报复，以及由此导致的几乎覆灭宗族的祸患。[②]

何焯有以上特征，也是时代使然。康熙一朝的学术，从宠奖朱子学走向倡导汉学。何焯与康熙一朝相始终，学术洞察力深厚敏锐度高的他，在学术上，自然与康熙一朝相始终。故而，《义门读书记》所体现出何焯的议论功夫，意象开阔，气势雄厚，博赡有据，是宋学向汉学转型中，不可多得的二者兼顾的承上启下的学者。到乾嘉时期，考据成为时风，言义理者根本无立锥之地，如何焯一样汉宋兼采的有识者寥寥。

顺康雍时期重要书目

书名	卷数	作者	著录卷数	存佚	附说
牧斋书目	一	钱谦益		存	据《千顷堂书目》。叶氏观古堂有抄本一百二十页，此书目为《绛云楼书目》之别称。
绛云楼书目	四	钱谦益		存	据粤雅堂本。又丁氏持静斋有传抄本七十四卷。又《观古堂汇刻》有《补遗》一卷。
千顷堂书目	三二	黄虞稷	《四库全书总目》著录三十二卷	存	据乌程张氏《适园丛书》。朱绪曾《开有益斋读书志》卷三本目条下引黄虞稷《自序》七十九字，此本阙载。
传是楼书目	四	徐乾学		存	
读书敏求记	四	钱曾	《四库全书总目》著录四卷	存	《四库全书总目》评价它"见闻既博，辨别尤精"，但亦"编次无序，品评多误"。
也是园书目	十	钱曾		存	
述古堂书目	十	钱曾	《四库全书总目》著录无卷数	存	附《述古堂宋版书目》一卷

① 何焯.义门读书记[M].244.

② 何焯.义门读书记[M].254.

续表

书名	卷数	作者	著录卷数	存佚	附说
经义考	三百	朱彝尊	《四库全书总目》著录三百卷	存	清翁方纲依《经义考》体例撰《经义考补正》十二卷，可补该书不足。此外，沈廷芳撰有《续经义考》。
义门读书记	五八	何焯		存	有乾隆十六年刊六卷本、乾隆三十四年刊五十八卷本、光绪六年重修五十八卷本。
季沧苇藏书目	一	季振宜		存	
汲古阁珍藏秘本书目	一	毛晋、毛扆		存	
上善堂书目	一	孙从添		存	
勿庵历算书目	一	梅文鼎		存	
好古堂书目	四	姚际恒		存	
楝亭书目	四	曹寅		存	原无卷数，以类分隶。《辽海丛书》厘分四卷并补总目。
文瑞楼书目	一二	金檀		存	

第二章　古典目录学的集成

乾嘉目录学，以《四库全书总目》为代表标志着解题目录发展到它的顶峰，以《郑堂读书记》为代表标志着读书记趋于成熟，以章学诚《校雠通义》为代表标志着目录理论得到全面总结，以翁方纲《经义考补证》、沈廷芳《续经义考》、各史志之补为代表标志着这个时期既继承前人成就又在前人成就基础上查漏补缺、推陈出新，而贯穿这所有一切的是"考据"与"义理"。"考据"为乾嘉目录学主要特色，"义理"为对以"考据"为特色的乾嘉目录学的理论总结。同时，乾嘉目录学还有一个与其他时期不同的特色，即产生了禁毁书目。

一、四库修书

清乾隆三十八年（1773），以政府之令，集全国之力，聚360位名儒大家，费20余年（含后续工作时间），编纂了一部网罗3503种古文献，79337卷，36277册，6144函，103架，2291100页（以上6个数字为陈垣统计），总数约9亿9千700万字（民国学者杨家骆所统计字数）的大型丛书。这部丛书，因按照经史子集四部分类编纂，所以被命名为《四库全书》。它对18世纪及其以前中外文化进行了全面整理与总结，是中国有文字记载以来所存文献的最大汇结，是中国古典文化集大成者，华夏国宝（张岱年语），世界文化史上的璀璨明珠。

（一）独一无二，不可复制

1. 规模方面

在规模方面，迄今无有能与之相比者。这是独一无二、不可复制的。

一是征书规模。四库修书，举全国之力征书，有各省采进、内廷藏书（内府本）、清初到乾隆时奉皇帝命令编撰的书（敕撰本）、私人进献书籍、《永乐大典》辑佚出的书籍（《永乐大典》本）等征收途径，形成了从地方到中央，完备的征书途径，运行秩然的机构，保证了书籍的有序征收与进呈。

二是修书规模。四库修书，参与的人数众多。参加编修的名儒大家合计有 360 位，共与抄写任务的 3800 多人。当时的学界名流无不参与其事或受其影响，书成众手但不缺乏统一的体例，并且历时时间长。从乾隆三十七年（1772）乾隆皇帝下诏征求遗书，到五十二年（1787）七部《四库全书》全部抄写完毕，历时十余载才最终告成。而其后的一些增补修订工作，直到嘉庆九年（1804）才全部结束，是倾全国之力铸就的文化工程。

三是收书规模。《四库全书》囊括了当时中国存世的主要典籍，是中国现存规模最大的一部丛书。古今中外大型书籍，与之相比，在规模上都不能望其项背。四库馆总裁永瑢等所号称的"前千古而后万年，无斯巨帙"[①]，并非虚言。

2. 辑佚保存古籍方面

（1）辑佚方面

它从《永乐大典》中辑出了几百种已失传的书籍，像《东观汉记》、薛居正《旧五代史》、王益之《西汉年纪》、王桢《农书》、秦九韶《数学九章》等。如果没有《四库全书》的辑佚保存，这些珍贵文献完全有可能随着日后《永乐大典》继续散佚而不复存在。更难能可贵的是，某些辑佚而成的书籍，它们具有独一无二的版本价值。如四库馆臣从《永乐大典》中辑佚出的姚燧三十六卷《牧庵集》，多有出自较苏天爵《元文类》版本原始的稿本者。

（2）保存珍本秘籍孤本方面

《四库全书》收录了不少宋元本、抄本、名家手稿本等珍本秘籍。如《四库全书》著录有宋孔传《东家杂记》宋刊本、宋林至《易裨传》的元至正间陈泰刊本、宋龙衮《江南野史》抄本，以及清冯甦《滇考》的抄本、清俞汝言《春秋四传纠正》的俞汝言手抄本。

著录了一些本以为失传但赖四库修书查知，或原不全而因四库修书补齐的书籍。如宋郭雍《郭氏传家易说》，朱彝尊《经义考》认为散佚，四库修书征集到澹生堂写本入著《四库全书》。汉赵煜《吴越春秋》，所著录的纪昀家藏元大德十年丙午刊本，补了其《汉魏丛书》本佚注者徐天祜姓名的不足。

---

① 永瑢等. 四库全书总目：卷首 [M]// 永瑢等奏. 进四库全书表 .10.

晋常璩《华阳国志》也靠四库馆臣以影宋本补足并入著《四库全书》。宋李明复《春秋集义》，旧本佚《纲领》三卷，四库馆臣补成完书并入著《四库全书》。明马明衡《尚书疑义》，《四库全书》著录了天一阁抄本。不过，天一阁目记载为四卷，而《四库全书》所收为六卷。第六卷承接第五卷，从《尚书》的《无逸》篇开始，到《尚书》的末篇《秦誓》，主要是介绍各篇旨意，加自己议论。显然，《四库全书》所收本补了天一阁所藏版本的缺失。

著录了原未刊行由于《四库全书》著录得以广流传的。如清沈名荪、朱昆田编《南史识小录》《北史识小录》没有刊本，藉《四库全书》入著得以广流传。

著录了仅《四库全书》所收外间无传本者。如明康万民《璇玑图诗读法》一书，除收入《四库全书》之外，未见它处著录。而赵万里《四库全书孤本丛刊拟目》（一册，北平图书馆油印本）则是仅《四库全书》所收之本。这些孤本经部有宋耿南仲撰《周易新讲义》十卷、宋魏了翁撰《春秋左传要义》三十卷《卷首》一卷，子部有清庄亨阳撰《庄氏算学》八卷，史部有宋钱时撰《两汉笔记》十二卷、宋吕午撰《左史谏草》一卷、明俞汝楫等纂《礼部志稿》、明无著者《太常续考》八卷，集部有元张昱撰《可闲老人集》四卷、明钱仲益撰《锦树集》八卷，等等。这些都是独一无二、不可复制的。

此外，系于手抄，以及删改等缘故，可以说每阁《四库全书》的每本书都具有独一无二的版本属性。而那些根据不同底本抄写而成的各阁同一部书，有的保存了同一书的某一古老版本，版本价值不言而喻。如文溯阁本《长安志图》既非源于明成化本，又非源于明嘉靖本。而据学者研究，今存各种《长安志》（包括《长安志图》）的版本都来源于明成化本和嘉靖本。

3. 出版印刷方面

由于历史上规模最大的一次木活字印书成果《武英殿聚珍版丛书》的对外开放，为再编新书创造了条件，使新的丛书频频出现，促进了中国出版印刷事业的发展。并且反映《武英殿聚珍版丛书》刻制的《武英殿聚珍版程式》一书发展了自宋沈括《梦溪笔谈》、元王桢《造活字印书法》以来的活字印刷术，推动了清代出版事业的发展，较二者在中国活字史上的地位更重要，价值更大，为中国活字印刷史上的里程碑著作，被翻译成德英日等国文字，广为流传，对世界文化的贡献也是独一无二的、不可复制的。

4. 装帧典藏方面

以代表春夏秋冬的绿红蓝灰四色装帧经史子集四部书籍、仿天一阁样式并有所创新的藏书楼的建制，开中国公共图书馆先河的所主张的仿照佛道二家藏书提倡儒藏说及其具体实践——翰林院副本与南三阁《四库全书》对世人开放，以及抄写七份分贮七地的典藏方式，都是独一无二、不可复制的。

5. 治学方面

因修书而提炼的治学方法，达到的治学高度，以及奠定的乾嘉学术及其学派，是独一无二，不可复制的。

（二）价值地位

1. 学术价值

《四库全书》对18世纪学术文化做了全面系统总结，因修纂它而确立的汉学一尊学术导向，奠定了乾嘉学术及其学派的基础，并促使中国学术文化进一步走向全面整理总结。

细而言之，在古籍整理方面，它对古籍做了全面整理总结工作，颇多创获，为当时及后世古籍整理工作留下许多有益的启示。在辑佚方面，四库馆臣从《永乐大典》中辑出佚书并收入《四库全书》者共有几百种，为后代的辑佚工作提供了良好范例；在校勘方面，为后代的校勘工作树立了优秀榜样。在目录学方面，因它而修撰的《四库全书总目》是古代目录学发展的顶峰。《四库全书总目》完成了对中国传统学科体系和知识系统的全面总结和建构，兼具"辨章学术，考镜源流"，"折衷六艺，宣明大道"[①]，以及读书治学津梁的功能，并影响了当时及后来许多目录书的编纂。直到今天，整理或编纂古籍时，四部分类法仍不过时。有学者指出《四库全书总目》具有"衣被天下，沾溉靡穷，嘉、道以后，通儒辈出，莫不资其津逮，奉作指南，功既巨矣，用亦宏矣"[②]的效力。至今，《四库全书总目》仍为从事中华古典文化研究或爱好中华古典文化者指示着读书治学门径。

在汇刻丛书方面，清人以《四库全书》为榜样，掀起了编刻丛书的热潮。近年来《四库未收书辑刊》《四库全书存目丛书》《续修四库全书》等大型书籍的陆续出版，它的流风余韵的影响是其中一个重要因素。

在这个学术潮流下，短短近百年间，人才辈出，著述如林，但凡学术领域，几乎无不涉及。它的气魄的博大，思想的开阔，影响的久远，在中国古

---

① 章学诚. 章学诚遗书 [M]// 章学诚. 校雠通义内篇一·原道第一.95.

② 余嘉锡. 四库提要辨证 [M]// 序录. 北京：中华书局，1980：49.

代学术史上，足可与先秦时代的百家争鸣相媲美。这就是王国维所道的"国初之学大，乾嘉之学精，道咸以降之学新"①。

在这个过程中，它还汇聚锻炼了如纪昀、戴震等大批名垂千古的人才。因它的修纂所确立的朴学学风，至今仍为国人治学的不二法则；所体现出的立足本国，稽古右文，大力倡导奖纳优秀传统文化，认可并提升传统文化的尊严和价值，且积极促进各民族文化融合，吸收外来文明先进成分的精神，则尤可为我们借鉴并弘扬。而它所确立的"节取其技能，而禁传其学术"②的中西互动政策，影响及于后来的洋务运动、维新运动、新文化运动，以及新儒家运动，直至今天，还能见到它的影子，且仍是国人不得不正视的重要问题。

此外，就学术研究而言，因研究《四库全书》而有"四库学"。当然，"四库学"是基于《四库全书》而高于《四库全书》研究的。没有《四库全书》研究，就没有"四库学"的提出。但以"四库"所涵括的领域，以《四库全书》所涵括的中华古典文化精粹，"四库学"又并不仅止于《四库全书》研究。

2. 社会价值

《四库全书》与社会主义核心价值观相辅相成。正如习近平总书记所说，"一个民族、一个国家的核心价值观必须同这个民族、这个国家的历史文化相契合"③"培养和弘扬社会主义核心价值观必须立足中华优秀传统文化。牢固的核心价值观，都有其固有的根本。抛弃传统、丢掉根本，就等于割断了自己的精神命脉。博大精深的中华优秀传统文化是我们在世界文化激荡中站稳脚跟的根基。中华文化源远流长，积淀着中华民族最深层的精神追求，代表着中华民族独特的精神标识，为中华民族生生不息、发展壮大提供了丰厚滋养。"④为我们明确指出，社会主义核心价值观必须建立在中国传统文化之上，因此社会主义核心价值观必须靠中国优秀传统文化滋养，培育根基，才能苗壮成长，才能夯实中国人的国民性与历史性。而中华传统文化有赖社会主义核心价值观领航，才能更加璀璨，更富"时代性"。而《四库全书》，是中华传统文化载体之一，当年修纂它，意在倡导读书，普及传承优秀传统文化，保存延续文脉。今天我们回过头来再次审视它，也不得不肯定它在世界文化

① 王国维．观堂集林：卷一九 [M]// 王国维．观堂集林·沈乙庵先生七十寿序．乌程蒋氏密韵楼1923年印：28.

② 永瑢等．四库全书总目：卷一二五 [M]// 寰有铨．1081.

③ 习近平．习近平治国理政 [M]．北京：外文出版社，2014：174.

④ 习近平．在中共中央政治局第十三次集体学习时的讲话 [N]．人民日报，2014年2月16日.

史上不可或缺的地位。此外，《四库全书》无疑对它所属时代之前的古籍全面认真鉴别筛选过一次，且它的共生品《四库全书总目》等正是指导读书治学的良径。可见，《四库全书》与社会主义核心价值观是高度契合的。因此，《四库全书》足可担当起促使当今社会再认识传统，传承中华文化的重任。

自《四库全书》成书以来，整个有清一朝，关注仰慕它的人群不少，并掀起了搜集古籍及编纂丛书浪潮。至民国年间，它的珍贵价值，尤其是它与生具有的文化认同、民族认同、政治认同价值，令时人对它兴趣不减，关注有加。当时，曾5次倡议影印、续修，并为此对它大加研究，虽然影印、续修计划多以遗憾告终，但完成了部分选印工作，续修了提要，也留下了不少研究佳作，发掘了它的内涵与价值。令中国与世界加深了对《四库全书》的了解与认知，对它的推广流布所做贡献是巨大的，对今人也是颇有启迪的。如今，这些人都已作古，但他们因《四库全书》而留下的痕迹，以及《四库全书》本身所具有的文化影响力与丰富内涵，仍然在影响着当今，使它在当今一如既往得到重视，在某些方面还得到光大发扬。确然，从20世纪80年代开始，就又掀起了选辑、影印《四库全书》的高潮。如台湾商务印书馆影印了文渊阁《四库全书》、上海古籍出版社再据台湾影印本影印之，季羡林主编了《四库存目丛书》、上海图书馆编了《续修四库全书》、王钟翰编有《四库禁毁丛书》等四库系列丛书的出版等。21世纪又掀影印浪潮，如先后两次影印文津阁《四库全书》、影印《文溯阁四库全书提要》、影印文溯阁《四库全书》等，这些都是《四库全书》社会文化价值，精神内涵再次发挥作用的体现，是当今中国重视民族之根，倡扬优秀传统文化的表现。《四库全书》的当世价值正在不断被发掘。人们从《四库全书》中寻找古人的思想智慧，寻找读书治学的门径、文化传承脉络、药世济人良方。此外，面对日益发展的书籍数字化浪潮，《四库全书》与某些大型电子书相比，可能所涵括的内容不再是第一，但它依然是中国历史上有文字记载以来所存文献的最大集结。并且它的历史记忆与储存会与时俱新，不同时代不同人群都能从中找到自己所需，过时或落伍是与之绝缘的。

而有关《四库全书》的研究，从20世纪80年代起就已成为一门专学，如今研究它的人群与日俱增，更有广狭二义及就《四库全书》申请世界记忆遗产名录的倡议的提出。倘若我们对之重视得当，用之妥切，行之有法，足可激发起全民读优秀中华文化书籍之热，涵养我们民族之魂。对世界及其文化、社会、精神建设也颇有启迪。当今，不少中国之外的国家从中国优秀传统文化中寻找救治弊病的良方，对乾隆之前文化删选过一次、集典籍大成的《四库全书》，正是他们寻找疗方的佳地与便捷场所。

由此可见，即使那些当年曾经对《四库全书》敬畏的人群已不在人世，虽然它不复有最初时期的光芒，某些初始时期特别的重要性也消失了，但它的历史价值是永存的，对当今及未来也是价值不菲的。

因此，宣传保护《四库全书》是弘扬社会主义文化应有之义，弘扬社会主义文化是发展利用《四库全书》的必然要求。

3. 世界性地位

《四库全书》具有世界性地位。朝鲜使臣始终关注四库编修，《四库全书总目》《四库全书简明目录》编成印行不久，朝鲜使臣即携回国。日本、越南也在二书修成印行不久引入了二书。朝鲜、日本、越南的目录分类深受四库影响。从它成书之日起，便以代表东方文化的身份获得了世界性地位。四库修书之时，就有传教士把它纂修的事传回欧洲，并寄回一些版本。这些版本至今完好无损保存在法国国家图书馆。它以著作提要的形式，通过对著作的评述，对中国之外的东西方世界展开了认知，对明末以来的中外互动做了全面总结。它著录有不少具有世界性地位的典籍。对中国之外国家书籍的著录，共著录欧洲人著作29部，朝鲜人著作7部，越南人著作2部，日本人著作2部，印度人著作1部。虽然并没有包罗所有中国之外的东西方著述，但这些著作是当时世界信息极其不便沟通的情况下，中国人所能知晓的外部世界的代表，合以中国人自己著作中对外部世界的认知，是可见中国之外世界概貌的。1878年，迈耶斯（W. F. Mayers）发表了一篇《中国帝国文汇》（*Bibliography of The Chinese Imperial Collections of Literature*）的文章，介绍了《四库全书》及其修纂等事宜。

以世界各国人士迫切希望印行《四库全书》抄本，而中国1920年至1935年15年期间因受世界学术界的敦促，5次掀起影印《四库全书》的运动，也为《四库全书》拥有世界性地位的明证。1914年，袁世凯为向中外宣示自己的正统地位，为自己登基张本，准备影印文溯阁《四库全书》。1920年，法国总理班乐卫（PaulPainlevé）受北洋政府徐世昌邀请曾参与中国计划影印文渊阁《四库全书》之举。因徐世昌与班乐共谋影印《四库全书》，法国巴黎大学赠徐世昌名誉博士，徐世昌委托朱桂辛代表他赴法接受，朱桂辛曾携带影印的简本《四库全书简明目录》及文渊阁藏书内影彩图12幅便道至欧美各国及日本赠送给各国元首及其大学图书馆。法国巴黎大学创办中国学院，曾计划拨款180万法郎建"四库图书馆"，因希冀借抄一部分，以及影印计划落空，建馆之举才作罢。1922年，清室以经济紧张为名，妄图以120万元价格把文溯阁《四库全书》盗卖给日本人。1928年张学良也曾计划影印文溯阁《四库全书》。1935年民国政府以文渊阁《四库全书》1960册影印出版的《四库全书珍本初集》赠送苏联列宁图书馆。抗战期间，日本、苏联都曾觊觎文溯阁《四库全书》。中华人民共和国建立后，中苏关系紧张时，为保护文溯阁《四库全书》，把它远迁甘肃兰州。从此文溯阁《四库全书》定居甘肃兰州，至今未再回故里。

学者们则把《四库全书》放在世界文化背景下，既视之为陈迹的知识金字塔，还把它与狄德罗《百科全书》相比，认为《四库全书》代表了十八世纪中国中心的东方知识世界，狄德罗《百科全书》代表了十八世纪法国中心的西方知识世界，认为《四库全书》在某些方面还超过狄德罗《百科全书》。《四库全书》是原料，狄德罗《百科全书》是成品。狄德罗《百科全书》曾以"火光四射"的威力创导了一个新时代，但《四库全书》也曾有它适当的贡献。在体例上，《四库全书》虽多可议；然狄德罗《百科全书》，也并非止于至善；反之，它的缺点，《四库全书》体例是可予以补救并启示的。至于从人类的文化工程上说，印刷的狄德罗《百科全书》，法国版二十八大册或瑞士版三十六册、又图三册，已够伟大了。但如用有与抄本的《四库全书》连底本共八部、又《四库全书荟要》（选择较要的书）二部总计，总计约三十一万二千册、四千万页（中国书前后两面合称一页，但此处系照西书前后二面分作二页计）来相比，那《四库全书》更形伟大了。一部狄德罗《百科全书》，可以放在我们的书桌旁的一只书架上；而一部《四库全书》，则非专有一座大建筑物放不下去。固然他的字未免写得太大，滥费了许多体积，但我们纵使把他缩成报纸上通用字大小，也非有一间大屋不能储藏。假设我们把他那长一尺四寸半的原抄本，逐页相接铺起来，它的长度可通过地球直径最长处还要延出二千五百多里（延出部分，约等于地球直径最长处的三分之一）。[①] 通过与狄德罗《百科全书》比较，肯定了《四库全书》的世界性地位。并且认为可以媲美万里长城、大运河，乃至苏伊士运河、巴拿马运河和金字塔。

此外，晚于《四库全书》容括世界知识体系的大型书籍英国《大英百科全书》、日本《世界大百科事典》等，都有专门的条目介绍《四库全书》，无

---

① 杨家骆主编. 四库全书学典 [M]. 上海：世界书局，1946：3.

疑《四库全书》被纳入了世界文化体系。且以中国占世界人口的比重所奠定的自己最大一宗纸质文化遗产在世界文化遗产中所占的比重，以《四库全书》所著录的如《水经注》《梦溪笔谈》《本草纲目》等诸多具有世界性地位的著作，以及它所代表的东方文化，也实可见《四库全书》举足轻重的世界性地位。时至今日，它获有了国际学术界的"中国文化的万里长城""东方文化的金字塔"等美誉。

这一切无不体现出中国优秀传统文化续古开今的内在动力，蕴涵着中国传统文化的无穷哲理与智慧，为世界文化史上的璀璨明珠，是足可与万里长城、大运河相媲美的丰碑。

至于今，有关《四库全书》的研究已经成学。这个学的概念是20世纪80年代台湾地区学者提出来的。如今，随着研究的深入而发展出广狭二义。狭义的专门就《四库全书》研究而言，广义的则是经史子集四部之学。研究范围可达至经史子集所有文献，广涉中国各种古典学问、技艺，并兼及外来学术。当然，也是对这个体系及其所容括的中外学术文化的研究。中国古典目录学与四库学之间，既是主从关系，又可各自独立成学。中国古典目录学史就是一部以四库为核心的发展史。由此，也使四库成为中国古典学术体系的载体。也正因为自己独特的学术格局与气质，加上四库取得独尊地位过程所形成的一系列理论、历代学人所做的探究及论述，因之而形成的群体等，"四库学"也完全可以脱离中国古典目录学而独自成学。

（三）正视《四库全书》的不足

当然，《四库全书》的编纂既有巨大的历史功绩，也有一定的缺陷和谬误。这需要我们正视之。主要来自对书籍的删毁或改篡与版本是否优良等三方面。

1. 关于书籍删毁或改篡

四库修书禁毁书籍，我们得辩证地看。当年乾隆修《四库全书》时确实禁毁了一批书籍。但他禁毁的书籍包括两部分，一部分是质量低下的书籍，一部分是不利于统治、有违碍的书籍。质量低下肯定应该淘汰，这无可厚非。不利于统治因违碍而来的销毁，就有褒贬两方面。褒的一面是其中一些淫秽书籍，害人害己，乾隆等销毁，做得对，可嘉赞。贬的一面是为了思想划一，和自己思想不一致的书籍的禁毁。

不过，禁毁不利于自己统治的书籍，其实世界上的任何国家都会这样做。至于区别，只不过存在是否史有明文、史家记载详略如何罢了。史书有明文记载得详的，那就担上了毁书的千古骂名。没有入载的，就逃脱了历史的谴责。

乾隆禁毁书籍一事，整个清代没多少异议。但偏偏到后来，赶上了改朝换代，需要论证清政府的罪恶，所以这事被大力彰显。而许多对清王朝怀有仇视的学者担当起了这个论证的"急先锋"。虽然这有利于推进革命发展，但是革命之时，为吸引目光，鼓煽士气，往往难免夸大之嫌。这一点，当时就有学者注意到了。如孟森就曾指出："近日浅学之士，承革命时期之态度，对清政府或作仇敌之词。……革命时之鼓煽种族以作敌忾之气，乃军旅之士，非学问之事也。故不应故为贬义。"[①] 后来，这些"急先锋"中的章太炎，在晚年就承认自己早期揭露清朝文化政策的文章有夸大事实的成分。而对《四库全书》抨击最烈的鲁迅正是章太炎的学生，且他本人对清政府也是非常仇视的。

乾隆当年四库修书，干什么都有明文记载，所以乾隆无论如何逃不过这骂名。禁毁了书籍，还花时间精力条分缕析书目，依类各自入册，致使《全毁书目》《抽毁书目》《禁书总目》等禁毁书目得以产生，难道不怕时人后人唾骂？但事实是，当年乾隆君臣，下旨奉旨，毫无掩饰。亦即在他们看来，专门罗列成册，其实是在彰显这些书籍的劣迹，天经地义，何惧时人后人议论。或许有人会认为，乾隆君臣单列禁毁书目，只是为了统计数字。为了统计数字，而不怕天下人责骂，大约没有人会这么做。因此这只能有一种理由，那就是如上所述，他们认为自己所做的是正义之举。如果觉得不正义，不能公诸天下，大可仅付之一炬，不必费功夫详细记载。但乾隆君臣没有这么做。

禁毁书籍，在中国历史久远，可以追溯到春秋战国时期。战国时期，卫国太宰北宫锜向孟子询问周朝所定班爵俸禄情况，孟子回答他说这些都无法得知了。因为诸侯们害怕这些记载不利于自己的统治，所以把记载的文献全都毁掉了。而历代君王，在自己朝代留下禁书目录的，除乾隆外，就宋仁宗有过一部《禁书目录》。而宋朝偏偏是号称文化最兴盛士人最风光的王朝。至于建万里长城的秦始皇修大运河的隋炀帝，他们焚书都没有专门的禁毁书档案。由此可见，成体系的禁毁书籍档案的创始人是乾隆。乾隆何苦留下这些系统性档案，给后人提供自由驰骋的空间。"善欲人见，不为真善；恶恐人知，才是大恶"，否则乾隆等大可如秦始皇付书籍一炬。可以说，乾隆们在这点上是光明磊落的。而四库修书禁毁或改篡的对象主要集中在有忌讳违碍的书籍。

况且实际禁毁情况并没有那么严格。如王锡侯《书法精言》、鲁之裕《书

---

① 孟森.清史讲义[Z].桂林：广西师范大学，2005：4.

法彀》虽遭到禁毁，但尚有刻本抄本存世。与被撤出书籍吴其贞《书画记》有同样淫秽问题的书籍也有未被撤出者，见于四库著录或存目中的还不少，如《清河书画舫》《真迹日录》《升庵集》《珊瑚网》《郁氏书画题跋记》《式古堂书画汇》等。此外，这些禁毁书籍的事，与《四库全书》的功绩相比，也只是白璧微瑕罢了。这正如万里长城、大运河一样，不会因为当年修建它们，耗费了民脂民膏，空虚了国库，生灵遭受了荼毒，而不承认它们举世罕匹的世界性地位。

2. 关于版本问题

版本不好，内容自然靠不住，利用价值与文献价值自然贬低。那么，《四库全书》的版本有否问题？我们不妨一究。

众所周知，《四库全书》是不标书籍具体版本的，加以四库修书时曾增删补改了一些书籍。这就使大家怀疑《四库全书》所收书籍版本的可靠性，大到怀疑所有书籍版本的程度。但这种怀疑是没有必要的。

四库修书时，明文规定所收录的书籍必须是善本、足本[①]。在中国封建时代"上有所好，下必甚焉"的传统下，以国家之力征集书籍，下面进献的必定是版刻优良的书籍。历代封建王朝征集书籍时，所有的为邀宠而伪造珍籍秘本而献的现象，就足以说明。无论官民，为邀宠，肯定是要进献好版本书籍的。同时，自明代以来，不再私密书籍已经在文化圈形成共识。加以书籍经过层层关卡，方能入四库馆。入四库馆后，四库馆臣也是有鉴别版本优劣的能力的，自然不会让劣等版本入选。当然，所征收书籍过多，有漏查现象也属必然。但这也是少数。因为四库馆本就有严格的检查奖惩制度。何况乾隆始终掌控全局，不时亲自过问。乾隆帝参与四库修书的三个儿子都在修书过程中受到过惩罚。皇家的事情，是谁也不敢掉以轻心的。加以乾隆这样一个绝对权威的帝王在幕后挂帅，大家自然更是倍加小心谨慎。所以四库馆所收书籍应大部分是好的版本。只不过为了奖励献书，活跃献书力度，乾隆才把书籍本来应有的版本名字改为进献书籍的人或省的名字。因此就带来版本不明，不知是否好版本的问题。以至于引起大家怀疑书籍内容真伪。

不过，既然为了奖励而把书籍版本与进献书籍的人或省联系上，那么倘若被发现是劣等版本，岂不更方便对号入座惩处。那么谁敢轻易拿赝品以政治生命或身家性命家族祸福来糊弄乾隆。这就是乾隆的政治艺术。这也更足

---

① 永瑢等 . 四库全书总目 : 卷首 [M]// 凡例 .17.

以说明四库所收书籍的版本应大多是好版本，没有必要恐惧版本问题。何况，各书籍版刻源流是有据可查的。

此外，虽然《四库全书》著录书籍多不标明版本，但并不忽视版本在书籍优良方面扮演的角色。从它的提要看，对版本的考辨仍是它的重要内容。当然，如此庞大繁复的修书工程，有不良版本书籍进入馆中，也在所难免。

不少学者对四库本做过个案研究，如《元氏长庆集》四库本，有学者研究得出，此本是古代诸版本中最好的一个本子。①认为在整理古代文献时，四库本不仅可作重要的参校本，有些文献甚至径可取作校勘的底本。因此，一概否定四库本是不可取的。②

以上这些误解，很大程度影响了人们对《四库全书》的重视程度，造成人们对它的忽视。忽视它在中国，乃至世界文化史上的地位，以及它的可利用性。如学者们在征引文献时往往因担心版本问题而不利用《四库全书》所收的书籍。现在看来，这些担心是不必要的。

3. 关于收书是否全面问题

此外，还有一个大家可能会关注的问题，那就是《四库全书》收书有所缺失的问题。的确，四库征书的过于庞大，四库馆管理疏漏，四库馆臣舞弊，以及上述因为思想文化观念等对书籍的禁毁，致使一些书籍未能入载《四库全书》，确实带来了《四库全书》收书不全的问题。当然，从以"全书"为名要求收书的完整性而言，对《四库全书》来讲，确实未免遗憾。但四库修书，要求的是精品的"全"，修书凡例明确规定不会因是全书，就有是一家，即"应立是一类"；作者有是一体，即"应备是一格"。③另外，要彻底征收尽天下藏书，是任何国家、任何朝代、任何帝王、任何人都很难办到的。征集天下藏书，求全之誉，更多的是一种理想。当然，如果竭力而收，大部分征集到是没有问题的。对于四库征书，官民曾有过一段时间观望，但在乾隆一再下旨亲力释疑催督，自始至终关注下，于是官民就都全力于征书一事。当然，私密珍籍不献出的现象并不排除，没有征集到圣意难以到达的僻远山区书籍，这也是存在的。但从《四库全书》纂修等档案来看，这些现象只是少数。当

① 陈晓华主编.四库学：第二辑 [M]// 周相录.文津阁《四库全书》本《元氏长庆集》优劣小议.北京：社会科学文献出版社，2017：204.

② 陈晓华主编.四库学：第二辑 [M]// 周相录.文津阁《四库全书》本《元氏长庆集》优劣小议.207.

③ 永瑢等.四库全书总目 [M].18.

时的常态是官民踊跃主动献书，一时间，平时难得一见的珍籍秘本纷纷现身。因此四库征书，存世藏书是大部分征集到了的。

而管理疏漏、馆臣舞弊而来的书籍漏载，这是中国自官方开馆修书之始就与之俱在的弊病。不过，这方面的漏载，乾隆君臣其实一直戮力扭转、尽量避免，但确实痼疾难治。对此，乾隆自己就曾清醒意识到："办理《四库全书》一事，卷帙浩繁，人员冗杂，瞻顾私情，自所难免。然以国家办此大事，岂能彻底澄清，毫无瞻徇。"①当然，这些漏载，并非多数。但对于这样一部旷古未有的巨帙，要纤毫不漏把征书全部入载，确实也很难办到。

至于像承袭传统思想文化观，重视经史之作，轻视术数、技艺、释道、野史之书，排斥"异族"（指中国的少数民族、外国人）著述方面的漏载，实事求是讲，这些书籍中的术数、技艺方面书籍，历来被视为末技，所产本就不多。至于释道、野史和"异族"方面的著述，良莠不齐，求全责备，不合四库修书标准。四库修书时，明确申明自己不会因"全书"之名，而遵循古来"有是一家，即应立是一类；作者有是一体，即应备是一格"②的求全收书体例，对书籍毫不加以采择。当然，不加择别一味求全，其实也是不可取的。真正高质量的"全书"是剔除糟粕的全面，亦即是在保证精品的前提下的全面。所以，术数、技艺、释道、野史、"异族"书籍有一部分不被收录，是自身质量的问题，四库修书时对它们进行的摒弃，无可指责。不过，因正统思想文化观念而来的这些书籍的不被入载，甚或销毁，四库馆臣理所当然得负责任。但以上这些著作中的精华，《四库全书》是基本上都收集全了的。至于像同是科技著作中上品的明末宋应星《天工开物》、徐光启《农政全书》，其中宋应星《天工开物》被摒弃不载，那是因为修书时发现宋应星《天工开物》中有反清思想，故而不但没被入载，反而被销毁。幸赖日本藏有这本书的明版本，才得以存世，流传至今。而徐光启《农政全书》没有任何对清政府的违碍，自然得以入载。诸如此类，也是有的。

不过，以上失载，并不影响《四库全书》较之中外典籍，在规模数量上的绝对优势。因此，《四库全书》收书的缺失，并不妨碍，也无以撼动《四库全书》在中华文化史，乃至世界文化史上典籍集成的地位。

①　中国第一历史档案馆.纂修四库全书档案[M].1157.

②　永瑢等.四库全书总目[M].18.

二、四库修书共生品

四库修书除纂修了《四库全书》，还编写了相应的书目提要《四库全书总目》及《四库全书简明目录》，同时产生了征书禁书目录。这些书目或提要都因四库修书而编纂，是四库修书的共生品。

（一）《四库全书总目》

目录编撰自西汉刘向父子编目不废术数、方技，到南朝刘宋时的秘书丞王俭撰《七志》，将图书分为：经典志、诸子志、文翰志、军书志、阴阳志、艺术志、图谱志等七类，又附道经录、佛经录二种。道经、佛经二录的出现，宣告佛、道二目有了专门名称，表明了佛、道书籍的兴盛。南朝梁阮孝绪撰《七录》，将图书分为经典录、纪传录、子兵录、文集录、术技录外，也为佛经、仙道二家留下著录空间。虽然，佛、道二家有了自己的著录空间，但位列附录，也表明正统对佛、道二家多少有点排斥的态度。其后，佛、道二家渐渐别立门目，抄集结藏，藏之名山，形成了自己富有特色的可供书目编制借鉴的目录记载及收藏方式。后来，明代曹学佺有感于私藏不能久远，提倡儒藏说。清乾隆时周永年同样认为藏书"未有久而不散者"，其[①]继明代曹学佺再倡儒藏说，主张仿照佛教、道教贮藏经典的办法，把图书集中起来，分别藏在学宫、学院、名山、古庙等妥善的地方，供学者使用，防止遭到意外的破坏。桂馥谈到周永年时说："衣服饮食声色玩好，一不问，但喜买书。有贾客出入大姓故家，得书辄归先生。凡积五万卷。先生见收藏家易散，有感于曹石仓及释道藏，作《儒藏说》。约余买田，筑藉书园，祠汉经师伏生等，聚书其中，招致来学，苦力屈不就，顾余所得书悉属之矣。"[②]四库开馆即与清初以来讨论如何藏书密切相关。这更令学者关注藏书理论，而且大多有公之天下的心。如章学诚追溯藏书之始至孔子，指出藏书的方法古已有之，司马迁所语藏书于名山，即是书籍自古就有收藏理论的明证。因此，章学诚也认为道藏佛藏可以永久保藏本教书籍，因此也建议仿效道佛二家藏书的方法藏世俗的书，并以道佛二家所藏的书补国家书库所没有搜集到的书籍。[③]这正和明末清初以来盛行的儒藏说相一致，也与四库之所以开馆的之一宗旨吻

---

① 夏孙桐.松邻丛书甲编 [M]// 周永年.儒藏说：卷一.仁和吴昌绶双照楼刻本，1918：1.

② 桂馥.晚学集：卷七 [M]// 周先生传.丛书集成本.202.

③ 章学诚.校雠通义 [M].99.

合。因此，周永年、章学诚等对儒藏说的强调，无疑顺应了时风也总结了时风。到清末，学者还在就藏书一事，就有清以来对书籍庋藏的讨论进行思考，以期寻求更好庋藏书籍的方式方法。如李岳瑞道："旧椠《音学五书》，前有徐健庵兄弟三人启云，亭林年逾六十，笃志五经，作书藏于西河之介山，聚天下古今书籍藏其中，以诏后之学者，先达明公，好事君子，如有前代刻板善本，及抄本经史有用之书，或送堂中，或借录副，庶传习有资，坟典不坠，其后此举，竟不果成。朱竹君学士尝议建书藏于曲阜孔氏，广庋古今坟籍，亦仅有此语。阮文达尝举所藏书分储于浙之灵隐，润之焦山，乱后灵隐毁于兵火。焦山书亦多散佚，闻后来梁按察鼎芬，有意规复，尝谋诸丁松山，松山慨捐所藏数百种以付之，故梁题松生箸书图，有焦山灵隐存双藏，犹记'秋镫递信时'之句，窃谓名山古刹，将来都不可保。谋建私家藏书者，究以孔林为第一，好事者盍图之。"[1]无论顾炎武、徐乾学，还是朱筠、阮元，以及对上述诸人藏书理论实践进行叙述总结的李岳瑞，就藏书如何建议或实践，显然都没有在怎样方能保藏好书籍上达成一致意见。最后，还是把保藏书籍的重任寄希望于私家，而且认为需要像孔林一样在国内有神圣不可侵犯地位的私人处所庋藏书籍方可奏效，才可达去除藏书有始无终的弊病。以上所有基于藏书进行的思考，虽然仅四库修书藏于七阁一定程度落实了书籍收藏的问题，藏书理论得以实践外，其余几乎都可以说空有理论而无实践。不过，其中所表达出的文化事业神圣不可侵犯且应大家共享，实不愧为观念上一大进步。最后，在自身日渐完善的藏书理论推动下，以及西方图书馆建制的启示下，必然使书籍的庋藏和图书馆的建设联系起来。亦即后来中国公共图书馆的建立实可溯源到明清时期的"儒藏说"。

以上所言儒藏说在乾嘉时期盛行时，也是朱筠倡导征集遗书及辑佚《永乐大典》的时候。当然，其实早在康熙时期，徐乾学就建议辑佚《永乐大典》，据《春冰室野乘》记载："乾隆朝修《四库全书》，从《永乐大典》中，辑佚书七百余种，人皆知其议之发于笥河学士，而不知徐健庵尚书，已有此议。学士特因其成说耳，考健庵所为高詹事刻《编珠序》云，皇史宬《永乐大典》，鼎革时亦有散失，往语詹事，皇上稽古右文，千古罕遘，当请命儒臣，重加讨论，以其秘本，刊录颁布，用表扬前哲之遗坠于万一，余老矣，詹事孜孜好古，它日勿忘此言。案大典中佚书、实不止此七百余种、当时馆臣搜辑，

① 李岳瑞．春冰室野乘[M]//官书错误.171–172.

大抵取其卷帙略少者，宏篇巨册，尚不暇甄录，后来徐星伯先生所辑，宋中兴礼书，政和五礼新仪诸书，皆从大典中录出，张石洲实佐其役，石洲曾为人言，其中秘本尚伙，惜无此暇日，尽录成书，以补四库之阙（此语见某说部中，今忘其名矣）庚子拳乱，翰林院被焚，大典一书，遂无片纸留遗矣，惜哉。"①不过，徐乾学的倡议，因文化总结大势尚未形成，应者寥寥。到朱筠再次倡导辑佚《永乐大典》时，正是乾隆欲总结千古文化，超越父亲、祖父的时候。借此机缘，辑佚《永乐大典》、征集遗书、儒藏说都得以实现。而为乾隆御览方便，于是有了《四库全书》的副产品《四库全书总目》及《四库全书简明目录》。这里需要指出的是，四库开馆是从先编目录开始的，所以虽然表面上，《四库全书总目》《四库全书简明目录》比《四库全书》开编时间晚，但实已在《四库全书》撰修之前就先启撰修之实了。

四库开馆，汉学风气益浓。"清兴，崇宋学之性道，而以汉儒经义实之。御纂诸经，兼收历代之说；四库馆开，风气益精博"②。校雠目录相长，目录学蔚然兴盛，目录理论也得到了总结。

因此，乾嘉学人对目录学及其功用进行总结，实为学术发展到清代乾嘉时期，汉学兴盛的必然。

1. 古典目录学发展的鼎峰

《四库全书总目》分经史子集四部，基本涵括了18世纪，尤其是明代以前中国所有著述。它以目录著录，分类体系和取舍的方式，以及提要，引导学术政治好恶。如对于门户朋党，它讲道"门户别而朋党起，恩仇报复，蔓延者垂数百年。明之末叶，其祸遂及于宗社。惟好名好胜之私心不能自克，故相激而至是也。圣门设教之意，岂果若是乎？今所录者，大旨以濂、洛、关、闽为宗。而依附门墙、藉词卫道者，则仅存其目。金溪、姚江之派，亦不废所长。惟显然以佛语解经者，则斥入杂家。凡以风示儒者，无植党，无近名，无大言而不惭，无空谈而鲜用，则庶几孔、孟之正传矣。"③"服饵导引，歧途颇杂，今悉删除。"④显然在以书籍入著，著录与存目之别来引导世人远离朋党，严戒门户朋党之争。它还以分类体系介绍学术源流和传承。如兽医类书籍，像《治马经》等九家在《隋志》中杂列医书之间，馆臣认为人和物混淆，

① 李岳瑞 . 春冰室野乘 [M]// 《四库全书》之滥觞 .171.

② 赵尔巽等 . 清史稿 [M]// 儒林传序 .3355.

③ 永瑢等 . 四库全书总目 [M]// 子部儒家类叙 .769.

④ 永瑢等 . 四库全书总目 [M]// 医家类叙 .856.

有不尊重人的嫌疑。为彰显贵人贱物的宗旨，于是只把兽医类书籍作为附录放在医家类末。从兽医类书籍归属演变一窥医学发展源流与传承。此外，它还着眼当时学术继承前人成就，或前因或后创的特点，注重变通，重新归类书籍。如《唐志》史部初立"诏令"一门，《文献通考》立"奏议"一门，黄虞稷《千顷堂书目》列"制诰"于集部，《四库全书总目》认为都没有达到善的标准，于是合并改隶为"诏令奏议"类归入史部。《隋志》谱系本意在陈述族姓而没有著录《竹谱》《钱谱》《钱图》等、《唐志》农家本言种植而杂列《钱谱》《相鹤经》《鸳鸯录》等、《文献通考》也以《香谱》入农家，明明知道不妥，无类可归，却穷而不变，支离颠舛。不过，尤袤《遂初堂书目》做到了穷则变，立"谱录"一门，改变了《竹谱》《相鹤经》《鸳鸯录》之类特殊名目不能归类的历史，故而《四库全书总目》沿而不更。又黄虞稷《千顷堂书目》，对于寥寥不能成类者，并入杂家，《四库全书总目》认为变而得宜，于例为善，也就沿袭不改。《七录》纪传录的伪史部，《崇文总目》、晁公武《郡斋读书志》、陈振孙《直斋书录解题》史部下的伪史类，《隋志》史部下的霸史类，系于清国治民安的实际，而改名载记，以"立乎中朝，以叙列国之名"。谶纬类书籍，《汉志》归于数术略，《七录》著录在术伎录纬谶部，《隋志》在经部纬书类，但经历代焚毁，入清已寥寥无几，没有必要单列，故而附在经部易类之后。对于可以独立成类者，如附于《隋志》论语类末的五经总义类就改变其附庸地位，独立为一类。对于新兴体裁，如对创于南宋袁枢，至清朝成类的纪事本末体，不仅单设一类，而且放在编年类后，以示它弥缝纪传、编年不足的重要地位。此外，对中西学术则权衡归一，为西学总结大势及统治的需要，摒弃西学学理，肯定西学实徵的成就，并确定下"节取其技能，而禁传其学术"[①]的政策。

由上可见，《四库全书总目》在目录著录上既延续优秀传统，又在继承的基础上发扬创新，定四部分类法之尊，并确定下以考据为主流的清代乾嘉学风，把提要考辨学术源流的特点发挥到极致，对乾隆以前古典目录学进行了全面总结，使中国古典目录学发展到鼎峰。

当然，这个鼎峰也是个分水岭。四部分类发展到《四库全书总目》，不能归并所有书籍的弊端，已经显露出来。盛极而变，在它所属时代，四部分类的变革就已经有所开始了。这表明学术文化的变革也将随之而来。此外，它

---

① 永瑢等．四库全书总目：卷一二五 [M]// 寰有铨 .1081.

对中西学术进行导向而确立的准则，日后将演化为中西体用等问题。直到今天，仍有它的影子。

2. 学术思想政治文化的反映

《四库全书总目》是正统思想文化发抒的场所。余嘉锡言："观《别录》《七略》之所记载，于作者之功业学术性情，并平生轶事，苟有可考，皆所不遗。使百世之下，读其书者想见其为人，高者可以闻风兴起，次亦神与古会。凡其人身世之所接触，怀抱之所寄托，学者观叙录而已得其大概，而后还考之其书，则其意志之所在，出于语言文字之表者，有以窥见其深。"①《四库全书总目》即是《别录》《七略》著述之旨的忠实执行者，它是一手操控四库修书的乾隆的意志的忠实阐释者。乾隆在三十八年（1773）五月十七日的谕旨中命令道：所收文字，当"有益于世道人心"②。四十六年（1781）十一月初六日旨称：如《美人八咏》等诗，"词意媟狎，有乖雅正……朕辑《四库全书》，当采诗文之有关世道人心者，……各种诗集内，有似此者，……一并撤出"③。借书籍的编辑来宣扬封建礼义教化。的确，《四库全书总目》为封建正统思想代言的一面比较浓厚，提要对历代帝王宗室的著述较为注意，即又为一证。如集部《野谷诗稿》提要，补充有作者赵汝鐩世系的材料，意在表明作者乃宋太宗八世孙，皇室的正裔，因此作者自称开封人氏，也即在"追溯祖系，不忘本源"④。《四库全书总目》提要如此用心，当然也是为帝王世胄张目。

又清代至雍乾时期，对各立门户、结党营私的一批理学家渐生厌烦，乾隆即位后在政治上打击朋党，在学术上鼓励考据之学，尊汉抑宋。他对记载有南宋宁宗时打击朋党、将理学诸生列为"伪学逆党"史事的《庆元党禁》一书甚为重视，专门题诗，"用昭万年之炯戒"。《四库全书总目》提要秉承皇帝懿旨，认为杨万里实没有结党嫌疑，"盖万里之荐朱子，实出于至公，与依草附木，攀援门户者迥异"，大加赞扬杨万里不立朋党的正气，用以突出御制诗力戒"党祸"的垂训。

《四库全书总目》纲纪群籍，为清朝统治的需要对当时的文化及其市场进行了一次全面大整顿。中国历史上各朝史志目录，除明清两代史志目录为本朝书籍情况的记录外，余者都分门别类总括本朝及本朝之前书籍的存佚情况。

① 余嘉锡 . 余嘉锡说文献学 [M]// 余嘉锡 . 目录学发微 .47.

② 永瑢等 . 四库全书总目：卷首 [M]// 圣谕 .2.

③ 中国第一历史档案馆编 . 纂修四库全书档案 [M].1433.

④ 永瑢等 . 四库全书总目：卷一六二 [M]// 野谷诗稿 .1392.

不过，无论记录历代或当朝书目，不管是《汉志》《隋志》或《明史·艺文志》都在做着整理群籍，条纲系目的工作。当然，这条纲系目的工作也是摒除不利统治利益书籍的过程，这在清修四库时表现得还是颇明显的。四库修书，从某种角度上说也称得上是乾隆皇帝依据自己的文化政策对各类典籍严格清理的过程。

四库修书的时候，不仅"以中帝王之忌而不得著录"，而且"其有明明当予著录之书，而为馆臣所排者，盖亦有之"，有学者称："李兆洛《惜抱轩书录》谓纪昀'为总纂官，天资高，记诵博，尤不喜宋儒。及是，遗书毕出，纂修者益事繁巨，诋讪宋元以来诸儒讲述，极卑陋谬陋可尽废'，此言书不合馆臣而见屏也。"① 当然，"经崇世教，贵实征而贱虚谈；史系人心，削诬词而有公论。选诸子百家之粹，博收而不悖圣贤，惩十人九集之非，严汰而宁拘门户"② 的标准，有利于尊崇文化传统，讲求实学有利于学风世风，也是无可厚非的。

所以，四库修书著录与存目标准为："前代藏书，率无简择，萧兰并撷、珉玉杂陈，殊未协别裁之义。今诏求古籍，特创新规，一一辨厥妍媸，严为去取，其上者悉登编录，罔致遗珠。其次者亦长短兼胪，见瑕瑜之不掩。其有言非立训，义或违经，则附载其名，兼匡厥谬。至于寻常著述，未越群流，虽咎誉之咸无，要流传之已久，准诸家著录之例，亦并存其目，以备考核，等差有辨、旌别兼施，自有典籍以来，无如斯之博且精矣。"③ 书籍去留是依书籍本身质量优劣，以及思想价值来确定的。

可见，当时天下书籍既因《四库全书总目》的编撰得以有序展示，但也有不少书籍遭到禁毁，从而肃清了书籍可能带来的对政府的反动。通过《四库全书总目》的编撰，清政府既普查整理了书籍又总结了文化继承了传统，完成了历代封建统治者切望的纲纪群籍的诉求。当然，这个纲纪群籍，也大体反映出书籍发展到清乾隆时期的实际状貌，对文化也是有大功的。

（1）论经史

四库修书的时代，正是专制达到鼎峰，思想完全一统，政治经济文化发展到清最繁盛的时期。这个时期的清王朝表现出盛朝的宏阔与宽容。当然，

① 陈登原.古今典籍聚散考[M].上海：上海书店，1983：518.

② 永瑢等.四库全书总目：卷首[M]// 永瑢等奏.进四库全书表.10.

③ 永瑢等.四库全书总目：卷首[M]// 凡例.17.

他们也需要这种宏阔与宽容点缀自己的盛世。故而，在学术上表现出包容百家的气度，提倡去除门户畛域。然而，实际上，这个时期的清统治者是有学术倾向性的。对中学，他们奖纳汉学；对西学，他们要求彻底抛弃西学学理，只保留西学的技能。总之，要求学术服务于本朝思想政治的需要。《四库全书总目》经部提要尤能表现它为本朝政治服务的宗旨。

它的经部总叙，首先把尊经作为千古不易的准则，确立了本国古代文化传统神圣不可侵犯的原则。认为各经都是历代圣贤裁定过的万世楷范，并以《六经》即孔子所删，后世无有能增删一字者为例，赞扬孔子等圣贤裁定经义的贡献不是用文辞能道尽的。应当万世尊经，把经推到至高无上的地位。继而指出围绕各经，最终形成了汉学、宋学两大门派。二派各有优劣，互不相让，正确对待他们的态度应是各取所长，消融门户，正所谓："要其归宿，则不过汉学、宋学两家互为胜负。夫汉学具有根柢，讲学者以浅陋轻之，不足服汉儒也；宋学具有精微，读书者以空疏薄之，亦不足服宋儒也。消融门户之见而各取所长，则私心祛而公理出，公理出而经义明矣。"①并指出经是天下的公理，一切都应从此出发，而《四库全书总目》要做的是"参稽众说，务取明持平，各明去取之故"②，肩负起兼容并包，显示圣朝宏阔的学术总裁的责任。在其后的各小类叙中，《四库全书总目》也尤其强调这个辨汉宋儒术是非，析诗文流派正伪，主持风会的形象。如"书类叙"道："禹迹大抵在中原，而论者多当南渡，昔疏今密，其势则然。然尺短寸长，互相补苴，固宜兼收并蓄，以证异同。"③"诗类叙"道："然攻汉学者，意不尽在于经义，务胜汉儒而已。伸汉学者，意亦不尽在于经义，愤宋儒之诋汉儒而已。各挟一不相下之心，而又济以不平之气，激而过当，亦其势然欤。"④"诗类叙"道："参稽众说，务协其平。苟不至程大昌之妄改旧文、王柏之横删圣籍者，论有可采，并录存之，以消融数百年之门户。"⑤"孝经类叙"道："今之所录，惟取其词达理明，有裨来学。不复以今文古文区分门户，徒酿水火之争。盖注经者明道之事，非分朋角胜之事也。"⑥不过，《四库全书总目》并未如它各叙所言做到持平。

① 永瑢等 . 四库全书总目 [M]// 经部总叙 .1.

② 永瑢等 . 四库全书总目 [M]// 经部总叙 .1.

③ 永瑢等 . 四库全书总目 [M]// 书类叙 .89.

④ 永瑢等 . 四库全书总目 [M]// 诗类叙 .119.

⑤ 永瑢等 . 四库全书总目 [M]// 诗类叙 .119.

⑥ 永瑢等 . 四库全书总目 [M]// 孝经类叙 .263.

系于政治，以及馆臣自己的学术好恶，它是偏向汉学的。《四库全书总目》凡例规定，在书籍的别择去取上，所录者"率以考证精核，辨论明确为主"①为准则，以"谢彼虚谈，敦兹实学"②。认为"汉儒说经以师傅，师所不言，则一字不敢更。宋儒说经以理断，理有可据，则六经亦可改。然守师傅者其弊不过失之拘，凭理断者其弊或至于横决而不可制"③。四库总裁纪昀则是乾隆旨意的忠实执行者，名为容纳古今学术，折中众论，实偏汉学，并引导了当时天下的学风，完成了自康熙以来弃宋学佑汉学的任务。

当然，宣扬教化也是《四库全书总目》经部提要的一大任务。因此，《四库全书总目》经部各叙在教化方面所下的功夫显而易见。为达教化的主旨，它以书籍著录的去取来确立道德标准。"易类叙"指出《易》类中有益教化者方为著录的根本，其余并非根本，只是《易》的一端而已，虽然兼收但仅列于左，它讲道："夫六十四卦大象，皆有'君子以'字，其爻象则多戒占者。圣人之情，见乎词矣。其余皆《易》之一端，非其本也。今参校诸家，以因象立教者为宗；而其他《易》外别传者，亦兼收以尽其变。各为条论，具列于左。"④"书类叙"申明要摈斥异端，指出如王柏《书疑》、蔡沈《皇极》之类，不是解经的正轨者，都不著录。⑤并指出"春秋类"著录标准是"要以切实有征、平易近理者为本"，"其瑕瑜互见者，则别白而存之；游谈臆说，以私意乱圣经者，则仅存其目。"⑥"乐类"著录也是这样。仅仅把辨别律吕、明晓雅乐者，仍列在经部。至于讴歌末技，弦管繁声，则都退列杂艺、词曲两类中。来达到道侔天地，以免郑声之类淫靡之音扰乱视听的主旨。⑦

不过，虽然《四库全书总目》类目的确定，书籍的择别，政治倾向浓厚，但它没有因政治而全然乖忤学术。学术为政治服务只是它的任务之一，倡扬学术也是它的职责所在。总体而言，不愧是一部集当时学术精英修成的上乘目录著作。比如它照顾到了学术的归属与学术实际，它的归类与著录取舍，除涉及忌讳著作之外，总体上是符合学术发展到清乾隆时书籍的现状。就经

① 永瑢等 . 四库全书总目：卷首 [M]// 凡例 .18.

② 永瑢等 . 四库全书总目：卷首 [M]// 凡例 .18.

③ 永瑢等 . 四库全书总目 [M]// 孝经 .266.

④ 永瑢等 . 四库全书总目 [M]// 易类叙 .1.

⑤ 永瑢等 . 四库全书总目 [M]// 书类叙 .89.

⑥ 永瑢等 . 四库全书总目 [M]// 春秋类 .210.

⑦ 永瑢等 . 四库全书总目 [M]// 乐类叙 .320.

部类目而言，如在四书类的设置上，《四库全书总目》就尊重学术发展的自然规律。《论语》《孟子》等到明代散佚殆尽，《明史·艺文志》已经有循实的四书类，四库馆臣于是决定不强析其名，遵循学术发展实际，立四书一类。而设置五经总义类，是意在语求近古，义求安妥。至于有的书籍归入存目或不得著录，确实是这些书籍本身品质低下，不堪入著的结果。

而它的史部提要，如经部提要一样，也与本朝需要紧密相连。史学自魏晋南北朝产生，发展到清代，史学达至兴盛。《四库全书总目》史部提要表现出丰富的史学思想。它的史学思想与本朝崇奖实学的旨趣完全一致。

明亡后，顾炎武等归因明亡于阳明心学，于是他们躬行实践，考察山川形势，民物风情，倡导经世致用的实学，著书为文，以振阳明心学流弊。顾炎武认为君子为学，在于明道，在于救世。弄诗为文，只不过是雕虫篆刻而已，于国计民生并无多大益处。[1]黄宗羲要求经史并重，同时也并不完全抛弃思，学而不思则学问流于俗气，以经史为基础的思既会让学问精进，又使学问境界更高。对于先儒所为经术本旨，李颙有更深刻的认识。他认为圣贤立言的初心，为国家期望的本意。在对儒家经典的理解和认识上，主张从小学入手，用训诂名物的方法达其真义，以经学救济理学之穷。当时才俊之士"痛矫时文之陋，薄今爱古，弃虚崇实，挽回风气"[2]，学术为之幡然一变。于是，清初出现了"诸儒，以实践实用之学相倡率，一时风靡景从，明季诡辩空想之弊几绝"[3]的良好学术局面。

不过，他们所倡导的实学，发展到后来，经世致用中的激进色彩蜕掉，考据跃而居上风，在乾嘉之际成为当时的学术主流。汉学的自发兴起，正符合了清政府的这种需要。于是使汉学成为官学，成了清政府的任务。于清政府而言，汉学跃居主流成为官学的过程，就是一部朱子学的扬弃史。顺治、康熙、雍正、乾隆均崇奖过朱子学。乾隆，他的臣子歌颂他万机之暇，每天坚持读经一编[4]，"八十天子犹尊师，崇贤坊、大成殿，二月上丁来释奠。春渠如鉴，波溶溶，前年天子临辟雍，太平盛世皆稽古，乡饮酒歌诗乐谱"[5]，"祖

① 顾炎武.日知录集释[M]//初刻自序·又与人书.黄汝成，集释.秦克诚，点校.1.

② 皮锡瑞.经学历史[M].善化皮氏师伏堂刻本，清光绪年间：60.

③ 黄鸿寿编.清史纪事本末：卷二十二[M]//诸儒出处学问之概.上海：上海文明书局，1915：3.

④ 四部丛刊初编：集部[M]//洪亮吉.洪北江诗文集：二//卷诗阁诗：卷九//开经筵第十五.上海：上海书店，1989：5.

⑤ 四部丛刊初编：集部[M]//洪亮吉.洪北江诗文集：二//卷诗阁诗：卷九//亲释奠第十六.5.

训是寻，青旗央央，越岁来谒，前圣后圣，其揆则一"①，但一则朱子学成为庙堂之学后自身生命力的缺乏；一则为朱子学者多虚伪好党争，朱子学在他们手中成为他们获取仕途名利的工具，本身学理难以在他们手中得到发展，清政府基于其在朝为党在野持门户的痼疾，在进入中原利用它收拾人心稳定思想之后，就渐渐对它不感兴趣。到后来，他们决定继续纳用宋明理学中有利于思想统治的一面；对于其学术，则选择了抛弃。自康熙为彻底根治由学问而朋党，解决困扰朝政的分门植党，自觉引导经学复兴起，就注定了朱子学的没落。而康熙所引导的经学复兴与学术界理学衰退汉学兴起的学术自觉发展潮流异曲同工，二者合流，到乾隆以四库修书引导确立学术走向，最后以政府之力向天下宣告了汉学的官学地位。

《四库全书总目》史部总叙开门见山即指出"撰述欲其简，考证则欲其详"②，正是清崇奖实学的最佳告白，一语中的。正因为讲求求简不为繁，所以训释音义、校正字句，辨证异同、掇拾遗阙者，都与史配，因为"若别为编次，寻简为繁，即各附本书，用资参证"③，故而表彰《旧唐书》书大事，简而有体，列传叙述详明，赡而不秽，颇存班马旧法。④ 在讲明作史如何处理详略后，总叙接着批判舍传求经⑤。这个批评究其实是在谈解经的方法，摒弃了空言义理，是深明在传的基础上求经才平实可靠，明白晓畅之旨的表现，自然是对实学奖纳。在此基础上，总叙从探究宋明二代私家记载为多的原因入手，指斥宋明人好议论的通病，批评他们门户朋党之习，颠倒是非，荧惑耳听。⑥其后史部诸提要也践行这个宗旨，大力宣讲实行实用。如指出《三吴水考》"务切实用，不主著书"⑦，因此本就不必以文章体例去考量它；表彰《吴中水利考》所记，都是作者"阅历之言"，与儒者纸上空谈本来就迥然不同。⑧

为此，各史提要非常重视考证，推崇有裨于考证的史书，甚至为此对一些史书在品评等方面网开一面。如对纠史文之疏漏的杭世骏《诸史然疑》⑨，虽

① 四部丛刊初编：集部 [M]// 洪亮吉 . 洪北江诗文集：二 // 卷诗阁诗：卷九 // 谒阙里第十九 .6.
② 永瑢等 . 四库全书总目 [M].397.
③ 永瑢等 . 四库全书总目 [M].397.
④ 永瑢等 . 四库全书总目 [M].410.
⑤ 永瑢等 . 四库全书总目 [M].397.
⑥ 永瑢等 . 四库全书总目 [M].397.
⑦ 永瑢等 . 四库全书总目 [M].613.
⑧ 永瑢等 . 四库全书总目 [M].613.
⑨ 永瑢等 . 四库全书总目 [M].405.

然在馆臣看来是自乱其例，但因为在订讹考异上，所得为多，可资参订，还是将其附载《三国志补注》之后，并录而存之。而《隋书·经籍志》虽然在《隋书》十志中最下，但汉以后艺文，藉它"辨别真伪，考见源流"①，所以不计其瑕疵。当然，这也是《四库全书总目》各部提要的共同特点。

当然，从简详考的实学风气也是当时的学术风尚，因此《四库全书总目》提要不啻满足了政府和学界的共同需求。史学方面，当时学界的史观，如论史实事求是，阙疑传信，讲求史法，经世致用，史书编纂要规范，不能随意更改版本，等等，史部提要都有体现。如认为陈寿以魏为正统之事，是时势造就的，无可厚非，要护惜古人，还原情境，从所处实境，为古人思考；批评裴松之《三国志注》，嗜奇爱博，颇伤芜杂，凿空语怪，无关本事，与史法有碍；②批评《晋书》略实行而奖浮华，其所采择，忽正典而取小说，波靡不返③；表赞"持论平允，排整次第"④之史书，等等。毛晋重刻北宋秘省刊本《史记索隐》"见司马氏之旧，而正明人之疏舛"⑤，批评"明以来之刊本 随意篡改"⑥。像《通典》提要所说："然其博取五经群史，及汉魏六朝人文集奏疏之有裨得失者，每事以类相从。凡历代沿革，悉为记载，详而不烦，简而有要，元元本本，皆为有用之实学，非徒资记问者可比。考唐以前之掌故者，兹编其渊海矣。至其各门征引《尚书》《周官》诸条，多存旧诂。"⑦无疑是其史观的集中写照。

（2）论子学：以书画观为例

清前期的几个皇帝都爱好书法。顺治以试卷的书法判断出试卷的主人为秦钺，康熙"政事稍暇，颇好书射，历年以来，所积临摹字幅以赐卿等"⑧，雍正"书法遒雅，妙兼众体"⑨，乾隆的书画可与清代最优秀的书画作品媲美⑩，他的行楷字体妍美，用笔流畅，雍容华贵，尤有功力。当今不少书法著作都将

---

① 永瑢等. 四库全书总目 [M].409.

② 永瑢等. 四库全书总目 [M]. 403.

③ 永瑢等. 四库全书总目 [M].405.

④ 永瑢等. 四库全书总目 [M].407.

⑤ 永瑢等. 四库全书总目 [M].399.

⑥ 永瑢等. 四库全书总目 [M].405.

⑦ 永瑢等. 四库全书总目 [M].694.

⑧ 圣祖仁皇帝实录：卷二〇八 [M]. 北京：中华书局，1985：114.

⑨ 蒋良骐. 东华录：卷二四 [M]. 北京：中华书局，1980：402.

⑩ 钱宗范. 乾隆 [M]. 桂林：广西人民出版社，1986：122.

乾隆的书法列为清代书法名家加以介绍。乾隆好赵孟頫、董其昌的书法，引
得举国士子趋之若鹜。曾敕编《石渠宝笈》《秘殿珠林》《三希堂法帖》，对鉴
赏书画起了积极作用，为后人宝爱。乾隆自己选派到四库馆的三个儿子都精
通书画，真正负责四库馆馆务的纪昀，也诗文书画无所不通，"史帖初兴，多
尚典赡，纪文达公始变为意格运题，馆阁诸公，每呼此体为纪家诗"①。《四库
全书总目》最后定稿，是经过纪昀整齐划一的。因此，集全国的力量聚一流
学者的四库馆自然会用心于书法艺术的总结，体现出乾隆时代的书法观，且
自可担当起乾隆及其以前历代书法作品的总结任务。本书既论四库馆臣对所
著录的书法理论作品的认识，又论他们品评书法理论作品时体现出来的书法
观念。

一

以考据论书法著作。这是四库馆考据风气在书法艺术上的体现。在《四
库全书总目》看来，好的考论书法的作品应一字一句必有所徵，且前后条贯，
无所重复，也无所抵牾。裒合众说，各别姓名，而镕贯剪裁，如出一手，"非
惟寻源竟委，殚艺事之精微，即引据详赅，义例精密，抑亦考证之资粮，著
作之轨范也。"②因此，《四库全书总目》论书法理论作品，都考述源流，详辨
真伪，定以自己的见解。它的《书法离钩》提要批评《书法离钩》作者明代
潘之淙不能订前人讹谬，至于潘之淙相信杨慎的话，妄称改《岳麓禹碑》中
"南暴昌言"为"南渎衍亨"是得之梦中的话，尤为寡识。但同时也不忘申明，
学问各有门径，不必以考证之学苛责艺术。然而，我们知道，一旦表诸文字，
其实也就表明了注重考据的立场。提要之所以在这里不忘提出学术包容的问
题，主要还是为了表现《四库全书总目》所标榜并且竭力体现的对学术乃至
一切的宽容。《赵氏铁网珊瑚》提要则考辨作者真伪，指出这本书并非朱存理
所作。不过，四库馆臣毕竟宏识，对于伪书，并不置于死地。他们知道，伪
书只要运用得当，也自有价值。既然《赵氏铁网珊瑚》所载书画诸跋，足以
辨析异同，考究真伪，至今赏鉴家多引以为据。既然这本书可采，就不必一
定要问它出自谁手。③可见，即使在谈如何利用《赵氏铁网珊瑚》这部伪书方
面，提要仍然不忘考订。又对于《赵氏铁网珊瑚》的伪作者——擅长考证的

---

① 陈康祺.郎潜纪闻二笔：卷六 [M]// 纪家诗.北京：中华书局，1984：424.

② 永瑢等.四库全书总目 [M].967.

③ 永瑢等.四库全书总目 [M].963.

朱存理，《四库全书总目》提要也不吝表彰。它说："存理又工于考证，凡所题品，具有根据，与真赝杂糅者不同。"① 此外，如表彰岳珂《宝真斋法》"考证颇为有功"②，批评明万历中重刊的《墨池编》碑刻门末所载宋碑、元碑、明碑都是明人所增，幸好明人窜乱古书的这些行为，尚有踪迹可寻，因此一并删削，以还它的本来面目。至于被合并的卷帙，因无关宏旨，就暂且一并留存。③ 批评《郁氏书画题跋记》所载前后互倒等诸如此类的错误，以及漫无考订，所藏所见多没有注明，等等，可见《四库全书总目》在品评书法理论作品时还是很重视考据的。

除以考据论书法外，《四库全书总目》还以总结为标准评定书法著作。像前面提到的《郁氏书画题跋记》有诸多缺点，按照四库入著标准，是难以入著的。既然有违著录的一面，为什么还著录它？《郁氏书画题跋记》提要指出，是因为采摭繁富，可互资参考的缘故。这个采摭繁富，可互资参考，确实是入著《四库全书总目》的充足理由，其光芒足以罩住其他缺陷，忽而不计之。四库修书是文化总结的需要也总结了文化，因此《四库全书总目》尤其看重对书法有总结之功的书法著作。即使有瑕疵的书法著作，只要在总结方面有所贡献，《四库全书总目》提要都会予以著录并赞扬。这是《四库全书总目》品评书法的又一重要依据。像《式古堂书画汇考》提要称《式古堂书画汇考》疏舛尤多，但登载既繁，引述又富，足备谈论艺术者检阅的书，却没有超过这本书的。因此，不能以一二小瑕疵，连累它总体而言的宏博。又《六艺之一录》及《续编》提要认为，《六艺之一录》及其《续编》凡是六书的异同，八法的变化，以及刊刻墨迹的源流得失，载籍所具者，无不裒辑。并且只载录前人成说，不强加自己的见解。对于有两说难合者，则两说并存，以待后人抉择。提要认为，自古论书法的，唐以前遗文绪论，只有张彦远《法书要录》为详，唐以后论书法的则没有赅备如这本书的。但因为采录既多，所录也就不必尽雅；条例太广，为例也就未必能全纯，但这是排比贯穿上下几千年，洪纤具备，书家之总汇所。《四库全书总目》也大力表彰御定之作对书法的总结之功。《御定佩文斋书画谱》提要认为，书画兴于上古，而无考辨书画工拙的文章。考辨书画工拙的文章出自东汉以后。初论笔法，其后有名姓品

---

① 永瑢等 . 四库全书总目 [M].963.

② 永瑢等 . 四库全书总目 [M].960.

③ 永瑢等 . 四库全书总目 [M].957.

第，有收藏著录，有体波古迹，有辨证真伪，这些书或传或不传，而兼登众说，汇为一编，则自张彦远《法书要录》《历代名画记》开始，唐以后沿波继作，记载日繁，然大抵各据见闻，不能赅备，康熙这本书正好弥补了前此历代考论书法著作的不足。而乾隆十九年《石渠宝笈》也有兼收并蓄的优点。《石渠宝笈》提要讲道：书评书品，从六朝肇始，张彦远始汇其总，依据旧文，粗陈名目而已，不能尽见真迹。而唐宋以来，记载日夥，或精于赏鉴，而限于见闻，或长于搜罗，却短于识别，迄今没有能兼收众美，定著一编，为艺林的鸿宝。乾隆这个举措，并非如前代皇帝那样是为了粉饰声名，而是为自己处理繁忙政事之余闲暇之际，颐养天和，怡情悦性的需要。正因为乾隆并非功利地编撰《石渠宝笈》，也就使《石渠宝笈》能很好地完成汇集书评类书法著作的任务。《秘殿珠林》提要认为《秘殿珠林》可贵的是把仙佛二氏的书画作品别为一书，于四部之外各自别行，并略古详今，高唱所谓"圣人制作，或创或因，无非随事而协其宜"[1]。而岳珂《宝真斋法》零落几百年，赖本朝右文，方重新问世。至于《宝真斋法》所载异同，除钦定重刻阁帖有所釐正者，其余都并存以不湮没它们的真面目。既表现了四库修书对文化的总结功劳，也表现了四库修书的持平与宽容。

二

在品评历代书家书法理论之作中，《四库全书总目》提要也体现出深厚的书法观念，总结了历代书法理论。

《四库全书总目》提要认为，书法贵在恒心也贵在创新，持之以恒自会有成果，加以创新，就必有自己独到的见解。它的《书法雅言》提要认为，《书法雅言》作者明代项穆虽以晋人书法为宗，排斥苏轼、米芾的书法，认为二人书法棱角怒张，而倪瓒书法则寒俭。不过，项穆并没有完全否定苏轼、米芾，他认为二人只要加以功力，就可以达到古人水平。但对倪瓒，他基本上完全否定了。在他看来，倪瓒无药可救，永远不可能达到古人水平。于此，提要认为项穆持论稍微过高。但另一方面也认为，项穆终身从事书法一艺，研求至深，烟楮之外，实多独到之处，以取法乎上的宗旨来衡量，未始不是书家的"圭臬"[2]。基于创新之说，对《书诀》作者丰坊务为高论，《四库全书总目》提要也并不以之为过，反而认为这只不过是作者狂易余态，并且在抒

---

① 永瑢等．四库全书总目 [M].968.

② 永瑢等．四库全书总目 [M].964.

发所见方面，丰坊也并非华而不实，即"固与无实大言者异"①。

《四库全书总目》也认为书法是有家学渊源的。它的《书法雅言》提要指出，《书法雅言》的作者项穆因承家学，耳濡目染，故于书法特工。《清河书画表》提要同样认为，《清河书画表》作者张丑以鉴赏家名闻国中，也是因为家学的缘故，渊源有自。"自其高祖即出沈度、沈粲之门。其曾祖亦与沈周游，其祖、父皆与文征明父子为姻娅世好"②。这里我们需要思考一个问题，即使有家学的书家，他们在执笔与理论上，也少有均精通的。那么，二者是否有轻重之别？《四库全书总目》提要告诉我们，书法理论与书法实践，同等重要。如明代王世贞与明代孙矿均拙于挥毫长于理论，但对书法鉴赏却均做出了重大贡献。可见，书法实践与理论各有贡献，二者不可偏废。当然，书法也是有风韵的。《书诀》提要评价丰坊，认为丰坊工于执笔但神韵稍不足，并以《书史会要》论丰坊草书喜用枯笔，缺乏风韵来证明自己所论。

至于历来所道书品如人品，《四库全书总目》的看法是其人可鄙，他的书法未可轻视。这个书法未可轻视当指书法作品本身的质量，而非世人对其人的评价。《庚子销夏记》是明降臣孙承泽顺治十六年（1659），辞官退居家中后所作。对孙承泽的评价，《四库全书总目》提要即如其上所言，把孙承泽书法本身和人区别开来对待。《四库全书总目》提要的书品和人品区别对待之言，不乏公正。不过，它却忘了即使某人书法本身未可轻视，即使某人书法本身质量超过了王羲之等，但世人却难以给予他们如王羲之等一样的地位。这个书品完全是与人品联系在一起的。因为我国人民大众的感情是朴实的，只有那些有高尚志节的书家的书法，才会被人民大众真正接受，而历史亦证明，具有千古美名的书法作品恰是那些气节高尚品格端正的书法家的书法。

无有端正或高尚人格，他们的书法虽本身可观，但实际上众人却望而却步，赞叹他们一手好字之余更多的是对他们人品道德的唾弃，对他们分书法并不会如偶像般崇拜，更不会放到很高的位置上去褒奖，正如刘熙载说："书，如也。如其学，如其才，如其志，总之曰如其人而已。"③书法自有它对德的要求。故而，颜真卿的字因他自己的"忠孝"，于是在产生理学的宋代确立了他书法名家的地位。赵孟頫因他处世圆滑、为人少骨气，他的书技再高

---

① 永瑢等.四库全书总目 [M].964.

② 永瑢等.四库全书总目 [M].966.

③ 刘熙载.艺概 [M].上海：上海古籍出版社，1978：170.

超，也只赢得"奴书"的美名。王铎也不会因为在入清后的草书中表现出无穷的愤懑与忧思，就改变他气节欠亏的形象。从某种角度言，其秀逸婉转中所体现出的刚健豪迈、苍郁挺拔的气骨，正是投降者不得用的必然结果。历史上郁郁不得志者，往往退而为书策，或者逃禅。王铎的逃禅就是他的书法，在他的草书中书写今生的无奈，完结自己的余生，在最佳的草书境界中无意中成就了自己少有人企及的草书高度。孙承泽也未尝不是，他的书法虽不可轻薄，但他的书法也会因为他自己的品行而等级骤降。《四库全书总目》如此表彰孙承泽书法本身，也是与盛世下需要的宽容是一致的，总之都是为了皇朝统治的需要。

三

篆刻，自被扬雄视为雕虫篆刻之属、不是大丈夫所为的事业后，篆刻就成了书家的禁区，鲜有书家从事篆刻之业。钟繇、李邕之属，亲自参与碑刻之业，却不为自己刻制一印章。因此，也就没有鉴别篆刻工拙者，汉印字画也就多伴以错误。又因为篆刻为工匠所作，工匠少有知识，不解六书，只是仿效模拟古人，故而有好古的过失。自宋王俅《啸堂集古录》开始，稍稍收录古印，宋晁克一《印格》始集古印为谱，元吾丘衍《学古编》始详论印章的体例，使印章从此得以入鉴赏的行列。而明代文彭、何震以后，印法益密，技巧益生。不过，无论印谱怎样发展，在四库馆臣看来，印谱的传写终究必失去它的本来面目。因此《四库全书总目》就折中而录，仅选择诸家品题篆刻印章的著作入著。[①] 不过，就诸家品题篆刻印章的著作，《四库全书总目》却只著录了论篆刻印章的著作《学古编》一卷、《印典》八卷，显然有失全面。这正如四库馆总裁纪昀一样，一方面在《四库全书总目》中欲调和各家，调和汉宋学，体现学术万象，体现本朝的宏阔与君主的雍容大度，一方面却厌恶宋学偏爱汉学，坚持四库修书主旨以维护正统道统。这些思想和文化气质，都通过纪昀改定提要内容，反映在《四库全书总目》之中。所以，在论及篆刻方面，《四库全书总目》提要当然要求符合正统，有益于风化。倘若多著录雕虫篆刻之作，自然不利于四库修书主旨。因此，《四库全书总目》提要一方面为篆刻印章正名，但一方面也依然逃脱不了因历代对篆刻的陈见所带来的影响，也逃脱不了四库著录标准对论篆刻作品入著的约束，体现在著录上就是只有两部论篆刻的著作得以著录了。

---

① 永瑢等 . 四库全书总目 [M].971.

这两部论篆刻的书籍，其中之一《学古编》提要称，《学古编》专为篆刻而作。提要认为，摹刻私印虽称小技，但非精于六书之法，必不能工。承认摹刻私印同样需要知识技艺的同时，也就承认了篆刻私印并非小技，也就承认了历代摹刻私印因缺乏六书必然带来的弊病。此外，提要认为宋代晁克一、王俅、颜叔夏、姜夔、王厚之各有谱录，有继承也有创新，其间辨论讹谬，明代徐官《印史》认为多采他家之说，附以己意，剖析颇精。不过，《学古编》所列小学诸书，各为评断，但少有考核，提要自然是不满意的。而《印典》提要指出，《印典》所引宋王基《梅庵杂记》等四书为他书所无，但《印典》其他所援据者却颇乏秘籍，分类也较淆杂。但是，《印典》采摭是繁富的，因此也足备考核。采摭丰富为文化总结立了功，且是集印事成书的第一本书，其余缺点自然可以不必再苛责，按照四库著录标准当然可以暂仿文房四谱之例，著录入内，存备一家了。又《印典》作者自称朱长文后裔，故此书的初刻附于《墨池编》后。到编撰四库提要时，馆臣认为时代既殊，所载各异，故分著于录，各从其类。

就二书本身而言，《四库全书总目》提要所评，还是中肯的，但从它仅仅著录两部论篆刻之作而言，它其实又并未做到持平。这就是《四库全书总目》不可调和的矛盾，也是官修书籍必然的结果，也就使《四库全书总目》的书法观与政治观紧密结合了。

（3）论文学

从文学的角度看，《四库全书总目》所反映的文学观提供了深入探讨我国古代文艺思想的发展演变及古代文学社会学生动的、典型的第一手资料。[①]

首先论文学发展流变。指出集部各类，楚辞最古，其次别集，其次总集，其次诗文评，最后为词曲。古人不为文章命名，也不编次，有所作往往入史传，所以秦以前书没有称赞屈原、宋玉工于赋的，自汉代始有词人。不过，他们的书往往为后人追作。所以有汉武帝命所忠在司马相如病重时求他的书以免他去世后书籍无存，魏文帝诏告天下上孔融生平著述。到六朝开始编次，唐末刊版印行。

其次论各类是非得失。论别集指出，别集虽多，但良莠不齐，自可区别瑕瑜，不必一概摒弃。论总集指出，总集之作往往声气攀缘甚于别集，但浮

---

① 国外对《四库全书总目》进行深入研究的论著不多，据所见资料，仅见日本学者近藤光男的《四库全书总目提要唐诗集的研究》（东京研文社1984年版）一书。

华易歇，公论终明，分门别类，不以品题为能事，各家并录者，方为上乘，著录当以此等为重。论诗文评指出诗文评的著述显名于齐梁，但因私人恩怨有意扬抑者，也相与诗文评始终。如钟嵘因沈约不奖荐而抨击声律之学，刘勰则因沈约夸赞而推阐声律之学，宋僧惠洪称引元祐诸人并因有识于黄庭坚而谈及他们时分量尤其重。叶梦得则因出于蔡京门下，且女婿为章惇的孙子的缘故而贬抑元祐诸人。不过，叶梦得诗文学识具为南北宋间巨擘，他贬抑往往又切中要害，倘若去掉门户，他的评论足可考一代文苑的得失。不过，四库提要论词曲则不屑一顾，颇轻视它们。认为它们品格颇卑下，作者不高贵，文章只是在技艺之间而已，它的得失，不足以拿来论轻重，暂且附存以备一格而已。当然，也指出不可全斥为俳优。

最后论著录标准。指出著录：一要扫除畛域，一准至公；一要有世道之防，不仅仅为文体打算。因鉴于明代朋党之患，以及自顺治以来对门户朋党的切身体会，清政府对门户深恶痛绝，对门户的认知也相当深刻。他们指出门户构争之见，没有比讲学更甚的，而论文在其次。讲学者聚党分朋，往往祸延宗社。但操觚的士人，笔舌相攻，没有乱及国事者。讲学者务辨是非则必延及时政，势必与权势相连，所以祸患大。然而文人词翰，所争者不过名誉而已，与朝廷无干，所以它们的祸患小。不过，虽然文人门户的祸患小，但却有艾南英因与王世贞、李攀龙识见有别而诋斥王世贞党附严嵩的过激言辞，对于学界也不是好事，所以也应力扫之而达中道。不过，在这里，把钱谦益《列朝诗集》归入颠倒贤奸彝良泯绝的门户之列，就已然违背提要一准至公的言论及形象。《列朝诗集》实为辑录明人诗集冠冕的作品，朱彝尊等人所编各明诗集本欲与之一较高低却没有能出它右者。《四库全书总目》却因乾隆特不喜欢钱谦益的缘故，颠倒其实，显然有违提要自己所言公正。所以《四库全书总目》也是有是非的，只不过它的官方是非有点浓。如提要称："今于元代以前，凡论定诸编，多加甄录。有明以后，篇章弥富，则删薙弥严。非曰沿袭恒情，贵远贱近，盖阅时未久，珠砾并存，去取之间，尤不敢不慎云尔。"[1]"曲则惟录品题论断之词，及《中原音韵》，而曲文则不录焉。"[2]明人作品一则良莠杂糅，一则为了服从朝廷利益，避免忌讳，确实应对明人著作多加择录。而录曲的品题论断之词不录曲文，则是承袭传统思想文化观的结果，

---

① 永瑢等 . 四库全书总目 [M]// 别集总叙 .1271.

② 永瑢等 . 四库全书总目 [M]// 词曲类叙 .1807.

历朝历代都如此。

3. 中国古典学科体系及其知识系统的载体

《四库全书总目》撰修时期，四库体系发展到了最高峰，中国古典学科体系及其知识系统也发展到完善时期，这使得《四库全书总目》成为四库体系的集大成者，是中国古典学科体系及其知识系统发展到完善时期的杰作。

唐开元时，皇家藏书以甲乙丙丁为序的经史子集四部书各为一库，置知书官八人分掌。凡四部库书，长安、洛阳两京各一本，共十二万五千九百六十卷。[①] 四库由此得名。不过，若究其渊源，则经历了漫长的历史演进。西汉中，自刘向、刘歆父子分六艺略、诸子略、诗赋略、兵书略、术数略、方技略六部著录群书，首倡六分法，班固著《汉书·艺文志》确立刘氏父子六分法。到西晋武帝咸宁年间，秘书监荀勖根据魏元帝秘书郎郑默《中经》，以甲、乙、丙、丁四部为序，编写子部先于史部的《中经新簿》。其中，甲部收录六艺、小学，乙部收录古诸子、近世子家、兵书、兵家、术数，丙部收录史记、旧事、皇览簿、杂事，丁部收录诗赋、图赞、汲冢书。其后，东晋著作郎李充编定《晋元帝四部书目》，重分四部，五经为甲部、史籍为乙部、诸子为丙部、诗赋为丁部，才确定以甲乙丙丁为名的经史子集四部顺序。从此，王亮、谢朏、任昉、殷钧撰书目，都循四部之名。到唐初修《隋书·经籍志》时，以经史子集题名为序的四部分类方正式确立。到唐玄宗聚书时，经史子集四部分类则有了以四库为名的代称。其间，即使有如王俭、阮孝绪析而为七，祖暅别而为五，但因四分法反映了典籍发展实情，切合学术文化发展的需要，于是官私目录书籍大都以四库所代表的经史子集四部著录。唐以后更成为分类主流。到清代乾隆年间，四部分类法遂发展到鼎峰。

当然，谈四库不能不谈到四库修书。正是四库修书，使四库发展到鼎峰。而《四库全书》各提要，尤其是《四库全书总目》，则是四库发展到鼎峰的记录者。《四库全书总目》是18世纪，尤其是明代以前典籍的总汇。阅读它，无疑可以一窥中华民族传统文化精华，有效地为后来者指引了读书路径。张之洞说得好，《四库全书总目》是学问门径，诸生良师。[②] 余嘉锡更称《四库全书总目》具有"衣被天下，沾溉靡穷，嘉、道以后，通儒辈出，莫不资其津

①　刘昫等. 旧唐书 [M]// 经籍志. 北京：中华书局，1975：2082.

②　张之洞. 輶轩语 [M]// 语学. 江西聚珍版，清光绪八年：25.

逮，奉作指南，功既巨矣，用亦宏矣"①的效力。

不过，这也是历史的必然。盛世必然需要一部大型目录著作，来引领思想文化界，并完成学术导向的历史使命。对于四库指示读书治学门径，传承文脉，引领道统方面的功用，清高宗讲得非常透彻。在《文溯阁记》中，他对四库的领悟是："权舆二典之赞尧舜也，一则曰文思，二则曰文明。盖思乃蕴于中，明乃发于外，而胥借文以显。文者理也，文之所在，天理存焉。文不在斯乎，孔子所以继尧舜之心传也。世无文，天理泯而不成其为世，夫岂铅椠篇编之乎哉! 然文固不离铅椠简编以化世，此《四库》之辑所由亟亟也。"②这段话透彻地点出四库所承载的文理道脉，表明自己绍先继祖，传承文脉，接续正统，宣扬道统的志趣。他如《文源阁（壬寅）》一诗所道："昌黎《原道》从头读，应识文源即道源。"③《汇辑〈四库全书〉联句（甲午）》序所说："尚论千载以上，仍此敕几典学之深心; 嘉惠万世而遥，初非好大夸多之创举。"④以及《文津阁》诗所道"四库收精要，千秋示率循"⑤，都意在此。而历次谕旨，如"四库所录包括古今，义在衡鉴千秋，非徒取尊崇昭代"⑥等等，只要涉及四库，清高宗无不强调四库包罗古今载籍，指引读书治学门径，宣德达教的特质。

诚如清高宗所见，在这个以四部分类为主著录书籍的学科体系中，自西汉刘向奉诏整理书籍，书目著录就不仅仅是为了记数之需，而有"著录部次，辨章流别，将以折衷六艺，宣明大道"的功用。从西汉刘氏父子确立中国古代最早学科分类体系，到清乾隆时期四库独尊的几千年中，中国的目录学家对一代或一朝，对公家或私家所藏图书的作者、学术传承、学术价值、优劣好恶等论定，也把官方及个人的意志和学术倾向书写其中，可谓一种特殊的思想著作。因此，四部分类独尊的过程，实际上是一部中国学术变迁史，是以四部分类为主流的学科体系和知识系统的建构史。而《四库全书总目》是四库体系发展到最高峰时的杰作，承载着中国传统学科体系及其知识系统。

① 余嘉锡.四库提要辨证 [M]// 序录.北京: 中华书局，1980: 49.

② 清实录: 第23册 [M]// 高宗纯皇帝实录（十五）: 卷1189// 御制文溯阁记.北京: 中华书局，1986: 899.

③ 清代诗文集汇编编纂委员会.清代诗文集汇编: 第326册[M]// 御制诗四集.上海: 上海古籍出版社，2010: 437.

④ 清代诗文集汇编编纂委员会 .清代诗文集汇编: 第325册 [M]// 御制诗四集 .47.

⑤ 清代诗文集汇编编纂委员会 .清代诗文集汇编: 第325册 [M]// 御制诗四集 .434.

⑥ 永瑢等 .四库全书总目: 卷首 [M]// 凡例 .16.

此外，虽然四库修书，四部分类法已经显示出不能牢笼一切书籍的端倪，但嘉庆年间阮元重编的《天一阁书目》，四部之下分四十四子目，基本上是沿用《四库全书总目》的分类体系。到晚清，许多目录学家仍视《四库全书总目》为令甲，鲜有越出它的范围者。如张金吾《爱日精庐藏书志》①，分类几乎与《四库全书总目》完全相同，只把集部的"词曲"类改作"乐府"类，陆心源的《皕宋楼藏书志》，也仅仅在子部中少"法家"一类。至于瞿镛的《铁琴铜剑楼藏书目录》、丁丙的《善本书室藏书志》等，则无论分类还是编排，都与《四库全书总目》完全一致。

总之，《四库全书总目》展现在我们面前的是18世纪及其以前的思想学术文化空间，传承了中华文脉。

（二）四库修书其他共生品

四库修书，编纂了《四库全书》《四库全书总目》《四库全书简明目录》、各阁《四库全书》书前提要、《四库全书荟要》，而其余与它们有关的书目，如为四库修书征集书籍而形成的四库征书书目（《江苏采辑遗书目录》《浙江采集遗书总录》、各省《进呈书目》、个人交出书目等）、四库修书时各纂修官分工撰写的分纂提要（现存翁方纲、姚鼐、邵晋涵、陈昌图、余集、邹奕孝、郑际唐、程晋芳、庄通敏、佚名等撰10种）、将分纂稿汇总以后形成的汇总提要（这类文献目前所见到的有清乾隆间旧抄本《四库全书初次进呈存目》）、刊本提要（收入《武英殿聚珍版》中的各书书前提要）、因四库修书得以编修的《天禄琳琅书目》、因四库修书而产生的禁毁书目（如英廉等编《全毁抽毁书目》、军机处《禁书总目》等）、阮元补四库收书缺失的《四库未收书目提要》等，它们因四库修书得以编修，笔者称之为四库修书副产品。在这里，还需要说明的是，因笔者《"四库总目学"史研究》（商务印书馆2008年版）已经对四库分纂稿提要、阮元《四库未收书目提要》进行过研究，而四库汇总提要与四库分纂稿提要有重合，所以这几种副产品，略而不论。

1. 征书书目与禁毁书目

四库修书留下二专门书目，一为征书书目，二为禁毁书目。

（1）征书书目。为四库修书，乾隆下旨采集遗书，他说："今内府藏书，

---

① 张金吾《言旧录》称：最初4卷《爱日精庐藏书志》以木活字印行于嘉庆二十五年（1820），道光三年（1823）重编《爱日精庐藏书志》36卷，道光六年（1826）编《续志》4卷，道光七年（1827）《爱日精庐藏书志》36卷、《续志》4卷全部刊竣。

插架不为不富，然古今来著作之手无虑数千百家，或逸在名山，未登柱史，正宜及时采集，汇送京师，以彰千古右文之盛。"①其后，直隶、江苏、两江、两淮、浙江、安徽、山东、山西、河南、陕西、江西、湖南、湖北、福建、广东、云南、奉天等省遵命行事并进呈。其中江苏、浙江编有遗书目录，有《江苏采辑遗书目录》《浙江采集遗书总录》问世。各省书目进呈后，则被辑为《进呈书目》。孙毓修认为《进呈书目》为四库馆臣所编，有涵秋阁钞本传世。此外，个人所上交的书目也编有个人交出书目，有《衍圣公交出书目》《总裁于、王、张、曹、李交出书目》《编修励、庄交出书目》《庶吉士邓、王、庄交出书目》《都察院副都御史黄交出书目》《工部候补员外郎冯交出书目》《内阁侍读严、沈交出书目》《翰林院孔目熊交出书目》《国子监学正汪交出书目》《侍读纪交出书目》《吏部主事程交出书目》《编修朱、徐、郑、励交出书目》《翰林院检讨萧交出书目》《礼部侍郎金交出书目》《翰林院庶吉士王交出书目》《提调张、刘交出书目》《洗马刘交出书目》。

《进呈书目》所列书目先外省后京官，共9000余种，江浙居半。其中浙江进呈次数最多，达12次之多。浙江之所以进呈次数居首，应均是乾隆的功劳。江浙为人文渊薮，乾隆对它们的征书期望很大，但江浙前期征书却令乾隆很失望。为此，乾隆曾多次斥责江浙各省官员办书不力：

> 安徽尚非大省，应禁之书，历年犹未能搜缴净尽。江苏、江西、浙江省分较大，素称人文之薮，民间书籍繁多，何以近来总未据该督抚等续行查缴？岂该三省于应缴之书，业已搜查净尽，抑该督抚于此等事件，视为无关紧要，竟不饬属认真查办耶？著传谕书麟、闵鄂元、何裕成、琅玕等，各严饬所属，悉心查察，如应禁各书，该省尚有存留之本，即行解京销毁，务宜实力查办，俾搜查净尽，毋得久而生懈，视为具文。②

又继而晓谕道，"江浙素称人文渊薮，民间书籍繁多，著传谕各省，严饬所属，悉心查察，如有应禁各书存留，即行解京销毁……查浙省地广人稠，藏书绅士繁富，其中或有远宦幕游，筐箧无人查检，或有僻壤穷乡，见闻未

---

① 永瑢等.四库全书总目：卷首 [M].1.

② 中国第一历史档案馆编.纂修四库全书档案 [M].2121.

能周悉，一切干碍不经之书，恐尚有留存之本。合将前奉四库馆颁发各省进到遗书内，查出干碍全毁抽毁各书，……及浙省历次奏解前册未载各书名目，再行汇刻，印刷成本，发交各府州县，各省儒学教职委员，传齐绅士地保坊铺书贾人等，广为散给，遍布通行，使遐陬僻壤，咸得周知"①。为警示各地督抚加紧办书，乾隆还惩治了办书不力的江西巡抚海成等。在乾隆的催督警示下，浙江各任督抚加紧办理，如巡抚琅玕就曾多次向乾隆表明心迹"近年以来，并无呈缴，或系各属因限期已满，奉行不力，而藏书之家亦因查禁稍懈，匿不呈出，均未可定。兹奉谕旨饬查，惟有钦遵设法认真办理。臣现已通行各属，剀切出示晓谕，并督同司道府实力查办，酌委妥员于各处书坊，不动声色，分头购觅。仍移会学臣朱珪，督饬教职一体广为搜查，断不敢视为具文，日久生懈，亦不敢稍涉矜张，致滋扰累一俟查有禁书，即随时奏明解京销毁，务期查缴净尽，以仰我皇上维持风教之至意"②，向乾隆表白自己将尽力于书籍办理。因此，浙江征书最后次数居首，所征书籍也位居前矛。不过，即使如此，也有蒋曾莹、吴成佐、朱奂、周厚堉四家不被收载。可见当时征书人手杂，经过层次多，迫于期限，为了功令，收书并不全。此外，《进呈书目》并非如后来的《四库全书总目》一样详叙学术源流分合等，仅记卷帙爵里，有时连卷帙爵里也省掉不记。

涵秋阁钞本《进呈书目》，1921年曾由商务印书馆排印成4册，收入涵芬楼秘籍第10集中。此书价值颇大，但用于对《四库全书总目》提要做研究工作的并不多。其因有三：一是抄本书目的次序，依各省进呈的原草目先后编排，往往一书分别编在好几处，未经归纳，不易检查；一是原草目抄手草率，误脱的地方很多，未经整理校勘，不便翻读；一是收在丛书，未有单行本，流传面不广。1959年再经吴慰祖校订整理由商务印书馆以《四库采进书目》为书名丁1960年出版了，不便用于研究的局面方有所改观。吴慰祖所做的校订工作如下：把中国国家图书馆藏的抄本全部对校过，其次再据《四库提要》《四库简明目录》查补原缺的卷数及作者，以求前后一致。为便于分别原文与新补的界限，凡新补的字。都以【】为记号。有些四库未著录、未存目的书，尽可能找到原书或旁的书目来核实，以供参考。涵秋阁原本缺"武英殿书目"约900种，中国国家图书馆本还全部保存，经抄出作为补遗。此外，《江苏采

① 姚觐元，编．孙殿起，辑．清代禁毁书目（补遗）、清代禁书知见录[M]// 姚觐元编．清代禁毁书目．41.

② 中国第一历史档案馆编．纂修四库全书档案[M].2123-2124.

辑遗书目录》(清黄丕烈等编,仅有抄本流传),《浙江采集遗书总录》(清沈初等编,有原刊本,但附有闰集的刊本比较少见),都与《采进书目》中的江苏、两江、两淮,及浙江几省进呈的书,出入很大,特辑为简目作为两种附录,殿于书后。因上列的正书目录及补遗、附录的目录,所收书近两万部(重复的少则两部,多的可达近十部),有些是按进呈先后次序排列,有些是按四库分类排列,各目的次序极不一致,检索非常困难,于是综合全部书目编成"人名""书名"两种索引,以便翻检。①

以《四库采进书目》与《四库全书总目》著录比较,《四库采进书目》收录的于鹄《于鹄诗集》、尤侗《艮斋倦稿》《棲鹤堂稿》、毛先舒《格物问答》、全祖望《易解别录》《经史问答》,《四库全书总目》未收;《四库采进书目》收录的尤侗《西堂杂俎》、毛霦《平叛记》、于慎行《读史漫录》、左光斗《(左忠毅公)奏疏·文集》、周亮工《赖古堂集》《书影》,四库修书时被列为禁书,《四库全书总目》一概不著录。又对同一人同一著述,《四库采进书目》与《四库全书总目》或书名有别,或著录形式有异。由此可互为比勘,以见正讹。如明朝蒋以忠著作,《四库采进书目》著录为《艺圃球瑯》,《四库全书总目》著录为《艺圃琳瑯》。国家图书馆藏明刊本为《艺圃球琅》,可证"琳"为"球"之误。《四库采进书目》中的明朝雷礼《国朝列卿纪》《国朝列卿年表》二书,《四库全书总目》中《年表》是附在《列卿纪》中的。《四库全书总目》认为《年表》未采集到,失收,并把二书混为一谈。②"凡内而内阁、部院以至府、司、寺、监长官,外而总督、巡抚,皆以拜罢年月为次。上标人名,而各著其出身里籍于下为年表,又于年表之后附载其居官事迹为行实,年表但以次题名,不用旁行斜上之例。行实略仿各史列传,而又不详具始末,止书其事之大旨而已。"③四库采进书目一书有多本,四库提要只取一本,说是择取各本中的善本或足本,但并非完全如此。如宗懔《荆楚岁时记》,进呈有汉魏丛书本、宝颜堂秘籍二本,四库所收为宝颜堂本,四库提要所据却为汉魏丛书本,④显然与四库提要所言并不一致。由此可见,《四库采进书目》正可补四库著录的缺失。

兹再以《四库采进书目》的《浙江采集遗书总录》为例见之。

《浙江采集遗书总录》,四库副总裁沈初总领其事。据黄璋记载,浙江奉

①　吴慰祖校订.四库采进书目[M]//商务印书馆编辑部.出版说明.北京:商务印书馆,1960:1-2.

②　吴慰祖校订.四库采进书目[M]//商务印书馆编辑部.出版说明.1-2.

③　永瑢等.四库全书总目[M].554.

④　吴慰祖校订.四库采进书目[M].234.

命征书，每次收书百多种到几百几千多种，同时四五人赶办，开叙作者姓氏爵里，节略必查他书，迫于期限，遑遑连日，日夕不辍，头晕目眩，自冬至夏共14次，每次都如此。想把这行动附之刊刻，请于大参临汾王公，王公慨然许诺资助刊刻。于是取所奏底稿，重加类次，分为甲到癸十集，十集以下则分为闰集。襄助这事的陶廷珍、唐虞、朱文藻，临汾王公作弁言，中丞三公方伯徐公再进行审定，各加以序言，都详序缘起，黄璋作跋。① 以天干分为十集，凡经部三集，史部二集、子部二集、集部二集、癸集分上下两卷，闰集嗣刻。

整部《总录》没有著录钱谦益书籍，由此可见当时收书，一则限于时令，所收并不全；一则官民畏祸情绪颇浓，即使乾隆一再下旨只管上呈书籍，不必担心书籍违碍问题，但官民依然有所顾虑，致使一些有关违碍书籍隐匿未献。尤其像钱谦益因被乾隆钦点为无德无形，天下人人知之，自然无人敢冒大不韪上呈。不过，除钱谦益这种人人都知道的朝廷所不喜欢的人的著述外，哪些书籍属于禁毁之列，征书初期乾隆并未晓谕，地方官员也并未揣摩透圣意，因此还是有一些违碍书籍存留其中。而且像四库收书，明代书籍很不完整的现象，在《总录》中并不存在，《总录》所收明代书籍是比较完整的。当然，《总录》仅简略介绍作者姓氏爵里学术源流，不如《四库全书总目》提要精审。不过，没有存毁意见与学术偏见，又胜过《四库全书总目》。所著书目，也正可与《四库全书总目》提要互勘。如《北狩见闻录》，《总录》称为蔡絛、王云冲二人撰，《四库全书总目》称为蔡絛撰。《四库全书总目》正确，《总录》讹。② 版本方面，《总录》出各本情况，可以补四库没有版本著录的缺失。书籍著录方面，《总录》所收即录，没有《四库全书总目》的删选淘汰，可以一窥四库修书禁毁书籍状貌。如乙集的辛弃疾《窃愤录》《南渡录》，赵万年《辛巳泣蕲录》，《金人吊伐录》，因涉及民族问题，为同为少数民族的清政府的忌讳，故而四库修书时摒弃不录。

---

① 张升.四库全书提要稿辑存[M]//沈初.浙江采集遗书总录.卢文弨，校.北京：北京图书馆出版社，2006：601–602.

② 吴慰祖校订.四库采进书目[M].248.

浙江采集遗书总录（甲 – 闰）

部类	类目	属别
甲（经部）	易	
	书	
	诗	
乙（经部）	周礼	
	仪礼	
	礼记	
	通礼	
	春秋	
丙（经部）	论语 附逸语	
	孝经	
	孟子	
	四书	
丙（经部）	群经	
	乐	
	尔雅	
	小学	
	六书	
丁（史部）	通史	
	编年	
	别史	
	霸史	
	杂史	
	掌故	总类
		职官
		食货

续表

部类	类目	属别
丁（史部）	掌故	仪制
		兵刑
		河渠
		水利
		营造
戊（史部）	传记	总类
		以时代为次
		以地为次
	地理	通志
		各直省
		山川、名胜、古迹
		异域
	史钞	
	史学	
	谱系	
巳（子部）	儒家	
	杂家	
	说家	总类
庚（子部）	说家	文格诗话
		金石书画
		小说
	艺玩	
	类事	
	丛书	
	天文术算	
	五行	

续表

部类	类目	属别
庚（子部）	兵家	
	农家	
	医家	
	儒家	
	释家	
	道家	
辛（集部）	总集	以时代为次
		以地为次
	楚辞	
	别集	唐
壬（集部）	别集	宋
	别集	宋
	别集	金元
癸上（集部）	别集	明
	别集	明
癸下（集部）	别集	明
	别集	国朝
闰	易类、书类、诗类、三礼类、春秋类、群经类、乐类、六书类、通史类、编年类、别史类、杂史类、掌故类、传记类、地理类、史抄类、史学类、谱系类、儒家类、杂家类、说家类、艺玩类、类事类、丛书类、天文类、五行类、农家类、医家类、释家类、道家类、总集类、别集类	

由上表可见，《总录》以天干分10集，附闰集。与《四库全书总目》相比，分类简略，门类出入颇大。所录各书，载各书版本卷帙作者爵里或官秩，

并摘叙著述大旨。其中别集间采前贤诗文评骘，如序文跋语可以略见本书的梗概，则辑录著入，记载刊刻年月。遇罕见之本，则别载某氏所藏刊本、钞本、宋刊本、元刊本、影宋钞本，兼著其残缺，以见古书传承及浙江藏书掌故。全目共著录书籍4523种。宋元以来经学著作已收入《通志堂经解》者不录。收录标准："凡颁立学官暨敕撰诸书并内府刊播以及海内流传盛行之本，概弗敢登，唯上之有裨于经世，下之有切日用，其书一时未见流传，即不拘时代远近，亦不拘本省、外省、甄录之以副阐扬之意"，四库禁毁或入存目的书籍，在这里可以窥见一二端倪。①

下面选择宋朝奉郎秘阁修撰丹阳陈东《尽忠录》、明广西参议吉水解缙撰《春雨斋集》、明大学士泰和杨士奇《东里文集》、明祭酒晋江蔡清《蔡虚斋文集》、姚广孝《逃虚子集》、沈一贯《喙鸣诗集》等书目在《总录》(壬－闰)与《四库全书总目》著录及提要情况来看四库修书状貌。

四库修书有它的著录标准，要求入著作品符合封建礼义教化，维护清朝统治根基，所以有关民族忌讳、里巷鄙语、狂荡不羁、非圣谬法、有伤风化的书籍或摒弃不著或入著存目。《尽忠录》的作者陈东因上疏高宗弹劾奸佞反被诬下狱而死，他的作品正好符合四库可以励臣节正人心的著录标准，但《四库全书总目》并未著录《尽忠录》。根本原因在于《尽忠录》涉及了民族忌讳。宋朝人尽忠报国就是要坚决抗金，而金正是清的前身。清朝统治者本身为少数民族，且以藩属取得天下，所以一直以来忌讳任何涉及汉族与少数民族纷争的史事。孟森在《选印四库全书平议》中讲道"四库馆未开以前，自康熙以来，君主之意旨，臣民之揣摩，为女真讳，为建州讳，其风已炽"，到四库开馆，就"根本删改、禁毁原书"，以致成为"清代书籍中一大公案"。②《四库全书》的撰修者们对涉及民族敏感问题的著述，只要触犯清政府的忌讳，便或挖改，或删削，或全毁，或抽毁。致使《四库全书总目》的编撰严重缺失。

既然涉及了敏感的民族问题，而且这个民族还是清的祖先，自然《尽忠录》不会被入著。

《春雨斋集》，就其有俗儒小夫谐语谑词，且真赝掺杂，按照四库著录俚浅不实之作不得入著标准，这书被排斥在四库著录之外，自属必然。而"明大学士泰和杨士奇撰，黄梨洲评其文平远萦回之致多而波澜澎湃之观少，然

---

① 来新夏主编.清代目录提要 [M].济南：齐鲁书社，1997：87-88.

② 孟森.选印四库全书平议 [J].青鹤，1933，1（23）：23.

自景濂希直之后不得不以正统归之"的《东里文集》，既然是明的正统，自然不可能成为清的正统，故而《四库全书总目》一定不会著录。至于被黄宗羲夸为"文疏爽简洁，濯去陈腐之言，是一能手"的明祭酒晋江蔡清撰《蔡虚斋文集》，之所以不被入著，一是因为夸赞它的黄宗羲本为清政府不喜欢且奈何不得的人，乾隆下旨四库修书，要求禁毁他无法控制的人物的一切见诸书面的言论。一是因为《蔡虚斋文集》为明代祭酒的作品，祭酒一职关涉礼仪制度，明代礼仪制度必然与清代的礼仪制度有出入，这就使之和民族忌讳联系在了一起。四库诸臣既断不会为黄宗羲而犯乾隆的忌讳，也不会因涉及民族忌讳去冒乾隆的大不韪，故而《蔡虚斋文集》自然不得入著。

四库修书还禁止忠义气节有亏的人的作品入著，它的《凡例》声明，"至于姚广孝之《逃虚子》集，严嵩之《钤山堂》诗，虽词华之美，足以方轨文坛，而广孝则助逆兴兵，嵩则怙权蠹国。绳以名义，非止微瑕？"[①]凡此之流，著明它们被排斥的理由，附存它们的书目，"用见圣朝彰善瘅恶，悉准千秋之公论焉"[②]。因此如《四库全书总目》自己所言，帮助明成祖夺取天下的姚广孝的《逃虚子》、专权误国的严嵩的《钤山堂》都不可入著。不过，《浙江采集遗书总录》称姚广孝《逃虚子集》为"明少师长洲姚广孝撰，其初为僧名道衍，后官虽尊，不蓄发终其身。高启称其诗险易并陈浓淡迭显"，就书论书，并无好恶。可见《四库全书总目》入著时，又对各省进献书目进行了删汰。故而，在此标准下因楚宗、妖书、京察三事为时论不满的沈一贯《喙鸣诗集》就自然不得入著。

此外，《四库》著录书籍，乾隆无法控制或不喜欢的人的著作或书面言论，也都得详细刊核后决定去留。即使入著，也被加以了删汰。

如沈德潜，乾隆四十三年（1778）八月二十七——十一月二十七以沈德潜诗集中录有平日为帝点窜及代作的诗，自作的诗中有逆词及为徐述夔作传，被革职、夺谥、撤祠、毁赐碑，剉尸。所以他的书面语自然概不能入著《四库全书总目》。

又如查慎行《敬业堂集》，《总录》提要称沈德潜说"敬业会试出汪东山撰之门，东山向日执后辈礼相见者也，至是敬业居弟子列甚恭，而东山仍事以前辈，时论两贤之"，《四库全书总目》提要较《总录》论述详明，但已没

---

① 永瑢等.四库全书总目：卷首 [M]// 凡例 .18.

② 永瑢等.四库全书总目：卷首 [M]// 凡例 .18.

有沈德潜评语。

国朝中书石门吴之振《黄叶村庄诗集、续集》，《总录》提要引用了沈德潜的评价"其诗亦近宋人"。《四库全书总目》提要则以"常选宋诗钞行世，故其诗流派亦颇近宋人"[①]代替沈德潜评语，且书名为《黄叶村庄诗集》，少《续集》之名，但却是含《续集》的诗集，"是编凡《初集》八卷，《后集》一卷，《续集》一卷。"[②]吴之振的诗近宋人，对宋学不满的四库馆臣，也就把它放入存目。

国朝吏部侍郎仁和汤右曾撰《怀清堂集》，《浙江采集遗书总录》提要称沈德潜说"浙中诗派前推竹垞后推西崖，竹垞学博每能变化，西崖才大每能恢张变化者，较耐寻味也，后有作者，几莫越两家之外"，而《四库全书总目》提要中"沈德潜"被"论者"代替，并且这本书因受康熙问询进呈的圣恩，被推崇到极致。《四库全书总目》称："蒙御制赐和，今刻冠斯集之首，实千古儒者之至荣。………论者称浙中诗派，前推竹垞，后推西崖，两家之间，莫有能越之者。今观二家之集，朱彝尊学问有余而才力又足以运掉，故能镕铸变化，惟意所如。右曾才足肩随，而根柢深厚则未免稍逊，齐驱并驾似未易言，然亦近人之卓然挺出者也。"[③]

综上所述，四库修书一则总结文化，一则却因政治缘故改篡或删毁了众多书籍，也毁灭了文化。当然，四库修书的功劳远远大于它的过失。

（2）禁毁书目[④]

四库征书，随着乾隆一再下旨许诺，官民顾虑消除，踊跃献书，各省征书工作得以大规模展开，纷纷进呈所征的书。随着进呈书籍的日增，违碍书籍的发现也越来越多。当书籍踊跃献纳已为定势后，征书工作也就开始由征转向禁。乾隆三十九年（1774）八月初五即下谕旨要求查办违碍书籍，并即行具奏，从此征书变为边征边禁了。"自三十七年征书令下，三十九年即大事检举，其后迭旨严查，饬令各省随处搜缴，至四十七年据兵部所报先后撤销，凡二十四次，烧毁书籍凡538种，13862卷，焚书浩劫，乃与四库开馆相终始，则稽古右文之盛，其真际固别有所在矣。复后十年，仍有切责各省查禁不力

---

① 永瑢等.四库全书总目[M].1654.

② 永瑢等.四库全书总目[M].1654.

③ 永瑢等.四库全书总目[M].1527–1528.

④ 此节因拙著《"四库总目学"史研究》及《〈四库全书〉与十八世纪的中国知识分子》中已有研究，兹就末及处补充一二，不再详述。

之谕"①。

查办违碍书籍有专门机构，一是红本处，专司办理内阁固有旧书。二是办理《四库全书》处，专司查办各省采进遗书。三是军机处，专司办理各省督抚奏缴进呈的违碍书籍。地方则在各省、府、州、县衙门设有收书局，派专门人员负责查办本地区的藏书及书肆的书。经核实后定为违碍的书籍，被层层上交，最后由军机处转办理《四库全书》处查核，由四库馆总纂纪昀、陆锡熊等协同各纂修承办这事，同时乾隆也亲加披览。审批以后，转原办督抚令他们将奏准的书目单咨文各省，通行查办。为方便查缴，江苏省在乾隆四十二年（1777）率先刻出禁书目录，分发各州县教官巡典查照，晓谕士民逐一检点。以后，各省大都刻有简明的《违碍书目》。②

下面兹就清代禁书书目四种见四库修书的禁毁。

一、英廉等编《全毁抽毁书目》。英廉于乾隆四十五年五月复奏乾隆四十五年四月十三日谕旨，称与纪昀等商酌，以各书内有词义违碍者，业经陆续查出，分次奏缴销毁，但卷帙浩繁，恐其中尚有应毁字句，应再行通加覆检，然后发回，庶无疏漏。乾隆准奏后派纂修翰林戴衢亨、蔡廷衡、潘廷筠、王春煦、吴裕德、吴省兰、孙希旦等十三员，将各省解送明代之后各书，逐一覆加检阅，详细磨勘，务将诞妄字句，删毁净尽，不致有遗漏。共应行销毁书一百四十四部，应酌量抽毁书一百八十一部，同纪昀逐加覆核，理合开具略节清单，同原书三百二十五部，二千一百二十三本，一并缴进，请旨分别销毁。奉旨将明代奏疏，广为搜采，裒集成编，此项书籍内，间有载入奏疏之本，或有可备采录之处，于书内详加查检，视其无有违碍者，逐篇抽出，汇交尚书房，以便选录编纂，仍将所抽页数，于每本上粘签声明，待尚书房选毕交出时，再将各书原片，另行缴进销毁，其余查无干碍之存目及重本各书，共计九千四百十六部，应遵旨发还各家，待命下后，交翰林院行文各该督抚等，令其遇便委员赴馆领回，转行发还，其应毁各书，恐外间尚有流传之本，仍开单行知，令各督抚一体查缴销毁。乾隆四十七年二月二十一日，奉旨将抽出应毁篇页存览，其应发回原各省各书，著发出再行查看。乾隆四十七年三月二十五日就查毁事回复。③

① 陈乃乾.索引式的禁书总录 [M]// 王钟麟序.北京：北平富晋书社，1932.

② 陈晓华."四库总目学"史研究 [M].116–117.

③ 丛书集成新编：第二册 [M]// 英廉等编.全毁抽毁书目 // 抽毁书目原奏.台北：新文丰，1985：311.

二、军机处编《禁书总目》。此书首先于各书目前列君臣往来谕旨奏疏。有安徽陈用敷奏展限一年以查禁书殆尽的上疏，及陈用敷上疏引发的乾隆五十三年（1788）五月初四谕旨、陈用敷上疏引发的乾隆五十三年（1788）五月初四谕旨发出后，兵部侍郎兼都察院右副都御史巡抚浙江等处地方提督军务加四级觉罗琅即奏因何不行查缴之处的奏疏，以及乾隆见觉罗琅上奏后再次发出的谕旨等。在乾隆五十三年（1788）五月初四谕旨中，乾隆要求各省务必再尽力查缴禁书，尤其点了江苏、江西、浙江三省的名，明确指出三省肯定还有未查缴到的禁书，理由是安徽尚非大省还搜缴未尽，何况本人文渊薮的这三大省。①从觉罗琅所奏看，他不行查缴之处的原因有三，一是人事变动，二是浙江确属大省难查缴殆尽，三是藏书家隐书不报。乾隆见觉罗琅上奏后再次发出的谕旨，则再次督促江浙等省悉心查察，并详至交代诸相关事宜，具体如下：如有应禁各书存留，即行解京销毁，俾得搜查净尽。将颁发各省进到遗书内，查出干碍全毁抽毁各书，并军机处颁行各省查办违碍书目及浙省历次奏解前册未载各书名目，再行汇刻，印刷成本，发交各府州县，各省儒学教职委员，传齐绅士地保坊铺书贾人等广为散给，遍布通行，使遐陬僻壤，咸得周知凡有存留书目开载各书，即日呈出。该州县学委员即日备文解交省局，以凭委员解京销毁，各该绅矜士庶，务各详细检查旧箧行笥，断编零帙，尽数呈缴，不使稍有遗匿，致干罪谴，其各凛遵毋违。②其次，于谕旨奏疏后分列全毁、抽毁二种书目。全毁书目，有《南渡录》《崇祯纪略》《明通纪续编》等，大多为有干碍的明朝史事；抽毁书目，如《亭林遗书》，被抽毁的理由是"查此书系昆山顾氏撰以所著十书合为一编，内除《亭林文集》《亭林诗集》二种中均有偏谬词句，应行销毁，又《昌平山水记》一种亦有乖谬之处，应行抽毁外。其《左传杜解补正》《九经误字石经考》《金石文字记韵补正觚十事》及《顾氏谱系考》等七种，均系辩正经史之书，有补考证查无干碍，应请毋庸销毁。"③《评订唐诗鼓吹》，被抽毁的理由是："查此诗系元中书左丞郝天挺所撰，唐柳宗元等九十六家七言律诗，廖文炳为之解，国朝康熙中朱三锡又加以评论、刊行。书中所录，皆唐人诗句，其评注亦多随文诠解，查无违碍。外省盖因坊间别有陆贻典所刻本，前载钱谦益序

① 丛书集成新编：第二册 [M]// 军机处编 . 禁书总目 .321.

② 丛书集成新编：第二册 [M]// 军机处编 . 禁书总目 .322.

③ 丛书集成新编：第二册 [M]// 军机处编 . 禁书总目 .322.

文，见此书名目相同，遂致牵连并毁，未加分别，应请毋庸销毁。至陆贻典本，应令查明，将钱谦益序文抽毁，其郝天挺本书，仍毋庸一概销毁"①。看来，《评订唐诗鼓吹》还算幸运，由于当时清政府的慧识与恩典，只是抽毁了钱谦益序文，免了被销毁的命运。军机处对《评订唐诗鼓吹》由全毁改为抽毁，说明四库修书期间有对书籍的过度禁毁，但严密的修纂程序，检查制度，也使得过度禁毁得以不断纠正，一定程度上减少了对书籍的不当禁毁。

三、荣柱刊《违碍书目》。兵部侍郎兼都察院右副都御史巡抚河南等处地方兼提督衔节制全省军务并驻防满营官兵兼理河道加二级纪录四次郑为钦奉上谕事称，乾隆四十三年十一月初四日，内阁钞出，奉上谕，前经降旨督抚查违碍书籍并令明白宣示，如有收藏明末国初悖谬的书，应急时及早交出，与收藏的人并无干碍。又因王锡侯逆词一案，并令各督抚一体严查，虽节经各督抚陆续收缴进呈，譬如常人，倘若遇到诟骂自己祖宗的文字，也不会视而不见，何况国家呢，何况食毛践土的臣民，但查办后仍有续获的书，非近日不认真，都是由于以前忽略了。②

这个时期正是四库查缴禁毁书籍最严厉的时候。自江苏省在乾隆四十二年（1777）率先刻出禁书目录，分发各州县教官巡典查照，晓谕士民逐一检点。以后，各省大都刻有简明的《违碍书目》。这个时期的清政府一方面严谕切责查办违碍书籍，一方面为令查缴名正言顺也一再解释为何查缴，并且刊刻违碍书目晓谕警示天下，以便销毁殆尽违碍书目。

由上可见，四库修书，查禁书籍，是非常严密的。不过，我们要佩服乾隆君臣，竟然不怕授后人把柄，留下诸种禁毁书目。当然，我们要辩证对待四库修书禁毁书籍。四库修书，书籍由征到禁到毁，有一个过程，乾隆并非专门为禁毁书籍而征书。被禁毁者主要是违碍书籍。此外，有的书籍被禁毁，确实是书籍本身质量的问题，或确实淫秽低下有伤风化不堪入目。而当书籍禁毁过度时，乾隆等也进行了一定的纠正。但正如四库馆存在的管理漏洞，是历代官方开馆修书不可治愈的弊病一样。一旦开始禁书，就不是乾隆能完全左右的了。他能做的，就是以帝王之尊干预，一定程度纠偏罢了。他如此做了，他的臣下也如此做了。况且四库所禁毁的书籍难以连根拔除，也有奏而未毁的。因为四库采书时，并未能采齐当时天下藏书，所采进书中被要求禁

---

① 丛书集成新编：第二册 [M]// 军机处 . 禁书总目 .322

② 丛书集成新编：第二册 [M]// 荣柱刊 . 违碍书目 .346.

毁的书籍，宫外很可能尚有藏本。且系于各种原因，要求禁毁的书籍实际上并未全部禁毁。如李清的《诸史同异录》《南北史合注》《南唐书合订》《列代不知姓名录》，以及周亮工的《读画录》《书影》《闽小纪》《印人传》《同书》，吴其贞的《书画记》，潘柽章的《国史考异》等书被要求禁毁，其提要也被要求从《四库全书总目》提要中删除。但是清宫中仍然留有这些书的副本，书前提要也依旧保存（《诸史同异录》和《同书》未见）。亦即，他们的书虽被奏毁，但实际上只是撤出或扣除。陈垣指出："惟抽毁对全毁言，谓书中有一叶或数叶应抽出毁板也。若周亮工、李清之书，除《诸史同异》有旨销毁外，其他虽经奏毁，实只撤出或扣除，撤出对著录言，扣除对存目言。今故宫此类书善本既残留多种，可为未毁之证，故此等提要，应名'四库撤出书提要'，或'四库扣除书提要'，较为得实。"[①] 也就是说，虽然从一系列官方发出的命令看，四库修书期间，禁毁书籍有序而严密，但实际上，四库禁毁并没有那么严格，禁毁原则也没有遍及所有的书。

2.《天禄琳琅书目》及其《后编》

乾隆九年（1744），乾隆命内廷翰林检阅内府藏书，择宋元明各朝善本进呈览定，珍藏在紫禁城内昭仁殿，亲书"天禄琳琅"榜幅。"天禄琳琅"藏书在嘉庆二年（1797）遭遇火灾，其后重新搜集整理的书籍为天禄琳琅续藏。

乾隆四十年（1775），为配合四库修书，敕内直诸臣兼任四库副总裁的于敏中领衔编撰《天禄琳琅书目》十卷，著录图书429种。每书先列篇目，篇目下附函数册数，次详考证，次订鉴藏，次胪列阙补，抄录乾隆御制诗文题识放在旧跋之前。四十六年（1781）著录入《四库全书》及《四库全书总目》，是中国第一本官修善本书目，既注重考证，也讲究鉴赏，是版本学与目录学的集成者。嘉庆二年（1797）《天禄琳琅书目》遭遇火灾后，由彭元瑞等奉敕撰《天禄琳琅后编》二十卷，著录图书664部。合计二书，共著录宋金元明及影宋钞本1093部。二书长期只有钞本流传，光绪七年（1881），王先谦在京师购得旧钞本，携归长沙。十年，经校勘而刊行面世。[②]

《天禄琳琅书目》，依版本为序，各版本以经史子集为类，每类以时代先后为序，1–3卷为宋版，著录宋版经史子集书籍70种，附录金版史部1种；4卷为影宋钞本，著录影宋钞本经史子集208种；5–6卷为元版，著录元版经史

① 吴泽主编.陈垣史学论著选[M].上海：上海人民出版社，1981：394.

② 于敏中，彭元瑞等.天禄琳琅书目；天禄琳琅书目后编[M]//徐德明.整理说明.上海：上海古籍出版社，2007：1-2.

子集书籍81种；7-10卷为明版，著录明版经史子集书籍251种。卷首列乾隆丁卯《御制题昭仁殿诗》及乙未重华宫茶宴用"天禄琳琅"联句诗。联句诗作者大多为四库馆臣，有舒赫德、于敏中、李侍尧、富隆安、官保、王际华、蔡新、稽璜、英廉、彭元瑞、阿肃、达椿、汪永锡、曹文埴、沈初、纪昀、陆锡熊、陆费墀。他们的诗中多次谈及四库修书。如舒赫德道："四库旧曾赓竹素，上年茶宴以《四库全书》联句。"[1] 由修纂《天禄琳琅书目》并谕敕做联句诗想到四库修书，以及往年谕敕以《四库全书》联句的事。李侍尧以"积来玄圃陋曹仓"[2]，赞乾隆右文之功。官保"总胪目举目归纲。宋板及影宋钞全入题咏，亦如《四库全书》例，以经、史、子、集为次。其元、明版，则各举其尤佳者入咏"[3]，则谈及版本，以及与四库修书一样的编纂体例。沈初则指出天禄琳琅修书与四库修书的区别，天禄琳琅修书为弄古，四库修书为辑今，他说："辑今弄古非同事，天禄文渊故别藏。旧藏宋、金、元版书籍，汇为'天禄琳琅'。至新辑录之《四库全书》，则特建文渊、文源、文津三阁分贮之。"[4] 陆费墀则明言四库三阁命名，以及《天禄琳琅书目》之修为四库修书服务的旨意："联咏服膺源出水，御制三阁记，并以水言文，涵汇万有，源委一贯，以四部为六义，乃诗之渊源也。臣陆费墀。御制：剪编拭目派归沧。所收各种，并即缮入《四库全书》。"[5] 此外，《天禄琳琅书目》也如四库修书体例，各部书籍依经史子集分类。每类之中宋元明刊版及影写宋本各以时代为序。每书之首经御制题识者，则录于旧跋之前，以昭艺林荣遇。而它如尤袤《遂初堂书目》之例一书而两刻皆工致，如汉秘书副例一版而两印皆精好者，都一并著录，以及每书详及锓刻年月及收藏家题跋印记，[6] 则可以补四库修书版本不详的遗憾。

《天禄琳琅书目》的特色如下：

其一，注重知人论世。每书大多详述作者生平，学术渊源。

其二，意在鉴藏，所以注重版刻源流，题跋姓名，收藏印记，并详述藏书家生平，考收藏家印记。在判定版本方面，后世学者所总结的鉴别版本的

---

① 于敏中，彭元瑞等.天禄琳琅书目；天禄琳琅书目后编 [M]// 天禄琳琅鉴藏旧版书籍联句有序 .4.

② 于敏中，彭元瑞等.天禄琳琅书目；天禄琳琅书目后编 [M]// 天禄琳琅鉴藏旧版书籍联句有序 .4.

③ 于敏中，彭元瑞等.天禄琳琅书目；天禄琳琅书目后编 [M]// 天禄琳琅鉴藏旧版书籍联句有序 .4.

④ 于敏中，彭元瑞等.天禄琳琅书目；天禄琳琅书目后编 [M]// 天禄琳琅鉴藏旧版书籍联句有序 .8.

⑤ 于敏中，彭元瑞等.天禄琳琅书目；天禄琳琅书目后编 [M]// 天禄琳琅鉴藏旧版书籍联句有序 .9.

⑥ 永瑢等 . 四库全书总目 [M]// 钦定天禄琳琅书目 .731–732.

方法，几乎都有体现。兹举数种方法以见一斑。

（1）以避讳、版式纸质墨色定版本时代。如以宋光宗以前皇帝名讳都缺笔，有宋版常有的每卷末详记经注音义字数的样式，判定1涵5册《周易》为南宋刊本。以涉及宋朝皇帝都空格，遇宋讳，都缺笔，断2函20册《唐宋名贤历代确论》为宋刻。以版式纸质判断黄庭坚著、任渊所选《黄太史精华录》为元时刻本。以墨黯纸黝判定陆九渊3函18册《象山先生集》不是宋本而是元翻刻本。以字画不匀、纸墨黢黝判定10函60册《宋名臣言行录》不是宋椠，而是元时翻刻本。

（2）以体例断版本。《纂图互注荀子》标为纂图互注，书中于倞注外又加重言、重意、互注诸例，与经部宋本《毛诗》《周礼》《春秋经传集解》三书正同。图样、字体、版式，也复相等，大概当时帖括之类书籍不只刊印经文，还刊印有与经文相关的内容。①判定《纂图互注荀子》为宋本。

（3）以目录著录、题跋等断版本时代。整部书目，常以陈振孙《直斋书录解题》、晁公武《郡斋读书志》等著录情况判定书籍真伪版本源流。此外，题跋等也是《天禄琳琅书目》判定版本的一个方法。如以黄庭坚著、任渊所选《黄太史精华录》中朱承爵跋自称曾得到过任渊只有目录的大约为宋元祐间刻本的《精华录选》，可惜此书只有目录却没有正文，于是辑录文辞使此书完整，判定朱承爵不是宋朝人，进而再辅之其他特征证明有朱承爵跋的为元时刻本。此外，每书目提要后必出的藏书印也是其判定版本的重要依据。

《天禄琳琅书目后编》，开端列9部御制书目，其后依宋元明本顺序，各系经史子集四部书籍，一一为之提要钩玄。与《天禄琳琅书目》相比，书目增多，且提要或相侔或有后来居上之势。以《易》类为例，于《天禄琳琅书目》仅《周易》外增加《周易本义》《大易粹言》《童溪王先生易传》《周易辑闻》。就《周易》而言，提要优劣不相上下，大旨也相近，但内容略有不同。不同在于《天禄琳琅书目》《后编》所选藏本不一。《天禄琳琅书目》为毛晋藏本，《天禄琳琅后编》为王世贞藏本。毛本王本藏书印不一，所以二提要不同即在藏书印说明上。《天禄琳琅书目》称毛晋以"宋本"印下加"甲"字来定宋本中最精者，《后编》称王世贞以"伯雅""仲雅""季雅"别宋本等次。《天禄琳琅书目》册数为五，《后编》为四，二书目函数相同。天禄琳琅失火后，毛本被毁，只好用册数少一册的王本补足。版本方面，《天禄琳琅书目》只定为

---

① 于敏中，彭元瑞等 . 天禄琳琅书目；天禄琳琅书目后编 [M]// 纂图互注荀子 .45.

南宋本，《后编》则细至淳熙、乾道年间刊本。

四库修书后，各目录书受四库影响颇深，这在《后编》上也体现了出来。《后编》某些论述有后来居上的态势，且还可纠正四库的不足。如《大易粹言》，《后编》认为四库不必把曾种撰写改为方闻一编纂，把方闻一列名校勘即可，可达不必远改《宋史・艺文志》近驳朱彝尊《经义考》的效果。《吴越春秋》，四库据元大德十年丙子重刊本，称不知作序作者的名字。《后编》据宋本指出序为徐天祜所写，因为序中"明列衔名"[①]。

（三）四库修书及其前后书目题跋与目录学家代表

1. 官修《明史・艺文志》

《明史・艺文志》以黄虞稷《明史艺文志稿》为基础，由总校王鸿绪增删，以朱彝尊《经籍志》补充，最后由张廷玉定稿而成。

黄虞稷所修《明史艺文志稿》，是在自己所修藏书目录《千顷堂书目》基础上修成的。而《明史・艺文志》之所以用一私人所修目录书为蓝本，是因为明代官修书目大多质量不高，内府藏书也不丰富。如可以算得上明代官修书目中较好的杨士奇所编《文渊阁书目》，也有学者认为它仅为"检书簿册"，"潦草粗疏，不足为据"，且所著录大多是宋元旧本。而私修，如明万历中修撰焦竑所辑《国史经籍志》则"号称详博。然延阁广内之藏，竑亦无从徧览，则前代陈编，何凭记录，区区掇拾遗闻，冀以上承《隋志》，而赝书错列，徒滋讹舛"[②]，在这种情况下，就采用了收录明代书目比较全面的黄虞稷所修书目。也正因为如此，《明史・艺文志》改著录一代藏书为著录明一朝书籍，开而后各补史志艺文志大都记录一朝书籍的先河。

《明史・艺文志》分经史子集四部三十五类，经部十类：易、书、诗、礼、乐、春秋、孝经、诸经、四书、小学，共949部8746卷；史部十类：正史、杂史、史钞、故事、职官、仪注、刑法、传记、地理、谱牒，共1316部2851卷；子类十二类：儒家、杂家、农家、小说、兵书、天文、历数、五行、艺术（附医书）、类书、道家、释家，共1070部39207卷；集部三类：别集、总集、文史，共1398部29966卷。每书著录作者、书名、卷数，个别有附注，如："朱升《周易旁注前图》二卷、《周易旁注》十卷""鲍恂《大易举隅》三

① 于敏中，彭元瑞等 . 天禄琳琅书目；天禄琳琅书目后编 [M]// 吴越春秋 .482.

② 张廷玉 . 明史：卷九六 [M]// 艺文志 .2344.

卷又名《大易钩玄》"①，没有大序小序及解题。共收 4633 种书籍，但并非明代书籍的全部。比如说野史，牵涉正统问题与清政府忌讳，几乎没有入著，而为了使体例整齐划一，也删掉了一些"卷数莫考、疑信未定"②的书籍。这些都影响了著录的全面性。

此外，分类也有不当之处。如实录、纪事本末、编年、别史，以及部分杂史都列于正史，医书入艺术类，谱牒不收目录类，道家目录、释家目录入道家类、释家类，集部列文史类，收诗文评、诗话等诗文理论著作，如张大猷《文章源委》、李东阳《怀麓堂诗话》等。这种分类，分类者显然意识到理论著作的重要性，所以单列一类，以区别于其他诗文集，突出它的独特性。但从分类标准上来看，却不严密。因为这些文史类所涵括的书籍，与别集总集在内涵外延上有交叉的地方。如这些诗文理论著作是作者本人诗文理论著作，就属于个人著述，所以入别集也是可以的。若这些诗文理论著作是汇编性质的，如程元初《名贤诗指》、王昌会《诗话汇编》，入总集也是可以的。所以归类就未免不当。不过，史部专门列刑法一类，子部把名、墨、纵横等入杂家，子部所列兵书一类，都符合书籍和学术发展实情，是它可以褒赞的地方。

2. 私修书目题跋

乾嘉目录学最重要特色之一即为考据。晚清学者叶德辉在《书林清话》中曾这样说："近人言藏书者，分目录、版本为两种学派，大约官家之书，自《崇文总目》以下至乾隆所修《四库全书总目提要》，是为目录之学。私家之藏，自宋尤袤遂初堂，明毛晋汲古阁及康熙乾嘉以来，各藏书家断断于宋元本旧钞，是为版本之学。然工者皆兼校雠，是又为校勘之学。本朝文治超轶宋元，皆三者为之根柢"③，此评正反映出乾嘉时期包括目录学在内的学术以考据为主的特色。

乾嘉目录学考据特色得从两个层面来看，一是在这个考据之风下，总体而言，多专门之家，镜像不够开阔，视野拘囿，流连于校勘、版本、鉴赏、考订之间，相对顺康目录学大都并重考据义理而言，气势显然不够；一是出现了以考据名家的博通之士致力目录学。今以顾、黄二家析第一个层面，以

① 张廷玉. 明史：卷九六 [M]// 艺文志.2344.

② 张廷玉. 明史：卷九六 [M]// 艺文志.2344.

③ 民国丛书编委会. 民国丛书：第二编 [M]// 叶德辉. 书林清话：卷一 // 版本之名称. 上海：上海书店出版社，1991：25.

钱大昕、阮元见第二个层面。

（1）顾广圻与黄丕烈

顾广圻与黄丕烈，傅增湘曾对二人有一精彩论述。傅增湘道："近世之人推尚荛圃，辑刻题识，至于再三，长笺短跋，搜采不遗。其手校之书，尤为世贵。《稗书小集》一卷，悬值百金。肆贾挟以居奇，而人且惟恐或失，甚至以藏书自鸣者。若家无荛圃手校之书，百城因之失色。而顾于涧蘋校录之书，乃澹然若忘，而莫知崇贵。是知庸耳俗目，固不知以言真赏也。夫荛圃当乾嘉极盛之时，居吴越图籍之府，收藏宏富，交友广远，于古书板刻先后异同及传授源流，靡不赅贯。其题识所及，闻见博而鉴别详，巍然为书林一大宗，举世推挹之，宜矣。至于涧蘋先生者，受业于江艮庭，传惠氏遗学。当时名贤大师，皆得奉辞承教，故于经学训故，咸所通晓。其校勘之精严，考订之翔实，一时推为宗匠。即荛圃亦自愧弗如。士礼居所刻诸书，泰半经其正定，斯可谓两贤相得而益彰者矣。"[①]傅增湘所道，高度赞扬了顾广圻和黄丕烈在目录学方面同等的成就，指出了二人在书籍校刻方面密不可分的关系，以及二人各自所擅长之处。黄丕烈财力富于顾广圻，所藏甚富，在鉴赏版刻方面超越顾广圻，但在校勘精严考订翔实方面实不如顾广圻。

我们先来看看顾广圻及其《思适斋书跋》。

顾广圻（1770—1839），字千里，号涧苹、涧蘋，别号思适居士、一云散人、无闷子，元和（江苏苏州）人，嘉庆诸生。自少酷爱读书，从吴县江声习得经学，于经史、诸子、训诂、历算、舆地等学科无不贯通，尤精于目录学。当时研究目录学者无不盛赞顾氏的目录学成就，把他与王俭、阮孝绪相提并论，纷纷延请他为自己校书。如鄱阳胡氏所刻《文选》《资治通鉴》、阳城张氏所刻《礼记郑注》、阳湖孙氏《说文解字》《唐律义疏》、全椒吴氏所刻《韩非子》、吴门汪氏所刻单疏本《仪礼》等，款式字体全模仿宋本，人称精妙之处有超出宋本者，全是顾广圻校勘的。叶昌炽夸赞顾广圻校书功力道："铅椠终年理董勤，几尘风叶扫缤纷。误书细勘原无误，安得陈编尽属君。"[②]而顾广圻也实如叶氏所言，力求不自欺，不欺书，力存书籍真实面目，以传于后世，在《礼记考异跋》中提出书当以不校校之。他自号"思适居士"，就是欲仿效北齐著名文学家邢邵拥有大量藏书而不甚雠校的成例，认为"且误

---

① 顾广圻.思适斋书跋 [M]// 傅增湘.思适斋书跋序 .1.

② 丛书集成初编 [M]// 叶昌炽.顾广圻涧苹.北京：中华书局，1991年版，第：737.

书思之，更是一适"①的一适，正是深谙书籍当以旧存旧之道后的最佳收获。

有这等不校而校理念的顾广圻，自是超越一般藏书家，他的考辨校勘成就也值得大家学习借鉴。他考辨校勘书籍特色如下。一是继承以音韵文字训诂通经史之义的清代学术通则，并用在校勘书籍上。

清代汉学，自顾炎武等开以文字音韵通训诂，以训诂通经学之道，即所谓"读九经自考文始，考文自知音始"②，"夫六经皆以明道，未有不通训诂而能知道者"③，有所成就的汉学家无不致力于此。顾广圻师从江声，江声师从惠栋，以惠栋为首的吴派学者"皆陈义《尔雅》，渊于古训是则者也"④。以吴派学者博学尊闻的特点，深得音韵训诂精髓的顾广圻，他治学自是守师法的不二者。于此，傅增湘曾有中肯评价，他指出了顾广圻在目录校雠方面立足音韵文字通经的倾向，肯定了他上承何焯、卢文弨，与钱大昕、王念孙父子同等重要，足以启下的地位。

确如傅增湘所言，顾广圻治目录学注重从音韵文字入手。如他以书内有"构"字作御名确定毛扆手校《三辅黄图》是南宋高宗时刻本，⑤他自言校书心得："广圻由宋本而知近本之谬，兼由勘宋本而即知宋本亦不能无谬。意欲准古今通借，以指归文字；参累代声韵，以区别句逗。经史互载者，考其异；专集尚存者，证其同。而又旁综四部，杂涉九流。援引者沿流而溯源，已佚者借彼以订此，未必非此学之功臣也。体用博大，自惭谫陋，惧弗克任，姑识其愿于此。"⑥并剖析自己为学之道意在"持音韵文字之原，以通经史百家之义"⑦。所以顾广圻欣幸自己的朝代右文使小学得以光大发扬⑧，表彰段玉裁在文字音韵方面的成就。认为段玉裁是学以名家者，所著且刊刻的有《六书音均表》、未刻有《说文注》等若干种。而且自己是被段玉裁视为除王念孙之外的又一知己，对自己遇之至诚至厚。⑨道出自己与段玉裁在文字音韵方面的共同

① 李百药.北齐书：卷三七//邢劭传.上海：上海古籍出版社，2007：10332.
② 顾炎武.亭林文集：卷四//答李子德书.北京：中华书局，1983：73页.
③ 四部丛刊初编[M]//钱大昕.潜研堂文集：卷三三//与晦之论尔雅书.上海：上海书店，1989：13.
④ 章炳麟.訄书[M]清儒第十二.徐复，注.上海：上海古籍出版社，2000：144-145.
⑤ 顾广圻.思适斋书跋[M]//三辅黄图六卷明刻本.秀水王氏学礼斋刊本.10.
⑥ 顾广圻.思适斋书跋[M]//文选六十卷校宋本.18.
⑦ 顾广圻.思适斋书跋[M]//傅增湘.傅增湘序.2.
⑧ 顾广圻.思适斋书跋[M]//补刊集韵序.118.
⑨ 顾广圻.思适斋集[M]//刻释拜序.徐渭仁刻本，道光二十九年：3.

志趣与惺惺相惜。不过，二人后来因在校勘方法原则、校勘成果处理、对待古本态度上意见相左，而分道扬镳。从前二人之间的互相肯定也被否定，二人之争正是乾嘉皖、吴二派之争的缩影，学术之争最后演为门户意气之争。顾广圻重古本，以本校、对校为主，不超汉唐等旧说。段玉裁不重旧本，认为未有真古本，以他校、理校为主，广取古今之说，定底本正讹，断立说是非，体现出皖派才高意广。与顾广圻不校而校重旧本旧说家法，取径截然不同。当然，二者其本都在恢复古书原貌，并无质的区别。正是究心实学的缘故，他自言生平痛恨言之无物意不在书却以"繁文众词自我作古冀博善读书之名"①之类沽名钓誉的文词家。

二是注重以版本源流纠谬正讹，并确定版本优劣。

关于自己学问倾向，顾广圻曾自言"余发甫燥，即获交鲍丈以文，每与纵谈古书渊源"②，表明自己尽力版本校雠之学的学术喜好，确定下自己汉学家的身份。确然，顾氏为乾嘉目录学家中成就斐然者。他尤其精湛于在明版本源流中纠谬正讹，定版本优劣，断前人是非。如《广韵五卷元刻本》的版刻源流，他指出传是楼所藏宋椠者为泽存堂刻本的祖本，曹楝亭所藏宋椠第五卷配元椠者是局刻本的祖本，元椠者是明内府刻本及自己家藏的顾炎武重刻本的祖本。顾炎武重刻本所称的"元本"是指原来的版本，顾炎武并未曾见元椠，所讹都与明内府本同。而朱彝尊误认为是明代的中涓删注始成的略本，不清楚缘何得出这个结论，认为非得见早在元代的祖本，才能定各本所以然。并指出朱彝尊把这当作麻沙小字宋椠本，这就像书估所为一样，没有什么值得凭信的。此外，又指出局刻本所配入声，与这也迥异，疑宋代别有配有入声的略本流传下来，所以附带一笔记录下来以等待日后的考证者释疑。③在对版本源流的梳理中，证各版优劣，定前人是非。再如他从《五代史补五卷校本》版本源流分析得出这本书的足本当有107条。并以晁公武、陈振孙、《文献通考》备引两家，都说有107条，来证明毛扆《汲古阁书目》所道仅104条，实际上是脱漏了3条。继而用《挥麈余录》曾引毋昭裔刻《文选》，但今本却没有引用等各书引用情况来证明自己论证的正确，解决了王士祯《居易录》因王明清曾引用过除汲古阁书目所道104条外的3条，但汲古阁所藏本却没有，

---

①　顾广圻.思适斋集[M]//焦氏易林后序.12.

②　顾广圻.思适斋书跋[M]//金石录十卷宋刻残本.19.

③　顾广圻.思适斋书跋[M]//广韵五卷元刻本.16.

疑不能决的困惑。①

不过，梳理版本源流，必然涉及品评论定前人。于此，顾广圻是尊重前辈，态度端正的。他曾感慨，自己确实很难达到前辈的水平。②但是他不能盲目崇拜前人，前辈有错误，出于对学术负责热爱书籍，他有责任指正。对自己识力不够，无法校正的，他以待爱惜古人者③。这也是一种对古人的护惜。在他的书跋中，我们经常可以看到他对毛扆、何焯等前辈学者的指正。如："此临毛斧季校，续得诸书贾。斧季多见旧刻名钞，亦懵然不知有大小字之说。盖其误久矣。"④"义门虽知用《隶释》互勘，然所取仅载此跋尾之三卷耳。他如原碑全文散在《隶续》中者，且未遑细较，又曷怪其多误改也。重读益叹叶本之妙。"⑤"《金石录》叶文庄手钞首尾两叶本，康熙己丑何义门收得。中后有二跋者最善，至钱罄室钞本便稍有失真处，雅雨堂据何别本刊行，虽何校有'真从叶书钞录，脱误至少'语，实不能然也。又其所称钱本非何亲见，乃从陆敕先传得，故并多讹。今悉用钱叶真本细勘一过，以叶本为主，而附钱本异同。叶本所有何校亦颇与此出入，因并跋仍录焉。"⑥等等，既实事求是又礼敬前辈。

此外，在定是非方面，他还注重避讳知识的运用。他通过避讳发现《思荀子二十卷宋刻本》不特在熙宁、元丰后，而且在淳熙之后多年。⑦

而在顾广圻考据校勘的诸多对象中，自己所藏是其一重点。与同时代目录学家一样，顾氏也好藏书，并且和他们一道为书籍忠实的卫护者。观顾广圻《思适斋书跋》，顾氏爱书护书之情跃然纸上。他偶然在坊间阅到乾隆时藏书家汪启淑《文薮》，感慨汪启淑"开万楼"藏书虽不算精但也很丰厚，转眼只二朝时间便零落，于是购买回家与另一本校对。⑧他视书籍因版刻而来的舛误为书籍之厄⑨，诸如此类，无不显露出他拳拳于书籍之心。

基于书籍难以见遍，且又那么易散，他劝诫世人应加倍惜书爱书，借书

---

① 顾广圻.思适斋书跋[M]//五代史补五卷校本.26-27.

② 顾广圻.思适斋书跋[M]//玉琴斋词不分卷稿本.26.

③ 顾广圻.思适斋书跋[M]//经典释文三十卷校本.7.

④ 顾广圻.思适斋书跋[M]//洛阳伽蓝记五卷校本.14.

⑤ 顾广圻.思适斋书跋[M]//金石录十卷校钞本.19.

⑥ 顾广圻.思适斋书跋[M]//金石录三十卷校本.20.

⑦ 顾广圻.思适斋书跋[M]//荀子二十卷宋刻本.1.

⑧ 顾广圻.思适斋书跋[M]//文薮十卷明刻本.10.

⑨ 顾广圻.思适斋书跋[M]//经典释文三十卷校本.7.

于人也要慎重。当然，他所言借人慎重只是希望书籍托付得人，不至流散，并非秘书不出。因为在言慎重借书与人的同时，他提出多刊刻广流传来防止书籍散佚，并常劝人刊刻书籍。在《思适斋书跋》中常见他说："颇思得好事人重刊，未知缘法如何耳。"① "借平津馆藏本，钞工费白金一两，藏之箧中。暇日当细为勘定，以俟好事，镌诸木云。"② "倘后有好事重付剞劂，则《道藏》之真面目可从此而识矣。"③ 四库修书所欲推广的公藏理念体现无遗。

此外，从他所藏书也可见清代藏书家书籍传承情况。清代藏书家既注意典藏也注意流通，私密者不多，他们互借互观的事迹清晰可循。兹举数例见之。如《易林十六卷校本》是从余姚卢抱经学士临本传录，《易林十六卷明刻本》是嘉庆乙丑十月借于黄荛圃，临校尽赍④。红豆先生手校过《曲洧旧闻》《曲洧旧闻》的《秘笈》本在小读书堆、他借临鲍君渌饮新刻的《秘笈》本，新刻《秘笈》本与红豆先生手校过的《秘笈》本正好同一。⑤《履斋示儿编二十三卷钞本》是嘉庆己卯借汪阆源所藏刘氏学礼堂刊本校正的。书籍传承之迹清晰可寻。

在考校书籍中，顾广圻对理论也有所总结。他的目录学是含版本的目录学，他所言"书之为物至多，人生读之难徧。以谢山之博览而弗知北宋本之尚存。如仆者，虽知别有南宋本，而垂老始获一见于柯溪之得，然则目录之学亦岂易言哉"⑥ 的目录学即含版本在内的目录学。故而，他尤其强调读书刻书要重视善本，他的善本即祖本、钞本、旧本。在他看来"书以本愈旧为愈佳"⑦"书以弥古为弥善，可不待智者而后知矣"⑧。那些认为书不必讲版本的，如荛翁门下士，"将自欺耶？将欺人耶？"⑨

所以汲古阁毛氏刻《十三经》因仍万历监刻非善本，而古余先生以早出且为精校熟雠宋本易之则为善本⑩。所以即使如《字类》繁本，虽然翻刻者也

---

① 顾广圻.思适斋书跋 [M]// 淮南子二十一卷校本.21.

② 顾广圻.思适斋书跋 [M]// 淮南天文训补注二卷钞本.21–22.

③ 顾广圻.思适斋书跋 [M]// 淮南子二十一卷校本.21.

④ 顾广圻.思适斋书跋 [M]// 曲洧旧闻十卷校本.23.

⑤ 顾广圻.思适斋书跋 [M]// 履斋示儿编二十三卷钞本.25.

⑥ 顾广圻.思适斋书跋 [M]// 新集古文四声韵.14.

⑦ 顾广圻.思适斋书跋 [M]// 逸周书十卷校本.12.

⑧ 顾广圻.思适斋书跋 [M]// 蔡中郎文集十卷外传一卷校本.11.

⑨ 顾广圻.思适斋书跋 [M]// 蔡中郎文集十卷外传一卷校本.11.

⑩ 顾广圻.思适斋集 [M]// 合刻仪礼注疏跋丙寅.1.

颇古雅，但仍然应以旧钞为重，并用卢抱经曾言"不可以有刻本而弃钞本"①的告诫及"单看不觉其荒谬，借到底本一覆，其病万端"②来证明己论，并指出版本著录至为重要。因为自宋以来，版刻众多，同为一书者，有内容出入颇多的版本。同名之书，也难确定是否同为一书。而藏书家目录，大多经史分明，各部下罗列书目，但却不别版本，致使某书到底是否为某书，难以确定，更何况品评这书的精粗美恶。目录学要在得刘向刘歆目录学之旨的基础上讲求变通，随事立例。为此，他表扬在这方面做出贡献者。他说："今先生此目，创为一格。各以入录之本详注于下，既使读者于开卷间目憭心通，而据以考信，遂不啻烛照数计。于是知先生深究《录》《略》，得其变通。随事立例，惟精惟当也。特拈出之，书于后，为将来撰目录之模范焉。"③

当然，要讲版刻，得版刻方面人才也至关重要，所以他总结刻书有三难："所据必善本而后可，一难也；所费必多赀而后可，二难也；所校必得人而后可，三难也。此三者不具，终无足与于刻书之数，岂非难乎？"④

无有精于版刻的人无以得善本刻好书，这似乎是顾广圻在讲自己。他无力购买善本无力刊刻，所以常替人校勘书籍，寄希望于好事者刊刻书籍。

在长期考校书籍实践中，顾广圻还是认识到目录学为读书治学门径的目录学家之一。他感于书籍聚散，指出因目聚书，因书究学，将事半功倍。他说："书之难聚而易散，自古云然。……今夫书之有目，其途每殊。凡流传共见者，固无待论。若夫月霄之目，乃非犹夫人之目也。观其某书，必列某本旧新之优劣，钞刻之异同。展卷具在，若指诸掌。其开聚书之门径也欤。备载各家之序跋，原委粲然，复略叙校雠、考证、训诂、簿录汇萃之，所得各发解题。其标读书之脉络也欤。世之欲藏书读书者，苟循是而求焉，不事半功倍欤。"⑤那么，如何使书目著录完善以更好发挥其读书治学门径功用，顾广圻认为应在历来书目式样基础上变通，改从易简，以避免烦冗。他说："但悬计卷帙，未免过于重大。岂独观成非易，即将来之刊印以及日后购藏流行等类，恐皆较难。莫似变而通之，改从易简，避去自来书目式样，用赵明诚《金石录》例，先将六千部之目，每部下只用细字注时代、撰人及何本一行、分

---

① 顾广圻.思适斋书跋 [M]// 班马字类五卷景宋钞本 .18.

② 顾广圻.思适斋书跋 [M]// 校勘舆地广记札记二卷校士礼居刻本 .29.

③ 顾广圻.思适斋书跋 [M]// 石研斋书目序乙丑三月 .168.

④ 顾广圻.思适斋集 [M]// 知不足斋序庚午六月 .1.

⑤ 顾广圻.思适斋集 [M]// 张月霄书目序丁亥七月 .11 –12.

若干卷列于前。复将每书案语择其精华，做成跋体，不必部部有跋，亦不必跋跋自始至末，胪陈衍说。其无甚要紧及读者自知，则置而勿论。亦分若干卷列于后，通为一书，约在百卷内。似于作者、观者两得其便，且又可以径而寡失也。"

关于校书，他说书籍传写必讹，落叶难扫，正如颜之推所言校书实为不易，但"即有书不知较雠，与无书等，只蠹损湿烂耳"①，故而书籍的校勘仍是首要的事，但他在强调校书的同时也同样重视不校而校。因此他以《曲笔》《鉴识》二篇，并没有错简，但冯氏阅本，万历所刻都有错误，并且连何焯这样的校勘名家尚且不能纠正为例，来证明校书不易。②至于为什么校书不易？他明白告知世人："盖以校书之弊有二，一则性庸识闇，强预此事。本未窥述作大意，道听而涂说，下笔不休，徒增芜累。一则才高意广，易言此事，凡遇其所未通，必更张以从我。时时有失，遂成疮痏。二者殊途，至于诬古人、惑来者，同归而已矣。"③言才高意广，实指向皖派学人。皖派学人他们校勘恃才以理断，不重古本旧说，顾广圻认为这样校勘有诬古人误导后人，古书从此无有真面目。为此，他告知世人，自己要救治这个弊病，所开良药即是以不校为校，即"毋改易其本来不校之谓也，能知其是非得失之所以然，校之之谓也"④。具体到校石刻文字之书，"非特不可以意推测，并不可据他书改补"⑤。在其他校书实践中，他从不以意轻改⑥，"守前人慎下雌黄之戒，悉依旧文，弗敢轻加改易。"⑦所以他所改都有根据。如"此钞本《建康实录》得之滋兰堂朱氏者也。所校改据周漪塘家汲古阁所藏宋刊本。"⑧并往往经多次校对反复比勘方定笔。如"右临段茂堂先生校本，朱笔为依宋，墨笔以其意改者也。元悉朱笔，颇疑以意改，略有错入，依宋处尚须用漪塘景钞本细意覆勘耳。嘉庆乙丑二月，时寓秦淮河上。乙丑三月，以《广韵》对读。廿四日竟此卷，时在邗江郡斋。以上在卷一后。此书全与《类篇》相副，不得宋椠，惟当据彼定此，

---

① 顾广圻. 思适斋书跋 [M]// 嵇康集十卷 旧钞本 .12.

② 顾广圻. 思适斋书跋 [M]// 史通二十卷 何义门校本 .26.

③ 顾广圻. 思适斋集 [M]// 礼记考异跋 .11 –12.

④ 顾广圻. 思适斋集 [M]// 礼记考异跋 .12.

⑤ 顾广圻. 思适斋书跋 [M]// 古刻丛钞一卷 知不足斋刻本 .22.

⑥ 顾广圻. 思适斋书跋 [M]// 文苑英华辨证十卷 校本 .21.

⑦ 顾广圻. 思适斋集 [M]// 唐律疏义后序 丁卯 .9.

⑧ 顾广圻. 思适斋书跋 [M]// 建康实录二十卷 钞本 .12.

则凡属意改者差可别识矣。三月廿七日。向闻书贾钱听默说,宋椠本在扬州汪某家。近启古余先生从之借观,坚不肯出,惜哉惜哉。廿九日灯下记。宋椠本《经典释文》亦在其家,皆天下宝书也,又记。_{以上卷末。}"①"《国语》韦昭注,宋明道二年刻本校癸丑五月从段懋堂先生借得传录宋本,讹字反较此本为多,悉仍其旧存之。异日尚当参稽他书,审定去取也。……乙卯六月景宋本重勘,凡补段君校所遗又如干字,多记于上方,向谓宋本多讹,乃惑于宋公序补音耳。"② 等等,决不妄作校改。

在校书中,他运用了多种校勘方法,已有后世陈垣所总结的校法的影子。如他校法。像据《史记·天官书》《汉书·天文志》及《晋志》《隋志》《开元占经》互勘校核晴川钞本《天文大象赋一卷_{孙渊如钞本}》③、以《读画斋丛书》本校核省斋黄君所收钞本《长短经》④ 即实践了他校法。对校法。如以万历时长洲张鼎思重刻曾经钱同时人孙潜潜夫用叶石君校定本对读者之别本照临《史通二十卷_{校本}》⑤,并指出对校要竭泽而渔。"当搜其所出,而参互以定是非。"⑥

最后,我们来看看顾广圻的藏书理论。四库开馆前后,面对清藏书兴盛的局面,周永年承曹学佺再提"儒藏说",希冀仿效佛道二家藏书之道来贮藏世俗书籍。于此,章学诚也与周永年观点一致。四库书藏七阁,把书交给公家妥善储藏管理,其实就是"儒藏说"理论得以实践的表现。加以官方的重视,如何藏书,一时颇为乾嘉学者关注。

就公藏或私藏,顾广圻的看法是,无论公藏或私藏,只要有公心,就是公藏。这是当时公私藏书兴盛,提倡公之于世共享的表现。"藏书也者,或公其书于天下,或私其书于一己。出彼入此,唯其心之所为而已矣。公书于天下者,无所为而为之,惧往迹之微绝也,闵承习之駮舛也,收拾欲坠,护持仅存。夫勘讹可资,起废翳赖,所谓守先以待后焉耳。凡厥所以为心,将不独有益于书,而皆有益于书者也。故曰:'不可不传也。'苟反是而私书于一己,鄙者规为利,夸者规为名,各就所主而极其弊。凡厥所以用心,皆不至

---

① 顾广圻. 思适斋书跋 [M]// 集韵十卷_{校本}.17-18.

② 顾广圻. 思适斋书跋 [M]// 国语二十一卷_{明刻本}.5-6.

③ 顾广圻. 思适斋书跋 [M]// 天文大象赋一卷_{孙渊如钞本}.14.

④ 顾广圻. 思适斋书跋 [M]// 长短经九卷_{钞本}.2.

⑤ 顾广圻. 思适斋书跋 [M]// 史通二十卷_{校本}.25.

⑥ 顾广圻. 思适斋书跋 [M]// 长短经九卷_{刻本}.22.

有损于书不止，而尚焉用传为？"①

　　就藏书家流派，顾广圻归钱曾、毛晋父子等为常熟派。一个流派必须有领军人物，有队伍，有理论。他笔下的常熟派，以钱曾、毛晋父子为领军，至陆敕先、冯定远为极盛，以席玉照、曹彬侯为殿军，掀起了嗜手钞的潮流。②也确是当时常熟之地藏书兴盛至蔚然成派的真实写照。

　　就时下学术，顾广圻也做了总结。作为汉学家的顾广圻，历经乾隆、嘉庆、道光三朝，以汉学之吴派中坚身份，亲见盛世，以及盛世日渐消逝的他，感受到了汉学之盛、宋学之衰、汉宋之间的调和等，是很有资格论定当时学问的，而他确实也作出了评判。他定当时学术为汉学、宋学、俗学三种，并定义之。认为汉学中有俗学，宋学中有汉学。他讲道："凌君晓楼自粤归，出《壤室读书图》相示。夫晓楼为汉学者也，亦闻汉学、宋学与俗学之所以异乎。予尝反覆寻求，阅历数十年，而后得请以三言蔽之曰：汉学者，正心诚意，而读书者是也。宋学者，正心诚意而往往不读书者是也。俗学者，不正心诚意而尚读书者是也。是故汉人未尝无俗学，宋人未尝无汉学也。论学之分，不出斯三途而已矣。今晓楼既以读书揭其图，又方为汉学，则其读书也，殆必有当于吾所谓正心诚意者矣。壤室虽小，其将志大宇宙哉。至于今日，俗学则歧之中又有歧焉。本不正心诚意，且不读书，徒盗读书之虚声，诋汉学之借号，以作投时之捷径。盖因一二有力无识者提喝于前，遂致千百尵琐阘茸者邪许于后。侏张诞漫，莫可穷诘，其实不过西域幻人，黎邱奇鬼，并无所谓学，又焉有汉？"③

　　汉学发展到后来走向极致，以致后来多有借汉学之名无汉学之实的欺世盗名者。照此发展下去，汉学势必走向变革。的确，在汉学独尊的四库馆中，虽然表面上汉学一统，但新的学术已然萌于其中，就已然预示了汉学的变革。而顾广圻虽然没有明言汉学终将变革，但我们是可以从他所言得出汉学需要改革的结论。由此可见，顾广圻虽然并非镜像开阔的汉学家，但还是有识的。不过，他说宋学家不读书，就是他作为汉学家的偏见了。

　　接下来，我们来比较下顾广圻与黄丕烈二人。

　　与黄丕烈富甲一方相比，顾广圻就捉襟见肘多了。如顾广圻自道"嘉

---

①　顾广圻. 思适斋集 [M]// 何寓庸所作顾君步岩小传后序 .11–12.

②　顾广圻. 思适斋书跋 [M]// 清河书画舫十二卷 曹彬侯钞本 .17.

③　顾广圻. 思适斋集 [M]// 壤室读书图序 .11–12.

庆十四年岁在己巳……时寓玉清道院中"① "涧薲居士，记时寓江宁孙忠愍祠"② "道光乙酉七月下旬，……时客扬州之翠筠馆"③，顾广圻常作客游学在他人家中或道观中。不过，作客游学也给了他借读以钞其他藏书家的书籍来广收藏的机会。黄丕烈就是其中慷慨借书给他阅读中的一位。阅顾广圻书跋，就常见顾广圻自言"借读于黄君荛圃，附记此而归之"④之类的话。顾广圻的藏书也多有从黄丕烈家钞临者。当然，借读以钞在表明他嗜书的同时也透露出他经济之不济的一面。顾广圻经济的不济，更可从他为了生计，为不少藏书家校过书而晓知。慷慨借书给他的黄丕烈，其书是他校得最多者之一。顾广圻书跋常见"书于士礼居"⑤"戊辰五月，为荛翁勘新刻本，再读一过又记"⑥"为荛圃所校，而余续完之者"⑦"此荛圃所收景钞本即据之重雕者。余别得首三卷，较之写手尤精，故用以上板，而仍留此。他日倘别得之本以下复出，遂可转为补全"⑧"惟剜修处未能尽善。如第六卷第四叶首三行，与小读书堆所藏钞本不同。鄙意以为初椠，当如钞本，附录于后，以俟荛圃论定之"⑨"嘉庆己未，荛圃买得于骨董肆，内阙三叶。出旧藏汲古阁钞本命余补足，以检卷中所有之字集而为之，所无者仅十许字耳"⑩等跋语，叙述他为黄丕烈校书。当然，他还为孙渊如等校书。如他为孙渊如校将刊入孙渊如《平津馆丛书》的《抱朴子内篇二十卷外篇五十卷_传钞道藏本_》⑪、为百甓斋主人校《古砖录一卷_钞本_》等。

至于二人之间的关系，从黄丕烈慷慨借书给顾广圻阅读，顾广圻不惜辛苦为黄丕烈校书，而顾广圻自言黄丕烈"有惜书癖，以故重借之"⑫来看，二人当为至交，并且黄丕烈对顾广圻相当看重。然而，中国古代士人幕主幕客

① 顾广圻. 思适斋书跋 [M]// 古文苑九卷_景宋钞本_.20.

② 顾广圻. 思适斋书跋 [M]// 淮南天文训补注二卷_钞本_.22.

③ 顾广圻. 思适斋书跋 [M]// 唐文粹一百卷_明刻本_.21.

④ 顾广圻. 思适斋书跋 [M]// 逸周书十卷_校本_.3.

⑤ 顾广圻. 思适斋书跋：卷四 [M].18、19、20、26.

⑥ 顾广圻. 思适斋书跋 [M]// 易林十六卷_校本_.17.

⑦ 顾广圻. 思适斋书跋 [M]// 金石录三十卷_校钞本_.19.

⑧ 顾广圻. 思适斋书跋 [M]// 国语八卷_景宋钞残本_.27—28.

⑨ 顾广圻. 思适斋书跋 [M]// 新雕重校战国策三十三卷_宋刻本_.28.

⑩ 顾广圻. 思适斋书跋 [M]// 稼轩长短句十二卷_元刻本_.25.

⑪ 顾广圻. 思适斋书跋 [M]// 抱朴子内篇二十卷外篇五十卷_传钞道藏本_.30.

⑫ 顾广圻. 思适斋书跋 [M]// 淮南子二十一卷_校本_.21.

之间的恩怨，即使为至交的黄丕烈、顾广圻二人也难以避免。顾广圻曾多次就自己不平的事质疑黄丕烈，明显地暴露二人幕主幕客之间的矛盾。黄丕烈门下士有认为书不必讲版本，顾广圻认为此门下士不但自欺而且欺人，于是就此专门修书质问黄丕烈，"敢书此以质荛翁"①。门下士不讲版本，和幕主黄丕烈不一定有干系，但顾广圻却问责于黄丕烈，未免显得意气用事。当然，这和顾广圻师承也是有关系的。因为他所师的学派是师有所言一字不改的。由此而推，他也就难免认为黄丕烈门下士所言肯定和黄丕烈有一定关系，非要和黄丕烈讨一个说法。其实黄丕烈是讲究版本的，尤其佞宋本。顾广圻也是知道黄丕烈讲究版本尤其佞宋本的，他曾叙黄丕烈对本子的酷爱："内《六书统一溯源》乃元椠之至精者，考据既极精微，收罗尤为宏富。惜不为佞宋主人所见，刻入士礼居内以饷海内说篆家。"②但他明知却故问，或许是他性格的偏激，或许是他长期淤积的对黄丕烈的不满在作祟。关于这方面的情状，我们确能在书跋中找到一些端倪。如他在书跋中讲述黄丕烈把自己已到手的某善本重金购去了，指出聚书还是需要财力的。懊恼心情明显流露纸端。既然已卖了，何必大有失落感，还专门作文来说明自己不能藏的缘由，且向黄丕烈探讨关于这书的版本问题。虽然这可谓一介书生失书后，倾述于文字的常态，但在他人看来，大有向黄丕烈撒气之感。他说："此《韩非子》为钱氏述古堂景宋残本，曾藏泰兴季氏，见于二家书目者也。今装池尚仍钱氏之旧，首叶有季氏藏书钤记可证，其确然矣。近日从新安汪启淑秀峰家所谓开万卷楼者卖出，遂于杭郡转入余手。缘力不能蓄，复为荛圃黄君捐三十白金取去，岂物各有主耶？抑物虽好而有力者始能聚耶？于其归之也，率题数语，以志缘起，并质其理于黄君也。若夫此本之胜俗本有不以道里计者，即赵文毅本，虽从此本而出，然颇出意见改窜，亦失其真。非得见此本，无由剖断其是非。不仅因名钞而足重，则黄君之知甚审，不待余赘言。余故不觊缕云。"③顾广圻不平之态，跃然字里行间。

至于二人对书籍版本的看法，则同中有异。黄丕烈、顾广圻二人都讲究版本，并都喜好宋本，但顾广圻的佞宋情结少于黄丕烈。黄丕烈编有《所见古书录》《百宋一廛书录》《求古居宋本书目》三种目录，也是他一生仅有的

---

① 顾广圻.思适斋书跋 [M]// 蔡中郎文集十卷外传一卷校本.11.

② 顾广圻.思适斋书跋 [M]// 六书统一溯源.14.

③ 顾广圻.思适斋书跋 [M]// 韩非子二十卷景宋钞本.6.

自编目录，其中两种就是专门的宋本目录，足证他对宋本的偏爱。顾广圻书跋也屡屡有对宋本的赞赏。如就《广韵》版本，指出顾炎武所有的版本与明大版本，是节注本的祖本，系元代坊本，远远逊色于宋本，是自然的，并由此得出宋椠"诚至宝矣"①。对独存北宋时的景祐二年监本《汉书》"惜补板及剜损处无从取正，然据是可以求其添改之迹，诚今日稀世宝笈，后之读者幸知而珍重之"②，感慨"宋本书虽无字处亦好，岂不信然"③。不过，他劝黄丕烈对钞本二十七卷《隶释》"当勿以其非宋椠毛钞，不以惊人秘笈目之"④来看，又为不佞宋者。

由此可见，黄丕烈佞宋情结无疑大于顾广圻，但黄丕烈的佞宋实非顾广圻所言绝对佞宋而不关注其他版刻者，黄丕烈是一个有学问根底的藏书家，自少好读书，务求精纯，发为文章，以六经为根柢。他如仅佞宋，就不会有系统的藏书观念。黄丕烈有自己的藏书观念。佞宋是他平生嗜好，但他既嗜好宋本，也重视旧钞，还注重昔贤手迹⑤。他自称非特嗜宋元明旧刻，也嗜宋元明旧钞，认为书籍出于名钞名藏为两美⑥，书即使有宋刻也不应废旧钞⑦，并重视著录重本。他指出《华阳国志》无宋刻则旧钞贵，他收藏有旧钞本、明刻两种《华阳国志》，还收有钱曾述古堂藏书钞本《汉天师世家》一卷。

此外，和顾广圻一样，黄丕烈也亲自对家藏书籍作题校，在其中表达自己的鉴藏观念。他毕生从事典藏，他于所辑《所见古书录》自谓典藏甘苦，称对目录研习践行三十多年，虽然谈不上精通，但也略窥一二。然而于其中待得愈久，愈发感觉其中知识之深奥，之难懂，以至于不敢把《所见古书录》拿出来示人，因为自己觉得所见未遍。如此深钻苦研，古今几人能匹。这使他学虽然在校勘精严考订翔实方面逊色于顾广圻，但在鉴藏版刻方面是胜过顾广圻的。他的各书题识多谈访书得书经过，记藏弁源流，鉴赏书籍，著录版式行款，介绍版刻源流，比勘各本异同优劣，话书林逸事，表彰致力于藏

① 顾广圻.思适斋书跋[M]// 广韵五卷宋刻本.15.

② 顾广圻.思适斋书跋[M]// 汉书一百二十卷宋刻本.1.

③ 顾广圻.思适斋书跋[M]// 韩非子二十卷景宋钞本.6.

④ 顾广圻.思适斋书跋[M]// 隶释二十七卷钞本.30.

⑤ 黄丕烈.荛圃藏书题识[M].缪荃孙，辑.屠友祥，校注.上海：上海远东出版社，1999：107.

⑥ 黄丕烈.荛圃藏书题识[M].缪荃孙，辑.屠友祥，校注.120.

⑦ 黄丕烈.荛圃藏书题识[M].缪荃孙，辑.屠友祥，校注.114.

书事业者，表达藏书理想等。他认为藏书家痴书，则读书种子不绝。① 而顾广圻对自己藏书的题识，以及其他诸家题识，都可见于他所藏书的题识中。如《国语二十一卷校识宋本》题识，著录有惠栋、钱曾、陆贻典、钱士兴、朱邦衡等校识语。此外，钱大昕、顾广圻等题识，在他的藏书题识中也屡屡可见。对于读书，他认为读书当读古本。《輶轩使者绝代语释别国方言十三卷旧钞本》题识指出《读书敏求记》著录的宋刻影钞《方言》十三卷中的第二卷有"吴有馆娃之宫，秦有榛娥之台"之语，俗本脱去"秦有"二字，于是有据俗本把"榛娥"当作吴中古迹者。他喜古书，无论全否，以旧本为据。② 世上最不易得又最易丢失者莫如古书，而又莫如古书残本。③ 他鉴赏书籍多为确凿之论，当然说宋本从无阔黑口④，又未免武断。

此外，他认为爱好何书和个人的好尚有关，是否爱书和人的习气有关。不过他所收藏的书籍并非完全是他爱读的书籍。他在《古今杂居六十六册明刻本今缺二册》称自己不爱词曲，但所收藏的词籍却很多。为这些词曲书籍，他准备把藏词曲的居室命名为"学山海居"⑤。在《稼轩长短句十二卷元本》称自己素来不具备写词的能力，但所藏宋元诸名家词独富⑥。之所以如此，是因为他可以不爱这书的内容，但会爱这书的鉴藏价值。这就是他所言的个人的好尚、习气与书籍之间的关系，是一个嗜书佞书的藏书家对书籍的好尚风习，他的读书校书也是藏书家的读书校书。而他的目录学也必然是藏书家的目录学，专力于典籍版刻授受的记述考订。

嗜书如此的他，是如他自言"好书积习爱探奇"⑦ 的探无止境的藏书家。与顾广圻相较，他已是有实力的收藏家，不然不能收藏到那么多价值不菲的宋版元刻，所藏是非常富足的了。但他还自叹自己是非有力的真好者，希望有力者再助自己一臂之力。当然，收藏书籍确实也使他耗费了不少财力。他就曾称自己才不丰而际遇又不佳，有因藏书而来的"家贫怯换年……拮据唯

---

① 黄丕烈．荛圃藏书题识 [M]．缪荃孙，辑．屠友祥，校注．121．

② 黄丕烈．荛圃藏书题识 [M]．缪荃孙，辑．屠友祥，校注．733．

③ 黄丕烈．荛圃藏书题识 [M]．缪荃孙，辑．屠友祥，校注．786．

④ 黄丕烈．荛圃藏书题识 [M]．缪荃孙，辑．屠友祥，校注．734．

⑤ 黄丕烈．荛圃藏书题识 [M]．缪荃孙，辑．屠友祥，校注．869．

⑥ 黄丕烈．荛圃藏书题识 [M]．缪荃孙，辑．屠友祥，校注．846．

⑦ 黄丕烈．荛圃藏书题识 [M]．缪荃孙，辑．屠友祥，校注．641．

余独，愁多雪满颠"①之语。

黄丕烈的爱书护书精神，以及他的藏书观念多被后来者继承发扬，如张金吾、瞿杨丁陆四大藏书家，以及缪荃孙、潘祖荫、莫友芝、叶昌炽、邓邦述、叶德辉等，流风余韵至今仍在。

（2）钱大昕与阮元

钱大昕、阮元是乾嘉时期目录学另一类代表。与他们为学气象开阔相应，他们在目录学上也显示出他们为学的广博，以及重考据的特色。

阮元"三朝阁老，九省疆臣"，为学气象开阔，举凡经史子集舆地金石目录校勘小学等无不涉猎。每届任上，即以奖兴学术为己责。"主持风会数十年，海内学者奉为山斗"②。他编撰有《文选楼藏书记》《四库未收书目提要》《十三经注疏》《广东通志》等。有学者评判他的学术道："乾嘉经学之盛，达官耆宿，提倡之力为多。文达早跻通显，扬历中外，所致敦崇实学，编刻诸书，类多宏深博奥，挈领提纲。《研经室集》说经之文，皆训诂精详，宜乎为万流所倾仰也。"③从吴、皖两派单言小学考据的窠臼中解放出来，提倡汉宋兼采的学风，走通经致用、经世致用的道路。④学术气象广博深邃。

抛开阮元的其他学术成就，仅从他对四库修书的继承，就可见他学术视野的开阔，为学气象的广博，非斤斤计较于文字，流连于琐碎考据之间的学者所能比。

对于经历过乾嘉盛世，感受过四库修书盛举，日后又身居高位，荣宠备至的阮元来讲，他是希望自己能继四库修书盛举的。我们从以下事实可以一窥阮元希望自己能继四库修书盛举的宏愿，以及他传承四库修书旨趣的志向。

他和四库馆总纂纪昀有师生之谊。他自言道："元以科名出公门生门下，初入都，公见元所撰者，称许之。自入词馆，闻公议论益详。"⑤正是如此，他对纪昀学术是比较了解的。他说："盖公之学在于辨汉、宋儒术之是非，析诗文流派之正伪，主持风会，非公不能。"⑥并把纪昀与"实事求是，修学好古"的河间献王放在一块相提并论，并说河间献王后二千多年，纪昀生其

① 黄丕烈.荛圃藏书题识[M].缪荃孙，辑.屠友祥，校注.773.

② 赵尔巽等.清史稿[M]//阮元列传.3933.

③ 徐世昌.清儒学案：卷一二一[M]//仪征学案.石家庄：河北人民出版社，2008：4327.

④ 王章涛.阮元评传.扬州：广陵书社，2004：233.

⑤ 阮元.揅经室三集：卷五//阮元.纪文达公集序.北京：中华书局，1993：679.

⑥ 阮元.揅经室三集：卷五//阮元.纪文达公集序.679.

地。① 亦即在他看来，纪昀与河间献王的学术旨趣是一致的，也在实事求是，修学好古，揭示出纪昀汉学家身份。也正因为和纪昀的师生关系，所以他能比较深入了解纪昀参与的四库修书，得其要旨。他称赞纪昀："凡六经传注之得失，诸史记载之异同，子、集之支分派别，罔不抉奥提纲，溯源彻委。所撰定总目提要，多至万余种。考古必衷诸是，持论务得其平。光稽古之圣治，传于无穷。"② 而对于纪昀一手定稿的《四库全书总目》，他也应熟读过。如评价顾炎武，他就提到了四库提要所评顾炎武经史为长的特点。

既然熟悉恩师的事业，加以自己乾嘉殿军的身份，继承恩师事业就成了他必不可少的担当。因此，他日后任浙江巡抚期间，就力赞刊刻《四库全书总目》，并为之作跋。在跋中，他称赞四库修书"嘉惠艺林，恩至渥，教至周"③，称赞《四库全书总目》方便士林阅读指明阅读途径的功用。他说："《四库》卷帙繁多，嗜古者未及遍览，而提要一书，实备载时地姓名及作书大旨"④，"而是书适刊成，士林传播，家有一编，由此得以津逮全书"⑤。

为继四库修书盛举，他留意收藏书籍。抚浙期间，他收集到一百多种四库未收书目，进献给嘉庆，得以"宛委别藏"。为收藏书籍所做《文选楼藏书记》，也有四库未收书目228种，大大超过他进献给嘉庆，得以"宛委别藏"的四库未收书目。同时，《文选楼藏书记》还能看到一些四库禁毁书目，如何三畏的《云间志略》、顾祖禹的《读史方舆纪要》、孙承泽的《山书》等。此外还收集不少明人著作和清人著作，都能补四库著录的不足。

另外，从他的文选楼藏书所收书目，也可看到他为学的广博。文选楼所收书，举凡经史子集，都有所涉猎。而且还能对西学书目也有所著录。如著录有《寰有诠》《二十五言》《职方外记》等西学书目。对中西学都关注的重点天文历算方面的书籍，也著录颇详。如梅文鼎有历学书62种、算学书26种，他就收录了梅文鼎关于天文历算的书29种。

而正因为重视天文历算，他作有《畴人传》。对古今中外畴人361人进行了全面介绍，是对清初以来朝廷引导的中西学观，继四库修书之后，再次的夯实与呼应。

---

① 阮元.擘经室三集：卷五 // 阮元.纪文达公集序.北京：中华书局，1993：678.
② 阮元.擘经室三集：卷五 // 阮元.纪文达公集序.678.
③ 阮元.擘经室二集：卷八 // 阮元.浙江刻四库书提要恭跋.565.
④ 阮元.擘经室二集：卷八 // 阮元.浙江刻四库书提要恭跋.565.
⑤ 阮元.擘经室二集：卷八 // 阮元.浙江刻四库书提要恭跋.565.

又他所编大型丛书,《经籍籑诂》《十三经注疏》《清经解》等,非博识精专不能为。当然,也正是集目录版本校勘藏书家于一身的他,通过编纂上述诸书,对小学做了历史总结。

他研究经学,对性命之说,儒家学说的核心仁,以及如何治经都有总结概括推陈出新之功。

他研究书法,首次视二王为一流派,并把碑学提到重要地位,主张以碑学救帖学之弊,是对馆阁书风的突破。他以金石证史,又开二重证据法先河。

他也冲破桐城派束缚,提倡骈文。提倡"事出于沉思,义归乎翰藻",但不废古文,不废八大家。

以上诸种,足可证他为学的广博。

此外,从他交游也可见他的博大气象。他对恩人师长,尊崇有家。对朋友后进奖纳提携。如焦循、李惇等都因为他得以扬名。对学术,力求持平,公允评判。如对戴震、惠栋二人不偏一方,对学术见解迥异的江藩、方东树二人同时礼聘入馆修《广东通志》。阮元身上表现的是文人相亲,文人相敬,文人相容。海纳百川,见其胸襟之阔大。①

关于钱大昕,时人后人有诸多论定,不过阮元的评定当是他的知音,也是最权威的。钱大昕,是阮元的前辈。乾隆五十一年(1786)阮元在谢墉幕府中得以结识钱大昕,从此开始交往。《畴人传》即在钱大昕指导下,他和钱大昕的弟子李锐一道完成的。对于钱大昕学术,阮元在为他的《十驾斋养新录》所作序中总结为九难。一是讲学上书房,归里甚早,人伦师表,履蹈粹然。二是深于道德性情之理,持论实事求是。三是潜研经学,真知灼见。四是校勘二十二史,订千年的讹误。五是精天文、数学。六是校正地志。于古今沿革考核明确。七是文字音韵训诂无不贯通。八是勤于金石之录,乐于官制史事之考证。九是擅长诗古文词。久已主盟坛坫。② 可谓真确全面认知钱大昕其人其学的不可多得之语。而阮元为他作序的《十驾斋养心录》正是他的目录学代表作。《十驾斋养心录》92部典籍题跋、《潜研堂文集》中273部典籍题跋、《廿二史考异》对诸史艺文志研究,都以究源竟委,反复考据为旨。至于所编《潜研堂金石目录》《潜研堂金石跋尾目录》《范氏天一阁碑目》等金石目录,也意在考证经史,以考据治目录学。又,钱大昕在校勘上,认为

---

① 王章涛.阮元评传 [M]// 赵昌智.阮元的价值——在扬州市纪念阮元诞辰二百四十周年暨《阮元年谱》首发式上的讲话.12.

② 王章涛.阮元评传 [M].16.

书不校雠，不如不刻，显然是在讲考据。

后世概括钱大昕学问，有学者指出，应给予钱大昕文献学家称号。因为钱大昕为学广博，如果仅以经学家、史学家、文学家、金石学家或其他某家来论定他，都只代表他一个方面的成就，不能全面概论他。唯有文献学家，才能把各式各样的称号合二为一，很好体现钱大昕博通的成就。今人这样的评价，也正符合阮元对钱大昕"无不贯通"的概括。

3. 补续四库书目的代表

四库修书，征书工作与书目著录工作都有缺失，因此有其后的阮元、孙星衍等对它进行的补续工作。而从四库征书时的征书目、献书的藏书家所著自家藏书书目，则正可见四库征书书目与其著录书目的缺失。今以藏书家吴玉墀进献书籍与著录他家藏的《绣谷亭薰习录》，以及四库征书书目《四库采进书目》、四库著录书目作比，见四库收书与四库著录书目情况之一斑。并以阮元、孙星衍为例见四库修书之后对四库书目补续情况之一斑。

（1）吴焯《绣谷亭薰习录》

吴焯，字尺凫，号绣谷，晚称钱塘老人，建瓶花斋藏书楼，每得佳本，则与仁和小山堂赵昱彼此抄存，互相校勘，识其卷首。既久，乃仿晁公武、陈振孙例，著《绣谷亭薰习录》。本书稿本原8册，系吴焯的儿子吴玉墀辑录而成，吴焯作有跋。不过，这稿本并没有刊行。后经史子3部6册散佚不知去向，集部二册从瞿世瑛清吟阁劫余散出归入八千卷楼，始《楚辞》，终元明诸集，计210种，八千卷楼因为之序。再后，吴昌绶又得原书一册，系易类105种，并集部2卷，收入吴昌绶《松邻丛书》。《绣谷亭薰习录》是瓶花斋著录秘册的书目，叙原委与清钱曾《读书敏求记》相若。每条目或考作者生平，或叙著述原委，都翔实有据。[①] 不过，吴玉墀辑录时，他父亲的藏书已有所流失，吴玉墀称"始克收罗散失，重加编较。或前为钞本，今已刊布者；或前为秘籍，今始流传者，不无互异"[②]。

四库修书，吴玉墀进献百种以上。据《四库采进书目》吴玉墀进献易类书籍共72种，《绣谷亭薰习录》著录有易类书籍100多种，兹以二书著录易类书籍与四库著录比较，可以分为以下几类：

---

① 来新夏主编. 清代目录提要 [M].56.

② 吴焯. 绣谷亭薰习录 [M]// 吴玉墀. 绣谷亭薰习录记 .1.

（a）进献^①，三书都著录且书名全同者：《陆氏易解》《易数钩隐图》《周易口义》《周易正解》《周易经传集解》《杨氏易传》《周易衍义》《读易纪闻》《玩易意见》《易经大旨》《顾氏易解》《周易古经》《大象观》《今易诠》（存目）《易经儿说》（存目）《读易纪闻》（存目）《读易大旨》（存目）《读易考原》（存目）《读易搜》（存目）《周易系辞精义》（存目）《今易诠》（存目）《周易旁注会通》（存目）《周易宗义》（存目）《易芥》（存目）《易窥》（存目）《易经说意》（存目）。

（b）进献，三书都著录，名异实同者：《易象通》，《四库采进书目》及四库名《周易象通》；《了斋易说》，《四库采进书目》及四库名《了翁易说》；《周易卦爻经传训解》，《四库采进书目》及四库名《周易经传训解》；《赵氏易序丛书》，《四库采进书目》及四库名《易序丛书》；《方舟先生易学》，《四库采进书目》及四库名《方舟易学》；《法象通赞》，《四库采进书目》及四库名《大易法象通赞》；《周易爻变易蕴》，《四库采进书目》及四库名《周易爻变义蕴》；《钱氏周易图说》，《四库采进书目》及四库名《周易图说》。

略有区别者：《四库采进书目》名《杨慈湖易传》，《绣谷亭薰习录》与四库都名《杨氏易传》；《四库采进书目》名《西溪周易序说》，《绣谷亭薰习录》与四库都名《西溪易说》。

由上可见，《四库采进书目》记录下的吴玉墀进献的书除《杨慈湖易传》与《西溪周易序说》外，都与四库著录书目名同。《四库采进书目》的书目名是政府征书时官方记录在案的书名。可见，四库征书修书时对《绣谷亭薰习录》书名有所改动。《绣谷亭薰习录》成书在四库征书前，应为原始书名。其次为《四库采进书目》著录的书名，再其次是四库著录书名。从改动情况来看，或趋于简洁。如改《方舟先生易学》为《方舟易学》，去掉《绣谷亭薰习录》为尊敬之故而有但作为书名就显累赘的"先生"二字，显然简洁。《赵氏易序丛书》改为《易序丛书》与《钱氏周易图说》改为《周易图说》，均属此等；或趋于准确或突出主旨。如《法象通赞》改为《大易法象通赞》，显然更准确。因为法象，道佛二家也可有。《周易爻变易蕴》改为《周易爻变义蕴》，既避免了字的重复，又突出了主旨。可见，四库征书修书时所作的书目名的改动，总体上趋于言简意赅。不过，《绣谷亭薰习录》名《杨氏易传》的书，进献后名《杨慈湖易传》，反而复杂，似乎违背了去繁就简的标准。不妨一究。

---

① 这里的"进献"及本节下文所言"进献"与否，都依据《四库采进书目》著录书籍与否而定，所以只要称"进献"，《四库采进书目》就一定会有此书的著录，因此行文中不是每处都出《四库采进书目》著录"字样。

《绣谷亭薰习录》著录有杨简、杨万里二家《易传》，进献的是杨简《易传》，所以进献后《四库采进书目》的记录者或许知道还有一杨氏《易传》，所以特意标明作者以别杨万里《易传》。而四库著录时仅见这一杨氏《易传》，不知还有另一杨氏所著《易传》，所以馆臣删繁就简。而《四库采进书目》名《西溪周易序说》的书，进献后记录者对其名有所改动，四库著录时又改回。因为无论谈《周易》哪一部分，其实都在论《易》，四库遂去繁就简，恢复原名《西溪易说》。四库与《绣谷亭薰习录》在这点上，所见略同。

（c）进献，《绣谷亭薰习录》与《四库全书总目》所著录书名异实同，但《四库全书总目》著录的是其他版本者：《南轩先生张侍讲易说》，《四库全书总目》名《南轩易说》（内府藏本）。显然，《四库全书总目》的书名简易明了。此外，由《四库全书总目》所著录版本来看，吴玉墀虽然进献了这本书，但修书时并未采用吴玉墀所进献本。

（d）进献，三书都著录，不过《四库全书总目》著录的是其他版本者：《周易辨疑》（山东巡抚采进本）、《古易考原》（两淮盐政采进本）、《周易辨录》（山东巡抚采进本）、《周易要义》（副都御史黄登贤家藏本）、《周易古占法》（两淮盐政采进本）、《周易集传》（浙江巡抚采进本）、《周易总义》（副都御史黄登贤家藏本）。

由上两条可见，吴玉墀所进献的书籍，并非都一定会择录入《四库全书总目》。四库征书，多有重复，最后入著时，在版本上可供选择的有多种，但却没有很好择别，所以即使是藏书家吴玉墀进献的书籍也可能被忽略不入著。

（e）进献，《绣谷亭薰习录》没有著录，《四库全书总目》著录，但《四库全书总目》著录的是其他版本者：《东坡易传》（副都御史黄登贤家藏本）、《周易古今文全书》（内府藏本）、《读周易记》（四库名《浣山读周易记》）（山东巡抚采进本）、《易象钩解》（两淮马裕家藏本）、《易宫》（浙江巡抚采进本）、《周易辨疑》（无卷数，山东巡抚采进本）、《易经述》（无卷数，浙江巡抚采进本）、《易或》（江苏巡抚采进本）、《易翼述信》（直隶总督采进本）。

四库征书，吴玉墀进献了书籍，但《绣谷亭薰习录》没有著录，而《四库全书总目》虽著录，但著录的是其他人进献的书籍。原因何在？兹析之。《绣谷亭薰习录》为吴玉墀辑录父亲藏书而成，但此书后佚，最后吴昌绶得之。对于易类，吴昌绶称"《易》类尚阙二十余种，本未成之稿"①。抛开藏本有异

---

① 吴焯.绣谷亭薰习录[M]//经部补目.5.

不再是吴玉墀家的书，这些进献未著录的书或许就是吴玉墀当初本就未著录的书目。又《绣谷亭薰习录》为善本之册，或许这些书非珍本，所以未入著。此外，吴玉墀进献了书籍，但《四库全书总目》却不著录，可见为四库修书征来的书有不少重复，而最后用何本，全由馆臣裁定。亦即，进献书却不被《四库全书总目》著录，实属平常。不过，四库所著录的这些书恰可补《绣谷亭薰习录》著录有缺的不足。

（f）进献，《绣谷亭薰习录》《四库采进书目》著录，《四库全书总目》没有著录且没有著录其他人进献的版本为《易外别传》《大易钩元》《读易纪闻》三书。四库修书，著录有一定标准，书的内容不合标准者即使进献了也不得入著。此外，四库馆管理上存在许多漏洞，进献书被丢失，或馆臣著录时遗漏等，都可使进献的书不被著录。所以《绣谷亭薰习录》有书进献，不得录，也是存在的。

（g）进献，《绣谷亭薰习录》没有著录，《四库全书总目》著录，版本也同者：《周易衍义》《易经小传》《易疏》。

（h）进献，《绣谷亭薰习录》与《四库全书总目》都没有著录者：《周易传义折衷》《易学著贞》《易学管见》《周易阐理》《周易旁注》《周易县镜》《易贯》《易学图说会通》《索易臆说》《周易汇解衷翼》《周易辩》《应氏易解》《太极图说》《周易蛾术》《周易函书约注》《函书别集》。

以上（g）（h）两条所列书目正可说明吴玉墀没有辑全自己父亲所藏书籍。这也正可补他所辑的不足。至于著录或未著录原因见前所述。

（i）未进献，《绣谷亭薰习录》与《四库全书总目》同书者：《周易注》（浙江巡抚采进本）、《周易举正》（浙江巡抚采进本）、《周易玩辞》（两江总督采进本）、《周易本义》（内府校刊宋本）、《易通》（江苏巡抚采进本）、《易纂言》（内府藏本）、《周易说翼》（江西巡抚采进本）、《易经存疑》（福建巡抚采进本）、《古易世学》（两淮盐政采进本）、《胡子易演》（浙江汪启淑家藏本）、《九正易因》（江苏周厚堉家藏本）、《周易集注》（浙江巡抚采进本）、《伏羲图赞》（浙江巡抚采进本）、《像象管见》（内府藏本）、《洗心斋读易述》（两江总督采进本）、《易筌》（江苏巡抚采进本）、《易经澹窝因指》（安徽巡抚采进本）、《周易古本》（浙江鲍士恭家藏本）、《周易玩辞困学记》（山东巡抚采进本）、《雪园易义》（浙江巡抚采进本）、《尺木堂学易志》（山西巡抚采进本）、《周易象辞》（浙江巡抚采进本）。当时吴玉墀并未进献以上书，但他人还有这些书的藏本，四库征书时地方政府采集进呈。可见，四库征书时，藏家并非倾其所有进献，四库征书也是有遗漏的。这就为日后续补四库埋下了伏笔。

（j）未进献，《绣谷亭薰习录》与《四库全书总目》都著录，但《四库全书总目》著录为别本（有的名稍异）者：如《石镜山房周易说统》，四库名《周易说统》（浙江巡抚采进本）等。

（k）未进献，仅《绣谷亭薰习录》著录：《焦氏易林》《京房易》《麻衣道者心法》《耿南仲易解义》《元包数义》《朱子周易本义》《周易折衷》《周易潜解》《易源奥义》《周易尚占》周易象义图》《周易蒙引》《易学启蒙》《周易义丛纂》《周易古文羽义》《万氏易说》《周易古今文大全》《易十三传》《读易钞》《易经纂注》《广易通》《周易古本全书汇编意辞集》《易义古象》《锲易林疑说》《易经勾说》《易辞》《周易会通》《易本象》《倪氏儿易外仪》《周易注疏大全合纂》《易学指掌》《澹斋内言》《易林元篇》《周易训蒙辑要》《易辩》《逸亭易论》。这又是吴玉墀并非进献自己全部藏书的证明。

综上所述，四库修书时，吴玉墀进献的书籍，《绣谷亭薰习录》与《四库全书总目》都著录且书名同者有29种，《绣谷亭薰习录》与《四库全书总目》都著录但版本不同的有7种。

要具体了解《绣谷亭薰习录》《四库全书总目》异同，不妨比较二书提要以见一斑。兹择一二例来看看吴玉墀进献，《绣谷亭薰习录》《四库全书总目》都著录的书目的提要的异同。

《陆氏易解》

《四库全书总目》：这本书，即明姚士粦所辑吴陆绩《周易注》。《吴志》载陆绩所著有《易注》，不载卷数。《隋书·经籍志》有陆绩《周易注》十五卷。《经典释文·序录》作陆绩《周易述》十三卷、《会通》一卷。新、旧《唐书》志所载卷数与《释文》同。原本久佚，不知道各家所言谁对谁错。此本为《盐邑志林》所载，总共一百五十条。朱彝尊《经义考》以为钞撮陆氏《释文》、李氏《集解》二书为之。不过此本采京氏《易》传注为多，而朱彝尊《经义考》又没有谈及这些。朱彝尊又称此本经文不同于诸家者，"履帝位而不疚"，"疚"作"疾"；"明辨晳也"，"晳"作"逝"；"纳约自牖"，"牖"作"诱"；"三年克之，惫也"，"惫"作"备"。然而，此本又都没有朱彝尊以上所说的文句。难道朱彝尊所见的是另外版本的书？但是朱彝尊明言此书为《盐邑志林》所载，至于朱彝尊有此结论的原因就不能详细知晓了。朱彝尊又说："曹溶曾见有三卷者。"但是诸家著录，并没有见有著录三卷之本的。大概京氏《易传》三卷，旧本题名为"陆绩注"。曹溶偶尔阅读到，却没有仔细审读，因而误记误说。从前宋王应麟辑郑氏《易注》，为学者所看重。姚士粦此本，即使比不上王应麟的勤搜博讨，但是掇拾残剩，存什一于千百，也可以见陆氏《易注》的大略。陆绩字公纪，吴郡人。做官做到郁林太守，加偏将军。事迹具《吴志》。姚士粦字叔祥，海盐人。十三而孤，年二十犹目不识丁。寓居德清姜氏家，姜始授以句读，晚年才卓然自立，大概也称得上奇士吧。[①]

《绣谷亭薰习录》：吴陆绩公纪注，明姚士粦叔祥辑。按《盐邑志林》，天启三年，海盐令黄冈樊维城川行朱文恪公国祚序云：戊年友神庙直臣樊端公仲子元宗缉修邑乘，遂有绅士胡德州震亨捉笔应之，别有姚太学士粦、郑茂才端允、刘太学祖钟各出秘本订缉。据此，则钞自《盐邑志林》，非原书也。《隋志》作十五卷，《旧唐书》作十三卷，《会通》一卷，曹侍郎秋岳曾见藏书家有存三卷者，迄今又五十余年矣，未知犹留天壤否？[②]

二书提要，四库为详，考证细而见功力。《绣谷亭薰习录》提要简要介绍成书原委，各志著录以及流传情况。两下对比，《绣谷亭薰习录》显然不如四库知人论世、考证严密。

《周易系辞精义》

《四库全书总目》：旧本题宋吕祖谦撰。祖谦有《古周易》已著录。初，程子作《易传》，不及《系辞》。此书似集诸家之说，补其所缺。然去取未为精审。陈振孙《书录解题》引《馆阁书目》，以是书为托祖谦之名，殆必有据也。[③]

《绣谷亭薰习录》：宋著作郎东莱吕祖谦伯恭著。董真卿曰程《传》正文只据王弼本，亦只有六十四卦。《系辞传》有及爻卦者，掇入《传》中，故无系辞。以后至东莱吕氏始集周子二程子张子诸家经说语录及程子门人共十四家之说为《精义》以补之。董氏之言至是，信而可徵，然据陈振孙曰：东莱《系辞精义》，《馆阁书目》以为托伯恭之名。按东莱《古易》自序云：自辅嗣合象象文言于经学者，遂不见古本。其诋王氏，即所以讥伊川也。岂一旦降心相从，尽弃所学而学欤。且成公性命之学关洛为宗，岂不知伊川一生用意之所在者。而必欲矫其说，补其阙，欺托名之说。近是。其篇中皆汇诸儒之说，或成公平日讲论及此，而门弟子采葺之以成书耳。[④]

四库与《绣谷亭薰习录》都谴责借批评名人成名之举，但四库明显简略。

---

① 永瑢等.四库全书总目[M].2.

② 吴焯.绣谷亭薰习录[M]//陆氏易解.1-2.

③ 永瑢等.四库全书总目[M].48.

④ 吴焯.绣谷亭薰习录[M]//周易系辞精义.9.

《周易系辞精义》诋斥王弼等于讥刺程颐，非圣谬法，所以四库也就简要概括而入存目。不过，相对于《绣谷亭薰习录》直接著录作者为吕祖谦，无任何疑问而言，四库以第三人称方式著录该书作者，称旧本题为吕祖谦撰，并以陈振孙所考疑伪托为据，对该书作者存疑，无疑更审慎。

《周易经传集解》

《四库全书总目》：宋林栗撰。栗字黄中，福清人。绍兴十二年进士。官至兵部侍郎。与朱子论《易》及西铭不合，遂上疏论朱子。时太常博士叶适、侍御史胡晋臣皆助朱子劾栗，因罢知泉州，又移明州。卒谥简肃。事迹具《宋史》本传。是书淳熙十二年四月尝进于朝，首列《进书表》《贴黄敕谕》各一道，栗《自序》一篇。《贴黄》称本名《周易爻象序杂指解》，后以未能该举《彖》《象》《系辞》《文言》《说卦》，乃改今名。王应麟《玉海》称其书经传三十二卷，《系辞》上下二卷，《文言》《说卦》《序》《杂》本文共一卷，《河图》《洛书》《八卦九畴大衍总会图》《六十四卦立成图》《大衍揲蓍解》共一卷，与今本合。当时与朱子所争者，今不可考。《朱子语类》中惟载《论系辞》一条，谓栗以太极生两仪，包四象，四象包八卦，与圣人所谓生者意思不同。其余则无所排斥。朱彝尊《经义考》引董真卿之言，谓其"说每卦必兼互体约象覆卦为太泥。时杨敬仲有《易论》，黄中有《易解》。或曰黄中文字可毁，朱子曰：'却是杨敬仲文字可毁。'"是朱子并不欲废其书。考陈振孙《书录解题》曰："其与朱侍讲有违言，以论《易》不合。今以事理推之，于时朱子负盛名，骎骎向用，而栗之登第在朱子前七年，既以前辈自居。又朱子方除兵部郎中，而栗为兵部侍郎，正其所属。辞色相轧，两不肯下，遂互激而成讦奏。"盖其衅始於论《易》，而其故不全由於论《易》，故振孙云然。后人以朱子之故，遂废栗书，似非朱子之意矣。《经义考》又曰："福清林黄中、金华唐与政皆博通经学，而一纠朱子，一为朱子所纠。其所著《经说》，学者遂置而不问。与政之书无复存者。黄中虽有《易解》，而流传未广，恐终泯没。然当黄中既没，勉斋黄氏为文祭之。其略曰：'嗟哉我公，受天劲气，为时直臣，玩羲经之爻象，究笔削於获麟。至其立朝正色，苟咈吾意，虽当世大儒，或见排斥。苟异吾趣，虽前贤笃论，亦不乐於因循。规公之过，而公之近仁者，抑可见矣。论者固不以一眚而掩其大醇也。'勉斋为文公高弟，而好恶之公，推许之至若是。然则黄中之《易》，其可不传钞乎？"持论颇为平允。昔刘安世与伊川程子各为一代伟人，其《元城语录》《尽言集》亦不以尝劾程子而竟废。耿南仲媚敌误国，易被依附权奸，其所撰《易解》，今亦并行。栗虽不得比安世，视南仲与祓则有间矣，故仍录其书而并存彝尊之论焉。①

《绣谷亭薰习录》：福清林栗黄中著。是书淳熙十二年三月二十八日进付秘书省。首有表一贴，黄三序一，又敕一道。按《宋史》，栗绍兴十二年进士除兵部侍郎。朱熹以江西提刑召为兵部侍郎官，既入国门未就职。栗与相见，论《易》与《西铭》不合。栗遂论熹。太常博士叶适上封事辨之，侍御史胡晋臣劾栗，罢知泉州，又改明州，卒谥简肃。栗以讲经不合，遂欲挤排异己之人。当时紫阳门人因言其文字可毁，迨黄中既逝，勉斋为文祭之，议始息。胡氏一桂云，林氏于说象及文义多有可采。董氏真卿云：时杨敬仲有《易论》，黄中有《易解》：或曰林黄中文字可毁，朱子曰：却是杨敬仲文字可毁。胡氏董氏学宗紫阳，其传述若此。昆山徐尚书原一汇刻经解，黄中是书业开雕矣。或言黄中获罪朱子，若刊其书，是亦朱子罪人矣。乃斧以斯之夫，以栗攻晦庵，士君子在所必恶，并其书毁之，于情不已苛乎？②

二提要主旨一致，但四库明显详密并讲明著录此书的目的。

《西溪易说 》

《四库全书总目》：宋李过撰。过字季辨，兴化人。董真卿《周易会通》称此书有过《自序》，在庆元戊午，谓几二十年而成。此本佚去其《序》，而书中亦多阙文，盖传钞讹脱，又非真卿所见之旧矣。其书首为《序说》一卷，分上、下经，依文讲解，而不及《系辞》以下。冯椅《易学》称其多所发明，而议其以毛渐《三坟》为信，又多割裂经文。如《乾》《坤》初爻初九"潜龙勿用"以下，即接以"象曰：潜龙勿用，阳在下也"，又接以"《文言》曰：潜龙勿用，下也。潜龙勿用，阳气潜藏。初九曰潜龙勿用，何谓也？至是以君子勿用也。"泪乱颠倒，殆不可训矣。宜为胡一桂所讥。其论爻辞为文王作，谓先儒以西山等字指文王者为凿，而说《明夷》一卦，以上三爻为箕子事，下三爻为文王事，则仍不免自乱其例。盖过晚而丧明，冥心默索，不能与师友相订正，意所独造，或不免毅然自为。而收视返听，用心刻挚，亦往往发先儒所未发。其乱经之罪与诂经之功，固约略可以相当也。③

《绣谷亭薰习录》：宋西溪先生易说，卷端无序。《经义考》李氏过西溪《易说》十二卷，存。过字季辨，兴化人，晚丧明，弃科举授徒，其易说多有

---

① 永瑢等.四库全书总目 [M].10.

② 吴焯.绣谷亭薰习录 [M]// 周易经传集解 .7–8.

③ 永瑢等.四库全书总目 [M].16.

可采。书成时自序，今钞本失去，按是编上经六卷，下经六卷无系辞。①

四库详叙作者与书的内容，《绣谷亭薰习录》则仅介绍了作者及目录。

由此可以推断，四库可能参考了《绣谷亭薰习录》提要，在此基础上更详赡并加强了考证。

此外，关于进献书籍，还有比较特殊的一类，即《绣谷亭薰习录》著录，《四库全书总目》没有著录。如《读易纪闻》，《绣谷亭薰习录》著录了，但《四库全书总目》没有著录。《读易纪闻》之所以不被《四库全书总目》著录，由《绣谷亭薰习录》的《读易纪闻》提要可以找到原因。《读易纪闻》的作者张献翼后来流于狷狂，或狎妓或白足行乞，晚年携妓居荒圃中时被盗贼杀死。这样的作者，按照四库著录标准，他的书是不能入著的。

接下来，从吴玉墀未进献的书来看：如焦延寿《易林》专述阴阳灾异、京房《易》的作者京房因巫蛊而被杀，"妄削程传又不从本义之旧，郢人燕语，不特为程朱罪人，亦董氏罪人矣"②的《朱子本义》。这些未进献的书，有可能犯忌讳，吴玉墀有畏祸心理，不愿意进献。当然，或许还有因秘本之故，不愿进献。

总之，从进献与《四库全书总目》入著与否，以及二书共同著录书籍提要的比较，我们是可以见到四库修书对书籍的抉择取舍，感知四库修书时的政治环境。而《四库全书总目》显然更加重视考据且论述详密，也是不争的事实。

（2）阮元、孙星衍对四库的续补

感受过四库修书盛况，希冀能续接四库以补未能参加四库修书遗憾的代表人物有阮元、孙星衍等。

阮元（1764–1849），字伯元，号芸台，江苏仪征人。曾收集四库未收书170多种，并进呈内府。所收书中多有珍本。每进一书，必仿四库作提要一篇。获嘉庆高度赞扬，"宛委别藏"，表彰阮元稽古右文的功劳。后来他的儿子阮福裒集稿本入《研经室外集》，题名为《四库未收书提要》。观《四库未收书提要》在补四库所未收，以及知人论世，介绍书籍内容传承源流，篇卷分合，价值高低上，如同《四库全书总目》，无疑续写了《四库全书总目》。

《四库未收书提要》问世以来，褒贬不一。李慈铭在《越缦堂读书记》中

---

① 吴焯. 绣谷亭薰习录 [M]// 西溪易说 .13.

② 吴焯. 绣谷亭薰习录 [M]// 朱子本义 .10.

就作出了褒贬兼有的评价。李慈铭在批评《四库未收书提要》，实多收不急的书。书目没有次序，多半不出自阮元的手，所以才被编入《研经室外集》的同时，又表扬这本书颇有异闻，足资考索。[①]关于李慈铭所提阮元收书一事，不妨一究。阮元作为封疆大吏，不免有他人进献，或委托他人采书。如章学诚就曾为阮元搜访过遗书，提供过浙江私家藏书情况。阮元公务繁忙，根本没有闲暇时间如专门藏书家一样亲自访求书籍，委托他人采访，是可以理解的，并且对于这些来自他人之手的书，是否归入自己收藏之列，是否入著，最后都得阮元自己决定。况且提要虽然经过鲍廷博、何元锡等人审订，但最终还是阮元目验裁定的。阮元科考出身，属于仕宦正途，他濡染的是传统士人的精神。收藏书籍，也本是他个人爱好。收藏，就是一种文化传承，作为士大夫的阮元，出于士大夫责任以及个人所好，他是不会轻易放弃亲与其中的。虽然他的亲与其中并不能完全等同藏书家的亲与。就像四库修书乾隆的亲与其中一样，乾隆不可能莅临第一线，但他自始至终全程掌控大局，思想的指导，主脉的把握，就是亲与。阮元采访藏书，不可能本本都亲自访求，但辗转访求而得也是亲自参与的结果。这正符合藏书得于有力者的收藏规律；至于提要，虽然不一定出于己手，审定也由他人完成，但他的意见及宗旨是指导收书藏书、撰写提要及审定提要的纲领与筦钥。亦即，收书、藏书、提要撰写都在他指导下完成，实为他种亲与方式。至于《四库未收书提要》质量如何，李慈铭所言的"颇有异闻"从某种程度上讲可以是《四库未收书提要》撰写者既藏又读，尽力寻访鉴别阅读珍籍有所心得的注脚，没有目耕手验且用心阅读而来的心得，是不会颇有异闻的。亦即，《四库未收书提要》虽然不尽完美，但完全有自己特出之处，实可嘉赞的。

就自己的藏书楼文选楼藏书，阮元有《文选楼藏书记》专门著录之，共入著2601种藏书。这入著的2601种藏书中，四库未收书就有228种，还收集了不少禁书，同样续补了四库。

而与阮元同样感受四库修书，未得入馆的孙星衍，也和阮元一样自觉做了续写四库的工作。四库修书对当时的士人影响非常大，他们向往之至，无比尊崇，没有入馆的遗憾，就希冀靠续写来弥补。孙星衍曾两次入阮元幕府中供事，一是嘉庆四年（1799）十一月孙星衍等人都在阮元幕中，一是嘉庆五年（1800）三月受聘入阮元幕，并延主绍兴蕺山书院。不久，又主讲诂经

---

① 李慈铭. 越缦堂读书记 [M]. 由云龙，辑. 本社，重编. 上海：上海书店出版社，2000：558.

精舍。在阮元幕府中，二人同样拥有的这种对四库修书崇敬的情结，很可能相互交流相互影响。嘉庆二十三年（1818）正月十二日，孙星衍卒，阮元为之作传。二人在藏书方面的交情，孙星衍在藏书记中有所体现。孙星衍称，阮元采四库遗书，进呈乙览，蒙御题"宛委别藏"后，有时还从自己藏书处写录世间未有古书以图续进。与阮元续写四库一样，孙星衍也续写了四库。他的《廉石居藏书记》尤能体现他对四库的续写。"《廉石居藏书记》一卷，取《孙氏祠堂书目》刊本校勘，乃先生所藏宋元椠本及旧钞诸善本，多《四库》所未得之秘，录其刊刻年代、人名、前后序跋，比晁公武《读书志》陈氏《书录解题》，更为精确，洵为可据之书。惜无类次，盖随得随记，后人缀录，未经编排者。"①

具体而言，孙星衍续写四库，一是收录四库未收书。有《黄庭内景玉经》及《外景玉经》各一卷、《五藏六腑图说》一卷、王象之《舆地纪胜》、唐玉冰《玄珠密语》等。

一是补四库缺陷。如补四库版本不明的缺陷，如明江永年所刊元道士刘大彬撰《茅山志》，四库馆所收的浙江孙氏藏本，即是这个版本。②四库辑佚重编的520卷《续通鉴长编》，不是宋本原本，与钞帙本108卷《续通鉴长编》一并收藏，是最合适不过的，因为可以互勘而见异同。③《李翰林别集》十卷，明正德间吴郡袁翼所刊，后有跋，称重刻淳熙本，即乐史所编，前有乐史序，刻版藏在他的友人王国博芑孙家。而四库提要称："乐史所编罕见。"④是因为当时乐史本还没有现身世间，四库没有收集到。正可补四库版本不足的缺陷。元时所刊《杜工部诗》二十五卷，无序可考。《天禄琳琅》记载这本《诗题》目录及卷二十五后，别行刊"皇庆壬子余志安刊于勤有堂"⑤。皇庆壬子，为元仁宗皇庆元年。与《太白集》隔一年，刻手印工相等，四库馆所收《黄氏补注杜诗》二十六卷，又与此本异。⑥

补四库收书非完本的缺陷。如陈子昂《陈伯玉集》十卷，卢藏用序，四

① 陈宗彝.廉石居藏书记序.孙星衍.平津馆鉴藏书籍记廉石居藏书记孙氏祠堂书目.上海：上海古籍出版社，2008：161.

② 孙星衍.平津馆鉴藏书籍记廉石居藏书记孙氏祠堂书目 [M]// 孙星衍.廉石居藏书记内编.190.

③ 孙星衍.平津馆鉴藏书籍记廉石居藏书记孙氏祠堂书目 [M]// 孙星衍.廉石居藏书记内编.198.

④ 孙星衍.平津馆鉴藏书籍记廉石居藏书记孙氏祠堂书目 [M]// 孙星衍.廉石居藏书记内编.212.

⑤ 于敏中，彭元瑞等.天禄琳琅书目；天禄琳琅书目后编 [M]// 集千家注分类杜工部诗.183.

⑥ 孙星衍.平津馆鉴藏书籍记廉石居藏书记孙氏祠堂书目 [M]// 孙星衍.廉石居藏书记内编.212.

库馆所收七卷，缺文四首，以《文苑英华》补完。而孙星衍有全本，正可定四库所收所补优劣。① 胡曾《咏史诗》三卷，宋椠本。四库所收本二卷。② 宋椠本胡曾《咏史诗》三卷，正可补足四库本的缺卷。

在四库版本方面外，《廉石居藏书记》还详细比勘四库所收书其余各本篇卷异同。如傅寅《禹贡说断》四卷。《通志堂经解》中所刊为《禹贡详解》二卷，《永乐大典》载为《禹贡说断》。《通志堂经解》本本缺四十多简，四库馆聚珍本据《永乐大典》补完，析为四卷。

此外，从《廉石居藏书记》还提及四库修书副产品《天禄琳琅》来看，孙星衍是能认识到四库修书及其相关书目的重要性的。如他用《天禄琳琅》对《事类赋》明版的判定来佐证自己判断的正确。③《宣和书谱》，宋徽宗御撰，明嘉靖时杨慎刻本。用《天禄琳琅》的判定"椠印虽精，字画不能工整，其为明代坊间所刻无疑"④，来证明杨慎刻本又是被书商去掉了序的。

又，从《廉石居藏书记》考据博而精，区分汉宋，界别儒释教，"绝之必力，深得立言之旨"⑤ 来看，无疑又继承发扬了四库修书以汉学为本，提倡考证的精神。

当然，还有周中孚等续写了四库，因笔者的其他著作已经详细介绍过，兹略之。

三、目录学理论的集成

乾嘉时期，目录编纂达至兴盛，目录理论也得到全面发展。学人们探索藏书方法，交流藏书心得，主张公藏于世，讨论目录著录与校雠得失等，自觉不自觉地总结目录学理论，探索目录学功用，以规导典藏及目录著述良性发展，由之而体现出的乾嘉目录学的时代特征，也日益引起学界的关注。而有关乾嘉目录学特征的研究，或仅就事论事，或散见于相关研究之中，全面系统的论述较为少见。今即立足文献，着眼其时代，从乾嘉目录学的代表人物章学诚、王鸣盛、孙从添等学人入手，从他们的著述中提炼乾嘉目录学的

---

① 孙星衍.平津馆鉴藏书籍记廉石居藏书记孙氏祠堂书目 [M]// 孙星衍.廉石居藏书记内编 .210.

② 孙星衍.平津馆鉴藏书籍记廉石居藏书记孙氏祠堂书目 [M]// 孙星衍.廉石居藏书记内编 .222.

③ 孙星衍.平津馆鉴藏书籍记廉石居藏书记孙氏祠堂书目 [M]// 孙星衍.廉石居藏书记内编 .203.

④ 于敏中，彭元瑞等.天禄琳琅书目；天禄琳琅书目后编 [M]// 宣和书谱 .312.

⑤ 孙星衍.平津馆鉴藏书籍记廉石居藏书记孙氏祠堂书目 [M]// 陈宗彝.廉石居藏书记序 .161.

重要特征，剖析之，以见乾嘉目录学状貌。

（一）辨章学术，考镜源流

乾嘉目录学的最大特色，是注重"辨章学术，考镜源流"[1]。这个特征是章学诚总结出来的，也是章学诚目录学理论的核心。章学诚的这些目录学理论，主要体现在他的《校雠通义》中，有学者指出："章学诚《校雠通义》是我国古代目录学专著中最重要的一部，它对于我国近百年来的目录学方法、理论一直发生着很大的影响。"[2]

1. "辨章学术，考镜源流"提出的必然性

"辨章学术，考镜源流"，即辨识彰显学术，梳理学术分合、流别、优劣等，对学术源与流的考述，要如明镜般透彻。这个理论，是对中国古典目录学的实践作出的总结。它的提出，正式宣告目录学为非专以审订文字异同之学，是乾嘉目录学对中国目录学的重要贡献。这使中国古典目录学有了明确的发展目标与纲领，以文献整理为本、为基础，以归纳总结学术，辨识指导学术，指明读书治学方向，阐释学术思想，反映时代精神为要旨、标的，开拓了古典目录学空间。

"辨章学术，考镜源流"在乾嘉时期由章学诚提出，是时代的必然。这一时期正是目录编纂兴盛的时代，需要目录学为文献的全面整理，为学术文化的全面总结服务，并为天下指明读书治学方向。由此，也对目录学全面总结提出了要求。在这种大势下，代表古典目录学最高成就的《四库全书总目》应运而生。于是，"辨章学术，考镜源流"就与"阐释古今学术分合，详析学派流别"的《四库全书总目》一道，应和目录实践和目录编撰自身发展需要，对目录学发展到这个时期出现总结之作，需要理论总结的大势，作出了理论总结，并有所实践。"辨章学术，考镜源流"，其内涵，一是遵刘向刘歆的旨意，"折衷六艺，宣明大道，不徒为甲乙纪数之需[3]；一是随书籍发展现状，学术需要，调整分类部次，且以叙录说明之；一是即类明学，由流溯源；一是即类求书，因书究学。也就是说，"辨章学术，考镜源流"，既要有展示古今学术的能力，发挥目录学备检寻能致用的优势，又要具备思想教化功能，还要发挥目录学的学术价值，并指导读书治学。因此，郑樵删《崇文总目》叙

---

[1]　章学诚.章学诚遗书[M]//章学诚.校雠通义内篇一//叙.95.

[2]　王重民.校雠通义通解[M]//序言.上海：上海古籍出版社，2009：1.

[3]　章学诚.章学诚遗书[M]//章学诚.校雠通义内篇一//原道第一.95.

录，章学诚批评它使观者如阅甲乙簿注，而不识讨论流别之义。

同时，担当"辨章学术，考镜源流"任务者，章学诚指出必须是"深明于道术精微、群言得失之故者"①，即如刘向刘歆父子者。亦即，优秀的目录学著作学术性强，是博学多才之士，求索于古今，问道于先圣时贤，皓首穷神，精磨细琢写就的。没有丰实的学术积累，深厚的学术功底，通晓古今，是不能胜任的。此外，章学诚认为"辨章学术，考镜源流"还应要求治目录学者有平和辩证的态度。也就是说，目录学并非仅仅为记载书目而作，要以分类体系、类序提要，脱离门户之见等客观公正辨明学术分合兴衰、源流，以及传承脉络。在当时汉宋之学各自为阵、相持不下的情势下，这无疑是非常清醒而有识的，是章学诚从目录学角度对汉宋之争的纠偏。

2. 章学诚对四部分类法态度的转变

对集"辨章学术，考镜源流"大成的四部分类法，章学诚所持的态度，前后是有变化的。章学诚起初对四部分类法并无好评，认为四部分类法并不科学，是著录之家"以书籍乱部次"②的结果。而四库修书编撰了代表四部分类法最高成就的《四库全书总目》，所以四库馆臣与章学诚所言的著录之家是同道，或者可以说就是章学诚口中所言的"以书籍乱部次"的著录家。因为正是四库馆臣把四部分类法推向最高峰，并定其一尊。那么，四库馆臣也就是最大的"以书籍乱部次"者。的确，乾嘉时期书籍著录的现状是，四部分类法已难以牢笼存世所有书籍。采用四部分类法的《四库全书》及其《四库全书总目》在书籍分类上就多有抵牾歧出。确如章学诚所言有不遵循部次实际，俯就书籍，变乱部次之嫌。对此，章学诚的补救方法是复古、讲求家法、编纂"下正家藏之目，上备中秘之徵"③的各州县志乘艺文之书，以此来"部次群言，辨章流别"④，以统宗天下文字，规范学术人心。当然，从章学诚字里行间，我们看到的是，这并非是他因自己为四库开馆倡议者，却未入馆而来的意气之评，而是他对末俗支离，不究学术源流本末，导致著录偏离古道、不守家法的批判。但查考他批评四部分类法的时间，却多少有点难以与四库修书截然分开之嫌。章学诚对四部分类法的批评是在编纂《和州志》中提出来的，而《和州志》起于与四库正式开馆同年的乾隆三十八年（1773），

---

① 章学诚 . 章学诚遗书 [M]// 章学诚 . 校雠通义内篇一 // 叙 .95.

② 章学诚 . 章学诚遗书 [M]// 和州志 // 艺文 .557.

③ 章学诚 . 章学诚遗书 [M]// 和州志 // 艺文 .558.

④ 章学诚 . 章学诚遗书 [M]// 和州志 // 艺文 .557.

止于乾隆三十九年（1774）。亦即，四库修书初期，章学诚对四部分类法提出
了异议。也就是说，在乾隆钦定的倾全国之力的皇家工程，其钦定的编纂方
法四部分类法，强烈影响全国上下之际，倡议开馆但未得入馆的章学诚，却
不合时宜地对四部分类法进行批评。这难免使人不联想到是不满《四库全书》
及《四库全书总目》所采用的四部分类法之故。而章学诚治学，一贯主张"与
一代风尚所趋，不必适相合者"①，要求学术不要俯仰随时，要实事求是，"持
世而救偏"②。这更使大家怀疑他批评四部分类法，意在指摘四库修书之失。不
过，这也正是身为四库开馆倡议者，始终未入馆，所以他能始终关注四库修
书，也能以清醒的旁观者身份，看到四库修书的不足，对四部分类法作出思
考，溯古推今，品其优劣，以求纠偏救弊，而来的必然反应。

　　不过，章学诚后来对四部分类法看法有了改变。作为无以脱离时风影响
的一员，虽然不与时俯仰，但不得不面对四部分类法，面对四部分类法日益
走向一尊的事实，一次次接触之，也就日渐加深了对四部分类法的了解。由
此，他对四部分类法的认识，也在这一次次接触中走向了质变。我们从成书
于乾隆四十四年（1779）的《校雠通义》中，就可以看到其质变的完成。在《校
雠通义》中，他指出分类法是随时代学术发展变化而发展变化的，即《七略》
的七分法演而为四分法，如篆隶之演变为行楷，都是"势不容已者"③，四部分
类法是时代与学术双重选择的结果，因此对其时流行的四部分类法的态度有
了改观。他说"就四部之成法，而能讨论流别，以使之恍然于古人官师合一
之故，则文章之病，可以稍救"④，这显然已经开始接纳四部分类法。不过，这
个接纳并非全盘首肯。他对四部分类法的保留意见，仍没有因四库馆臣凭借
四库修书，以官方的力量定其一尊而缄口不言。四部分类法的缺憾，依然是
他要解决的问题。他的解决之道是"扩四部而通之，更为部次条别，申明家
学，使求其书者，可即类以明学，由流而溯源，庶几通于大道之要"⑤。亦即，
在肯定四部分类法优长之外，求其变革，在四部基础上扩充部次条别，以达
"辨章学术，考镜源流"之旨，以治其弊。不跟风不附和，坚持自己的学术主
张，正是章学诚的一贯治学精神。所以他能纠正己偏，由对四部分类法的不

①　章学诚.章学诚遗书[M]//文史通义内篇六//感遇.53.

②　章学诚.章学诚遗书[M]//文史通义内篇二//原学下.13.

③　章学诚.章学诚遗书[M]//章学诚.校雠通义内篇一//原道第一.95.

④　章学诚.章学诚遗书[M]//章学诚.校雠通义内篇一//原道第一.96.

⑤　章学诚.章学诚遗书[M]//章学诚.校雠通义外篇二//藉书园书目叙.68.

认同走向认同，但仍指明其缺点以使之完善。当然，认知学术，也是需要过程的。不过，对四部分类法无论态度如何，章学诚所论都是围绕"辨章学术，考镜源流"而发出的。

　　3."辨章学术，考镜源流"的具体表现

　　"辨章学术，考镜源流"的内涵，在目录学诸领域中多有体现。如互著、别裁、辨嫌名等方面。章学诚也注意到此，在谈及它们时，全都围绕这一理论展开。

　　关于互著。互著，即互见，指一书见于不同类目。南宋王应麟《玉海·艺文》曾用互著法，但《玉海》为类书。南宋陈振孙《直斋书录解题》、马端临《文献通考·经籍考》，都曾使用互著法。《直斋书录解题》中《忘签书》既入著儒家也见于杂家、《皇极经世》《观物外篇》《观物内篇解》同时见于易类和儒家类。明祁承《澹生堂藏书目》也采用互著法入著书籍，他的《庚申整书略例》则对互著进行了理论思考。《庚申整书略例》的因、益、互、通四法的"互"法，即互著之法。亦即，对于有时谈经有时谈史，于此为本类于彼为应收的同一书，要互见于各类中。当然，明确提出互著概念进行理论概括的是章学诚。章学诚说："理有互通、书有两用者，未尝不兼收并载，初不以重复为嫌；其于甲乙部次之下，但加互注，以便稽检而已。"①如果因回避重复而不载，那么一书本有两用却仅登一录，于本书之体则有所不全；一家本有是书却缺而不载，于一家之学也有所不备。章学诚提倡互著意在求全求备，无少缺逸。当然，互著的提出，渊源有自。因为一书两载，古有先例。始自刘歆，兵书权谋家有《荀卿子》、儒家也有之。《子贡》在《仲尼弟子》为正传，其入《货殖》则互见。古人独重家学，不避重复。所以章学诚批评班固省并部次使后人遂失家法，著录之业专为甲乙部次之需。并举历代不重视互著以至引起歧义之例来说明互著的必要。如郑樵始把《金石》《图谱》《艺文》三略并列。《艺文略》经部有三字石经、一字石经、今字石经、《易》篆石经、郑玄《尚书》等若干种，但《金石略》中却无石经，《金石》一略，没有石经，有违《金石略》的名称。又《艺文》传记中祥异一条的所有地动图与瑞应翎毛图之类、名士一条的文翁学堂图、忠烈一条的忠烈图等类，俱详载《艺文》而不入图谱，显然有违常理。产生这些错误的根本原因在于，不知重复互注的方法，于是遇两歧牵制之处，自然不能觉察出其中的抵牾错杂，百弊丛生。

---

①　章学诚.章学诚遗书 [M]// 章学诚.校雠通义内篇一 // 互著第三 .96.

最后就不但不能追踪古人之迹，仅自求无误也难免。[①]即就分类上容易混淆的书籍而言，经部《易》类与子部五行阴阳家相出入，乐类与集部的乐府、子部的艺术相出入，小学类的书法与金石法帖相出入，史部的职官与故事相出入，谱牒与传记相出入，故事与集部相出入，集部的词曲与史部小说相出入，子部儒家与经部经解相出入，史部食货与子部农家相出入，并非只如郑樵所谓传记、杂家、小说、杂史、故事五类与诗话、文史二类，容易相互紊乱。可见书籍容易混淆者，非重复互注的方法，无以免后学的抵牾；而就书可以互相资为用者而论，《尔雅》与《本草》相资为用，地理与兵家书籍相资为用，谱牒与历律书籍相资为用，也并非如郑樵所谓性命之书求之道家，小学之书求之释家，《周易》藏于卜筮，《洪范》藏于五行。可见书之相资者，也非重复互注之法，无以究古人之源委。[②]

关于别裁。别裁和互著为书籍著录互相配合相得益彰的两方面。为求全需要互著，为求义类之备需要别裁。别裁，即析出为单篇之谓。当全书之内别有本旨自为一类，或历时已久不知所出者，权于宾主轻重关系，且裁出后对全书篇次内容没有影响者，可以裁出别为门类。而别类叙书，有先例可循。班固、司马迁列传家法，人事有两关者，则详略互载之。[③]《隋书》别出《小尔雅》附于《论语》，《文献通考》别出《夏小正》以入时令，也是别裁早有先例之证。不过，《小尔雅》《夏小正》二书因早已别出单行，实际上已经独立成书，因此不算别裁。《直斋书录解题》把柳宗元诗从别集类《柳柳州集》单独抄出，入著诗集类。《王建宫词》一卷从别集类《王建集》录出入著总集类唐王建、蜀花蕊夫人和宋王珪所著《三家宫词》中，才是真正意义上的别裁。明祁承爜《庚申整书略例》提出的因、益、互、通四法的"通"法就是别裁之法，即析出著作以通四部，是对别裁理论的一次论述。不过，对于别裁，章学诚纳闷为何本篇之下并没有标子目，申明篇第之所自，因此他提出这一概念后，继而又否定了它，认为所谓的别裁起于偶有单行者，后人从之并安别裁之名，非真有见于学问流别，而为之裁制。[④]亦即，别裁当于别裁出的篇第下设注标明篇第之所出，以穷源至委，竟其流别，方为真正的别裁，符合别裁另行，究源竟委，方便检索，求实用的初衷。

① 章学诚.章学诚遗书[M]//章学诚.校雠通义内篇一//互著第三.96-97.

② 章学诚.章学诚遗书[M]//章学诚.校雠通义内篇一//补郑第六.98.

③ 章学诚.章学诚遗书[M]//章学诚.校雠通义内篇一//别裁第四.97.

④ 章学诚.章学诚遗书[M]//章学诚.校雠通义内篇一//别裁第四.97.

辨嫌名。互著、别裁是为了求全求备，那么辨嫌名就是为了避免重复。章学诚指出，校书著录，一书数名，一定应当在卷帙之下——注明书名；一人有多字号者，一定应当在姓名之下——注明字号，不要嫌弃书名歧出的弊病。① 与互著、别裁一样，彰显着"辨章学术，考镜源流"之旨。

"辨章学术，考镜源流"虽然由章学诚提出，但《四库全书总目》《郑堂读书记》等乾嘉目录书也对此颇有总结与实践。这表明，"辨章学术，考镜源流"是当时目录学发展的共同特征，拙著《"四库总目学"史研究》已详叙，兹不再叙。不过，高屋建瓴的总结还是章学诚完成的。

（二）读书治学门径

乾嘉目录学的另一重要特征，体现在它的功用上，即读书治学之门径。前面所述"辨章学术，考镜源流"的内涵之一就是指导读书治学，从"即类明学，由流溯源；即类求书，因书究学"，讲解了如何读书治学。

关于读书治学，乾嘉学者还从编订目录"索引"等方面进行了总结，与"辨章学术，考镜源流"所含读书治学门径理论一道，对读书治学门径理论进行了全面梳理阐释。

1. 读书治学门径及其理论总结

乾嘉时期，对目录学读书治学门径功用进行总结者不少。如乾隆元年（1736），全祖望就《明史·艺文志》谈建议时指出，《明史·艺文志》必须综汇历代所有，不以重复为嫌，这样才能向读者明示古今四部存亡状况，引领读书治学。即以本代的书而言，也应略述大意，详作者爵里，记作者行事，"旁搜博采，而又弗令遗误"，才能"以资后人之讥弹，则庶几乎其可矣"。② 即指导问学读书。虽然是就《明史·艺文志》而言，但究其本是在谈书目著录如何才能很好发挥读书治学门径的功用。再如，金榜指出"不通《汉艺文志》，不可以读天下书。《艺文志》者，学问之眉目，著述之门户"，也是在强调读书治学需从目录学入手。

与上述二人从理论上对目录学读书治学门径特征进行抽象总结不同，章学诚、王鸣盛则从更为具体的层面论述了目录学是如何指导读书治学的。兹举其要，概述如下。

---

① 章学诚. 章学诚遗书 [M]// 章学诚. 校雠通义内篇一 // 辨嫌名第五.97.

② 续修四库全书：第1430册 [M]// 全祖望. 鲒埼亭集外编：卷四二 // 移明史馆帖子二. 上海：上海古籍出版社，1995：189.

首先，以"索引"的形式指导读书问学。有关目录学读书治学门径功用方面，章学诚是率先谈及目录索引编制者。当然，"索引"这个词是外来词，20世纪20年代才从西方引入。不过，章学诚其实已谈到只是未命其名而已。为方便行文，这里暂且提前使用这个词语。

关于"索引"的编制，章学诚指出在编书之前就要做这个工作，"先作长编，取其著书之人与书之标名，按韵编排，详注一书原委于其韵下"①，并指出编纂索引在避免编书重复方便校勘的同时，也是为检寻天下藏书提供查寻门径。至于如何编制有关这方面的索引，章学诚有详细的说明。他说："窃以典籍浩繁，闻见有限，在博雅者且不能悉究无遗，况其下乎？以谓校雠之先，宜尽取四库之藏，中外之籍，择其中之人名、地号，官阶、书目，凡一切有名可治，有数可稽者，略仿《佩文韵府》之例，悉编为韵，乃于本韵之下，注明原书出处，及先后篇第，自一见再见，以至数千百，皆详注之，藏之馆中，以为群书之总类。至校书之时，遇有疑似之处，即名而求其编韵，因韵而检其本书，参互错综，即可得其至是。此则渊博之儒穷毕生年力而不可究殚者，今即中才校勘，可坐收于几席之间，非校雠之良法欤？"②于此，章学诚自己编书时就有实践。如他为自己的《历代纪年经纬考》就编了《历代纪元韵览》，其意就在达到反复互求而举无遗漏的效果。

与以上二人相比，王鸣盛谈目录学就不再只就其中某一分支来论说，而是就目录学全局而言，这主要体现在他的《十七史商榷》《蛾术编》中。

在《十七史商榷》中，王鸣盛说："目录之学，学中第一紧要事，必从此问涂，方能得其门而入，然此事非苦学精究，质之良师，未易明也。自宋之晁公武，下迄明之焦弱侯一辈人，皆学识未高，未足剖断古书之真伪是非，辨其本之佳恶，校其讹谬也。有某氏者，藏书最称奥博，自夸其家藏宋刻开元本《史记》，升《老子》于列传首，居伯夷上，又自夸集诸宋板《史记》共成一书，凡一百三十卷，小大长短咸备，因李沂公取桐丝精者礻集缀为一琴名'百衲琴'，故亦戏名此为'百衲《史记》'，但百衲本既分一百三十卷，而开元本分卷若干，其为仍裴骃之旧乎，抑已改之乎，某之学不足以知此，竟未尝讨论及之。如某之搜奇访秘，多见多闻，较简陋者诚不可同日语，惜其未有学识，枉见如许奇秘古本，竟不能有所发明开益后人。如某但云能藏

---

① 章学诚. 校雠通义 [M].97.

② 章学诚. 校雠通义 [M]// 校雠条理第七 .98.

书，未敢许为能校书、能读书也。或问予曰：'读书但当求其意理，卷帙离合有何关系，而子断断若此？'予笑而不能答。"王鸣盛所言，一指出了目录学读书治学门径之功用；一指出了要领悟目录学读书治学门径必须苦学精究，良师指引；一批评晁公武至焦循都没有得到目录学要旨。此外，从他所举例子看，虽然他就目录学全局谈目录学，但他和乾嘉诸目录学家一样，其实并不系统，只是零星谈及，而且他的目录学依然是与校雠学版本学联系在一起的，对目录学家如刘向以来诸人的评价也不尽公允。如认为刘向为西汉俗儒，认为陈振孙为宋南渡后微末小儒，认为从晁公武到焦循都学识不高，朱彝尊学识也不怎么样。于此，陈垣曾有一段评价，可为参考。陈垣说："王西庄好骂人，昔贤每遭其轻薄……皆见其所著《蛾术篇》及《十七史商榷》。盖其天性如此，又乏修养，自以为是，而不知人之窃笑也。"[①]在对前人评价上王鸣盛确实背离了他自言学问深厚的人必然谦退的逻辑。

不过，王鸣盛的好骂人，并无损他在学术上取得的杰出成就。他的学问确如其所言："我于经有《尚书后案》，于史有《十七史商榷》，于子有《蛾术编》，于集有诗文，以敌弇州《四部》，其庶几乎？"[②]相当自负。自负的人难免轻狂，加以他颇贪鄙，也就有了他对前人的不敬以及后人对他的批评。

当然，王鸣盛口中的目录学，并非他首创。首创"目录学"一词的是北宋苏象先，王鸣盛仅是再次提出此概念。王鸣盛再次提出此概念，是目录学发展到乾嘉时期需要理论总结大势的必然要求与结果。当然，苏象先、王鸣盛二者虽都谈目录学，但苏象先仅谈个人目录检寻的功底，王鸣盛则言及目录学功用，以及如何进入目录学领域，无疑王鸣盛更进了一步。

2. 读书治学门径理论的实践

乾嘉学者不唯对目录学读书治学门径进行理论总结，也自觉将此理论运用在实践中。例如，王鸣盛评述《资治通鉴》为"天地间必不可无之书，亦学者必不可不读之书"[③]，但"与十七史不可偏废"[④]，指出《通鉴纪事本末》为阅读《资治通鉴》的门户[⑤]，赞誉胡三省注《资治通鉴》为"《通鉴》之功臣，

---

① 王鸣盛. 十七史商榷 [M]// 附录二 // 评论. 黄曙辉，点校.962.

② 王鸣盛. 蛾术编 [M]. 北京：商务印书馆，1958：33.

③ 王鸣盛. 十七史商榷：卷一〇〇[M]// 缀言二. 黄曙辉，点校.932.

④ 王鸣盛. 十七史商榷：卷一〇〇[M]// 缀言二. 黄曙辉，点校.933.

⑤ 王鸣盛. 十七史商榷：卷一〇〇[M]// 缀言二. 黄曙辉，点校.942.

史学之渊薮"①，并评判《史通》《历代纪元考》《纪元汇考》《补历代史表》等，指出"读史宜专心正史。世之学者于正史尚未究心，辄泛涉稗官杂说，徒见其愚妄，且稗史最难看，必学精识卓，方能裁择参订，否则淆讹汩乱，虽多亦奚以为"②，王鸣盛以上所论，都在讲如何读书治学，是对读书治学门径理论的实践。李慈铭因此称《十七史商榷》为"读史者之津梁"③。在《蛾术编》中，王鸣盛也实践了目录学读书治学门径的理论。他看重艺文志读书治学门径功能，所以第一门所录书籍全依艺文志所载，以明学术分合传承。④而《蛾术编》各书提要，则详叙著者卷数、学术版刻源流、价值高低、书籍真伪等，彰显目录学"辨章学术，考镜源流"，以及读书治学门径的功能。此外，从南齐时陆澄论《易》所道"自商瞿至田何，其间五传。年未为远，无讹杂之失；秦所不焚，无崩坏之弊。虽有异家之学，同以象数为宗。数百年后，乃有王弼"，于寥寥数语中一目了然《易》学发展，他发出的是对"目录之学精绝"⑤的评语，也可见他对目录学"辨章学术，考镜源流"，读书治学门径功能的高度重视，以致为他人并没有出现目录学之词却与目录学之道相通的几句话也不惜费笔墨盛赞。而他所说的读书要有师法，无师不能读；所看重的学问应由师傅引导入门，方得学问之良轨及获事半功倍之效，与读书需明目录学也是一脉相通，异曲同工的。

最后，不得不提的是，专门目录著述中尤体现目录学读书治学门径特征的是《四库全书总目》，同时也是此特征的一次无与伦比的实践。

（三）校雠条理

关于校雠条理。在章学诚看来，首先要把握好治书要领。章学诚指出，治书与求书不一样。求书在一时，治书在平日。求书可依郑樵八法，治书郑樵没有谈及，因此章学诚就治书提出了自己的意见。他认为，治书在平日，要落到实处，并且可效仿古代官守的法则，由官府来治书。官府治书，可责成州县学校师儒讲习，考查探求以正是非，著录为册籍，大略如人户有版图。可达全民动员，保障有效贮藏，减少风险，求得扎实稳固的成绩。不但书籍

---

① 王鸣盛. 十七史商榷：卷一〇〇[M]// 缀言二. 黄曙辉，点校.937.

② 王鸣盛. 十七史商榷：卷三八 [M]// 后汉书十 .275.

③ 王利器辑. 越缦堂读书简端记 [M]. 天津：天津人民出版社，1980：170.

④ 王鸣盛. 十七史商榷：卷二二 [M]// 汉书十六 .161.

⑤ 王鸣盛. 十七史商榷：卷六二 [M]// 南史合宋齐梁陈书十 .498.

不致散佚，并且因事有稽检也可避免干犯禁例，而求书的时候，因按册籍而稽查，还不劳搜访；中书不足，稽之外府；外书有讹误，用中书正是非；交互为功，同文称盛。[①]因此，治书之要当议于求书之前。其次，校书应大量储藏副本，并确立校雠方法。因古代校书为官方行为，父子世业。校书方法靠心领神会而得，没有什么可以传的，即只可意会，不可言传。然而，近代校书没有专门人员，不是一人的力量，所以应立校雠方法。可取四库所藏，官私书籍，选择其中的人名地号，官阶书目，凡一切有名可治，有数可稽者，略仿《配文韵府》的体例，都编为韵，并在本韵之下，注明原书出处及先后篇第，自一见再见以至到几千几百，都详细注明，藏在馆中，以为群书总类。到校书的时候，遇有疑似的地方，即名而求其编韵，因韵而检其本书，参互错综，即可得其至是。这即使是渊博的儒者，穷毕生的力量，也不可穷究尽的。如今从事校勘的仅为中等人才，他们从事校勘仅依靠书本知识，这不是校雠的好方法。再次，校书要注意一些事项。如对讹误处更正校定时，一定要把原文标注在其下，有两说必两存，删去篇次者必存其阙目。发扬著录互见之法。为了后人更好知晓各代书目存佚以为参考，校雠家当历稽载籍补于艺文之略。最后，校书之人，不得与诸子同业，必专门名家校专门之书。

（四）书籍编藏中的目录学理论[②]

中国古代的藏书家与目录学家基本上都是二位一体，藏书家可以说就是目录学家，因此藏书理论也就是目录学理论。清乾嘉时期的藏书家一再强调藏之一地一时都不足取，无法久存，因此探索书籍藏之久远之法，提倡传借流通，提倡传借流通，号召公藏。就何为公藏做出论述，并认为藏书读书、藏书与目录学版本学一体，同时对编藏作出了理论总结。

1. 藏书读书为目录学提供了用武之地

乾嘉时期的藏书家几乎都为自己所藏之书编写有书目，流传于世。这就将目录学融入了藏书读书的实践当中。如黄丕烈校《季沧苇藏书目》时所作跋指出："于今沧苇之书已散失殆尽，而每从它处得之，证诸此目，若合符节，方信藏书不可无目。……书目不可不详载何代之刻，何时之抄，俾后人有所征信。"黄丕烈校《季沧苇书目》时所作跋指出："于今沧苇之书已散失殆

---

① 章学诚. 校雠通义 [M].98.

② 关于藏书理论，已散见于前篇，故此处兹略。

尽，而每从它处得之，证诸此目，若合符节，方信藏书不可无目。……书目不可不详载何代之刻，何时之抄，俾后人有所征信。"即藏书需有目，且书目要详载何代之刻、何时之抄。不过，黄丕烈所论显然仅停留在甲乙账簿的层面上。同是论如何藏书，相对黄丕烈《季沧苇藏书目》跋所言，全祖望就进了一步。全祖望不但肯定藏书必有目，而且对如何作好书目提出了要求。他说："马氏兄弟服习高、曾之旧德，沉酣深造，屏绝世俗剽贼之陋，而又旁搜远适，萃荟儒林文苑之部居，参之百家九流，如观王会之图以求其斗杓之所向进。进不已，以文则为雄文，以学则为正学，是岂特闲阁不观之藏书者所可比拟，亦非玩物丧志之读书者所可伦也。今世有所谓书目之学者矣，记其撰人之时代分帙之簿翻以资口给即其有得于此者，亦不过以为捃扯獭祭之用。《丛书楼书目》之出也，必有以之为鸿宝者矣。"① 从他所言，显然可以看出，面对清代藏书盛况，以全祖望为代表的大多学人已经意识到藏书的目的在于读书，所以应公之于世。并且，他们认为既然藏书为读书，那么目录书就应不仅仅停留在账簿层面上，而像《丛书楼书目》这样的优秀书目正可起到示范作用。看来，这个时期，是到需要进行理论总结，以规导编藏，以及目录著述良性发展的时候了。

2. 编藏当有法

乾嘉时期，对编藏理论进行总结，尤为突出者是孙从添。他的《藏书记要》是总结自清初以来《绛云楼书目》《述古堂藏书目》《传是楼书目》等书目编藏方法与理论的集大成之作。《藏书记要》在购求、鉴别、抄录、校雠、装订、编目、收藏，曝书等八方面就书籍编藏进行了总结。

关于购求，孙从添提出了知有某书却无力而购、有力而非所好、知道所好书去向却计较价值而坐失购书良机、旧家书悃皆无所欲得书、知近求不知远购、不知鉴识真伪检点卷数辨论字纸不能购得善本六难说，并指出正是这六难使藏书者少。同时，就为何购买或访求到善本书为美事做出了说明。他认为一是因为书籍是天下至宝，人身中至宝；一是得善本书有品评鉴赏的乐趣，且有购求阅读收藏的乐趣。"不惜典衣，不顾重价，必欲得之而后止。其既得之也，胜于拱璧。即觅善工装订，置之案头，手烧妙香，口吃苦茶，然后开卷读之，岂非人世间一大韵事乎。至于罗列已多，收藏既富，牙签锦轴，

---

① 全祖望.鲒埼亭集：卷三二 [M]// 丛书楼书目序. 四部丛刊本 .12.

鳞比星章，不待外求而珍宝悉备，以此为乐，胜于南面百城多矣。"①

关于鉴别。孙从添提出藏书不知鉴别，如瞎子辨色，聋子听音，他们的心未尝不好，但才力不足以帮助他们，徒为有识者所笑，很是无谓。②指出鉴别要眼力精熟考究确切，并向各家目录及序跋求证，到处访求辨别真伪。藏书之道先分经史子集，取精华弃糟粕。鉴别必须看板本识古今纸新旧，并就经史子集历朝历代各种版本优劣做出了详细说明。

关于钞录。孙从添认为钞本贵于刻本。就如何辨别钞本真伪，以及各家钞本特色一一说明。并就什么是好钞本以及各类书籍该如何钞写为佳作了说明。

关于校雠。孙从添指出非博学好古，勤于看书而又安闲者，不能动笔校雠书籍。校雠以尽量不改为上，如何校雠各时代及各类版本，也仔细说明。

关于装订。孙从添指出装订不在华美饰观，而要护帙有道，款式古雅，厚薄得宜，精致端正，为第一。③并做了具体说明。

关于编目。孙从添认为四库编目最难，非明于典籍，不能为之。为使编目"不致错混颠倒，遗漏草率，检阅清楚，门类分晰，有条有理"，他针对古今载籍、版刻、公藏私藏提出了四编法，即："一编大总目录。分经史子集，照古今收藏家书目行款，或照经籍考、连江陈氏书目，俱为最好，可谓条分缕晰，精严者矣。前后用序跋，每一种书分一类写，某书若干卷，某朝人作，该写著者、编者、述者、撰者、录者、注者，解者、集者、纂者，各各写清，不可混书，系宋板、元板、明板，时刻，宋元钞，旧钞，明人钞本，新钞本，一一记清，校过者写某人校本，下写几本或几册，有套无套，一种门类写完后，存白页，以备增写新得之书，编成一部，末后记书若干部，共若干册总数于后，以便查阅有无将来即为流传之本。其分年代不能全定，因得书先后不一，就其现在而录之可也。释道二氏之经典语录附于后，写清装成藏于家。二编宋元刻本钞本目录，亦照前行款式写，但要写明北宋、南宋、宋印、元印、明印本，收藏跋记图章姓名，有缺无缺，不借本，印宋钞本，有板无板，校过者书某人校本，或底本临本，录成一册，虽目录亦不可轻放，恐人借观遗失，非常行书籍皆有之至宝，收藏者慎之宝之。三编分类书柜目录一部，以便检查而易取阅。……四编书房架上书籍目录，及未订之书，在外装订之

---

① 孙从添．藏书记要 [M]．藏书修屋刻本．2.

② 孙从添．藏书记要 [M]．3.

③ 孙从添．藏书记要 [M]．12.

书，钞补批阅之书，各另立一目，候有可入藏者，即归入柜，增上前行各款书目内可也。"① 显然注重编目的实用性。

关于收藏。收藏不独安置得法，全要时常检点开看，才算妙。并就书柜、锁、钥匙、藏于何处为佳、藏书楼及其管理，以及如何防蛀防蠹防火，书架安置等作了说明，强调素朴清雅的收藏风格。

关于曝书。曝书应在伏天，照柜数目挨次晒，并就晒书用具以及如何晒书作了说明。

有学者总结《藏书记要》成就为："是清前期私家藏书目录发展的产物和发展水平的检阅。……反映的是以钱谦益、钱曾、毛晋、毛扆、季振宜、黄丕烈为代表的常熟藏书家一派的藏书和目录学思想观点，图书版本重于图书内容，版本形式重于版本内容，鉴赏收藏重于读书考订。"② 它在对编目者的素质要求、建立一套完整的目录制度、建立详备的书目著录项、概括总结与书目著录直接相关的版本鉴定方法等四个方面对编目有直接指导意义。③

总之，"辨章学术，考镜源流"是乾嘉目录学的核心理念。在这一理念的指引下，乾嘉目录学在范围和深度上较前代皆有所突破，形成了一套自己的理论，涌现出了大量的专门名家。他们把考据学的方法直接运用于目录之中，以此指导读书问学，他们在藏书编目的实践中又深化了目录学的内涵。

四、目录学的继承与开新

这个时期的学术，一方面在前人基础上继续发展，一方面在继承中又有所开新。

（一）读书记的成熟

读书记发展到乾嘉时期，已经完全成熟。其表现如下：

其一，显示出融会贯通的气势。这个时期的读书记，气魄不小，融会贯通，为当时学术的缩影。如彭元瑞《知圣道斋读书跋》，其实就是乾嘉学术的反映。他如其他乾嘉学者一样，融会贯通自清初以来的学术，继承发扬顾

---

① 孙从添 . 藏书记要 [M].15–17.

② 严佐之 . 近三百年古籍目录举要 [M]. 上海：华东师范大学出版社，2008：46–47.

③ 严佐之 . 近三百年古籍目录举要 [M].46.

炎武以来讲究以音韵通训诂而通经的传统，不仅以《群经音辨》为读书记之首，而且指出这本书是小学必不可少的书，给世人指明通经的途径。作为乾嘉学人，他认为刊正文字的书不可不刻。[①] 所以他对《刊正九经三传沿革例》，很重视。对天禄琳琅所收《刊正九经三传沿革例》几部经书，专门罗列书名，以便世人择善本而读。又钱大昕《十驾斋养新录》在清初以来重视音韵的传统上，精研得出古无轻唇音。

在《知圣道斋读书跋》中，乾嘉学术的考证特色，也得到了凸显。《知圣道斋读书跋》对没有什么考证的《读书敏求记》加以批评，就表明了自己与乾嘉学术同样重视考证的学术立场。

同时，乾嘉学术重视版刻的特征，也在《知圣道斋读书跋》得以反映。彭元瑞参与四库修书，为四库副总裁。其后又校天禄琳琅书籍。他自言"幼即焚膏，老犹秉烛"[②]，饱读诗书，位居高位。为官之余，随读随记，见解独到。所见大都精本，能定书籍版本优劣。

也正因为融会贯通，所以这些读书记对古今是非，名物源头，多有论定。如钱大昕《十驾斋养新录》即对寿隆年号、西辽纪年、金人多二名、金史义例等作了指正，对青海、捉笔、捕风、花木瓜、章硬头、金毛鼠、满朝歌、赛仁孝等的出处，能追本溯源。

其二，及时反映当时学术动态。以《知圣道斋读书跋》为例，对于乾嘉时期最大的官方修书，四库修书，《知圣道斋读书跋》就多有反映。

因参与四库修书，熟悉四库优劣，与四库所著录书籍同一者，彭元瑞往往与四库修书作比，或拈来四库修书故实，娓娓道来。如《庆元党禁》，《四库全书》从永乐大典辑出。《四库全书总目》，谈事情经过得失，彭元瑞则谈所禁伪学四人的后人情况。《异域图志》，彭元瑞道四库修书故实，指出四库馆所搜本是宋人所著。《四库全书总目》以书中所载明封元梁王子于耽罗、元世祖称帝、安南不及灭黎季犛，还没有置郡县，得出《异域图志》作者为明洪武时人的结论。[③] 对此，彭元瑞不作任何评判。此外，他还表彰四库辑佚的功劳。他指出四库修书时从永乐大典辑出宋张淳《仪礼识误》、李如圭《仪礼集释》，更是当时未见的书。[④] 正因为参与四库修书，加以职位的便利，可以

---

① 彭元瑞 . 知圣道斋读书跋 [M]. 丛书集成初编本 .2.

② 彭元瑞 . 知圣道斋读书跋 [M]. 丛书集成初编本 .1.

③ 彭元瑞 . 知圣道斋读书跋 [M]. 丛书集成初编本 .16.

④ 彭元瑞 . 知圣道斋读书跋 [M]. 丛书集成初编本 .4.

见到四库相关书目，所以对于《靖康要录》作者到底是何时人，由当时四库修书时浙江采集的遗书目录卷末，查到"今上即位"①这句话，于是得出作者是高宗时人。

熟悉四库修书的彭元瑞，对四库修书也高度评价。他在《知圣道斋读书跋》中讲道："《四库全书》三万六千卷，充牣阁中，多此目未见，信乎稽古右文，度越前代，为万世一时之嘉会矣。"②不过，虽然参与四库修书，熟悉四库修书，并高度赞赏四库修书，但对四库修书的不足，他还是有所补充的。

《知圣道斋读书跋》补四库修书不足。如版本方面。它称赞钞本《旧五代史》，记录《永乐大典》卷数及采补书名卷数，具知存阙章句，不没其实。不过，四库修书武英殿镌刻时尽删去，《旧五代史》面目于是不可寻，后人引用因此多致误。幸好有这钞本。才得以见《旧五代史》原面目。③这段文字，正好表明四库修书对版本有所忽略的特征。而彭元瑞则认识到了版本的重要，因为读善本才能获知书籍真面目。但彭元瑞又非仅仅满足于版本者。所以《知圣道斋读书跋》评价《读书敏求记》，每拳拳于版本钞法，乃骨董家习气。④如著录四库不著录的书籍。像《两晋南北奇谈》，进献四库馆，四库未著录。因为是鄙俚小说，不符合四库著录标准，不足贵。不过，他还是希冀自己还朝后，借录一读。⑤一方面因为正统需要，在价值观念上对此书不认可，但另一方面还是要满足自己的阅读及收藏好尚。这正如纪昀，四库修书时，一方面鄙弃不符合著录标准的书籍，一方面却自己偷偷拿回家，一饱眼福。同时同代，开明与迂腐也就都同在。此外，像顾祖禹的《读史方舆纪要》，名列禁毁。彭元瑞也著录了。

要反映学术动态，除学术大事外，还需要捕捉到代表学人的信息。在代表学人方面，《知圣道斋读书跋》是重视著录他们著作的。如它著录了康熙宠臣高士奇的《江村消夏录》。但对高士奇这本书，《知圣道斋读书跋》并不首肯。它批评高士奇好赝古却考证粗疏。它认可的是顾炎武的《天下郡国利病书》。它表彰《天下郡国利病书》，认为有这书及顾祖禹《读史方舆纪要》，

---

① 彭元瑞. 知圣道斋读书跋 [M]. 丛书集成初编本 .9.

② 彭元瑞. 知圣道斋读书跋 [M]. 丛书集成初编本 .18.

③ 彭元瑞. 知圣道斋读书跋 [M].7.

④ 彭元瑞. 知圣道斋读书跋 [M].26.

⑤ 彭元瑞. 知圣道斋读书跋 [M].19.

则《太平寰宇记》以下诸舆地书都是谰言瓽说。① 此外，它还广泛引用当朝人著述，尤其引用较多的是朱彝尊《经义考》。《经义考》是日后四库修书经部书籍的重要参考对象。而顾炎武、朱彝尊、高士奇是清初学术的代表人物，著录他们的著作，也就准确把握了学术主脉与动向。

其三，开出新学术。乾嘉时期虽然是汉学家的天下，但有识的汉学家们其实已经意识到汉宋学各自的弊病，并提出了自己的思考，已有未来新学术的端倪。如彭元瑞虽名为汉学家，但好史学，他的《知圣道斋读书跋》中多著录史书，也多议论，非纯粹汉学家所为。如议论李舜臣的书徒作发愤语而毫无实际措施之言，比李仁父《通鉴博议》差得远。② "宋以火德王，故有大忌丙午丁未年之说，徽宗信术士，遂于乙巳借春。谶纬之学，侈谀之为，岂所谓遇灾而惧哉。卒之靖康元二之变，祸败已极。南渡不振。至理宗而国势愈岌岌，草茅之士，有怵心焉。故叙列朝之事，以为是书。"③ 可见，在汉学如日中天的时候，汉学其实也并非铁板一块，还是有所开新的。对于汉宋学各自利弊，像钱大昕《十驾斋养新录》，也是有论定的。在《十驾斋养新录》中，钱大昕认识到宋学的弊端，纠正程颐所道性中只有仁义礼智，没有孝悌的误说。指出宋儒以孝悌为庸行粗迹，而别于空虚处求性，其言有过高之弊。④ 批评宋儒天即理学说，以及不读注疏的弊病。但同时，他也认识到汉学源于宋学，宋学也并非不重视考据。宋学的考据特色被汉学家们忽略了。这是乾嘉时期有识学者对宋学的再认识。而王鸣盛认为"经以明道，而求道者不必空执义理以求之，但当墨守汉人家法而不敢他徙。至于史，则议论褒贬皆虚文，但当考核得其实"，无疑是在讲义理考据当并重。而他的《蛾术篇》"说录、说字、说地、说制、说人、说物、说集、说刻、说通、说系，盖仿王深宁、顾亭林之意，而援引尤博赡"⑤，与同时代汉学家同类诸作相比，有经世的气象。

以彭元瑞、王鸣盛官员学者，以及钱大昕学术代表的身份，表现出的对汉宋学各自不足的认识，无疑预示着汉宋学未来合流的趋势。亦即，在考据占据主流的时刻，一些有识的学者，已经不拘泥于琐碎考据，发新学术之轫了。

---

① 彭元瑞 . 知圣道斋读书跋 [M].15.

② 彭元瑞 . 知圣道斋读书跋 [M].10.

③ 彭元瑞 . 知圣道斋读书跋 [M].11.

④ 钱大昕 . 十驾斋养新录 [M]. 上海：上海书店出版社，1983：48.

⑤ 钱大昕 . 潜研堂文集：卷四八 // 西沚先生墓志铭 .8.

（二）续补《经义考》之作

在目录学中，朱彝尊《经义考》对其后目录学影响很大，其后的目录学无论官著还是私修，都绕不开它。因此，后人在肯定它的优点基础上，对它进行了考订补缺。

1. 全祖望《读易别录》

全祖望《读易别录》指出诸经之中，未有如易为后世所录者，但易类也是最名实不归之类。本属蓍龟、五行、天文、兵家、道家、释家、神仙家，却系于易类，且其中为《易》传义章句者，也占十分之九，实不当于经。[①] 而博识如朱彝尊，他所著《经义考》也不免此流弊。《经义考》率尔把借《易》以自文其说不是《易》类者一并录入《易》类，在全祖望看来，是不审旧史之例，最乱经者，[②] 自己所著《读易别录》即意在纠补《经义考》这个弊病，辨学术源流条别学术。确然，如全祖望所评朱彝尊崇经太过。但实事求是讲，朱彝尊崇经有他的必然。朱彝尊生活的时代正是康熙尊崇朱子学的时期。这个时期需要朱子学来牢笼士民，朝堂上理学名臣得势，学界中理学被定为官学。投入清政府怀抱的明贵胄后裔朱彝尊在这个大势下，加以士大夫本身所有的尊经观念，他的《经义考》于是有尊经太过之处。

《读易别录》分上中下三部，各部之首冠以总序，以明各部旨归，其后依类著录各类书目。各书大多著录书名、卷数，多有附注，说明在各史志中归属、异同，以及归属正谬。上部之首冠以序文，以明易学源流。首列图纬，诸书附之，略疏证其门户异同，以见它们一定不能归属经部的原因。倘若旧史所载有分晰未尽者，并为改正，使之正闰分明。[③] 共著录图纬34种、通说阴阳灾异及占验体例44种、汉唐卜筮林占方面的书900种、汉唐诸人以三式占验方面的书45种、律历家9种、兵家、堪舆家6种、禄命家7种、医家、相家、占梦家、射覆家6种、丹灶家34种。中部言图纬候气直日、老庄玄兆谷神、丹灶之学。图纬之学，都以老庄为体；老庄之学，都以图纬为用，为老庄之流"本心固欲以方寸运量天下变，而又不能有洗心退藏之量，故其托为'齐生死、轻去就'者，矫也。而实则常欲出而一试"[④] 之旨的依托，共著录

---

① 丛书集成新编：第一册 [M]// 全祖望 . 读易别录 .438.

② 丛书集成新编：第一册 [M]// 全祖望 . 读易别录 .438.

③ 丛书集成新编：第一册 [M]// 全祖望 . 读易别录 .438.

④ 丛书集成新编：第一册 [M]// 全祖望 . 读易别录 .444.

"《老子幽易五卷隋志道家》《周易玄品论二卷隋志误入经部》《周易玄品二卷隋志五行家》《周易图象玄珠五卷》《张子和太易十五卷唐志神仙家》《周易罔象成名图一卷唐志释家》《子庄子周易学记三卷又义略三卷唐志神仙家》《三玄异义三十卷唐志神仙家》《周易玄谈六卷绍兴书目》《易老通言一卷宋志道家》"十书。下部言圣人作《易》的旨意在于通神明之德类万物之情，故而以"蓍龟前民用"。龟书盛于蓍书局面自僧一行开始改变，自此之后蓍书一直显于今。龟书大多汉唐人所作，溺于壬遁，旧史精审不敢登于经部而别录之，全祖望尊而也别录于经部之末。由此可见，《经义考》只录蓍书不录龟书，显然不符合蓍龟类书籍古今实情。全祖望共著录龟类书籍47种、蓍类书籍27种来补正这个缺陷。

综观《读易别录》共补《经义考》所失载者25种：《三坟易典》三卷、《易家候阴阳灾异变书》《证六十四卦纳音五行》一卷、《齐将曾孙膑卜法》一卷、《易逆刺占灾异》十二卷、《卦法》一卷、《梁中领军吴郡朱异稽疑》二卷、《吴遵世易占杂林》百余卷、《周易林》十八卷又十卷、《杂筮占》四卷、《杜灵贲卜法》一卷、《九宫八卦式蟠龙图》一卷、《六壬六十四卦名》一卷、《吕才周易轨限通神宝照》十五卷、《易通志周易薪蕢璇玑轨革口诀》一卷、《京女断卦诀》一卷、《焦氏周易玉鉴颂》一卷、《无惑先生易镜正经》二卷、《费直焦赣晷限历》一卷、《大衍明疑论》十五卷、《大卦煞人男女法》一卷、《脉六十四卦歌诀》一卷、《东方朔射覆经》一卷、《大易》二十四篇一卷、《周易五相类》一卷。

《读易别录》还详列与《经义考》之间的异同：《周易明堂》二十六卷，《经义考》为三十六卷。《易传算法》一卷，《经义考》作《易传积算法杂占条例》一卷。《小黄令梁焦赣易林》三十二卷，《经义考》为十六卷。《建新大尹涿郡崔篆易林》十六卷，《经义考》作六十四篇。《易决》一卷，《经义考》不审而两列之。《周易林》五卷，《经义考》作六卷。《梁运周易杂筮占决文》二卷，《经义考》"筮占"作"占筮"。《易颂卦》，《经义考》的《黄景元周易卦颂》，疑即此书。此作"颂卦"，误倒其文。《易杜秘林》一卷，杜《经义考》作"材"。《周易讚颂》一卷，《经义考》作六卷。《邓璞周易义经》一卷，《经义考》采宋志无名氏《玄义经》或即此书，"义"字上脱"玄"字。李淳风《周易薪蕢轨》一卷，"蕢《经义考》作"冥"。《周易飞燕转关林窍》一卷，"窍"据《经义考》补。《周易鬼林经》一卷，书名中的"林"，《经义考》作"灵"。《周易鬼衔算》一卷，书名中的"衔，《经义考》"作"御"。《周易玄鉴林》一卷，《经义考》作三卷、成玄英《周易穷寂图》一卷，《经义考》作五卷。《周易联珠论》

一卷，书名中的"联"，《经义考》作"连"。《易箱精义》一卷，《经义考》作二卷。《周易八仙歌》一卷，书名中的"歌"，《经义考》作"诗"。

2. 翁方纲《经义考补正》

全祖望《读易别录》仅补《经义考》的《易》类失载，并列自己所著录各《易》类书与《经义考》的各《易》类书的异同，翁方纲《经义考补正》则对《经义考》各类的缺失进行了补正。关于翁方纲《经义考补正》补正《经义考》缘由，有学者道："因先生《复初斋文集·丁小疋传》称尝相约补正《经义考》序尾年月，竹垞此书纲领阔富，有资援据，顾所载序跋，多删去末行年月，此钞胥意在省便，致使作者先后次序无所按据。予时在四库馆日钞数条归，后亦博采见闻以相证合。竹垞所见之书今或有未见者，其每书下载某人曰，不明著出于某卷，尤失考订之宜。"[1]"《经义考》于著录序跋偶或删其岁月，特小吏钞胥之脱漏耳。予尝深惜。此书纲领节次，详整有要，为功于经学匪细，安能尽得当日手草一一为之追录补正乎云云，然是书所订各条实有足为竹垞功臣者"[2]。当然，朱彝尊《经义考》是他的孙子作幕卢雅雨府，才刻全的，本人未及细校，舛误也就难免。

翁方纲敬重朱彝尊，认为《经义考》"综覈赅贯，为经训渊薮"[3]，他补正《经义考》之作，共十二卷，第一卷第二卷《易》、第三卷《书》、第四卷《诗》、第五卷《周礼》《仪礼》、第六卷《礼记》、第七第八卷《春秋》、第九卷《论语》《孝经》《孟子》、第十卷《尔雅》《群经》《四书》《逸经》《毖纬》、第十一卷《拟经》《承师》、第十二卷《刊石》《书壁》《镂板》《著录》《通说》。所补正《经义考》如下：

其一，纠《经义考》的错误。如纠正误读而来的错误。像《连山》，朱彝尊著录为"《唐志》十卷司马膺注"，翁方纲指出旧《唐志》五行类三十卷《连山》为梁元帝撰，新《唐志》经类十卷《连山》也不是司马膺注，司马膺所注为《归藏》十三卷。归十卷《连山》为司马膺撰是朱彝尊误读所致。纠因用劣本而来的错讹。如"太康二年"当为"元年"，刊本沿房乔《晋书》传刻的讹谬。纠朱彝尊采书的错误。如《田氏何易传》"《汉书》子乘授齐田何子庄"，丁杰指出《汉书》作"装"，《经典序录》作"庄"，引《汉书》而字从《经

① 丛书集成新编：第一册 [M]// 伍崇曜 . 跋 // 翁方纲 . 经义考补正 .431.

② 丛书集成新编：第一册 [M]// 伍崇曜 . 跋 // 翁方纲 . 经义考补正 .431.

③ 丛书集成新编：第一册 [M]// 翁方纲 . 经义考补正 .383.

典序录》，似讹。① 另外，朱彝尊言及有宋一代书目采《崇文总目》而不及《宋志》②。这样的说法显然有偏谬；纠臆测的错误。如不管原书有关经义与否，未见原书，却就书目意度，决定是否入经部，③ 翁方纲归因这类错误是朱彝尊委诸钞胥所办导致的。纠朱彝尊率尔立论的错误。如纠正朱彝尊没有深入考证《书序》就率尔得出司马迁据《书序》而作夏殷周本纪的结论④。

其二，补《经义考》所脱，删《经义考》所衍。《沈氏该周易小传》，此书最失检，于进表及序跋多删其岁月，翁方纲随所见者补入。⑤ 补袁氏聘儒《述释叶氏易说》"绍熙进士"所脱"癸丑"二字⑥。董氏楷《周易传义附录》"自序内依卜筮筮以为教，重一筮字当删。又凡例内以象传大小传文言各自为卷，大小下脱象字当补。"⑦ 沈氏懋孝《周易博义》"自序内其老庄太元参同等，同下脱契字"⑧。

其三，纠对朱彝尊的误解。《经义考》有些条目下已列前人诸种见解，实足以资考镜，不必再出自己的按语，但朱彝尊却仍出自己的按语，翁方纲指出这"与疑事毋质之义不侔"，并归结为"大约博闻洽见之士多喜驳宋儒"，⑨ 并没有就此认为朱彝尊无识。反而认为自己有责任让后学知道朱彝尊这方面的特点，不至于令后学误解朱彝尊。这里还需注意的一点是，"博闻洽见"是汉学家的特点之一。当然，宋学家中也不乏博闻洽见辈。只不过从汉学家翁方纲的口中发出，显然意在指汉学家。翁方纲用这词语来概括，其实也是在告诉大家，作为清代汉学先锋的朱彝尊，是不喜欢那些空发议论的宋儒的。而作为汉学家的翁方纲，自己也同样如此。

不过，翁方纲补正《经义考》也有遗憾，他本打算通过补正《经义考》广小学一门，因为《经义考》只著录小学著作《尔雅》一种，但翁方纲这个愿望未能实现。不过，他的这个愿望，他的学生谢启昆倒是做到了。谢启昆在乾隆六十年（1795）任浙江按察使时期间，查阅文澜阁藏书，开始编撰《小

---

① 丛书集成新编：第一册 [M]// 翁方纲.经义考补正.384.

② 丛书集成新编：第一册 [M]// 翁方纲.经义考补正.384.

③ 丛书集成新编：第一册 [M]// 翁方纲.经义考补正.387.

④ 丛书集成新编：第一册 [M]// 翁方纲.经义考补正.383.

⑤ 丛书集成新编：第一册 [M]// 翁方纲.经义考补正.386.

⑥ 丛书集成新编：第一册 [M]// 翁方纲.经义考补正.387.

⑦ 丛书集成新编：第一册 [M]// 翁方纲.经义考补正.387.

⑧ 丛书集成新编：第一册 [M]// 翁方纲.经义考补正.388.

⑨ 丛书集成新编：第一册 [M]// 翁方纲.经义考补正.390.

学考》，于嘉庆七年（1802）完稿。准备刻印时，谢启昆去世，后来由他的儿子刊印，但因校雠不精，终未能广流传，他的孙子质卿重加勘校，于咸丰元年（1851）刊印流传。

此书，卷首有俞樾、钱大昕、姚鼐等人的序。卷一卷二为《康熙字典》《清文鉴》等敕撰之作，卷三至卷八为《尔雅》《方言》等训诂之书，卷九至二十八为《史籀》《说文解字》等训诂之书，卷二十九至四十四为《切韵》《广韵》等声韵之书，卷四十五至五十为《毛诗音义》《经典释文》等音义之书。①

此外，它仿《经义考》体例，每书著录作者姓氏、卷数，卷数注明各家著录异同、注存、阙、佚、未见，录源书序跋，各家评论及史传地志中的有关记载、本书作者爵里。谢启昆有所考证或论述，附列案语于末。引文均注明出处，比《经义考》引文只说"某人曰"是一大改进。②有嘉庆二十一年（1816）树经堂刊本，咸丰二年（1852）树经堂刊本，光绪十四年（1888）浙江书局刊本。③

（三）考补史志之作的初起与发展

正史中的艺文志或经籍志，是我们考镜古代学术源流、书籍存佚的重要依据。清代之前，历代考补正史艺文志的著作很少，更谈不上进行系统考补。最早对正史艺文志进行考补的，应当是宋代王应麟的《汉艺文志考证》，该书考证并增入了汉志不载的书籍26种，为后世考补史志开了先河，然其书"真伪相杂，颇为蛇足"④。此后补志工作并无进展，趋于停滞，到清修《明史》时，因对艺文志进行改革，才直接引发了补史艺文志的兴起。而清代确立的24部正史中，撰有艺文志或经籍志的只有6部。元修《辽史》《金史》，明修《元史》，史志又付阙如，使后世难以窥知三朝藏书状貌，也难以了解三朝文化。因修《明史》对艺文志改革的契机，于是始有倡补辽金元艺文志的呼声。至乾嘉时期，此倡议得以实现。当然，谈及辽金元，又必然关涉同时的宋朝。因此，对《宋史》艺文志的考补也为乾嘉学者所注目。通过对宋辽金元等考补史艺文志的考察，正可反映出清代补史艺文志之初起、发展状况，及其成就与特色。

---

① 来新夏主编.清代目录提要[M].91.

② 来新夏主编.清代目录提要[M].91–92.

③ 来新夏主编.清代目录提要[M].92.

④ 景印文渊阁四库全书：第六册[M]// 永瑢等.钦定四库全书简明目录.21.

1.乾嘉时期的考补史志及其价值

清代学者对史志的增补工作集中在乾嘉、晚清两个时期。乾嘉时期为初起发展期，晚清为大兴时期。其中乾嘉时期为初起发展期。乾嘉时期的补史艺文志可以分为两类：一类是补前史艺文志缺漏。元时所修《宋史·艺文志》，类目安排不当，书目收录不全，如倪灿撰、卢文弨校正的《宋史艺文志补》等补撰即为补它的缺漏；一是补前史所缺艺文志。这类目录著作有乾隆初年金门诏《补三史艺文志》1卷、乾隆八年（1743）厉鹗《辽史拾遗·补经籍志》1卷、乾隆四十八年（1783）张锦云《补元史艺文》、乾隆五十（1785）至五十二年（1787）卢文弨《续汉书志注补》1卷《宋史艺文志补》1卷《补辽金元艺文志》1卷、乾隆五十二年（1787）钱大昭《补续汉书艺文志》1卷、乾隆五十六年（1791）钱大昕《补元史艺文志》4卷，嘉庆间洪饴孙《补后汉书艺文志》1卷，等等。此外，乾嘉时期经籍考证之作也不乏精深之作，如章宗源《隋书经籍志考证》。乾嘉补史艺文志的兴起，是学术文化发展到总结阶段的自觉选择。兴盛的学术文化要完成总结任务，必然对存世书籍进行整理，自然促发目录学兴盛，促使其自我完善以适应总结需要。同时，乾嘉考据学兴起又为之准备好了坚实的基础。此外，乾嘉盛世也为之提供了有力保障。其时，国富民康，文物繁阜，集千古之智安心著述的时机大好。

今以倪灿撰、卢文弨校正《宋史艺文志补》《补辽金元艺文志》[①]、金门诏《补三史艺文志》、钱大昕《补元史艺文志》、钱大昭《续汉书艺文志》、章宗源《隋书经籍志考证》见乾嘉时期考补史志之作的特征。

（1）倪灿撰、卢文弨校正《宋史艺文志补》《补辽金元艺文志》

卢文弨把所得康熙年间议修《明史》时倪灿仿隋唐五代史志之例补辽宋金元四史《艺文志》底稿，略为订正并合以吴骞的校本，使之几于完善，成《宋史艺文志补》《补辽金元艺文志》二补志。

《宋史艺文志补》，倪灿撰、卢文弨校正。首列倪灿《宋史艺文志序》，其次依经史子集之序一一列各部类目，各大类之首有一总序，如"经部　经之类十有一。一曰《易》类，二曰《书》类，三曰《诗》类，四曰《春秋》类，五曰《三礼》类，六曰《礼乐书》类。凡后代编定之礼及类次乐律书，七曰《孝经》类，八曰《论语》类，九曰《孟子》类前代皆入儒家，今特为一类十曰《经解类》五经四子总解

---

① 虽然是倪灿撰写，但经卢文弨校正而成，实可代表乾嘉补史志之风。

十一曰《小学》类分训诂、书、术、蒙训四种"①。其次依各部小类罗列各部书目。每小类书目先列作者、书名、卷数再出注，注或出作者字号、官职、爵里等简介，或列书名、卷数异同，如"胡方平《周易启蒙通释》二卷—作四卷""王申子《大易缉说》十卷字巽卿，临邛人。寓居慈利州天门山，著是书，常德路推官田泽奏进。""何梦桂《易衍》二卷—作易解""田畴《学易蹊径》二十卷号与斋华亭人"②。每类之末出每类的总数，间或加注说明。"右《易》类十七家二百十六卷入胡一桂一家，旧尚有五家。案李过、方回、张应珍、李简皆入元。台坊乃明人丰坊之误，故不入。"③。共补经部94家900卷，史部85家2749卷，子部156家3782卷，集部343家5311卷。所补经部具体情况为：《易》类17家216卷、《书》类6家61卷、《诗》类10家97卷、《春秋》类14家228卷、《三礼》类11家36卷、《礼乐书》类2家11卷、《孝经》类1家1卷、《论语》类2家20卷、《孟子》类3家19卷、《经解》类16家151卷、《小学》类12家60卷；史部具体情况为：正史类2家120卷、通史类2家167卷、编年类7家630卷、杂史类7家107卷、霸史3家49卷、史学类3家28卷、史钞类2家25卷、故事类5家397卷、职官类2家7卷、时令类2家6卷、食货类11家27卷、仪注类1家2卷、传记类7家31卷、地理类26家1082卷、谱牒类2家1卷、簿录类3家70卷；子部具体情况为：儒家类41家278卷、杂家类18家359卷、农家2家4卷、小说家45家338家、兵书类3家19卷、五行类4家56卷、医方类8家173卷、艺术类4家63卷、类书类24家2341卷、道家类3家117卷、释家4家34卷；集部具体情况为：表奏类12家71卷、骚赋类6家19卷、词曲类57家155卷、总集类34家1153卷、文史类13家74卷、制举类6家31卷。合计4部共678家12742卷。

与《宋史·艺文志》相较，所补书目类目名称顺序有所变化增减。经类多《孟子》类，《礼》类更名为《三礼》类，《乐》类更名为《礼乐书》类；史部无别史类、刑法类，增通史、杂史、史学、时令类、食货类，目录类更名为簿录类；子部无神仙，神仙附道家类、法家类、名家类、墨家类、纵横家类、天文类、蓍龟类、杂艺术类、类事类，释氏从道家中独立出来，医书更名为医方类；集部骚赋类代替楚辞类，增表奏类、词曲类、制举类。又《宋史·艺文志》分类多不科学，倪灿所补一定程度上有所弥补，较准确反映了

---

① 丛书集成新编：第一册 [M]// 倪灿 . 宋史艺文志补 . 卢文弨，校正 . 台北：新文丰，1985：256。

② 丛书集成新编：第一册 [M]// 倪灿 . 宋史艺文志补 . 卢文弨，校正 .256.

③ 丛书集成新编：第一册 [M]// 倪灿 . 宋史艺文志补 . 卢文弨，校正 .256.

当时书目情况。如增"史学"一类，著录胡三省《资治通鉴释文辨误》十二卷、南宫靖一《小学史断》六卷_{字仲靖，分宁人，端平进士。明徐师曾为作注}、《诸史偶论》十卷_{失名}三部著作，反映了宋代史学发展的实情，也是清人史学概念形成的表现。当然，它所著录的史学方面的书目并非全都名副其实。如《资治通鉴释文辨误》是就所有对《资治通鉴》这本史书作注解的文字正误，应属文字学著作，归属小学类。不过，这也是中国古人对学术学科特有的认知。这与经书合经解之作为一，方为完整之经，才是通经正途一样，史学之作唯与注史之作一道，才是完整的史学，晓史之道。从这个角度而言，也无可厚非。是中国古人固有的思维体系，中国的学术学科认知体系。面对释家类书目到宋已繁盛，本不应为道家的附庸，强为尊重宋朝以道为宗的好恶而著之附庸，有违书目著录本应反映书目实情的原则，于是令释家类顺应书籍发展实际，独立成类。此外，集部也明显增多了类目，使类目更趋于合理。

不过，虽然倪灿注意《宋史·艺文志》分类问题并有所补正，但他增列"通史类"一类，在名目上也并不妥当。首先，通史编纂方式不外乎纪传、编年等，因此与纪传体、编年体等史书有概念内涵或外延上的交叉。又观他"通史类"著录书目有欧阳守道《皇朝通鉴纪事本末》一百五十卷_{起建隆迄靖康}、胡一桂《古今通要》十七卷二部，其中欧阳守道《皇朝通鉴纪事本末》，只谈宋建隆迄靖康，显然只是通一朝的断代史，和一般所言"通史"之通需跨越古今的标准有距离。而胡一桂《古今通要》的通史性质无误，但它的体裁也不外乎纪传或编年。故而，增"通史"一类并不尽妥当。

《补辽金元艺文志》1卷，卢文弨校正之，并归著者于倪灿名下。辽金元三朝篇籍，其中辽金二朝篇籍无多，故而倪灿合元朝书目总为一编。各补撰书目依辽金元各朝顺序著录，形式大致如《宋史艺文志补》，只是每小类书目居首书目标明朝代，各小类书目也依朝代一一著录。如

经部

金赵秉文《易丛说》十卷《象数杂说》_{卷亡}

张特立《易集说》

单沨《三十家易解》

元郝经《周易外传》八十卷

《太极演》二十卷^{羁馆真州时作}①

　　共补经部502家3984卷，史部294家6455卷，子部308家4550卷，集部606家7231卷。所补经部具体情况为：易类106家853卷，书类47家240卷，诗类27家227卷，春秋类66家693卷，三礼类44家347卷，礼乐书27家80卷，孝经类17家33卷，论语类13家61卷，孟子类11家54卷，经解类95家943卷，小学类49家453卷；史部具体情况为：国史类20家1237卷、编年类22家312卷、霸史类3家12卷、史学类19家395卷、史钞类7家36卷、故事类20家267卷、职官类10家260卷、食货类15家35卷、仪注类16家738卷、政刑类17家167卷、传记类31家145卷、地理类69家1455卷、谱牒类11家63卷、簿录类1家10卷；子部具体情况为：儒家类86家891卷、杂家类19家206卷、农家类9家99卷、小说家类25家156卷、兵书类14家84卷、历数类10家124卷、五行类18家43卷、医方类45家832卷、杂艺术类16家79卷、类书类21家1652卷、道家类21家131卷、释家类22家249卷；集部具体情况为：制诏类2家9卷、表奏类10家55卷、骚赋类5家31卷、别集类476家5202卷、词曲类29家84卷、总集类54家1682卷、文史类23家136卷、制举类7家32卷。4部共计1710家22220卷。末列卢文弨记"海宁诸生张锦云字继才有《元史艺文志补》，此兼采之"②。

　　不过，对于《补辽金元艺文志》，有学者认为是黄虞稷所作，却被卢文弨误以为倪灿所作而归倪灿名下。今主要谈书目著录情况，因此作者真伪情况，本文暂且不论。

　　（2）金门诏《补三史艺文志》敕旨

　　金门诏《补三史艺文志》，依经史子集四部按辽金元朝代顺序著录书目。经部：《易经》类、《书经》类、《诗经》类、《春秋》类、《礼》类、《四书》类、《孝经》类、《小学》类、《经解》类，史部：正史类、编年类、实录类、起居注、杂史类、故事类、职官类、仪注类、法令类、传记类、谱牒类、地理类，子部儒家类、道家类、释家类、天文家类、五行家类、兵家类、纵横家类、农家类、杂家类、小说家类、医家类、艺术类，集部：别集类、诗集类、诗选类、赋类、奏疏类、策论类、表类、书类、碑类。每书目均列作者书名，各

---

①　丛书集成新编：第一册 [M]// 倪灿撰 . 补辽金元艺文志 . 卢文弨，校正 .270.

②　丛书集成新编：第一册 [M]// 倪灿撰 . 补辽金元艺文志 . 卢文弨，校正 .300.

书目间或有卷数或加以说明。如"赵秉文《易经丛说》十卷",在作者书名外出卷数、《诏定易经注疏》加"仁宗皇庆二年,诏定《周易》,以程氏、朱氏为主,兼用注疏"[①]以说明编纂情况及内容。

　　二辽金元三史艺文志补可以互补,以易类为例见之。比较二书易类,倪灿《补辽金元艺文志》易类多于金门诏《补三史艺文志》易类,并且大多有附注。当然,金门诏《补三史艺文志》也可补倪灿《补辽金元艺文志》所无,且可存异,亦即二书可互补存异。如二书即使同一著者,书目著录情况也不尽相同。如赵秉文:倪灿《补辽金元艺文志》为"赵秉文《易丛说》十卷、《象数杂说》卷亡",金门诏《补三史艺文志》为"赵秉文《易经丛说》十卷、《象数杂说》";齐履谦:倪灿《补辽金元艺文志》为"齐履谦《易本说》六卷、《系辞旨略》二卷"、金门诏《补三史艺文志》为"齐履谦《易系辞旨略》二卷、《易本说》四卷";董真卿:倪灿《补辽金元艺文志》为"董真卿《周易纂注会通》十四卷字季真鄱阳人"、金门诏《补三史艺文志》为"董真卿《周易纂注会通》十四卷";胡炳文:倪灿《补辽金元艺文志》为"胡炳文《周易本义通释》十卷、《易学启蒙通释》二卷",金门诏《补三史艺文志》为"胡炳文《周易本义通释》十二卷";郑滁孙:倪灿《补辽金元艺文志》为"郑滁孙《大易法象通赞》七卷、《中天述考》一卷以下三书张增、《述衍》一卷、《周易记玩》",金门诏《补三史艺文志》为"郑滁孙《大易法象通赞》《周易记玩》";吴存:倪灿《补辽金元艺文志》为"吴存《传义折衷》字仲退,鄱阳人,宁国路教授"、金门诏《补三史艺文志》为"吴存《程朱易传》"。

　　又金门诏《补三史艺文志》所无倪灿《补辽金元艺文志》有的书目为:单沨《三十家易解》、黎立武《周易说约》一卷、何荣祖《学易记》、朱祖义《周易句解》、赵采《周易传义折衷》、卫谦《读易管窥》三十卷、王恺《易心》、吴迁《易学启蒙》、保八《周易原旨》《系辞》《易原奥义》《周易尚占》、李恕《周易旁注》《音训》、丁易东《周易传疏》、邓锜《大易图说》、张志道《易传》、程时登《周易启蒙辑录》、王申子《大易缉说》、解蒙《易精蕴大义》、李公凯李氏《周易句解》、赵元辅《编大易象数钩深图》、曾贯《易学变通》、黄泽《易学滥觞》《十翼举要》、赵汸《周易文诠》、唐元《易传义大意》、包希鲁《易九卦衍义》、史公斑《蓬庐学易衍义》《象数发挥》、陈廷言《易指归》、彭复初《易学源流》、缪主一《易经精蕴》、饶宗鲁《周易缉说》、饶宗鲁《周易辑说》《易经庸言》、卢观《易集图》、萧汉中《读易考原》、邱葵《易解义》、陈谦《周易解诂》《河图说》《占法》、程龙《三分易图》《易图补》《筮法》、程直《三分易图》《易图补》、胡震《周易衍义》、陈应润《周易爻变易蕴》、林光世《水村易镜》一卷、陈樵《易象数新说》、李过《西溪易说》、钱义方《周易图说》、朱本《太极图解》、张应诊《周易注》、康用文《易说发挥》、方回《读易析疑》《易纂言外翼》。倪灿所无金氏书目有的为：辽道宗颁定《易传疏》、王弼韩康伯《易经注》《女直字译易经》《诏定易经注疏》、胡方平《易学启蒙通释》《易余间记》、胡一桂《周易本义附录纂疏》《周易启蒙翼传》《外篇》、吴师道《易杂说》、周敬孙《易象占仁荣父》、黄舜祖《易说》、陈尚德《易说》、熊凯《易传集疏》、李学逊《周易精解》、何逢原《易解说》、彭福《易学源流》、涂晋生《易义矜式》、吴存本《易折衷》、胡特《周易直解》、欧阳贞《易问辨》。由此可见，二书可以互补有无[①]。因此，比观二书，则可得较完整的三史艺文志。

以上诸艺文志为乾隆初年或乾隆前修成，而为乾隆时人校正的著作，总体而言停留在作者书名卷数层面上，质量不高。这个时期乾嘉考据学刚起，运用考据治学的风尚还没有蔚然成风，质量不高，也是必然。这种情况到乾嘉名家钱大昕、钱大昭兄弟补艺文志时，有所改观。他们自觉运用考证于《艺文志》之补，加以乾嘉时期考证成果蜂拥而出，艺文志自然得到了发展。

（3）钱大昕《补元史艺文志》、钱大昭《补续汉书艺文志》

钱大昕、钱大昭兄弟二人对补艺文志贡献颇大。钱大昕对《元史·艺文志》也作有补。与倪灿、金门诏把所补《元史·艺文志》与辽、金二史艺文志合为一书不同的是，钱大昕所补《元史》艺文志，是专门为补《元史·艺文志》而作，所补《元史·艺文志》共4卷，比倪灿、金门诏二人所补详实完备，也比二人要注重考证。

《元史》无艺文志，明《文渊阁书目》所收元时书目仅及元季，黄虞稷《千顷堂书目》所收元时书目也大多取自《文渊阁书目》中的元季书目，倪灿、金门诏、钱大昕三人在这些书目著述基础上递相增益，无疑是《元史艺文志》的功臣。

钱大昕《补元史艺文志》分经史子集4部，经部：易、书、诗、礼、乐、春秋、孝经、论语、孟子、经解、小学、译语，史部：正史、实录、编年、

---

① 二书所无对方书目，不含所著录的同一著者的不同书目。

杂史、古史、史钞、故事、职官、仪注、刑法、传记、谱牒、簿录、地理，子部：儒家、道家、经济、农家、杂家、小说家、类事、天文、算术、五行、兵家、医方、杂艺、释道，集部：别集、总集、骚赋、制诰、科举、文史、评注、词曲。四部合计48类。它的著录方式如下：四部之前有一总序，叙述自刘向以来四部源流及其职官的流变，以及自己的撰写缘由。对于四部源流，钱大昕指出，西晋荀勖撰《中经簿》，始分甲乙丙丁四部，但子部先于史部，至东晋著作郎李充主持编定《晋元帝四部书目》时，重分四部，经史子集的顺序才定，其后王亮、谢朏、任昉、殷钧所撰书目都循四部之名，虽然王俭、阮孝绪析而为七部，祖暅别而为五部，但隋唐以来经籍志或艺文志大多用李充四部分类法。① 姚振宗高度赞扬钱大昕此论为"发前人所未发，尤为精覈"②。钱大昕对自己撰写《补元史艺文志》缘由，他讲道："士祖用许衡言，遣使取杭州在官书籍板，及江西诸郡书板，立兴文署以掌之。诸路儒生著述，辄由本路官呈进，下翰林看详，可传者命各行省，檄所在儒学及书院，以系官钱刊行。鄱阳马氏《文献通考》，且出于羽流之呈进，亦一时嘉话也。至正儒臣，撰《秘书监志》，仅纪先后送库若干部、若干册，而不列书名。明初修史，又不列艺文之科，遂使石渠东观所储，漫无稽考。"③ 表述了自己意在补《元史》艺文志之阙的撰写旨意。

　　《补元史艺文志》总序之后依经史子集四部顺序，一一著录各部书目。每部先列各部类目情况，再依各部类目顺序著录书目。每部书目著录完毕，再著录下一部书目。所著录各书，间或加附注说明。如经部先出十二类目名称，再依十二类顺序一一著录各类书目，如"易类 俞玉吾《大易会要》一百三十卷或作一百卷。"④ 钱大昕经史子集都擅长，以他乾嘉学术代表身份费30年之力补写《元史》艺文志，自然功力深厚，考证精严，所收书目有据且较全面，为乾嘉学术代表性成果之一。不过，《补元史艺文志》的蒙古著述还是有所欠缺的。当然，在《元史》艺文志少旧目可循，资料本难搜集，且存在语言障碍的情况下，这方面的不足，是可以不必太计较的。此外，《补元史艺文志》只择取当时文士撰述⑤，虽然有令书目著录不全的遗憾，但元代文教不兴的实情，

① 丛书集成新编：第一册 [M]// 钱大昕. 补元史艺文志 .309.
② 姚振宗 . 隋书经籍志考证 [M]. 北京：中华书局，1955：99.
③ 丛书集成新编：第一册 [M]// 钱大昕. 补元史艺文志 .309.
④ 丛书集成新编：第一册 [M]// 钱大昕. 补元史艺文志 .309.
⑤ 丛书集成新编：第一册 [M]// 钱大昕. 补元史艺文志 .309.

与其著录粗制滥造的书籍，不如择取精华，况且这些非文士的书籍，也未必就流传了下来。所以钱大昕如此做法，这也是符合实情的取舍。

每类，则如钱大昕自己所言也附补辽、金人著作，沿旧例，并非纯乎断代。每书大多著录作者、书名、卷数，时有附注，说明作者字号、爵里等。分类最值得称道的是经部有"译语"一类，著录有：《辽译五代史》《辽译贞观政要》《辽译通历》《辽译方脉书》《金国语易经》《国语书经》《国语孝经》《国语论语》《国语孟子》《国语老子》《扬子》《文中子》《刘子》《国语新唐书》《女直字盘古书》《女直字家语》《女直字伍子胥书》《女直字孙膑书》《女直字黄氏女书》《女直字百家姓》《女直字母》《尚书节文》《蒙古字孝经》《大学衍义节文》《忠经》《贞观政要》《帝范》《皇图大训》《鲍完泽朵目》《贯通集》《联珠集》《选玉集》《达达字母》《蒙古字母百家姓》《蒙古字训》。辽金元，这三个曾与汉民族兵戈相争的少数民族，他们军事征服了比他们文明程度高的汉民族，成为汉民族统治者后，也开始了与汉民族之间的互相学习，"野蛮的征服者总是被那些他们所征服的民族的较高文明所征服，这是一条永恒的历史规律"①。他们向汉民族学习，汉民族的经书应该是他们这三个民族首要学习的。钱大昕在经部专门列"译语"一类，正是他有识于此的表现。当然，这一则是钱大昕能识及于此；一则也是当时辽金元三民族翻译汉文经书向汉民族学习的实际写照，是钱大昕对他们学习实情的记录。如经部译语类著录有《女直字伍子胥书》《女直字孙膑书》、蒙古字所写《选玉集》《联珠集》②，本来这些书籍可以二属，一则和语言文字有关，按照惯例可以放在经部小学类；一则属于个人文集，可以归在集部别集类。但钱大昕既抛开了小学类，也没有选择别集类，而是创造性另立一"译语类"归属少数民族文字写就的书籍。对于有关《家语》著述，他也是这样对待。少数民族文字写就的《女直字家语》③归列经部译语类，汉文写就的《孔子家语句解》④入子部儒家类。当然，按照今天的学科观念，《孔子家语句解》本应入小学类，因为它是对《孔子家语》进行训诂之作。不过，我们知道，在古代学科体系或知识系统中，原著要靠注解之作方能洞晓真意，也需要注解之作张本，注解之作与原著是密不可分的，所以在目录著述中，二者是被安排在同一类的，而并非各归其位。

---

① 马克思恩格斯选集：第二卷 [M]// 不列颠在印度统治的未来结果. 北京：人民出版社，1972：70.

② 丛书集成新编：第一册 [M]// 钱大昕. 补元史艺文志 .312.

③ 丛书集成新编：第一册 [M]// 钱大昕. 补元史艺文志 .309.

④ 丛书集成新编：第一册 [M]// 钱大昕. 补元史艺文志 .315.

这无疑创新了书目分类，也是符合元代实际的名实同归的书目分类法。

从这些译书中，我们清晰可见，辽金元人的学习重点在道德伦理风俗政教方面，即如何敦风化俗治家理国。不过，白璧微瑕，既然注意到辽金元三民族翻译汉文书籍，向汉民族学习，那么辽金元三民族都有文字，他们本民族文字书籍翻译为汉文的著述又有哪些？钱大昕显然忽略了这方面书目的著录。日后学界在辽金元研究方面，因三民族本民族文字写成的文献本不多，且不通三民族语言存在翻译问题，以至于驻足不研或研究不足。而前人鲜有留下汉文译本以供参考，也不能不算是其中重要因素。当然，辽实习民族封锁政策，不准自己国家的书籍流传他国，加以辽金元都歧视汉人，自然难有汉文译书，也是客观原因。同样是少数民族的清统治者，汉文书籍翻译为本民族文字与本民族文献翻译为汉文并重，其气度高下与国运短长一览可晓。

此外，钱大昕《补元史艺文志》与倪灿、金门诏所补《元史艺文志》相比，虽然在书目著录完整精审度，以及把考证运用于书目著录上，较之前进了一步，但书目分类还是难免存在不尽合理的地方。如"实录"本就属于"编年"，却单列，未免冗繁。此外，归属也不尽当，如子部《小学大义》《小学标题驳论》①应为经部小学类却入儒家类，而《灵济真人文集》②应入集部、《道藏阙经目录》③应入史部目录类、《七真年谱》《洞元法书宗派图》④应入史部谱牒类，却都入"释道类"。如此等等，致使著录表里不一。当然，我们知道，这也是那个时期学科体系与知识系统下目录学家的认知，不可苛责。而钱大昕在《补元史艺文志》总序中也曾谈及自己著述的缺点，他说："梼昧尟闻，谅多漏落，部分杂厕，亦恐不免，拾遗纠谬，以俟君子。"⑤自谦大于自责。

《后汉书》传到清代，至钱大昭补撰艺文志前，是没有艺文志的。范晔撰写《后汉书》时，把撰写十志的任务交给谢俨。谢俨所撰写的各志，因谢俨被杀而稿流失散佚，所以没有志。司马彪《续汉书》没有撰写艺文志，而袁山松所撰艺文志也亡佚，赖钱大昭为之作补，始有艺文志。邵晋涵曾为钱大昭所补作有序。钱大昭的《补续汉书艺文志》分经史子集四部，每部依类著录作者书名篇卷，其下基本附注作者简介、各史志著录异同，以及书籍撰写

---

① 丛书集成新编：第一册 [M]// 钱大昕 . 补元史艺文志 .315.

② 丛书集成新编：第一册 [M]// 钱大昕 . 补元史艺文志 .318.

③ 丛书集成新编：第一册 [M]// 钱大昕 . 补元史艺文志 .318.

④ 丛书集成新编：第一册 [M]// 钱大昕 . 补元史艺文志 .318.

⑤ 丛书集成新编：第一册 [M]// 钱大昕 . 补元史艺文志 .309.

缘由，填补了《后汉书》没有艺文志的空白。

《补续汉书艺文志》多有考释，颇见功力。如考释出《韩诗章句》作者薛汉父亲薛方丘字夫子，薛汉与薛夫子为父子关系，并非同一人，纠正了王应麟误认为薛汉即薛夫子的错误。又就吕叔元《诗说》称"不知主何家说，杜子春注《周官》，引之"①，就荀爽《诗传》道"荀悦称其附《正义》，无他说，通人学者多好尚之"②，都应是考释后的结果。

对于《补续汉书艺文志》，邵晋涵评价极高，称："嘉定钱可庐先生，精通经史，其说经之书，实事求是，得未曾有，其于两汉三国，有《辨疑》一书，王光禄称赏不置，以为突过三刘。今复有《补续汉书艺文志》二卷，予受而读之，盖取蔚宗本史所载，及书之见存于今代，引证于古书，著录于别史，暨藏书家所录者，辑为此编，以补司马氏之阙漏，部分条析，悉依前书，于一代著述，固已搜采无遗，洋洋美备矣。不登上古之书者，依刘知几之说，断代为史，例不当载古人，且东汉时古书之存亡，亦非千百年以下所能审知也。"③在序中，邵晋函大力表彰了钱大昭承续《七略》《汉志》，并依刘知几的理论，断代为史，只载东汉一朝书籍情况，推动艺文志发展的功劳。在邵晋涵看来，钱大昭只著录一朝藏书，是实事求是之举。因为况且东汉时古书存亡，也非时人所能审知的。时人对此也颇有认同，他们称赞钱大昭《补续汉书艺文志》把补艺文志的工作扩大到东汉，推动了为没有艺文志的史书补艺文志工作的展开。④

虽然邵晋涵对《补续汉书艺文志》评价颇高，但《补续汉书艺文志》的分类，经部为易类、书类、诗类、礼类、春秋类、论语类、孝经类、尔雅类、孟子类、经解类、谶纬类，史部为国史类、典章类、刑法类，子部没有小类，集部为文集类、别集类，从整体上看，四部下各类分类不全，体例未安，据学者研究错误也不少。

（4）章宗源《隋书经籍志考证》

与以上诸家补艺文志不同，章宗源是在作对艺文志考证的工作，他的一大成就是《隋书经籍志考证》。章宗源《隋书经籍志考证》，是对《隋书·经籍志》已著录及自己所补录的《隋书·经籍志》未著录的书籍的考证，是现

---

① 丛书集成新编：第一册 [M]// 钱大昭 . 补续汉书艺文志 .22.

② 丛书集成新编：第一册 [M]// 钱大昭 . 补续汉书艺文志 .22.

③ 丛书集成新编：第一册 [M]// 钱大昭 . 补续汉书艺文志 // 邵晋涵 . 序 .21.

④ 来新夏主编 . 清代目录提要 [M].97.

存第一部对《隋书·经籍志》的考证之作。

《隋书·经籍志》是中国目录学史上一部重要的著作。"四库",即经、史、子、集四部,是中国传统学科分类。经史子集四部顺序确立于东晋著作郎李充《晋元帝四部书目》,它以甲乙丙丁代表经史子集之名确立了四部分类顺序。而《隋书·经籍志》则正式确立以经史子集为名的四部分类顺序。自此以后,无论官私目录著述基本上都以经史子集四部分类,为不明文规定的定制,到清代乾隆年间四部分类发展到鼎峰。此外,因为梁陈齐周隋五代藏书目录今已不存,所以自汉代到唐初书籍的实际状况,只有依靠《隋书·经籍志》来查寻,《隋书·经籍志》的地位不言而喻。

《隋书·经籍志》对书籍在唐初的存佚状况作了较全面记载。它的经史子集四部各部有大序,每部下各小类书目著录完毕有小序。每书著录不同版本,并出各书存佚残缺情况。

不过,《隋书·经籍志》只列书名卷数朝代作者,没有介绍各书传承源流,各本优劣,作者情况,而且收书不全,类目不尽合理。《隋书·经籍志》收书不全,在《经籍志·总序》中就能发现端倪,《总序》称"其旧录所取,文义浅俗,无益教理者,并删去之"①,亦即它著录时主观淘汰了部分质量低下及不符合正统思想的书籍。对于《隋书·经籍志》的这种作法,姚名达认为实不可取,因为"凭主观为鉴别,有异于班固之全抄《七略》,实启后世任意废书之恶习"②。至于其他方面的收书不全,不少学者也颇有认识,如清末学者张鹏一就认为《隋书·经籍志》遗漏了不少北朝学有专长,名高当世的学者的著述,且贵远贱今,因此著录书目数量少,于是他"据诸人本传所载,得经说九十二部,史录六十部,子类五十五部,专集七十二家,杂文三十篇。编目既录,姓字益彰,爰依《隋志》分类补入"③。以上《隋书·经籍志》收书不全等弊端给后世提供了研究它的空间。但对于它的研究,其繁盛期是在清代。五代十国未得统一,顾不上发展学术,更别提学术中的目录学。宋代离唐未远,对《汉书·艺文志》重视有加,对《隋书·经籍志》重视不够。到明清,尤其是清代,在清代学术总结大势下,在考据学兴盛的局面下,集前人对于《隋书·经籍志》的研究,《隋书·经籍志》的研究方得以走向兴盛。章宗源

---

① 魏徵等.隋书[M]//经籍志//总序.北京:中华书局,1973:908.

② 姚名达.中国目录学史[M].严佐之,导读.上海:上海古籍出版社,2002:174.

③ 张鹏一.隋书经籍志补[M]/序.北京:中华书局,1955:4929.

《隋书经籍志考证》即是集前人成果，对《隋书·经籍志》进行的一次比较全面的考证。

　　章宗源，字逢之，祖籍会稽（今浙江绍兴），乾隆五十一年（1786）中大兴籍举人。他的《隋书经籍志考证》十三卷是他遍辑群籍，采唐宋以来存佚古书，积10多年而成。不过，稿子被仇家所焚，因此我们现在只能看到史部考证5卷。①而这5卷史部考证，有学者认为这才是章宗源打算撰写并撰写完成了的，其余三部未必打算写或写就②。因为章宗源并没有打算撰写《隋书经籍志考证》，而是想与章学诚一块撰写《史籍考》，而章宗源承担汉晋六朝佚史之部分写作任务，于是先从《隋书·经籍志》著录者着手以成此书，因此所参证者，仅是《隋书·经籍志》史部。③这些说法的始作俑者是姚振宗。姚振宗认为章宗源《隋书经籍志考证》不尽符合经籍志的特征，并引章宗源族人中的后学章小雅"此书本名《史籍考》，今题《经籍考证》，好事者为之"④的说法为据。于是，有了后人的类似考证。此外，《隋书经籍志考证》对《隋书·经籍志》中的一些书目没有进行考证。在部类名称及著录顺序上，也与《隋书·经籍志》不尽相同。《隋书·经籍志》史部十三小类为：正史、古史、杂史、霸史、起居注、旧事、职官、仪注、刑法、杂传、地理、谱系、簿录，而章宗源《隋书经籍志考证》为：正史、古史、杂史、霸史、起居注、地理、谱系、簿录、旧事、职官、仪注、刑法、杂传。姚振宗曾对此加以批评，他说："其先后次第自起居注以下皆不从本志，篇中部居亦复有所移易。又本志所有而失载者自刘显《汉书音》以下凡一百七十九部分见史部十三篇篇末，本志所无标不著录者自延笃《史记音义》以下杂出六百一十一部，盖极意规仿王氏《汉书·艺文志》。"⑤并以之归因于章宗源规仿王应麟《汉书艺文志考证》。

　　的确，章宗源《隋书经籍志考证》不仅在书目、部类著录方面承续王应麟《汉书艺文志考证》，对作者的介绍，以及把辑佚学引入目录学方面，也仿效王应麟《汉书艺文志考证》。于此，姚振宗颇有微词。姚振宗认为："其于

---

① 赵尔巽等．清史稿 [M]// 章宗源列传 .3430.

② 王重民．中国目录学史论丛 [M]// 王重民．清代两个大辑佚书家评传．北京：中华书局，1984：290.

③ 梁启超．饮冰室合集：第10册 [M]// 梁启超．饮冰室专集：卷八七 // 图书大词典簿录之部．北京：中华书局，1989：16.

④ 姚振宗．隋书经籍志考证：卷首 [M]/// 叙录 .107.

⑤ 姚振宗．隋书经籍志考证：卷首 [M]/// 叙录 .107.

著录之书不求其备，而篇叙之文反有所考于撰人始末。不必甚悉，而传注类书所引诸佚文则独致其详，皆王氏书之例，而所谓不著录者亦王氏之例，《四库提要》诋为蛇足是也。其本意因辑书而为是志，皆从辑本中约略录出，故其书如此。名为经籍志考证，实与经籍志在离合之间。"① 姚振宗要求目录学要知人论世，反对把辑佚掺入目录学中。对于章宗源把辑佚引入目录著述中，他还进一步批评道："近时为目录考证者，往往以搜集佚文为事，余皆不甚措意，不知佚文特考证中之一端。不于一书之本末源流推寻端绪，徒沾沾于佚文之有无以究心焉，则直以辑书之法为目录之学，殊不然也。"② 综观章宗源《隋书经籍志考证》，著录之书几乎不见对作者生平介绍，对书籍本末源流端绪也少见交待。这确实不尽符合目录书籍知人论世、论世知人，以及"辨章学术，考镜源流"的著述宗旨。

不过，章宗源的《隋书经籍志考证》也并非完全如姚振宗所言纯粹以佚文代替考证。他采辑《隋书·经籍志》成书以来的书籍，颇重视经史传注、文集、类书。经史传注、文集、类书正是辑佚书籍的重要源泉。这使章宗源《隋书经籍志考证》与辑佚紧密相连，体例颇独特。对章宗源《隋书经籍志考证》的体例，王重民指出："细读之可得三例：一今存之书，不加考证，注今存二字。二已佚而自有辑本的书，只考核书源流，不附佚文。三已佚之书，便将佚文各条附该书下。"③ 由此可见，章宗源《隋书经籍志考证》只是对《隋书·经籍志》已佚之书出佚文。章宗源的这种目录著述体例与考证方法，其实还是值得肯定的。目录书籍的著录与辑佚关联紧密，只有通过辑佚才能对所著录各书存佚变迁，以及历代著录情况有较准确充分的了解，才便于对书籍作出正确的评判与论定。此外，章宗源对经史传注、文集、类书的重视，也正与乾嘉学者整理群籍遍注群籍对群籍纠谬补正并辑佚的学术态势吻合。他的《隋书经籍志考证》对各书的具体考证中就利用了不少乾嘉学者传注或纠谬群籍的成果，这无疑表明他对当代学术的熟习、善于吸收利用当代人的最新成果，以及对学术前沿的关注。而读书当读传注，也本应是学者及读者的共识。所以章宗源把辑佚学引入目录学的作法，实可为清代目录学与考据学增添内容，提供方法借鉴。当然，章宗源的考证，不仅是前人今人成果的

① 姚振宗. 隋书经籍志考证：卷首 [M]// 叙录.107.

② 姚振宗. 隋书经籍志考证：卷首 [M]// 叙录.107.

③ 王重民. 中国目录学史论丛 [M]// 王重民. 清代两个大辑佚书家评传.290.

积极吸收利用，也是他自己思考所得。并且，章宗源撰写此书的目的及宗旨，今已无法确论，所以从目录学各项指标来评判他的《隋书经籍志考证》未免苛责。

此外，还需要注意的是，姚振宗《隋书经籍志考证》其实也有不少对《隋书·经籍志》的补遗。因此，究其实，二书实际上各有千秋，只不过章宗源、姚振宗二人的出发点、关注及侧重角度不一样罢了。章宗源重视所考证书籍的本身内容，着眼辑佚和补遗。姚振宗注重作者爵里生平学术，每书先列作者爵里等以知人论世。不过，无论是章宗源的辑佚补遗还是姚振宗的知人论世，其实都深得乾嘉精髓。而姚振宗《隋书经籍志考证》还颇有四库之风。姚振宗《隋书经籍志考证》也的确用了不少《四库提要》的考证成果。

创始之作难为工，章宗源《隋书经籍志考证》只有史部考证、史部各小类顺序不合《隋书·经籍志》、没有做到知人论世等方面的遗憾，后出的姚振宗《隋书经籍志考证》确实有所弥补。

通过以上对乾嘉时期考补史志代表性著作的梳理，我们可以看出，乾嘉时期的考补史志呈现出如下特点：

首先，受黄虞稷《明史艺文志稿》影响较大。黄虞稷（1629-1691），字俞邰，号楮园，祖籍泉州晋江，后随父移居南京，是清初著名藏书家。由于《宋史艺文志》所载止于咸淳，黄虞稷在明史馆编成的《明史艺文志稿》便把咸淳以后，以及辽金元三朝艺文附在《明史艺文志》之后。不过，清初所修《明史》，艺文志最后还是只记一朝著述之盛，没有采纳黄虞稷记一代藏书的建议，但黄虞稷《明史艺文志稿》补宋末、辽金元艺文志的做法却被乾嘉学者继承发扬，于是成为补史志之作的滥觞。同时，因其影响，重在考补宋辽金元艺文志。

其次，所做考补史志之作比较全面。这一时期的考补史志之作，不仅包含对已有史志目录的考订，更多的是对未载史志目录的补编。对已有史志目录的考订，以章宗源的《隋书经籍志考证》最为著名。章书不仅在书目、部类著录方面承续王应麟《汉书艺文志考证》，对作者的介绍，以及把辑佚学引入目录学方面，也效仿王应麟。但他将佚文杂入目录学的做法，也引起了姚振宗等学者的批评。而实际上，目录书籍的著录与辑佚本就关联紧密，只有通过辑佚才能对所著录各书存佚变迁，以及历代著录情况有较准确充分的了解，才便于对书籍作出正确的评判与论定。章宗源的这种目录著述体例与考证方法，正是其书的独特价值所在。

乾嘉补史艺文志的主体，是对未见史志目录的补撰，集中在辽金元三史史志目录的补撰。其中专补《辽史》艺文志的有厉鹗、杨复吉两家，专补《金史》的有杭世骏一家，张锦云专补《元史》，而金门诏、卢文弨、吴骞、钱大昕则兼补辽金元三史艺文志。

再次，与考据学风的兴盛密切相关。清代的考据学自清初大儒顾炎武、阎若璩发其端，至乾嘉而达到兴盛，出现了众多精于考证的专门名家，如惠栋、戴震、卢文弨、钱大昕等。考据学的大盛，引发了学者考经证史的热情。清代的考据学主张实事求是，强调客观丰富的历史资料。人们可以从史志目录中找到更多考证资料的线索，因此补撰和考证正史艺文志成为考据学家研究的一个重要领域。同时，考证方法也为正史艺文志的考证、补撰、完善提供了有效的方法。

随着考据学的兴起，辑佚、校勘、辨伪、注释等工作都成为当时学术界的重要工作，取得的新成果或新发现也特别显著。特别是清代出现的大量辑佚和校勘之作，如马国翰的《玉函山房辑佚书》、黄奭的《汉学堂丛书》、卢文弨《群书拾补》、钱大昕《十驾斋养新录》等，为清人补撰艺文志提供了资料和依据，推动了补志工作的开展，正如白寿彝先生所言："考证之学跟目录、版本、校勘、辨伪、辑佚、注释之学有密切关联。它们离不开考证的方法，但不通过这些学问，也难以做到取材博、训释正、类例明，从而有正确的考据。可以说，考证之学在一定程度上就是目录、版本等文献之学的综合运用，而考据的方法又是文献研究进行到一定程度时不可少的。"①乾隆初年的补史艺文志，考据学方法的运用尚不明显，但到钱大昕《补元史艺文志》撰写时，考据学方法得到广泛应用。在钱大昕《补元史艺文志》中常可见其考证成果。与考据方法的结合，使乾嘉补史艺文志焕发出时代光芒，更富有时代特色。

再次，乾嘉考补史志之作继承了四部分类法，且在具体类目的设置上，各有千秋。如钱大昕《补元史艺文志》经部创设"译语"一类，专门著录用少数民族文字写就的书籍，符合当时各民族之间互相学习、互相融合的实情。

最后，公私藏书之盛，以及出版业的发达是考补史志之作兴起的重要条件。乾嘉时期，人文日盛，公私藏书日丰，各种文献流通日广。扬州有马秋玉的玲珑山馆，天津有查心谷的水西庄，杭州有赵公千的小山堂，吴尺凫的

---

① 白寿彝.史学概论[M].银川：宁夏人民出版社，1983：111.

瓶花斋。有了私家藏书的基础，加上康、雍、乾三朝统治者均留意文化事业，政府多次下诏求书，有天禄琳琅及五经萃室之盛藏，国家藏书呈急剧增长的态势。同时，当时出版业也比较发达。嘉庆年间，陶澍总结清文物之兴道："凡天下学官，皆有列圣御制及钦颁诸书，例得建阁储之"①，王风所行，必然风靡，自清入关到嘉庆年间，清出版业兴盛。官私藏书的兴盛、出版业的发达，无疑为乾嘉时期学人饱览群籍提供了良好的条件，为考补史志之作的编纂准备好了基础。清代进行考补史志的学者，大都是当时著名的藏书家。据王余光考订，清代补史艺文志作者的籍贯和藏书情况可考者50人中，有30人可号为藏书家。②如黄虞稷即是清初江南著名藏书家，他在其父黄居中千顷斋藏书的基础上，藏书增至八万卷，并将千顷斋易名为千顷堂。到乾嘉时期，藏书刻书之风大盛，私人藏书聚书成为文人雅好，金门诏、厉鹗、卢文弨、钱大昕等都是当时知名的藏书家。私人藏书家不仅是史志目录撰写的主力军，他们丰富的藏书，加以他们所能阅读到的当时丰富的公私藏书，为考补史志工作提供了坚实的基础。

有此优良的条件，颇具个性，因此倡起于清初，到乾嘉时期初兴并发展起来的乾嘉考补史艺文志取得了如下成就：

其一，补编订误，完善了正史的体例结构。据学者研究，清代史学最重要的成就之一，即为补正史体例的不足，而补志恰是其中最突出者。而艺文志或经籍志本是历朝正史的重要组成部分，但由于史家修史仓促，或王朝本身短祚，表、志两种体例往往残缺不全。有鉴于此，乾嘉时期的补史艺文志，即从"志"的方面对正史体例予以完善。尤其是对撰著匮乏的辽金元三代典籍的著录，更能彰显其独特价值。

其二，观之可明一代学术盛衰，具有重要的学术史价值。一部史志目录就是一部学术史。如果没有一部可靠的史志目录，就无法开展学术史研究。乾嘉学者对官修正史中的艺文志进行补撰、考证、订误，对于我们了解一代学术发展源流、学术盛衰等都是大有裨益的。乾嘉学者的考补史志之作，大多对未见史志目录的正史进行补撰。因此，如果将乾嘉学者的补撰成果与历代正史艺文志连接、排列起来，就是一部完整的中国学术史。

其三，彰显了目录学辨章学术，考镜源流的功用。乾嘉时期的补史艺文

① 陶澍集：下册[M]//陶澍.沅江县尊经阁记.长沙：岳麓书社，1998：21.

② 王余光.清以来史志书目补辑研究[J].图书馆学研究，2002（3）：5.

志不仅补录了一代典籍的缺失，而且与考据学的方法相结合，对典籍的流传、存佚现状等进行了详细的考订，从而发挥了目录学辨章学术、考镜源流的功用，对文献学的发展、对古典文化的传承都具有重要价值。

不过，虽然乾嘉考补史志中作弥补了史志目录，特别是辽金元三朝典籍记载的断层，成就突出，具有重要的学术价值，但也存在一定缺陷，因为其时的补史艺文志多以私人撰著为主，质量参差不齐，类目归属不尽妥当，收书不全，误收、重收等现象也颇有存在。

（四）变革中的目录学

目录分类，虽然《隋志》经史子集四部分类完全确立，此后分类多采用四分法，学者推崇有加，如王鸣盛就曾盛赞《隋志》四分法，认为"自后，唐宋以下为目者皆不能违"①，"若以目录体制言，刘歆班固荀勖王俭阮孝绪辈皆不可为法，必以《隋志》为主"②，充分肯定了《隋书·经籍志》在目录学发展中的重要作用。

不过，即使有诸多学者推崇，各目录书率多依四分法，但目录分类并没有四部一统，四部之内分类不当现象也屡出。像为尊经，一些非经部书籍被入著以张经。就《易》类言，依附《易》却没有《易》之实者，旧史卫经心切，往往入著《易》类，此等现象清初以来依然存在，连朱彝尊《经义考》也不例外。又金石书籍入目录类，释道二家的目录书籍入释道二家，本属农家却入谱录类者等现象也普遍存在。这一方面是归属不当，另一方面也是四分法发展到清代乾嘉时期，随着书籍的增多，四分法已经不能牢笼所有书籍，目录需要变革方能跟上书籍发展形势。基于此，一些学者进行了纠补及变革工作。

1. 嵇璜《续通志·艺文略》《续通志·图谱略》

嵇璜（1711–1794），清代大学士、水利专家。字尚佐，又字甫庭，晚号拙修，无锡城内学前街人。他对目录分类法的贡献主要体现在《续通志·艺文略》《续通志·图谱略》上。

嵇璜《续通志》是奉乾隆命撰写的。乾隆三十二年（1767）嵇璜、刘墉等奉敕编撰，纪昀等校订，乾隆五十年（1785）成书，六百四十卷，《四库》入别史类，《书目答问》入政书类。因为续写郑樵《通志》，所以体例如《通

---

① 王鸣盛.十七史商榷：卷六七 [M]// 北史合魏齐周隋书三.黄曙辉，点校.564.

② 王鸣盛.十七史商榷：卷九九 [M]// 缀言一.黄曙辉，点校.927.

志》，也依《通志》作有《艺文略》。《艺文略》也并没有因为四部一尊而依四分法分类，而仍依《通志》十二分法分类，定总类为十二，只是各细目，系于《通志》的《艺文略》细目太繁，并且图谱既有专略又见于艺文略中，互有重复，于是细目依《四库全书》为准。辑录自宋朝到明朝的书籍，《通志》已载，不再载入。十二类之首各有一解题，每小类之首间或有解题以说明特殊情况。如诸子类的儒家类之首出解题："《四库全书》于术数类，以数学之属收《皇极经世》等书。兹以儒家门分儒术、数学二门二目，凡有发明图书《洪范》之旨者，俱汇载数学焉。"① 说明分类上与《通志》的不同。医方类的小类食经类之首有解题："《郑志》医方类分上下帙，今以《脉经》医书之总论，证治者为上帙，而针灸、本草诸目统归下帙，其有未备者缺之。"② 所收各书，只著录书目，不出提要。所收各书，没有超出四库所收，一一依文渊阁四库所著录还是四库存目所著录标出。每门结束，合计部数。所合计部数，与《通志·艺文略》合计卷数有别，则出解题说明。如"《郑志》原例于每门之后，合计卷数。今考诸书中有本未分卷者，无从核计，谨从《钦定续通志》之例，但纪部数于后"③，等等。

《续通志·艺文略》分类具体如下：经类第一（易、书、诗、春秋、孝经、四书、尔雅、经解）、礼类第二（周官、仪礼、月令、会礼、仪注）、乐类第三（乐书、舞、乐器）、小学类第四（文字、音韵、音释、古文、法书）、史类第五上（正史、编年、别史、杂史、载记、史评、故事、职官、刑法）、史类第五下（传记、地理、谱系、食货、目录）、诸子类第六（儒家、道家、释家、法家、杂家、农家、小说家、兵家）、天文类第七（天文、历数、算术）、五行类第八（占卜、阴阳、命书相书、宅书葬书）、艺术类第九（书画、技艺）、医方类第十（脉经、医书、针灸、本草、炮灸、方书、伤寒、脚气、杂病、疮肿、妇人、小儿、食经）、类书第十一、文类第十二上（楚辞、别集）、文类第十二下（总集、碑碣、制诰、表章、四六、奏议、论策、书、文史、诗评、词曲）。

由上可见，嵇璜《续通志·艺文略》对目录学，既有继承又有所革新。继承了《通志》的十二部分类法，一定程度上解决了四部分类囊括所有书籍，

---

① 景印文渊阁四库全书：第394册 [M]// 嵇璜.续通志：卷一六〇 // 艺文略.507.

② 景印文渊阁四库全书：第394册 [M]// 嵇璜.续通志：卷一六一 // 艺文略.533.

③ 万有文库：第二集 [M]// 高宗敕撰.清朝通志：卷九七 // 艺文略.上海：商务印书馆，1935：7312.

致使分类难以允当的尴尬。如小学单独成类，脱离经类，符合小学本身有别于经，且发展到清朝已蔚然成学的实际。不过，这样分类，符合今天学术分科实际，但又有违经解著作与经密不可分的古典文化实情。当然，要二者兼得，确乎难以做到。有关金石文字考释入小学类，如钟鼎款识、石鼓文正误、金石遗文、古器铭释列入小学类的古文类，显然比四库分类，把无论属于金石本身或是金石考释的书籍都入史部金石类，科学合理。而细目依四库分类，则避免了《通志》的烦琐。又系于官修，对《通志·艺文略》不雅正的地方做出了删削。如《通志·艺文略》小学类收蓄书、神书二门，蓄书收婆罗门，神书收仙篆鬼篆，《续通志·艺文略》一并删削。艺术类在分类上对《通志》分类进行的删并，其本也是为了雅正。

不过，嵇璜《续通志·艺文略》也如四库分类一样，有分类不当之处。如《道德经解》入道家、《管子补注》入法家，二书都属于注解书，应入小学类。当然，从古人知识系统和学科体系而言，如此分类并无不妥。

此外，嵇璜《续通志》除《艺文略》外，还有《图谱略》。从体例上讲，虽然是继承《通志》而为，但显然比《四库全书总目》把图谱放在艺文里，科学合理，也便于读者阅读学习，一览知旨。故事、刑法仍然各自单列，《四库全书总目》则以二者合仪注设政书一类。

正因为《续通志》体例如《通志》，且与《四库全书总目》成书时间前后相差无几，所以二书颇有相同之处。以别史类为例。《续通志·艺文略》别史类除《宋史纪事本末》《元史纪事本末》《大事记讲义》《南北史合注》四书外，其余与《四库全书总目》仅有著录存目之分。其中《宋史纪事本末》《元史纪事本末》，《四库全书总目》入纪事本末类。《大事记讲义》，《四库全书总目》入史评类。纪事本末类是《四库全书总目》新增类目，虽然《续通志·艺文略》成书晚于《四库全书总目》，但编纂时间早于《四库全书总目》，成书后并没有按照《四库全书总目》回改，所以它的别史类有《四库全书总目》纪事本末类《宋史纪事本末》《元史纪事本末》二书。而《大事记讲义》，从《四库全书总目》之《大事记讲义》提要"事以类叙。间加论断。凡政事制度。及百官贤否。具载于编。论中所议选举资格。及茶盐政制诸条。颇切宋时稗政"①所道可见，后出的《四库全书总目》分类较之合理。《南北史合注》为四库撤毁书，但《续通志》没有禁毁任务，所以著录。而《续通志》入著《四

---

① 永瑢等. 四库全书总目 [M].753.

库全书总目》时，因为是御撰之作，估计馆臣也没怎么仔细核查，所以禁毁书没被要求撤出，留在了书中。此为四库禁毁并没有严密到一书不漏，也没有完全执行到位之一例。

2. 王昶《塾南书库目录》

王昶（1725-1806），字德甫，号述庵，居兰泉书屋，又称"兰泉先生"。江苏青浦（上海青浦）人。乾隆十九年（1754）进士，三年后乾隆南巡又召试一等，赐内阁中书，官至刑部右侍郎。王昶为学，无所不通，早年以诗名列"吴中七子"，尤喜好金石文字之学，聚书5万多卷。

《塾南书库目录》卷一至卷四为经史子集四部，卷五卷六为金石。经史子集四部有类序，陈述收书大略，归类宗旨。此书变革有四：一，正因为王昶好金石学，所以在分类上能意识到金石类的独特性，故而《塾南书库目录》在经史子集外，单列金石一类，分经、史、子、集、金石五部。金石类书籍与目录类书籍本不相属，且经史子集四部都难以归属，与史部目录类本不相属，勉强归于目录类，显然不当，所以他把金石类独立成类，避免出现分类不当的尴尬。这也正与金石一目发展到清，蔚为大观，独立成学的现状相吻合，尤为有识。这也是对四部分类法的变革。四库修书，使四部分类法发展到顶峰，但它不能牢笼所有书籍的弊病也呈现在世人面前。四库修书后，对四部分类得失的总结并实践，已然为有识学者关注。日后张之洞《书目答问》史部专列金石一目，也是意识到金石不该归属目录类而做出的变通。但金石类书籍是否就应归入史部，这还可商榷。王昶独立成大类，正好解决了此等尴尬，与张之洞《书目答问》经史子集四部外独立丛书为类这一举措，异曲同工。二，经部除收录《易》《书》《诗》《礼》《春秋》《四书》外，还收录历算、金石碑版方面书籍，打破了经部收书惯例。三，史部类序称，史部分正史、纪年、纲目、纪事、志典、列国之史，其余记载关于史事者，都入史类。至十八省志也与史事相发明，所以附录在末。此外府州县志，过于烦琐，不复收入。不过云间桑梓之地而先曾祖墓在吴县、先祖考墓在昆山，所以把这二志收录进来。四，王昶认为"类犹丛也"，故而子部收录如《程刻汉魏丛书》《毛刻津逮丛书》等丛书，与类书相属。①

此外，《塾南书库目录》对前人继承发展之迹明显可见。如本目于经、集两部类前首先分列"御纂""御定"之书，且凡遇此等字样都顶上一格，无疑

---

① 来新夏主编.清代目录提要[M].73.

受《四库全书总目》影响。当然，也是尊崇当朝之故。又，某些著录书籍直接标明与四库渊源。如《禹贡论》四卷的批注称："原无图，四库本从《永乐大典》补图"。还录有何焯批注9条。

不过，《塾南书库目录》著录颇简略，仅著录书名、卷帙，偶尔述及撰人。书名下间有批注，注明书中内容舛误、卷帙存佚等。①

3. 孙星衍《孙氏祠堂书目》

孙星衍（1753–1818），字伯渊，渊如，号季述、薇隐、芳茂山人，室名岱南阁、平津馆、五松园、廉石居等。阳湖（江苏武进）人，乾隆五十二年（1787）进士，由翰林院编修官至山东督粮道，又曾主讲杭州诂经精舍和江宁钟山书院。孙星衍博及群书，勤于著述，在经学、史学、金石、舆地、小学、目录、版本、校勘、辑佚等领域成就突出。目录学方面所著《寰宇访碑录》《平津馆鉴藏记书籍（补遗、续编）》《廉石居藏书记》《孙氏祠堂书目》，在清代目录版本学上具有重要的地位。其中《孙氏祠堂书目》在四分法还处于独尊地位的时候，以十二分法代替传统的四分法，是目录分类法率先革新者，也是注意到学术发生变化，书籍日新月异，四部分类不能牢笼所有书籍的有识者。

孙星衍《孙氏祠堂书目》在嘉庆十五（1810）年，刊刻面世。之所以叫祠堂书目，是因藏取名。孙星衍认为，藏于祠堂既便于保存又方便塾学。祠堂书目分内编4卷外编3卷，分经学、小学、诸子、天文、地理、医律、史学、金石、类书、词赋、书画、小说十二部。内编收唐、宋、元、明及唐以前精要，认为是无害可读的书。外编收宋及明清著述，认为是疑误后生的书。有嘉庆、光绪刻本。郑鹤声称孙星衍《孙氏祠堂书目》"实开目录学上未有之先例，而厘然有当于学术"②。缪荃孙《艺风藏书记》所采用的十部分类法即继承孙星衍《孙氏祠堂书目》而来。

综观孙氏十二分法，尊经观念不变，经部仍为第一。对各时代解经的书，认为汉魏唐人说经，以及清人仿王应麟辑录古注来保存遗经佚说，都属于正宗。而对宋明清说经的书，则持保留态度。对于其中各参臆见，词有枝叶，不合训诂，或有疑经，非议周汉先儒，疑误后学的，认为应别存以供取舍。此外，孙星衍在京城佣书，有幸目睹四库修书，因此受四库修书确定的汉学

---

① 来新夏主编.清代目录提要 [M].73.

② 郑鹤声.中国史部目录学 [M].上海：商务印书馆，1956：152.

学风影响很深。系于此故，孙星衍显然尊崇汉学排斥宋学。陈宗彝评价孙星衍《廉石居藏书记》，就称孙星衍考据博而精，于汉宋之分，儒释教之界，绝之必力，深得立言之旨。[①]

《孙氏祠堂书目》对四部分类的变革如下：

把小学从经部分出，认识到文字、音韵、训诂之学与经学的区别，也是清代小学兴盛，及其实践所得。小学是为解经解史等服务的，和经书有别。当然，从古典学术学科体系来看，二者难以截然分开

诸子、天文、地理、医律各自成类，不再统归子部。均注重各自的独特性。医学法律放在一块，生人杀人，有比而并列的意思。

金石从史部独立出来。金石始自宋代，已成一家之学。钟鼎碑刻，近代出土弥多，足可考山川，有裨史事，已蔚然成类。故而金石独立成类，符合学术发展实际。书画单列，对书画独特性的重视。广收当代人著作。如《佩文韵府》、李卫《畿辅通志》、汪辉祖《史姓韵编》《九史同姓名略》《三史同名录》等。收录西学最新成果，如李之藻《浑盖通宪图说》、熊三拔《表度说》《简平仪说》、杨光先《不得已录》、梅文鼎《历算丛书》《勿庵历算书目》、屈曾发《九数通考》、戴震《续天文略》《勾股割圜记》、程禄《西洋算法》等。

当然，《孙氏祠堂书目》也有分类未当者，光绪十年陶濬宣跋曾指出它在分类方面的不当。如郭茂倩《乐府解题》与左克明《古乐府》，综录诗词，不言律吕，当入词赋总集。《岭表录异》《东京梦华录》《岭外代答》《中吴纪闻》《梦粱录》《武林旧事》当入地理。[②]此外，词赋、小说各自单列一类，不当。二者都属文学类，统归集部应没有问题。

4. 吴寿旸《拜经楼藏书题跋记》

吴骞（1733-1813）字槎客，一字葵里，晚号兔床山人。浙江海宁人，祖籍安徽休宁。世代经商，家资丰饶，且以诗书传家。明天启间，流寓海宁，开创海宁盐业。到吴骞时，家道已中落。吴骞自小身体羸弱，不得不放弃举业，但他性好聚书，乾隆四十三年筑拜经楼，"藏书五万卷，多善本，校勘精审，晨夕坐楼中，展诵摩娑，非同志不得登。吴门黄荛圃丕烈多藏宋版书，颜所居曰'百宋一廛'，槎客以'千元十架'揭榜，与之敌。"[③]他儿子吴寿旸

---

① 孙星衍.平津馆鉴藏书籍记廉石居藏书记孙氏祠堂书目 [M]// 陈宗彝.廉石居藏书记序.161.

② 孙星衍.平津馆鉴藏书籍记廉石居藏书记孙氏祠堂书目 [M].陶濬宣.跋.710、712.

③ 朱绪曾.开有益斋读书志：卷三 [M]// 拜经楼藏书题跋记.268.

（1771–1835）（约1763–1833），字虞臣。吴骞出生时，他得到了宋刻本《周礼纂图互注重言重意》，于是给儿子又取字周官。后来他送了一本宋椠《百家注东坡先生集》给儿子，儿子于是自号"苏阁"。父子二人好书如此。

吴骞所藏书中，多得马氏查氏流出的藏书，"偶得其残帙，流连景慕，每系跋语以寄其慨，殆后搜讨益勤。兼于吴门武林诸藏书家互相钞校并与同邑周松霭、大令陈简庄徵君赏奇析疑，获一秘册则共为题识，歌诗以纪其事。"[①]他的儿子吴寿旸手抄他藏书中的题跋语，合诸家题跋语，并自撰解题，编成《拜经楼藏书题跋记》五卷。《拜经楼藏书题跋记》所录不限旧刊古抄，乡里海昌近人的作品也收录。不过，吴寿旸编成《拜经楼藏书题跋记》后，一直未刊行，世人并不知道它的存在。后来，他的儿子之淳持这书给同里蒋光煦观示，蒋光煦抄录副本。道光二十五年（1845），之淳去世后，为纪念乡贤藏书事迹，于是蒋光煦嘱管廷芬校写付梓，并附录吴寿旸诗文一卷，即《古官印考》《古今体诗》，道光二十七年（1847）告成，编入《别下斋丛书》印行。这就是《拜经楼藏书题跋记》最早刻本，亦即海昌蒋氏宜年堂刻本，又名《别下斋丛书》本。除此之外，《拜经楼藏书题跋记》还有以之为祖本的光绪五年归安姚慰祖晋石厂抄校本、光绪五年会稽章寿康式训堂成都刻《式训堂丛书本》、光绪三十年朱氏《校经山房丛书》本、光绪间武林竹简斋景印《别下斋丛书》本、民国十一年上海博古景印增辑《拜经楼丛书》本、民国十二年上海涵芬楼景印《别下斋丛书》本、民国十三年苏州江杏溪编印《文学山房聚珍版丛书》本和民国二十八年上海商务印书馆编印《丛书集成初编》本，以及《拜经楼丛书》本（影乾隆嘉庆本）。

其特色有三：

一是打破了经史子集四部分类法，发展了题跋记目录体裁，确立了藏书目录解题内容版本化的特点，使藏书目录的编撰臻于成熟，以至于日后的藏书目录再无大的发展和突破。

《拜经楼藏书题跋记》卷一群经、小学61条，卷二正史、载记49条，卷三地志、目录30条，卷四诸子、杂家79条，卷五别集、总集102条，附录一卷中收官印考3篇，古今体诗20首。在传统经史子集四部外，增地志、目录二类。这与当时地志兴盛目录著述众多，二者独立成学的局面息息相关。地志虽然是一地之史，归入史部完全没有任何歧义。但到清代，地志在前代基

---

① 吴寿旸.拜经楼藏书题跋记 [M]// 管庭芬.跋.道光蒋光煦别下斋校本.2.

础上迅速发展，清代不少学者都曾专门为文讨论修志问题，志书数量不菲，在乾嘉时期形成了方志学。又清代官修、私修书籍都很兴盛，且藏书家辈出，目录著述也在前代积累上续增。因此，面对数量庞大的地志、目录书籍，以及二类书籍继续发展，不断问世成学的趋势，非单独成类无以反映它们成学的趋势。并且目录单独成一类，还可避免归类上的混淆。因为四部分类传统是把目录类书籍放在史部，但目录类书籍除史部目录类外，还有经部、子部、集部目录类，以之归属这三部类，也是言之成理的。一并放在史部，实难免歧义，而单独为目录书籍设一类目，正可避开这问题。此外，卷四除诸子外，设杂家一类，也是对四部分类法的突破。它收录不便归属的书籍，使不便归属的书籍有了归属地。《四库全书总目》中史部有专门的杂史一类、史部传记类中有杂录、史部地理类中有杂记；子部有专门的杂家类，子部艺术类中有杂技，子部小说类中则有杂事。《拜经楼藏书题跋记》设置单独杂家一类，把以上史子集不便归属所谓杂的书籍全部归入其中。这虽然未免笼统，但以私人力量收书，收书本就有限，各小类书籍并非都能收藏到足可设一类目的可观数量，单独如《四库全书总目》各类杂类书籍一样一一归其所属，未免烦琐。就此而言，不可苛责。又金石一类，传统四部分类一向放在史部目录类，这相当不科学。《拜经楼藏书题跋记》附录一卷放3篇属于金石类的书目于其中，等于承认了金石独立成学的地位，趋于科学化。这也是对传统四部分类的突破。

不过，虽然在分类上有比四部分类科学之处，但因藏书数量及类别都有限，小类上并不如四部分类详密。此外，没有概括各类主旨的大序小序，且以藏书家身份集中谈版本、校勘、鉴藏、书籍传承，自然不如《四库全书总目》提要考证详密、论述全面周到、学术功力深厚。

当然，《拜经楼藏书题跋记》也有归类不当之处。如在四库集部诗文评类的《文心雕龙》在《拜经楼藏书题跋记》子部杂家类。属地志的《岳阳风土记》、属于集部的《榕城诗话》《善权古今文录》也入子部杂家，显然归类不科学。

此外，《拜经楼藏书题跋记》发展了题跋记目录体裁。明清以来的藏书题跋，几乎都是自己个人的藏书题跋，如钱谦益《绛云楼题跋》、钱曾《读书敏求记》，《拜经楼藏书题跋记》则广录他人题跋，结合吴寿旸自撰解题有序组合起来，有学者评价道："与以往那种'无目录之名，有目录之实'的题跋集的性质稍有不同，即其结集的形式更趋同书目。它既是题跋目录体裁的一个变例，也是藏书目录的一种变例，或者说是两者的一种新的结合。这在清代目录学发展史上，确实是很有意义的一件事。无怪乎目录学史研究者往往会既把它看成是藏书目录的典型，又把它看成是题跋记的典型。"①它是清代中期藏书目录的代表，标志着清代中期藏书目录编撰的成熟，清后期的私藏目录除了在修补体例，对校勘和鉴赏有所加强外，其余则别无创新了。

二是对书籍传承有所交代，对四库书目及提要有所续补。

难能可贵的是，《拜经楼藏书题跋记》及时借鉴了当时目录学界的最新的成果。其一就是对四库成果的借鉴。对四库成果的借鉴，兹举数例见之。如它的《宣明论方》条谈到了《四库全书总目》著录这书为十五卷，并概括谈及四库提要的内容"大旨本《素问》及《金匮要略》而用药多主寒凉"② 等。《嘉祐集》条"《四库书目》作十六卷"③，《圭峰集》条"《四库书目》三十卷，此多七卷"④，《集千家注杜诗》⑤ 条："《四库书目》二十卷，元高楚芳编，并云本南宋书肆所刊，楚芳略为刊削而以刘辰翁评语散附句下，已非其旧。"⑥《字通》"四库馆毛氏影宋本录出，有其手跋，每叶十行每行大字十八小字夹行二十。"⑦《保越录》⑧ 条"《四库目录》云：'记元顺帝正至十九年，明胡大海攻绍兴，张士诚将吕珍守据事所记。胡大海纵兵淫掠及发宋陵墓诸恶迹，《明史》皆未书。张正蒙妻韩氏女池奴及冯道二妻抗节事，《明史》列女传亦未载，存之可补史阙也。'"⑨，这条所载文字与《四库全书总目》提要所载，全同。综上所述，可见《拜经楼藏书题跋记》吸取了四库成果并运用到鉴藏实践中去了。

又，从它所借鉴的四库成果，我们还可以寻到一些四库修书的蛛丝马迹。如它的明钞本《晏子春秋》条称："《四库书目》及余家旧刻作八卷。疑又经后人并合以符《汉志》八篇之数也。"⑩查中华书局本《四库全书总目》没有著录《晏子春秋》。同样，《真经道德指归注》条称："《四库全书提要简明目录》

---

① 严佐之.近三百年古籍目录举要 [M].56.

② 吴寿旸.拜经楼藏书题跋记：卷四 [M].30.

③ 吴寿旸.拜经楼藏书题跋记：卷五 [M].11.

④ 吴寿旸.拜经楼藏书题跋记：卷五 [M].28.

⑤ 永瑢等.四库全书总目 [M].1281.

⑥ 吴寿旸.拜经楼藏书题跋记：卷五 [M].1.

⑦ 吴寿旸.拜经楼藏书题跋记：卷一 [M].28–29.

⑧ 永瑢等.四库全书总目 [M].530.

⑨ 吴寿旸.拜经楼藏书题跋记：卷二 [M].23.

⑩ 吴寿旸.拜经楼藏书题跋记：卷四 [M].3.

《渭南文集》《郡斋读书志》衢本蜀本《读书敏求记》各条为一册，《四库提要目录》云'曹学佺作《元羽外编序》称近刻严君平《道德指归论》乃吴中所伪作'"①，而查中华书局本《四库全书总目》也没有著录。以父子二人精于校核的藏书家身份，断不至于犯此低级错误，很可能见的是《四库全书总目》其他本子。从这可以看出，四库修书最后定稿之作是经过删改增减的。定稿之前还有其他版本，由此我们可以了解四库修书对书籍禁毁之一斑。

此外，从它所补四库之未载，也可见四库禁毁书籍之一斑。如《拜经楼藏书题跋记》记载有四库未著录的被称为"琐品"的《五国故事》、无名氏《六陵遗事》、明陈诚和李暹进呈《奉使西域行程记》、江上遗民李逊之《泰昌朝记事》、明沈荀蔚《蜀难纪略》、明王在晋《国朝山陵考》、无名氏《谥法考》、无名氏《海宁倭寇始末》、"自序比于《松漠纪闻》《南烬纪闻》《北狩革书》之类"②的杨宾《柳边纪略》、同书异名的《绥寇纪略》与《鹿樵纪闻》、无名氏《明季甲乙两年事迹汇略》、无名氏载辽边事的《纪事本末备遗》《宋本百川学海》《竹垞初白二先生尺牍》。因为以上著作大都为明代著述或和明代史事有关，涉及清室忌讳，四库自然不会著录。

又合宋周辉《南烬纪闻》辛弃疾《窃愤正续录》为一册的《南烬纪闻窃愤正续录》，其中四库不著录周辉《南烬纪闻》而著录辛弃疾《窃愤正续录》。因为周辉《南烬纪闻》涉及清有关少数民族忌讳问题，而辛弃疾《窃愤正续录》正可表示清皇朝的宽容及其彰显忠义的主旨，所以虽然作者有汉民族气节但其人忠义可嘉，仍入著。释智贵辑、广秦校梓、明万历间余永宁重刻并序的合《法界标旨》《乾坤体义》为一册各三卷的书，四库只著录其中的《乾坤体义》，仅从《法界标旨》书名看似是谈释教教旨的，四库自然不会著录。当然，《拜经楼藏书题跋记》虽然著录了这书，但只交代了辑录者校梓重刻者卷数，无从知晓《法界标旨》内容，也是有缺陷的。

其二是著录了当代人目录成果。如目录类，著录了《菉竹堂书目》《绛云楼书目》《千顷堂书目》《读书敏求记》《也是园藏书目录》《传是楼宋元版书目》《道古楼书画目录》《汲古阁书目》《汲古阁刊书细目珍藏秘本书目》，几乎囊括尽了清前期重要书目，对清前期书目作了全面梳理认知。

其三记录下当代藏书家的成就。《拜经楼藏书题跋记》的解题往往涉及重

---

① 吴寿旸．拜经楼藏书题跋记：卷四 [M].1.

② 吴寿旸．拜经楼藏书题跋记：卷二 [M].24.

要藏书家鉴藏书籍的成就，并以之为鉴藏、校核依据。故而《拜经楼藏书题跋记》也不啻为一部它的时代藏书家成就的汇编。如《从古正文》解题就谈到了《千顷堂书目》著录《从古正文》的情况。《图绘宝鉴》解题中有黄丕烈跋，《景祐遁甲符应经》解题中记载有《读书敏求记》"作三卷"[①] 等文字，《心印绀珠经》指出《千顷堂书目》著录为二卷等。元刻本《晏子春秋》则论及卢文弨、吴玉墀、孙星衍等所有《晏子春秋》情况及他们校核《晏子春秋》的经历，同时就他们所有《晏子春秋》的篇卷进行了比对说明。正是在其时代藏书家鉴藏成就基础上，《拜经楼藏书题跋记》"辨误析疑兼及藏书之印记、书版之行款、钞书之岁月，莫不详识"[②]，借鉴了自己时代藏书家的成就并实践发展之。

不过，《拜经楼藏书题跋记》反映当代人西学成就的著录很少，仅有黄百家《勾股矩测解原》《乾坤体义》两部著作。究其因，一则西学著述刊刻有限，二则吴氏父子仅藏书家而已，并非学术兼通的大家，视野识见均有限，对西学著述重视不够，也属必然。

此外，作为藏书家的《拜经楼藏书题跋记》解题，版本目录校勘鉴藏实是它的长项。管廷芬评价它的版本校勘功力实胜《读书敏求记》。不过，也正因为是藏书家的解题，它不注重知人论世，忽略讨论著述内容，致使不少条目不清楚它所著录著述的内容。像《六陵遗事》题跋，对这书的作者与内容都未谈及。《海宁倭寇始末》并不知倭寇始末如何。《列女传》条从它仅有的"吴中顾氏仿宋刻本。先君子以明黄刻本校巢饮先生亦曾勘阅，夹签数十条"[③] 一句解题并无从知晓记载了哪朝哪代哪些列女，以及所载列女事迹如何。《三器图义》条也仅"右录《说著录郛》本先君子手校"[④] 一句解题。诸如此类为数不少，为《拜经楼藏书题跋记》普遍现象，不无遗憾。

---

① 吴寿旸.拜经楼藏书题跋记：卷四 [M].34.

② 吴寿旸.拜经楼藏书题跋记 [M]// 管庭芬.跋.2.

③ 吴寿旸.拜经楼藏书题跋记：卷二 [M].25.

④ 吴寿旸.拜经楼藏书题跋记：卷四 [M].17.

第三章　道咸以来目录学

乾嘉以后目录学是古代目录学继续存在并发生彻底变革走向近代目录学的时期。虽然近代这个时间概念，约定俗成是1840年，但以目录学所具有的强大的文化张力，因之而具有的特殊性，近代目录学大规模登上历史舞台的时间得往后延到同光时期。这个时期，目录学著作方大规模采用新式分类法。

同光之前的道咸时期目录学，相比乾嘉时期目录学，考据特色犹在，但气势已微。大学问大气象之作不多，但补续总结的功劳却是值得称道的。这些目录书，值得一提的是陈澧《东塾读书记》、邵懿辰《四库简明目录标注》、莫友芝《郘亭知见传本书目》等。"清代学人收藏家购求版本，于编制藏书目录、撰写题跋之余，更进而遍及四部书籍旧椠新刻之疏记。其事起于中叶道咸以还，悉在《四库全书简明目录》上施加批注，后来传抄版行见称于世者，有邵位西懿辰之《四库简明目录标注》，有莫子偲友芝之《郘亭知见传本书目》。而朱修伯学勤亦批注一部，则未尝刊布。"[①]而同光以来，系于洋务运动、变法维新需要，目录学气象反而开阔许多，无论体系，还是著述立场、缘起、着眼点、视野都有了较明显的变化。

这个时期经历了洋务运动、变法维新运动，是守旧派和维新派激烈交锋时期，表现在学术上就是新学的崛起。新学崛起的表现，与目录学相关的是新学书目或提要的编撰。当时对外域新学书籍的译介，一是直接译介西学书籍并作西学书目或提要，一是译介日本所译的西学书目及日人书籍并作书目或提要。当时的维新派看到日本学习西方后的变化，认为与其直接译介西方书籍，让中国人慢慢消化，倒不如译介经日人选择过的西学书籍。因为日人所译西学书籍经过日人挑选并实践过，必然是西方书籍的精华，是学习西方

---

① 朱学勤.朱修伯批本四库简明目录前言 [M]// 黄永年序.北京：北京图书馆，2001：1.

必备的书。直接学习这些经日人译介的西方书籍便可获西学要旨，正可节省中国人探索琢磨消化的时间，事半功倍。与此同时，也译介日人书籍，向日人学习。与译介外域新学书籍、撰写新学书籍相伴的是相应新学书目或提要的诞生。这些新学书目，以西方学科观念分类，不再按照经史子集四部传统分类。中国古典目录学的四部分类在乾嘉时期就有的变革，在这个时期越发凸显出来。不过，中国古典目录学在这个时期还继续存在。这一方面是传统所有的惯性，一方面是传统在任何时期都需要继承的必然要求，一方面是培元固本的需要。并且这个时期对《四库全书》及其《总目》虽然认识到不足，有所纠偏订正，但总体上，仍嘉赞尊崇之，尤其体现在这个时期继续存在，也不乏生命力的古典目录学上。不过，虽然古典目录学依然有生命力，但西学的冲击，使其没有继续生存下去的基础。自身本可通过自我改良，以及吸纳他者之优以补不足，自然也无从实现。代表中国古典学术体系的四库体系也失去了自我改良完善机会，以建设出中国自己的学术体系。亦即，中国自己的学术体系还没有来得及建设好就中断了。而对《四库全书》，系于政治等各种目的，对其否定到极致的论说，日后也出现了。当然，因《四库全书》文化史上的地位，及其文化象征意义，它成为各界聚焦的中心，袁世凯、溥仪、徐世昌、班乐卫、哈同、张学良、张元济等都致力于此，正可见其地位价值之一斑。总之，这个时期的中国目录学走向了近代目录学发展阶段，是所谓新旧交替时期。

这些新学书目的代表是王韬等编译《西学辑存六种》、王韬和艾约瑟编译《格致新学提纲》(后改名为《西学原始考》)、王韬编著《泰西著述考》(1889)、康有为《日本书目志》(1897)、梁启超《西学书目表》《西书提要》(1896)、《东籍月旦》(1902)、《西学农书提要》、沈桐生《东西学书录提要总叙》(1897)、黄庆澄《普通学书目录》(1898)、丁福保《算学书目提要》(1898)及《上海制造局各种图书总目》(1899)、徐维则《东西学书录》(1899)、徐维则《增版东西学书录》(1902)、沈兆祎《新学书目提要》(1903)、顾燮光《译书经眼录》(1904)、1907年《考察政治大臣咨送译书提要》中的日文译书等。

这个时期，除编撰新学书目或提要外，也编撰国学书目或提要。清代国学书目的编纂可上溯到清中叶，当清政府日益衰败，世风日下之际，理学家们试图以程朱理学挽救之，曾国藩即为其中之一。当然，以理学挽救清政府的颓败，曾国藩和同时代的诸理学家们一样都是以无果告终的。不过，他们为配合宣扬程朱理学而编写的经学书目却为清代目录学增添了内容。道光二十七年（1847），湖北学政龙启瑞编撰的以宣传考据、桐城古文、程朱理学为目的我国第一部国学举要书目《经学举要》，即是为挽救清运而作。其后，主张"中学为体，西学为用"[①]的洋务派，以及变法维新的维新派也纷纷编撰国学书目，也就有了1875年张之洞的以指示读传统之书治传统之学的门径之书《书目答问》，以及康有为《桂学答问》、梁启超《读书分月课程》等国学举要书目的问世。

对于这个时期的目录学，有目录学家总结道："自七略为四部后，四库法最能深入人心，而成一代之典型。公私著录，无不奉为圭臬，引作参证；学者阅读一目了然，无劳烦琐，故能沿用二百余年而不衰。迨至孙星衍、缪荃孙诸氏法行于后世，打破四部成例，四库之弊，暴露无遗；四部法则，因之日渐动摇。况自清末以来，鸦片战争后，海禁大开，西学输入，洋书原本源源而来，非复四七诸法，所能概括。于是有增补四库旧制者；有采仿或补充西法者；亦有融会中西另制新法以容纳旧籍新书者；甚至有专门性质之图书馆，亦随时代需要而产生，又不得不另为方法，以为用。"[②]

一、古典目录学状貌

古典目录学，一方面继续存在，一方面有所革新。较前期目录学，虽然大多仍以四部分类为主，但子目分类有所变化。如丁日昌《持静斋书目》与《续增书目》就同时具备以上两方面的特征。《持静斋书目》以四库分类为蓝本，但《持静斋续增书目》虽然大类以四部分类，但小类有所变化。如金石类从史部目录类独立出来，与目录类并列。天文算法类与推步类合为天文算法推步类、算书类改名为算学类。杂技从艺术类独立出来为杂技类。职官的属类官箴类从职官类中独立出来，与职官并为一类。较四库分类更科学。较前期目录学而言，也呈现出总结之势。此外，这个时期的古典目录学虽然有所革新，但受四库修书影响之迹随处可见，且对《四库全书》及其《总目》之偏谬虽有纠正订讹，但对它们的价值贡献依然肯定，一如既往尊崇之。今以续补四库之作、藏书题跋、藏书兴衰、国学举要书目等见之。

---

① 万国公报文选 [M]// 沈毓桂 . 救时策 . 李天纲编 . 北京：生活 · 读书 · 新知三联书店，1998：333.

② 刘简 . 中文古籍整理分类研究 [M]. 台北：文史哲出版社，1978：153.

（一）续补《四库》之作 ①

自四库修书后，学人但凡涉及目录学，都无法绕开四库提要。对于四库提要，因钦定的缘故，学人几乎不敢有所微词。不过，续补四库著录书目，或续补四库未著录书目，或既补书目又作提要，或标注《四库全书简明目录》，不但无损钦定形象，反而有继盛世之迹。对此，清政府是欢迎的。所以自阮元《四库提要未收书目》以后，学人不断有所增订。

对《四库全书简明目录》进行标注的代表有邵懿辰、莫友芝二人。四库修书最大的是版本问题。四库修书时为提高征书、献书的积极性，版本著录只出进献者名，无从知晓版本优劣。邵懿辰、莫友芝二人一北一南，对《四库全书简明目录》从版本角度进行了标注，弥补了《四库》版本的缺憾。邵懿辰有《四库简明目录标注》、莫友芝有《邵亭知见传本书目》。邵懿辰《四库简明目录标注》所搜书籍侧重北方版本、莫友芝《邵亭知见传本书目》侧重南方版本。二书正可比而互读，比勘校订。

对《四库》未收书目进行补录的则有丁日昌《持静斋书目》及《续增书目》。丁日昌（1823-1882），字禹生，广东丰顺人。历任琼州府训导、江西万安知县、江苏苏松太道、两淮盐运使、江苏布政使、江苏巡抚、福建巡抚兼督船政，又特赏总督衔，充兼理各国事务大臣。为政之余，好藏书。②

丁日昌二书目，凡《四库》著录的书都顶格，存目、未收的书则低一格。存目的书又特别加注"入《存目》"③，与《四库》异者也大都注出。如获康熙南巡时御览的胡渭《禹贡锥指》、李光地《尚书七篇解义》都入著《四库》，《持静斋书目》著录时都顶格。农家类唐王冰《素问六气元珠密语十卷》④，《四库全书总目》入术数《存目》。杂史类明祝允明《野纪》三卷⑤，入《四库全书总目》小说类存目者四卷。此外，《四库》之后，不少新学书籍得以问世。以为官者身份藏书的丁日昌，眼界还是比较开阔的，非只在版本，对于有助于

---

①　四库修书后，但凡目录著述几乎都会涉及《四库》著录情况。本书的续补《四库全书总目》之作，除内容续补《四库全书总目》书籍外，还指对《四库》关注度高，体例上关涉《四库全书总目》书籍者。

②　赵尔巽等.清史稿[M]//丁日昌列传.3208.

③　丁日昌.持静斋书目.路子强，王雅新，点校说明.路子强，王雅新，标点.上海：上海古籍出版社，2008：2.

④　丁日昌.持静斋书目[M]//钞目.光绪二十一年（1895）本.11.

⑤　丁日昌.持静斋书目[M]//钞目.4.

国计民生的书籍，如新学书籍，他是颇关注的。故而，二书目也收录不少有关这方面的书籍。如魏源《海国图志》、李善兰笔述英国伟烈亚力口译美国罗士密撰《代微积拾级》、李善兰《则古昔斋算学》等新学书籍，续补了《四库》。又如为持静斋藏书作藏书志的莫友芝《持静斋藏书记要》，凡与《四库》有关者都加以说明。如它所收宋人编录的宋残本《三苏文粹》①，四库据明刊本所编，未见宋刊本，存其目于明人总集中。它所著录元刊本宋吕祖谦《东莱吕太史文集、外集》，《四库》本尚有《别集》十六卷、《附录》三卷、《拾遗》三卷。诸如此类，与《四库》有异者，都加以说明。《持静斋藏书记要》著录而《四库》未收，如宋刊本官撰《图解校正地理新旧十五卷》、元刊本金王文郁《元新刊礼部韵略五卷首贡举条式一卷》、元刊本宋西颍陈元靓《群书事林广记前集、后集》、明刊本宋龚原《周易新讲义》、钞本宋李昉《历代宫殿名》等，也都加注说明《四库》未收。

不过，《持静斋藏书记要》是按照版本来分类的，与《四库》分类有别。它的卷上按照宋元明刊本分三类，每类按照经史子集顺序依朝代先后为序。卷下各书统一在钞本之内，以经史子集顺序依朝代先后为序。尽管如此，但以《持静斋记要》与《持静斋书目》《续书目》的特殊关系，续补之意并无二致。故而，尽管它以版本分类有异于《四库》四部分类，还是列入续补《四库》之作中。

当然，称得上续补《四库》之作的还有不少。四库修书后的目录学家，没有不认识到四库修书重要的。所以除丁日昌二书续补《四库》外，陆心源《皕宋楼藏书志》、丁丙藏丁仁编《八千卷楼书目》等也意在续补《四库》，尤其在分类上多遵循《四库》分类。这正与王重民所道"自从1793—1795年《四库全书总目》开始向读书人和藏书家流通以后，一个最显著的影响就是在目录分类的类目上和每类之中所著录书籍的编排上很快就按照《四库全书总目》的分类体系去做了"②吻合。

陆心源《皕宋楼藏书志》120卷《续志》4卷，继开藏书志先河的张金吾《爱日精庐藏书志》之后，仿照它的体例而成，光绪八年（1882）冬月由十万卷楼刊印。

陆心源（1834-1894），字刚父，一作刚甫，一字潜园，室名皕宋楼，浙江湖州人。性好聚书，精校勘及金石之学。著有《皕宋楼藏书志》《仪顾堂题

---

① 莫友芝. 持静斋藏书记要. 光绪文学山房本 .7.
② 王重民. 中国目录学史论丛 [M].246

跋》等。它的皕宋楼与瞿绍基"铁琴铜剑楼"、杨以增"海源阁"、丁丙"八千卷楼"一道，获有清末四大藏书楼美誉。

《皕宋楼藏书志》著录范围由张金吾的《爱日精庐藏书志》断自元代扩展到明初。以四部分类，共43类。分类上对《四库》多有继承。如史部政书类基本上按照通制、典礼、邦计、法令来归类书籍。此外，凡是《四库》所著录者，只出书名卷数版本作者，不作解题。陆心源对《四库全书总目》是非常崇敬的，认为《四库全书总目》"考核源流，折衷至当，何敢复赞一词"①。他自己能解题的只是阮元未续进张金吾也未收的。《四库》未收阮元续进张金吾收录，则采他们之说著于篇。可见，《皕宋楼藏书志》实际上续补了《四库全书总目》，而陆心源自己对《四库全书总目》是充满了景仰的。

《皕宋楼藏书志》收有明刊本《东坡先生易传》、文澜阁传抄本如《了斋易说》《易说辨惑》《读易详说》、元刊本《易图纂要》等，补了《四库全书总目》版本方面的不足。诸书序跋，凡世有刊本暨作者有专集通行者，其集已载序跋；经书被《通志堂经解》收录、唐代文集入载《全唐文》，并且书籍已刊入《十万卷楼丛书》者，则不录序跋，其余则备录序跋全文，以明原委。所载序跋断自元代，明初人罕见间或著录一二。先辈时贤手迹题识校雠年月源流所系全部著录，收藏姓名印记间录一二。先辈时贤手跋以"某氏手跋曰"冠之，自己的考识则加"案"字区别。宋元刊本备载行款缺笔以备考核。所载序跋及抄帙，有所缺失者，如无别本可据，一依其旧。标题也一依其旧，所增时代或作者等字以阴文别之。一书有两本，两本都善者，则仿《遂初堂书目》都登录。②补了《四库全书总目》不收诸书序跋全文，难见原委的缺陷。

皕宋楼所藏为宋元刊本，名人手抄手校，共15万卷。李宗莲胜赞皕宋楼所藏5方面优点：一是收藏丰。他说天下藏书为人人都推服者为天一阁藏书，但天一阁所藏只5万卷，而皕宋所藏是它的3倍。二是所藏贵。为宋元刊本汇聚地。天一阁只有宋刊本十多种、元刊百多种，而晚于它三四百年的皕宋楼则有宋刊本200多种、元刊本400多种。三是藏品精。天一阁所藏多丹经道录阴阳卜筮之书颇多，皕宋则非圣之书不收。四是藏识殊。天一阁藏之私，非子孙齐聚不开锁。皕宋则守先别储读者不禁。私诸子孙何如公诸士林。五是聚书难。天一阁承平聚书，皕宋掇拾于战火幸存，搜罗于蟫断臭朽之余，二者收书精粗

---

① 陆心源. 皕宋楼藏书志 [M]// 例言. 壬午冬月十万卷楼藏版，光绪八年：1.

② 陆心源. 皕宋楼藏书志 [M]// 例言.1–2.

既别，难易悬殊。^①由此，可以说，《皕宋楼藏书志》在收书标准、藏书观念上，也对四库是有继承的。四库收书的标准之一便是非圣谬法之书不收录，四库修书就意在公藏天下书籍，贮于七阁也是为了完成公藏理念，馈享士林。

丁丙藏、丁仁编《八千卷楼书目》续补《四库全书总目》之意也非常明显。首先，丁丙、丁申二兄弟实际上有过补写文澜阁藏书的盛举。太平天国起事期间，文澜阁毁于战火，文澜阁书籍散佚出来，赖丁丙丁申二兄弟多方购求藏弆，文澜阁书籍才得以渐复旧观。清政府重建文澜阁后，兄弟二人归还了文澜阁遗书。此后，因钦崇《四库》，丁丙有志著录《四库》之书并付诸了实践。他所补写的文澜阁《四库全书》，有部分是以家藏书籍补录的，他认为自己家藏的这部分书籍，能得以补录入文澜阁《四库》，和皇家结缘，是天赐恩德，是这些书籍的无尚荣耀，于是建嘉惠堂以储，意在"嘉惠识天语，拜天恩"^②。入《四库》存目的书籍暨未经《四库》著录者则藏八千卷楼，意在"志彝训旧德"^③。时人称赞丁丙丁申二兄弟身处草莽，境处流离，抱百折不回之志，握两浙文运之枢，最终偿成了宏愿。非视书籍为玩物，富有三馆，吝借一瓻者，不蕲一书流布人间者能比。^④其次，《八千卷楼书目》所收书籍，由文澜阁底本和所藏群籍两部分构成。再次，在体例方面，文渊阁著录者顶格，《四库》存目者低一格，《四库》未收则低二格。罗榘所作叙对以上两方面有详细说明。罗榘道："举重写文澜阁之底本暨所藏群籍四十万有奇，分别部居，按甲乙丙丁而庋藏，命哲嗣和甫孝廉编纂书目二十卷。其编目之例，顶格者文渊阁著录，低一格者为《四库》附存，低二格者为《四库》未收。"^⑤每书著录书名卷数朝代作者，各书备载不同版本。续补了《四库》。

杨守敬（1839–1915）《日本访书志》则对《四库》未收书有所补充。杨守敬字惺吾，号邻苏，湖北宜都人。同治元年（1862）举人。光绪六年（1880）至光绪十年（1884）任出使日本大臣黎庶昌随员期间，广泛搜集流散于日本的中国散佚书籍，即得即记^⑥，著《日本访书志》一书。光绪二十三年（1897）开雕，书前有光绪二十七年（1901）年杨守敬为《日本访书志》所作的自序，

① 陆心源 . 皕宋楼藏书志 [M]// 李宗莲 . 序 .2–3.

② 丁丙藏，丁仁编 . 八千卷楼书目 [M]// 孙峻 . 叙 . 钱塘丁氏聚珍仿宋版印 .2.

③ 丁丙藏，丁仁编 . 八千卷楼书目 [M]// 孙峻 . 叙 .2–3.

④ 丁丙藏，丁仁编 . 八千卷楼书目 [M]// 孙峻 . 叙 .3.

⑤ 丁丙藏，丁仁编 . 八千卷楼书目 [M]// 罗榘 . 叙 .1.

⑥ 严佐之 . 近三百年古籍目录举要 [M].197.

以及光绪七年（1881）所作《日本访书志缘起》。

《日本访书志》依照经史子集四部排列，共收书230多种。每书著录书名卷数版本，并作解题，刻入《古逸丛书》的则加以说明。如十二卷宋刊本《春秋谷梁传》刻入《古逸丛书》，则在著录版本情况后出注说明，即"《春秋谷梁传》十二卷_{宋刊本 刻入《古逸丛书》}"。所作各书解题，考各书原委，重在版刻源流，收书经过。常见的书不录撰人名氏，罕见之品则详录姓氏，间考爵里。别本互出异同叠见者，也重视有加。如《春秋左传》三十卷著录有旧钞卷子本残卷、旧钞本二种，《春秋经传集解》三十卷有宋椠本三十卷、覆宋本二种。所收书有宋元明刻本、旧钞本、卷子本、活字本、朝鲜古刻本、日本古钞本、日本刻本等，日本、朝鲜本都详考它们翻刻祖本。全书"《四库》未著录者宋元以上并载序跋，明本则择有资考证者载之"①，对《四库》收书的缺失有所补充。

（二）藏书楼藏书及其书目题跋②

这个时期的藏书家，继承清初以来的藏书传统，继续藏书于藏书楼，并大多作有藏书书目或题跋。其中较著名的书目题跋有瞿镛《铁琴铜剑楼藏书目录》、瞿良士《铁琴铜剑楼藏书题跋集录》、杨绍和《楹书隅录》、陆心源《仪顾堂题跋》、丁丙《善本书室藏书志》、马瀛《唫香僊馆书目》、赵宗建《旧山楼书目》、叶昌炽《滂喜斋藏书记》、缪荃孙《艺风藏书记》《续记》《再续记》、杨守敬《观海堂书目》、邓邦述《双沤居藏书目初编》《群碧楼书目初编》等。不过，因时代之故，这些书目或题跋一方面继承清初以来书目或题跋讲版本、考证、源流、重名实等传统，一方面也有所变革。如对前人藏书理论进行了总结，题跋之作也并非仅为藏而作，为用而作的一面也得到加强。有学者指出，古代藏书楼编目是为藏，近代藏书楼编目是为用，藏书楼编目发展到近代出现了明见式目录。如《兴化文正书院藏书目》所附《藏书凡例》明示："所藏诸书，须编目缮写悬牌书院门首，通晓阖邑多士。"后来，随着近代图书馆兴起，卡片式目录渐据主导地位。

此外，这一时期目录著录较前简明易用，一般包括作者、书名、卷数、册数、版本，少有提要。如《共读楼书目》只著录书名、卷数、作者三项。③同时，目录分类上也有所变化。如莫友芝《宋元旧本书经眼录》以版本分类，

---

① 杨守敬.日本访书志[M]//杨守敬.日本访书志缘起.邻苏园自刻本，光绪丁酉开雕：2.

② 不含这个时期续补《四库》的藏书书目题跋。

③ 来新夏.近代图书事业史[M].100.

分宋椠本、金元椠本、明椠本、旧钞本等类，并附录书衣笔识、金石笔识。西人书籍不便归类，统一在版本之下，无疑可避免归类难以妥当的尴尬。那些仍按照四部分类的，子目是变化很大的。如杨绍和《楹书隅录》分经史子集四部，但类目按照版本来分类。每部设立宋金元明本及校本、钞本等类。这一切表明四部分类已不再独尊，书籍日新月异的形势势必要求图书分类的变革。当然，按照版本来归属西书，也并不能完全适应西书日增的形势。这就对古典目录分类提出了变革的要求。时代发展到清末，自艾儒略《西学凡》引入西方学科观念以来，在学术自身发展的需要，以及内忧外患下，有识之士为宣传变法自强引入西方先进理念，大力译介外文书籍的需要等合力下，西方学科观念也到与中国合流，催生中国学科分类彻底质变的时候到了。

不过，上述书目或题跋虽然有所变革，但他们仍是古典目录学的成员。如大部分仍以四部分类，且但凡涉及《四库全书总目》，几乎都无一例外地加以说明。如莫友芝《宋元旧本书经眼录》对有关《四库全书总目》者都加以说明。像它所著录的宋陈骙《南宋馆阁录、续录》写本，是据四库本抄写①，于是加以说明。

1. 铁琴铜剑楼藏书及其藏书书目题跋

（1）瞿镛《铁琴铜剑楼藏书目录》

铁琴铜剑楼创始人是瞿绍基（1772—1836）。绍基字荫棠，号厚培。江苏常熟人。性好书，在家乡罟里村筑恬裕斋储藏书籍。历十余年，积书十万卷，日夜穷览，尝绘检书图来寓志。他还注意收藏其他藏书家散出的书籍，如藏书废散的稽瑞、爱日两家藏书，瞿绍基从其中遴选出为世人珍贵的宋元善本十分之五，增置到自己的书楼恬裕斋中，令恬裕斋藏书从此富甲吴中。瞿绍基去世后，他把基业传给了儿子瞿镛（约1800—1864）。瞿镛扩大了收藏，并改藏书楼名为铁琴铜剑楼。瞿镛获得了不少汪士钟艺芸书舍的藏书。铁琴铜剑楼中所藏黄丕烈士礼居藏书即由汪士钟艺芸书舍所得。在瞿镛时，铁琴铜剑楼获得了清末四大藏书楼的美名。

瞿镛除继承父志广搜藏书外，瞿镛还为铁琴铜剑楼编定了《铁琴铜剑楼藏书目录》。瞿镛去世后，他的儿子秉渊、秉浚继承了父业。他们校订书目，刊成经部，并在战乱中守护藏书，使藏书大部分得以保存下来。秉渊、秉浚去世后，子斐卿、棣卿及启甲传承父辈之业。留心收购宋元善本及明诸家散

---

① 莫友芝. 宋元旧本书经眼录[M]// 持静斋藏书记要. 邱丽玟，李淑燕，点校.75.

于四方的藏书。光绪二十四年（1898），端方饬令瞿氏酌量呈献图书给公家图书馆，启甲先不答应，后经父老劝说，于是影写罕见本百种进呈。民国初，启甲选任众议员，倡设常熟县立图书馆，捐赠藏书。民国二十年（1931），移书上海。这年，启甲去世，遗命子孙不要使书分散，不能守就归之于公。儿子济苍、旭初、凤起，在上海沦陷时，苦苦守护不失，并于中华人民共和国成立之初，献书于国家。瞿启甲在清末民国初年时局动荡时期苦心经营藏书，主持修订梓印了《铁琴铜剑楼藏书目录》、编印了《铁琴铜剑楼宋金元本书影》《铁琴铜剑楼藏书题跋集录》，功不下于瞿镛。

《铁琴铜剑楼藏书目录》共二十四卷，收录图书1194种，宋刻173种，金刻四种，元刻184种，明刻275种，钞本490种，校本61种，其他7种。所收止于元人著作，明清人著作未入目。按四部分类排列，共44类。卷一到卷七为经部，卷八到卷十二为史部，卷十三到十八为子部，卷十九到二十四为集部。每书之下记卷帙存佚、行幅字数、序跋印记，并校雠异本文字，属于善本藏书志类型书目。①

《铁琴铜剑楼藏书目录》属于善本藏书志，它比校版本，避开《四库》已重点考述的作者和书旨，在版本著录和考订上下功夫，可补四库提要版本等方面的缺失。

（2）瞿良士《铁琴铜剑楼藏书题跋集录》

瞿启甲（1873—1940），字良士，别号铁琴道人。瞿启甲经管铁琴铜剑楼期间，虽然藏书不许借出，但准许来访者入藏书楼参观阅读。藏书楼中辟有专室，专门供来阅读者坐读。因此，来阅读者留下了不少题跋。这些题跋因为是阅读者所写，所以在继承传统藏书目录藏的主旨外，也就有了用的主旨。为近代图书馆出现创造了条件②。

瞿启甲在完成《铁琴铜剑楼藏书目录》修订刊印，以及《铁琴铜剑楼宋金元本书影》编撰出版后，于是汇集各家题跋成帙。按经史子集四部分类，计经部35种，史部72种，子部116种，集部163种，共收书380余种，书中所收书籍有宋刻本40种，元刻本20余种，还有影宋影元抄本、校宋本、旧抄本等。

《铁琴铜剑楼藏书题跋集录》分经史子集四部，每部先列书目，书目下注明版本，其次列诸题跋。如《周易》十卷_{宋刊本}，先列书目并于书目下注明版本

---

① 严佐之. 近三百年古籍目录举要 [M].133.

② 来新夏. 近代图书事业史 [M].99.

"《周易》十卷_{宋刊本}"，其次列董其昌天启年间、文嘉万历年间、文震孟崇祯年间、文从简崇祯年间、秦蕙田乾隆年间、陈鳣嘉靖年间等题跋，言及诸藏书家记书籍鉴赏雅事，述版本流传，版刻优劣，版本真伪，叙学术传承，见惜书护书之迹。对前期目录学，有总结发凡之功。

版本鉴赏为历代学人关注，也尤为藏书家重视，《铁琴铜剑楼藏书题跋集录》辑录下历代学人鉴赏版本的印迹。如书画家董其昌于天启七年丁卯岁三月六日顽仙庐观宋刊十卷本《周易》，并为记以志。崇祯壬申午日，黄子羽携文震孟前往清瑶屿与张异度同观此本，也意在鉴赏。文从简崇祯甲戌阳月，过跋影斋与陆孟凫、曹孟林、葛君常一道，为表虔诚，焚香观览此本。学人品评鉴赏雅趣，豁然题跋间。

在版本之外，学术传承、版本源流，书籍真伪也是《铁琴铜剑楼藏书题跋集录》诸题跋多述及的内容，有的还注意到知人论世。像陈鳣详细叙述宋刊十卷本《周易》版式印刻，谈及这本书中的印，指出每卷卷首有彭城、求赤氏等印，并特别谈及卷尾印的主人求赤钱孙保生平家世。此外，就此本，陈鳣还以自己所藏宋刻本从避讳、版式方面与之比较，又以山井鼎《七经孟子考文》所引宋本比较，发现出入颇大，怀疑宋钞本真伪。认为以此本书法工整，确定为影宋钞本为实。不过，此本价值也不菲。因为，单行本已佚的《五经正义表》被列于开端，得以保存下来，实为天下至宝。卢文弨《群书拾补》据此本来校正是非，自己的宋刻本缺卷首，也仅此本可补。自己的《尚书注疏》廿行本二十卷，本钱孙保旧藏。钱孙保对宋刊十卷本《周易》从始至末都用朱笔手勘，前后所用印记，与自己的《尚书注疏》二十卷廿行本同，可称并美。基于上述诸种，陈鳣自称此宋本《周易》"最为精美"①，喜爱之情毫不掩饰。此外，就此本的顾炎武题跋，陈鳣颇感怀疑，认为不是顾炎武所跋。因为此跋，顾炎武的文集没有记载，《日知录》也未曾勘正过此跋，跋中的避讳也不符合顾炎武时代的避讳。称传是楼得到了此本，但此本并无徐氏收藏印记。并且顾炎武作此跋时才52岁，不能自称皓首或老人。况且《日知录》本就有剥孔氏《正义》，也就是说顾炎武自己就已阐发了《周易》奥旨。既然如此，又何需云阐发奥旨，莫如仲达。不过，陈鳣还是很慎重，因钞本有亭林此跋，所以暂且附录留存待疑。此外，陈鳣又以各史志或私家目录著录情况，以及《七经孟子考文》所据宋本，一一符合自己所有本，认为自己

---

① 瞿良士辑.铁琴铜剑楼藏书题跋集录[M]//周易注疏.上海：上海古籍出版社，2005：4.

所有本确为宋本，并以之与今本相比。由此而得出今本缺漏甚多，正反证了他所有的宋本的宝贵。当然，陈鳣如此精心以宋本对校今本，他表彰自己所有宋本珍贵之意一目了然。但自己所有的宋本缺卷首，如不补足也就必然成为藏书家的憾事。因此陈鳣提到从吴中周猗唐明经借影宋钞十三卷本的事。这影宋钞本前有《五经正义表》，系钱求赤手校。自己觅得善书补全自己所有的缺卷首的宋本，自认为是生平幸事。同样，为尊重原貌，他把钱校本题识，也并录诸卷首。表达出一个藏书家嗜书之情。

从《铁琴铜剑楼藏书题跋集录》中，我们还可以见到诸藏书家对野史、杂记、方志可补正史的价值，颇有认识。如吴岫认为《蜀鉴》文句虽不如《华阳国志》秀拔赡美，但每值郡邑土地，每为标注，使考蜀事者不至混漫，与《华阳国志》合之则为双璧。① 朱彝尊为注欧阳修《五代史记》，在蜀求野史，毛文锡《前蜀记》二卷、董淳《后蜀纪事》三卷、李昊《蜀书》二十卷，张青乡《锦里耆旧传》一卷，都佚失不传。张唐英《蜀梼杌》十卷仅存二卷，句延庆《续锦里耆旧传》四卷虽存却恐怕不是完本，但可资采获②。焦循虽然认为张唐英《蜀梼杌》偏部短记，事迹微浅，但也有可以广见闻备鉴戒者③。钱大昕认为《舆地纪胜》"此书所载，皆南宋疆域，非汴京一统之旧，然史志于南渡事多阙略，此所载宝庆以前沿革，详赡分明，裨益于史事者不少。"④ 而元代几部正史之外的典籍，像《元秘史》可理清元先世谱系⑤，论次太宗、太祖两朝事迹，必于此书折衷。⑥ 都认识到野史等补正史的价值。

《铁琴铜剑楼藏书题跋集录》也继承了清初藏书题跋宣传藏书家求真精神与气节的传统。它收录了不少这方面的题跋，通过它们来宣传藏书家求真精神与气节。如张金吾批评《祠山事要指掌集》称张乖崖于真君自称臣侄之类的附会，无稽荒谬。因为真君虽也姓张，但西汉人，离宋千年，何得称侄？⑦清常道人指出虽然世称张韩刘岳为宋中兴名将，但自己认为其中傅会秦桧而杀岳飞罪不容诛的张俊、琐琐屏弱的刘光世却名不符实。

①　瞿良士辑.铁琴铜剑楼藏书题跋集录 [M]// 蜀鉴 .60.

②　瞿良士辑.铁琴铜剑楼藏书题跋集录 [M]// 锦里耆旧传 .83.

③　瞿良士辑.铁琴铜剑楼藏书题跋集录 [M]// 蜀梼杌 .84.

④　瞿良士辑.铁琴铜剑楼藏书题跋集录 [M]// 舆地纪胜 .89.

⑤　瞿良士辑.铁琴铜剑楼藏书题跋集录 [M]// 元秘史 .63.

⑥　瞿良士辑.铁琴铜剑楼藏书题跋集录 [M]// 元秘史 .64.

⑦　瞿良士辑.铁琴铜剑楼藏书题跋集录 [M]// 春秋穀梁疏 .14.

此外，藏书家爱书护书精神，阅《铁琴铜剑楼藏书题跋集录》也历历可见。如秦蕙田乾隆二十九年甲申希冀子孙世守这宋刊十卷本《周易》，爱书之情溢于纸间。而何焯想一阅胡云峰《周易通释》，但世上没有刻本，每想阅读也不可能。庚寅春到都门拜谒安溪师，见案头有这本书，终于了却平生心愿，一饱阅读之福，不忍离手。老师见这情状，于是说："宋元来解《易》者，惟云峰最为精密，子爱之，当以相赠。"① 喜极携归识此。求书爱书之痴表露无遗。又张栋就自己藏所《论语》一卷元刊本告诫子孙，倘若不能守住这本书，也要转给像自己一样惜书的人，切莫流入俗人的手，以免这本书落到覆盖酱瓿的命运。黄丕烈为购《春秋公羊经传解诂》十二卷宋刊本之所以花掉一百二十两银子大价，是自己"惜书而不惜钱物，书魔故智有如是者"② 的结果。冯巳苍刚钞成《复古编》即被何士龙借去，六年后归，"如见古人，如得巳失物"③。书籍已成为这些学人或藏书家生命中的一部分。钱谦益曾叙李如一嗜书，收买图籍，尽减先人的产业。得好书，即焚香肃然而拜再阅读，并且不秘书籍，提倡好书天下人共有，曾言："古人以匹夫怀璧为罪，况书之为宝，尤重于尺璧，敢怀之以贾罪乎？"④ 清代藏书家，其实从清初就已经开始有公开藏书的思想与举措，不仅钱谦益及其所叙李如一如此，曹溶、周永年等也如此，四库开馆有一部分原因就是为了更好藏书聚书，《铁琴铜剑楼藏书题跋集录》再次提出，表明公开藏书势在必行，无疑为近代图书馆奠定了基础。

此外，这个时期，清的国势已经衰落，列强横行国内，国内农民起义时有发生，战火兵灾不断，清初以来的藏书楼，在此等国势下，衰败者不少。有感于此，《铁琴铜剑楼藏书题跋集录》道出了历代藏书兴衰。如《铁琴铜剑楼藏书题跋集录》指出归有光曾感慨："观李易安所称其一生辛勤之力，顷刻云散，可以为后人藏书之戒。然余平生无他好，然好书以为适吾性尔，不能为后日计也。"⑤ 又指出石君曾言："虞山藏书，散落者多，惟陆敕先、钱遵王、毛黼季尚存三四。今闻敕先书籍亦尽散落，此书幸归于我，亟校副本，他年或藏于子孙，或流转人间，俾少读差讹，亦有幸尔。"⑥ 又说与拙经叟廷鉴同宗

---

① 瞿良士辑.铁琴铜剑楼藏书题跋集录 [M]// 周易本义通释 .7.

② 瞿良士辑.铁琴铜剑楼藏书题跋集录 [M]// 春秋公羊经传解诂 .13.

③ 瞿良士辑.铁琴铜剑楼藏书题跋集录 [M]// 复古编 .23.

④ 瞿良士辑.铁琴铜剑楼藏书题跋集录 [M]// 草莽私乘 .81.

⑤ 瞿良士辑.铁琴铜剑楼藏书题跋集录 [M]// 金石录 .112.

⑥ 瞿良士辑.铁琴铜剑楼藏书题跋集录 [M]// 金石录 .113.

之人的琅嬛福地收藏有旧藏爱日精庐的《汉唐事笺对策机要前集十二卷后集八卷》元刊本。① 此外，还指出黄丕烈也曾以镇库之宝《汉书》120卷宋刊本与人。

至于文献学理论与方法，不可以有刻本而弃钞本②，论古书源流当追溯旧钞本，③ 书籍一定要精校，等等，从《铁琴铜剑楼藏书题跋集录》诸跋中也可知晓。归而概之，有如下几点：对校法。翁方纲以钱曾钞本对校校宋本《南唐书》，所校尽同，得出校本确实是佳本。④ 假何义门校钞录于汲古阁刊本，迄今二十年矣，得是本对勘，间以己意为正。⑤ 他校法。"以所引各书逐条对勘"⑥，认为无精校本，不可谓读书。影宋钞本《仪礼要义》题跋，详细辑录了顾广圻对卷五、卷十九、卷二十四、卷三十四、卷三十七、卷三十八、卷四十四、卷五十进行校勘的始末。顾广圻重视校勘到非得到《礼记释文》四卷宋刊本校对完己本方了己愿的程度。而松云居士于酷暑中挥汗校对《春秋谷梁疏》，悉心参核，一字不可放过，方认为使此书达到了胜于注疏本，允足宝贵，自己也就几无遗憾了。就书籍校勘，他告诉世人："凡钞白书恒多鱼豕之谬，传录一次，则误一次，非精心校勘，必至满纸迷谬，不可句读。"⑦ 以目录书记载以证书籍的真伪、存佚变更。如黄丕烈以《读书敏求记》《直斋书录解题》所记证宋刊本《历代纪年》真伪。又以《菉竹堂书目》《文渊阁书目》所载《孔子实录》，以及《四库全书总目提要》传记类存目所载《孔氏实录》与十二卷蒙古刊本《孔氏祖庭广记》相证，三书悉合，仅册数、卷数多寡不同，或有完缺之异。由此，得出三书即一书异名。提倡"参稽互证，尊旧闻资新悟"⑧。

的确，《铁琴铜剑楼藏书题跋集录》后来居上。举凡各家题跋，它都收录。这使它的题跋集有别于其他题跋集，具有总结殿后的功劳，也颇具一家特色。《铁琴铜剑楼藏书题跋集录》中的题跋，有的如叙家常。像《资治通鉴》294卷元刊本卷五十八后题跋言及万历时民间传闻"内城有人宰鸭，鸭腹中得一物，长四五寸，宛然人也，头耳目鼻手足皆俱，但手足无指爪耳，未知古来

① 瞿良士辑 . 铁琴铜剑楼藏书题跋集录 [M]// 汉唐事笺对策机要前集十二卷后集八卷 .199。

② 瞿良士辑 . 铁琴铜剑楼藏书题跋集录 [M]// 班马字类 .23.

③ 瞿良士辑 . 铁琴铜剑楼藏书题跋集录 [M]// 汗简 .23.

④ 瞿良士辑 . 铁琴铜剑楼藏书题跋集录 [M]// 南唐书 .86.

⑤ 瞿良士辑 . 铁琴铜剑楼藏书题跋集录 [M]// 中吴纪闻 .102.

⑥ 瞿良士辑 . 铁琴铜剑楼藏书题跋集录 [M]// 岁时广记 .87.

⑦ 瞿良士辑 . 铁琴铜剑楼藏书题跋集录 [M]// 祠山事要指掌集 .74.

⑧ 瞿良士辑 . 铁琴铜剑楼藏书题跋集录 [M]// 重刻晏子春秋后序 .72.

由此异否"①。严虞惇题跋记儿子偓佺取名始末。称起于梦境中见一其实族中实无的名偓佺者的族人，无子的姜华氏，自己承诺死时许诺以偓佺为她的嗣子。后来娶了她的妹妹，戊子六月生一子，便名偓佺。②严虞惇还屡屡谈及自己窘境：如家人来投奔，自己担心珠桂不给，明日即绝粮。③康熙戊寅八月初二在京城寓所阅读此书，感叹自己"终窭且贫，索逋如猬，忧闷成疾，怔忡不已，每一发动，头晕欲仆，恐不能久长矣。"④此外还有谈世态炎凉的，如"昔东海司寇奖拔寒士，不可胜数，及遭患难，竟不获一士之用。余之力万万不及健翁，而此心则同之。自摘官来，有口力下石者，有从众毁诋者，有弃去落然不顾者，世态炎凉，人心险薄，阅前记为之三叹。草草亭主人"⑤，诸如此类等等。娓娓道来，如叙家常。

而《铁琴铜剑楼藏书题跋集录》谈及明末清初社会状貌，与史书所记正相得益彰。明自嘉靖以来，土地兼并，皇室占地，称为皇庄。"奏乞"和"投献"。土地兼并发展的结果，明政府所掌握的土地数字大大减少。明初全国土地总数为八百五十余万顷，而到弘治十五年（1502），则只有四百二十多万顷，减少了一半，这些土地均被官僚地主兼并隐占而去，因而土地问题成为严重的社会问题。此外，明武宗以后，由于大地主隐匿赋税，明政府财政收入逐渐减少。与此同时，政府支出却与日俱增。明世宗时，已出现财政亏空。明穆宗即位后，更形成了严重的财政危机。这些情况，题跋也有揭露，称"米珠薪桂，可惧"⑥、民何以堪等。又如有反映清初夷夏之争的。《资治通鉴》294卷元刊本卷四十八后严鏊的题跋谈及康熙上谕，称康熙强调破除夷夏之防，号召满汉一家。当时康熙下旨："申明中外一统之义，谓本朝肇基东海，君临天下，百年以来，深仁厚泽，度越古今，而书籍中每以夷虏等字为讳，殊非忠爱之意。"⑦实足破"小儒拘固不通"的成见，并且可以开"千古夷□之疑"，认为那些认为清朝为岛夷索虏者，实为"眼空直井底蛙"。⑧而清前期告密制

---

① 瞿良士辑 . 铁琴铜剑楼藏书题跋集录 [M]// 资治通鉴 .36.
② 瞿良士辑 . 铁琴铜剑楼藏书题跋集录 [M]// 资治通鉴 .50.
③ 瞿良士辑 . 铁琴铜剑楼藏书题跋集录 [M]// 资治通鉴 .34.
④ 瞿良士辑 . 铁琴铜剑楼藏书题跋集录 [M]// 资治通鉴 .54.
⑤ 瞿良士辑 . 铁琴铜剑楼藏书题跋集录 [M]// 资治通鉴 .35.
⑥ 瞿良士辑 . 铁琴铜剑楼藏书题跋集录 [M]// 资治通鉴 .44.
⑦ 瞿良士辑 . 铁琴铜剑楼藏书题跋集录 [M]// 资治通鉴 .35.
⑧ 瞿良士辑 . 铁琴铜剑楼藏书题跋集录 [M]// 资治通鉴 .35.

度，鲜有人敢异议，题跋有段记载，让我们见到了异议者。题跋称："噶礼进密折，必欲置陈鹏年死，上谕九卿议其罪，少宰仇兆鳌昌言：'陈鹏年有三罪：不逢迎上官一也，生今返古二也，不能止百姓讴歌三也。'同列皆为之咋舌，于是仅议革任发回原籍，不许出境。呜呼，仇公可谓凤鸣朝阳矣。"[①]高度赞扬在告讦风气下敢于说真话者。

当然，也正是《铁琴铜剑楼藏书题跋集录》所集题跋，使我们可以按本索骥，一定程度上弥补其他书著录的缺失，校正其他书的讹谬。如朱彝尊《经义考》认为已经亡佚的《易主意》，吴翌凤称已亥十月望日，得此册于鬻古书者。[②]《纂图互注文公家礼》十卷宋刊本，可定朱子《文集》的讹谬。[③] 黄丕烈以所得钱曾述古堂宋刊本《历代纪年》补钱曾《读书敏求记》所记粗疏之处。而对于目录学史上无法绕过的四库修书，《铁琴铜剑楼藏书题跋集录》也注意到了。这个时期，皇权已经不再有超强控制学人为文写书的能力，对于学人一直不敢碰的禁区钦定的四库修书，学人著书论说也不再需要有所避讳了，所以四库的缺失与错讹，《铁琴铜剑楼藏书题跋集录》都一一指正。吴廷琯得钞本《宋特进左丞相许国公奏议》可补四库提要所言"《宋史》本传所载诸疏，不见集中，已多散佚"之失。四库提要所言这句话中的"集"指梅文鼎所编4卷许国公《履斋遗集》，批评四库采书不全。胡珽得见范氏天一阁《岁时广记》补《读书敏求记》认为只有《图说》及四卷之缺，补四库未收范氏此书之缺、并补四库提要依据曹溶连《图说》也佚只有四卷本的本子所作提要称于稗官说部多所徵据，而《尔雅》《淮南》诸书反多遗阙之失。它记载道："见其征引各书，《尔雅》《淮南》而外，多有不传秘笈，即引《荆楚岁时记》等书，亦与今本大异，遗闻轶事，具见于是中，洵为有用之书。惟第五卷全缺，第六卷亦稍有残缺，第廿四卷内缺一页，余皆完善。遵王、倦圃所藏，即前四卷之有目录者，实则全书纲领也，非见是本，何由识其面目。独惜四库开馆时，范氏进呈书籍有六百余种之多，何以独遗是书，岂故秘不宣欤？抑尚未收获欤？时之显晦，自有一定，余既有缘遇此，安敢韫匵而藏，异日当传钞数部，以答著书者之苦心，即刘、朱二公兢兢好古，亦略见一斑矣。"[④]

辑录体题跋发展到《铁琴铜剑楼藏书题跋集录》，古代目录学已发展到

① 瞿良士辑．铁琴铜剑楼藏书题跋集录 [M]// 资治通鉴 .45—46.

② 瞿良士辑．铁琴铜剑楼藏书题跋集录 [M]// 周易经义 .7.

③ 瞿良士辑．铁琴铜剑楼藏书题跋集录 [M]// 纂图互注文公家礼 .12.

④ 瞿良士辑．铁琴铜剑楼藏书题跋集录 [M]// 岁时广记 .87—88.

尾声。尾声之际的学术，需要总结。题跋作为其中一份子，正是如此。也正因为在尾端，可以广阅前人题跋，所以它辑录颇全面。而正是因为全面辑录，所以我们能看到历代藏书家如何搜书藏书、对藏书的思考心得，以及书籍流通传承、书籍版本优劣等。总之，《铁琴铜剑楼藏书题跋集录》是对历代藏书题跋较全面的总结。

2. 丁丙《善本书室藏书志》

丁丙《善本书室藏书志》40卷，四部44类。不过，虽然以四部分类，但在分类上是有所创新的。如政书类下分官箴、通制、典礼、邦计、法令、考工六属，设官箴之属收六官所职的职官类书籍，而去《四库》的军政之属。"考撰人之仕履，释作书之宗旨，显徵正史，僻采稗官，扬其所长，纠其不逮"①，并考书籍事迹，胪其得失，载其行款，陈其同异而作藏书志，上窥提要，下兼《士礼》之长，考订鉴赏合二为一。在收书方面有二长：一是收明人著述；二是继承《爱日精庐藏书志》收本朝人未刻之书之例，收乡贤著述，即使一卷半秩，也详悉备载，可谓宅心仁厚。②每书著录书名卷数，其次用阴文著录版本、藏书家。在版本著录时已表明藏书家的，不再出藏书家。如"《乾坤凿度》明范氏刊本"③，版本项已足以表明藏书家名号，于是不再出藏书家名号。自己所收集的不是其他藏书家的藏书，则不出藏书家名号，如"《洪范口义》二卷 精钞本"等，即是他自己所藏，不是从其他藏书家处收集来的，于是不出藏书家名号。

第二行低一格著录朝代作者或注者，但本朝人不出朝代。不过，其他朝代的人大多出朝代，间或出地望，如忠州李芋仙藏书明万历刊本《苏氏易解》八卷，出眉山苏轼撰④。著录格式如下：

　　《周易》十卷 宋刊本 孙氏寿松堂藏
　　　王弼注⑤
　　《读易详说》钞本
　　　宋李光撰⑥
　　《易象义》十六卷 旧钞本 爱日精庐藏书

① 丁丙.善本书室藏书志 [M]// 缪荃孙.序.1.
② 丁丙.善本书室藏书志 [M]// 缪荃孙.序.1.
③ 丁丙.善本书室藏书志：卷一 [M].22.
④ 丁丙.善本书室藏书志：卷一 [M].3.
⑤ 丁丙.善本书室藏书志：卷一 [M].1.
⑥ 丁丙.善本书室藏书志：卷一 [M].4.

宋丁易东撰①

并依《遂初堂书目》之例出重本。如《周易》著录有明正德王氏钞本《周易》十二卷，即《朱子本义》。日本刊本《周易》十卷，即《朱子本义》。明正统司礼监刊本《周易》十卷，即《程颐传朱子本义》。

从所著录书籍看，他多收各类明清版本，为研究明清版刻提供了丰实材料。同时，他也注重本朝人的著作，尤其是本朝乡贤的著作，如被惠栋洪亮吉都收藏过的雍正时期邓烈所撰不分卷精钞本《周易纂》、何梦华藏书旧钞本钱塘人李骅撰《读易小传》一卷、邵晋涵藏旧写本钱塘汪宪撰《易说存悔》二卷，有保存地方文献之功。

他家藏书多有从其他藏书家处收集来的书籍，如天一阁范氏刊本《周易古占法、古周易章句外编》、朱彝尊元刊本十二卷《周易本义》、张金吾爱日精庐藏书旧钞本《易象义》十六卷、吴尺凫藏书旧钞本《绣谷杂钞》六卷。也收有不少珍贵的钞本，如钞永乐大典本宋邵伯温《易学辨惑》、宋程大昌《禹贡山川地理图》二卷、严九能手钞宋本《东莱先生书说》等。还收有域外版本，如日本刊本《周易》十卷②等。

此外，《善本书室藏书志》时或出《四库全书总目》著录情况。如介绍《四库全书总目》对惠校通志堂本吴澄《易纂言》十卷的评价③，指出《四库全书总目》附明范氏天一阁刊本《三坟》一卷于存目④。

虽然贵为一代著名藏书家，但丁丙为学比较审慎，他遵循"疑以阙疑"的传统，对于不能确定的问题，不轻下结论。如元刊黑口本《中说》只出"题阮逸注"⑤，而瞿氏藏书明刊本《文中子中说》则出"阮逸注"⑥。

3. 杨绍和《楹书隅录》

杨绍和（1830-1901），字协卿，号彦合，聊城人。海源阁创建者杨以增（1785-1856）的儿子。杨以增藏书十万卷，皮藏于海源阁。又有书室名"宋存"，藏宋代书籍，附元本校本钞本。海源阁藏书来自南北两地，可谓得南北两地精华。自杨以增收书藏于海源阁，方打破了清代私家藏书以江浙为中心

---

① 丁丙. 善本书室藏书志：卷一 [M].11.

② 丁丙 善本书室藏书志：卷一 [M].6.

③ 丁丙. 善本书室藏书志：卷一 [M].13.

④ 丁丙. 善本书室藏书志：卷一 [M].23.

⑤ 丁丙. 善本书室藏书志：卷一五 [M].8.

⑥ 丁丙. 善本书室藏书志：卷一五 [M].9.

的局面。经过杨以增杨绍和父子两代经营，海源阁成为清末北方第一藏书楼，与瞿氏"铁琴铜剑楼"一道辉映南北，有"南瞿北杨"之称。海源阁从杨以增开始，历经杨绍和、杨保彝、杨敬夫三代，共四代。虽然海源阁获有叶德辉收拾吴中书籍余烬的美誉，但它自己也难逃书籍散佚宿命，自咸丰以来，多次遭受兵燹，损失流散出不少书籍。

杨绍和里居期间，在父亲杨以增的藏书基础上编成《海源阁书目》后，又取宋元各本，记其行式、印章、评跋，管窥所及，间附数语。同治四年（1865）后因入翰林院供职，无暇再续，于是取已成旧稿，釐为五卷，命名为《楹书隅录》，同治八年（1869）录写校定完竣。所著录书籍都是杨绍和父亲杨以增"四经四史斋"所藏善本。共收书171种。同治十年（1871），再命儿子保彝将储在山中别墅没有入录的精校名钞本原书跋尾，钞录邮寄若干条，由杨绍和在北京手加甄录，成《续编》四卷。《续编》各书都是黄荛圃、汪容甫二家精校名钞各本，共收书98种。所收版本不限于宋元版本，也收录明本等善本。首先出经史子集四部总目，其次依照经史子集四部一一著录。各部首先出各部著录宋元本总数，如经部有宋本十八、金本一、元本七、校本四、钞本八。其次一一著录经部各书。著录形式为版本书名卷数册数或函数，如"宋本《周易本义》十二卷八册二函"[①]。不出撰人名氏，主要谈得书经过，藏弆源流、版本鉴赏、书林逸事。既著录原书题识、印章、行款，又附己见，书籍授受源流览书即知。有学者指出，《楹书隅录》所具有的重要资料价值，不下于《铁琴铜剑楼藏书题跋集录》。但杨绍和的考订颇有错误，杨守敬、傅增湘多有指正。与清末其他三大藏书家的藏书志相比，低于《铁琴铜剑楼藏书目录》《皕宋楼藏书志》，但不低于《善本书室藏书志》。[②]

此外，海宁马瀛《唫香僊馆书目》、常熟赵宗建《旧山楼书目》，虽然算不上大藏书家，所收并不富，但颇有自己特色。

从著录形式上看，二书目都是仅简单著录作者、版本、卷数、本数，偶或有一二说明。马瀛《唫香僊馆书目》著录形式如下：书名卷数，书名卷数下以阴文作注，简单说明朝代作者，再出版本及本数情况。如"《百宋一廛赋》一卷_{国朝顾广圻撰} 一本"[③]、"《爱日精庐藏书志》四卷_{国朝张金吾撰} 活字板二本"[④]、

① 杨绍和.楹书隅录初编：卷一 [M].光绪甲子海源阁刊本.1.

② 严佐之.近三百年来古籍目录举要 [M].129.

③ 马瀛.唫香僊馆书目 [M].潘景郑，校订.上海：上海古籍出版社，2005：26.

④ 马瀛.唫香僊馆书目 [M].潘景郑，校订.26.

"《商子》五卷_{明四明范钦订 陈鳣跋}　　钞本一本"①。赵宗建《旧山楼书目》著录形式如下："岳珂《愧郯录》_{抄 绛云楼}四本"②、"《文瑞楼高情邱诗注》_{初印本}十本"③、"《大义觉迷录》_{发学官原本 乾隆时已收回，可宝也。}一本"④、"《张江陵全集》_抄价人公子□中一笔帖式家买得，价银四两。其子殿元公抄录，诗文均较刊本为少。明本朝诸名人均有题，共有三十二人，真宝贵也"⑤。不过，二人所收书籍却颇有特色。

首先，时代之故，加以家资丰饶，地利之便，使他们有机会纵观中外历代藏书，坐揽前人今人藏书，藏书虽不富，但却精而价值不菲。所谓"搜奇之勤，藏不必富，惟精之是求"⑥、"是知所藏，如山海珍错，无穷尽耳"⑦。如陈鳣向山阁藏书大半就归马瀛，又如徐乾学、朱彝尊、钱谦益、钱曾、何焯、顾广圻、黄丕烈、鲍廷博、卢文弨、钱大昕、吴骞等人的家藏也纷纷流入马瀛手中。如马瀛收有瓶花斋本明程敏政所编书后有吴敦复跋的《宋遗民录》⑧，还收有述古堂精写本有钱遵王跋的钱遵王撰《统舆图》⑨等藏书名家藏本。而赵宗建也多收有如司马光所写《资治通鉴》草稿、朱熹所写《大学章句》草稿、纪文达三本诗文未刻稿⑩、黄石斋的未刊遗稿、徐霞客四本自书游记底稿和诗底稿⑪、石斋遗稿未刻稿⑫、钱谦益一本《红豆山庄诗词》抄本⑬、钱谦益《甲申年日记》⑭、钱谦益一本《又被累下狱时与柳如是信底稿》⑮、钱谦益四本手笔《红豆山庄杂记》⑯、柳如是一本自写十六通家信稿⑰、钱遵王二本自写未编次的目

①　马瀛.唫香僊馆书目 [M].潘景郑，校订.31.

②　赵宗建.旧山楼书目 [M].潘景郑，校订.上海：上海古籍出版社，2005：64.

③　赵宗建.旧山楼书目 [M].潘景郑，校订.18.

④　赵宗建.旧山楼书目 [M].潘景郑，校订.59.

⑤　赵宗建.旧山楼书目 [M].潘景郑，校订.68.

⑥　马瀛.唫香僊馆书目 [M].潘景郑，校订.35.

⑦　赵宗建.旧山楼书目 [M]// 潘景郑.箸砚楼书跋续编 "旧山楼藏书志".潘景郑，校订.84.

⑧　马瀛.唫香僊馆书目 [M].潘景郑，校订.316.

⑨　马瀛.唫香僊馆书目 [M].潘景郑，校订.322.

⑩　赵宗建.旧山楼书目 [M].潘景郑，校订.58.

⑪　赵宗建.旧山楼书目 [M].潘景郑，校订.65.

⑫　赵宗建.旧山楼书目 [M].潘景郑，校订.58.

⑬　赵宗建.旧山楼书目 [M].潘景郑，校订.59.

⑭　赵宗建.旧山楼书目 [M].潘景郑，校订.60.

⑮　赵宗建.旧山楼书目 [M].潘景郑，校订.68.

⑯　赵宗建.旧山楼书目 [M].潘景郑，校订.69.

⑰　赵宗建.旧山楼书目 [M].潘景郑，校订.62.

录[①]等藏书名家的草稿、信稿、底稿、手写本、未刊稿，较宋元本尤其难得[②]。更难能可贵的是，赵宗建还收有域外版本，如"大唐西域记 支那本 两本"[③]、"翻译名义 支那本 四本"[④]、"大观证类本草 东洋翻刻本"[⑤]、"赵子昂诗 抄日本抄 一本"[⑥]。时代发展到清末，国内藏书多有流于国外者，有识之士开始关注域外书籍，赵宗建即为其中之一。

其次，二人重视著录目录书籍，具有总结之功。二人所收目录书籍，较之其他藏书家也可谓丰实。赵宗建收有《钦定四库全书提要》《绛云楼书目》《汲古阁书目》《读书敏求记》《天一阁书目》《道藏目录》《郡斋读书志》《菉竹堂书目》《述古堂书目》《天一阁现存书目》《钱遵王自写目录》《旧山楼书目》《内阁藏书目》《南雍书目》等14种目录书，而马瀛则几乎收罗尽了他之前的重要目录书籍，收有《崇文总目》《文渊阁书目》《直斋书录解题》、晁公武《读书志》《澹生堂书目》《内阁藏书目录》《世善堂书目》《汲古阁珍藏秘本书目》《千顷堂书目》《绛云楼书目》《季沧苇书目》《述古堂书目》《读书敏求记》《脉望馆书目》《文瑞楼书目》《经义考》《钦定四库全书简明目录》《浙江采集遗书总录》《钦定四库全书提要》《钦定天禄琳琅书目》、钱大昕《补元史艺文志》、钱大昭《补续汉书艺文志》《百宋一廛赋》《海昌名贤著书目》《爱日精庐藏书志》《国史经籍志》《经籍考》等27种目录书籍，是较全面著录目录书籍的藏书家。由此可见，二人是好目录学精于目录学的。而这正便于二人览目收书，形成富有个人特色的藏书事业。

再次，二人都收有禁书，如马瀛收有李清钞本一本《三垣笔记》[⑦]等、赵宗建收有禁书《吕氏正纲》[⑧]等，还有《记文字狱始末》[⑨]一书，可见清政府权威下降，控制力降低，禁书得以解控，落入藏书家之手。清政府已日落西山了。

不过，以上藏书家的藏书，也多传之不远。末世是很难守住藏书的。陆心源所藏到儿辈手中就散了，他的长子陆树藩把皕宋楼藏书卖给了日本岩崎

---

① 赵宗建. 旧山楼书目 [M]. 潘景郑，校订 .65.

② 赵宗建. 旧山楼书目 [M]. 潘景郑，校订 .57.

③ 赵宗建. 旧山楼书目 [M]. 潘景郑，校订 .12.

④ 赵宗建. 旧山楼书目 [M]. 潘景郑，校订 .12.

⑤ 赵宗建. 旧山楼书目 [M]. 潘景郑，校订 .13.

⑥ 赵宗建. 旧山楼书目 [M]. 潘景郑，校订 .65.

⑦ 马瀛. 唅香僊馆书目 [M]. 潘景郑，校订 .18.

⑧ 赵宗建. 旧山楼书目 [M]. 潘景郑，校订 .59.

⑨ 赵宗建. 旧山楼书目 [M]. 潘景郑，校订 .69.

弥之助财团静嘉堂文库。家国兴亡和藏书兴亡是一致的。此外，以上瞿、杨、丁、陆四家藏书，都可见黄丕烈影响之迹。

（三）读书记的高峰

清末的读书记，发展到清代读书记的高峰。它既与学术发展趋势一致，又具有总结归纳之功。以陈澧《东塾读书记》等见之。

陈澧（1810－1882），字兰甫，又字兰浦，号东塾，出生于广州木排头，世称东塾先生，广东番禺人。先世江南上元人，祖考捐职布政使司理问，迁广东番禺，考候补知县，生二子，长子清，次子就是陈澧。十五岁时，伯兄去世。十七岁时，督学翁文端公考取县学生。第二年，录科第一，同时诸名士都在其下。文端公命入粤秀书院肄业，山长陈先生厚甫，很是欣赏赞誉他，与桂星垣杨浦香为友，又问诗学于侯君模先生。二十二岁时，被举为优行贡生。二十三岁，中举人。其后，六次参加会试，都以不中告结，大挑二等，选授河源县学训导，两月告病归，拣选知县，到班不愿出仕，请京官职衔，得国子监学录，为学海堂山长几十年，到老时为菊坡精舍山长，英伟之士，多出他下门。从小好写诗，到年长时放弃。泛览群籍，中年读朱子书，读诸经注疏子史，每天都有所读，尤其喜好读孟子。以为孟子所谓性善者，人性都有善。读郑氏诸经注，以为郑学有宗主，又有不同，中正没有弊病。对于许氏异义，何氏墨守之学，魏晋以后，天下大乱，而圣人之道不绝，只因为有郑氏礼学的缘故。读《后汉书》，以为学汉儒之学，当学汉儒之行。读朱子书，以为国朝考据之学，源出朱子。又以为国朝考据子学盛矣，犹有未备者，宜补苴之。著《声律通考》十卷，谓古有十二宫，且有转调。今俗乐只存七调，然古律尺度俱在，可考历代声律高下。晋十二笛可仿而制。唐鹿鸣关雎十二诗谱可按而歌，而古乐不坠于地。又《切韵考》六卷，外篇三卷，谓孙叔然陆法言之学，存于《广韵》，应该明了他们的法则，而不惑于沙门的学说。又著《汉书》地理志、水道图说七卷，谓地理之学，当自水道。始知《汉志·水道》，则可考汉郡县，以及于历代郡县。又著《汉儒通义》七卷，谓汉儒善言义理，无异于宋儒，宋儒轻蔑汉儒者，是错误的。近儒尊汉儒，而不讲义理，也是不对的。其余有《说文声表》十七卷、《水经注提纲》四十卷、《三统术说》三卷、《弧三角说》一卷、《琴律说》一卷，文集若干卷。生平不愿意撰写应酬文章，但是有为先人而作者，以及为亲友碑传事迹不可没者，也拜访记录下来。晚年所著书名字叫《东塾读书记》。性格疏直平易，颇厌恶俗事。只喜好与学者谈论不倦。值战乱夷乱，家计不给，也安然不惊。生四个儿子。宗谊、宗侃、宗询、宗颖。宗谊早逝，过继宗侃的儿子庆龢为他的儿子。同治十年二月述。[①]

从陈澧自述，我们可以看出乾嘉之后。随着清朝国势日衰，学人经世思想渐渐抬头，不再仅仅满足于考证校勘之学，同时也对宋学重新审视。乾嘉之后的读书记，总体上与学术发展趋势一致。对书籍考证校订外，同时还发凡义理，品评书籍，对前人学术进行总结。陈澧《东塾读书记》就是乾嘉之后道咸同时期读书记的代表。它汇总了陈澧读经史子的所思所感。整部读书记引征繁复，基本涵括自己对所读历代书的评价，以及自己对历代诗文品评的再认识。是他对前人学术的理解整合，同时也寄托了自己的理想。在清代读书记中，享有很高的地位。梁启超在《清代学术概论》中夸奖它是清代札记中最可观者之一，他说："札记之书则夥矣，其最可观者，《日知录》外，则有阎若璩之《潜丘札记》，钱大昕之《十驾斋养新录》……王鸣盛之《蛾术编》……陈澧之《东塾读书记》等"[②]。《东塾读书记》正文有《孝经》《论语》《孟子》《易》《书》《诗》《周礼》《仪礼》《礼记》《春秋》《小学》《诸子》《郑学》《三国》《朱子书》各一卷，附录《西汉》一卷，《晋》《南北朝隋》《唐五代》《宋》《明》《国朝》《通论》未成。李慈铭称《东塾读诗记》经类中无《礼记》，实误。此外，他还认为书中《三国》《西汉》一卷都寥略，标题只称三国、西汉，不当。此说，也并不妥当。因为从《东塾读书记》体例来看，它论各代都是以时代命名的，所以标题三国、西汉并无不当。至于《三国》《西汉》一卷都寥略的评语，并不妥当。综观全书，《三国》在全书中所占篇幅并不少于其他卷，算不上寥略。《西汉》本为草稿[③]，廖略当然难免。其余所论，如《春秋》《诸子》两卷的语言极平实。《小学》一卷，简而不枝。以及《易经》一卷实事求是，都是公允之论。

陈澧是科考的失败者，退而著述讲学，是他一生最主要的工作，所以他把自己的理想与抱负尽情发抒在著述中。像读书记这种形式，相对于长篇大作又是更方便表达情感的地方，所以我们读他的读书记，如同在读他自己。读他如何思接古人，如何发古之幽思为今之所用，有什么道德文章，如何评判古今学术，等等。当然，他还是对乾嘉学风有所继承。他的发凡议论，就是以考据为基础，不妄自定论。

① 陈澧. 东塾读书记 [M]// 陈澧. 自述. 上海：商务印书馆，1936：1-2.

② 梁启超. 清代学术概论 [M]. 北京：东方出版社，1996：57.

③ 陈澧. 东塾读书记 [M]// 前言 .13.

　　首先，我们来看看他的经世思想。陈澧，虽然没有真正出仕过，但他如同中国大多数传统士人一样，有自己的治国理念。他的治国理念，一以贯穿读书记始终。与中国儒家一样，他认为儒学是治国的根基。他认为倡行道德伦理，礼乐盛行，尊尊亲亲，就可以让国人不越矩，上下合心，国泰民安，国家大治。这和清代自入关以来就倡导的治国理念，一脉相通。当然，也是朱子学者所共有的。不过，陈澧和清初的朱子学者还是有别的，他是汉宋兼采者。

　　所以他的读书记，是从讲经开始的。而开篇所讲的是《孝经》，因为在陈澧看来《孝经》是至德要道，可以安邦定国，所以就以《孝经》为首目。在《孝经》一目中，他把历代圣贤对《孝经》的品评认识，以及自己对历代圣贤品评的判断，条分缕析地呈现给我们，就是为了让大家明白，历代圣贤对《孝经》重视的原因，意在培本固源，维系纲常秩序。所以他高度赞扬郑玄《六艺论》所道孔子恐怕六艺题目不同，指意殊别，恐怕道离散，所以作《孝经》以总会的良苦用心。因为在他看来，《孝经》是道的根源，六艺总会。并以孟子、朱子、陶渊明等人为例证明，证明自己的论定。他以孔子、孟子对《孝经》的重视，讲明《孝经》的重要。他对朱子《孝经刊误》进行正名，指出朱子虽然有《孝经刊误》之作，但并非不尊崇《孝经》，为《孝经》的重要地位再次提供事实论据。陶渊明的《五孝传》，他人虽然疑惑或后人伪托，但他因为陶渊明在家庭乡里都以《孝经》为教，所以他认为不必怀疑他的真伪。因为对他来讲，只要有助于宣扬孝道，何必管伪托与否。由此，也表明自己尊崇《孝经》的立场。最后，他总结道："大义，在天子、诸侯、卿大夫、士，皆保其天下国家，其祖考基绪不绝，其子孙爵禄不替，庶人谨身节用，为下不乱。如此则天下世世太平安乐。只有孝字能做到。《孝经》是至德要道，以顺天下。"①

　　那么，《孝经》出于谁的手，陈澧推崇《四库全书总目》所论，认为是七十子遗书，传述的是孔子的言论，并进而论定为可以谓之述，不可谓之作。并赞同黄东发《日钞》以《孝经》为首，《论语》《孟子》次之这样的安排，读经当以读《孝经》为先。

　　以上一切表明他与黄东发有着一样的寄托与抱负。黄东发认为"六经，治道之根源；诸史，行事之龟鉴"②。陈澧这个时候面对的《孝经》诸争议问题，和当年黄东发面对今古文争议问题一样，需要妥切地解决。当年黄东发直接

---

① 陈澧 . 东塾读书记 [M]// 陈澧 . 自述 .3-4.

② 景印文渊阁四库全书：第 708 册 [M]// 黄东发 . 黄氏日钞：卷五 0// 读《（正）史五 · 名臣言行录》.339.

求今古文《孝经》本质，得出二者文字微别，其本完全一致，都在倡导实学实行，因此大可不必究文字方面的微弱区别。解决了古今文之争。并且黄东发认为"圣门之学惟欲约之使归于实行"[①]，"为学以躬行为本"[②]，"人生而知爱亲，是良心莫先于孝也；是讲学莫先于孝也。孝无一日而可忘，则《孝经》亦岂容一日忘。"[③]既然《孝经》最能体现躬行，讲实学息口辩，所以黄东发把它列为读经之始。从前述，我们可以看到陈澧解决《孝经》诸争议问题，也正如黄东发一样，只要是在讲求躬行践履，宣扬圣人至道，就不必计较其余。因为他和黄东发一样看重的是《孝经》的治国达道的功能。

陈澧以《论语》居二，是因为《论语》记录的都是圣人言论，经学的要旨都在其中。至于《论语》为何以"学而时习之"为首，他赞同赵邠卿的圣人之道在于学而时习之、陆陇其以学为首者的论点，告诉世人必须学。[④]如朱熹终生读《论语》一样，勤学不辍。怎么才能切中《论语》要领，他告诉大家也是要如朱熹一样，反复读，同时要践行有加。他读《尚书》，重视其中的治国理政。他说："圣人删定《尚书》，存盛治之文以为法，存衰敝之文以为鉴，学者皆当熟玩也，凡读经者皆当如是也。"[⑤]论政当以学为源[⑥]。他最后以品评朱子结束，既意在纠正对朱子的误解，也意在强调朱子学对于治国平天下的功用，以及朱子所做的对宋儒空讲义理不读书的空疏弊病等的纠正。

不过，虽然，他非常重视经学，但他并没有蹈大多乾嘉学者所走的考经证经之路，而是吸收乾嘉学者所长去除他们所短，呼吁汉宋兼容，考据义理并重。在《东塾读书记》中，无论是谈经论史道子，他提出一论点，必引用古今所论证明之。如对于近儒所认为的当时现存的《舜典》，亦即《尧典》，且另外还有一已经亡佚的《舜典》的说法，他存怀疑态度。于是引时人赵翼、王鸣盛、陈亦韩、刘逢禄等所论，条分缕析，证明自己所疑正确。当然，对于考据，他也褒赞考据揭微阐隐的功绩。如对阮元考证出周公营建洛邑、郊祀后稷、宗祀文王的事，他指出，《周诰》佶屈聱牙，读者不能全部读懂，不能深明它的事迹，以至于周初最大事，无以明了。一直到阮元手中，才理清

---

① 景印文渊阁四库全书：第708册 [M]// 黄东发 . 黄氏日钞：卷八二 // 抚州辛未冬至讲义 .840.

② 景印文渊阁四库全书：第708册 [M]// 黄东发 . 黄氏日钞：卷八二 // 抚州辛未冬至讲义 .839.

③ 景印文渊阁四库全书：第708册 [M]// 黄东发 . 黄氏日钞：卷九〇 // 刘养晦《孝经解》序 .963.

④ 陈澧 . 东塾读书记 [M].5.

⑤ 陈澧 . 东塾读书记 [M].74.

⑥ 陈澧 . 东塾读书记 [M].142.

这些事迹。这无疑是训诂考据中的最大功劳。① 对于考据学家，读书治学能明晓义理，他也大加表彰。如崔述为考据名家，但他在考证中能有心于治法，于是他表扬崔述从事的不再是迂儒的行当，琐琐于字句考证，很值得崇尚。因此，他也表扬孔颖达疏注《礼记》不但详于考典制，也精详于义理。② 解释时人崇尚名物制度、六书九数之学，是为了光大艺。③ 他说，训诂意义重大，可以通古今异言，使古今如旦暮。④ 盛赞清人在小学上的成就度越千古。创始者为顾炎武的《音韵五书》。对于顾炎武《音韵五书》，他更进一步指出，由古音而可通古义，发扬了顾炎武的音韵学。并且他认为通晓顾炎武《音韵五书》后，再据此读经，可以通经。即使不能通经，只通小学，也不是俗士。⑤ 程朱理学源于汉儒之学，只不过研精义理，仍是汉儒意趣，两家本一家。⑥ 亦即，宋学汉学本一家，显然汉宋调和。这在他谈朱子时，有较全面的阐述。他指出，朱子自读注疏，教人读注疏，深讥不读注疏者。朱子从早年起就好章句训诂之学，朱子学源于汉学，"朱子注《大学》《中庸》章句，名曰《章句》，用汉儒名目，以晓当时之以为陋者也。读朱子书者，当知之，讲汉学者，亦当知之。"⑦ 朱子深明汉儒之学，所以不喜欢南轩刻核之论。⑧ 朱子不主一家之学。王肃有优点，朱子也表彰，并不只偏重郑玄。为朱子学者，当读《通典》。穷理当读书，读书当读古注。空言无实不济事，今之学者当以为法。⑨ 南宋时风之弊，朱子救正之，故辩论最多。⑩ "近儒又有因明人讲学之弊，谓讲学非天下之福者，然朱子所谓流风之弊，将有不可胜言者，亦已逆料之矣，不可以讥朱子也。"⑪ 由此较全面给世人一个汉宋兼采的朱子形象。既言朱子之实，也在表明自己的学术旨趣。由此看来，李慈铭评价《东塾读书记》所道的"折衷汉宋，实事求是，而独不取荀子，盖未知兰陵之学者也。又其

① 陈澧．东塾读书记 [M].73.

② 陈澧．东塾读书记 [M].151.

③ 陈澧．东塾读书记 [M].143.

④ 陈澧．东塾读书记 [M].183.

⑤ 陈澧．东塾读书记 [M].193.

⑥ 陈澧．东塾读书记 [M].231–232.

⑦ 陈澧．东塾读书记 [M].254.

⑧ 陈澧．东塾读书记 [M].256.

⑨ 陈澧．东塾读书记 [M].280.

⑩ 陈澧．东塾读书记 [M].272.

⑪ 陈澧．东塾读书记 [M].269.

意实不满宋学，而故为门面之语，亦可不必"①，前半部分很得陈澧为学要领，后半部分所道陈澧其实不满宋学，则是可以商榷的。刘师培、钱穆都对《东塾读书记》汉宋兼顾，沟通汉宋的功劳加以表彰过。去除学术门户，兼容并包，是陈澧的志业所在。这也是陈澧《东塾读书记》专门设《郑学》一卷，并把《郑学》卷引为知己，特加表彰的原因。《东塾读书记》专列学案，就郑玄、朱熹二人，一是融合今古文的经学集大成者，一是理学开创者，并且二人学问之间有相通之处。相通的脉络清晰可寻。王鸣盛道："学者若能识得康成深处，方知程伊川、朱晦庵义理之学，汉儒已见及，而其研精义理，仍即汉儒意趣，两家本一家。"②陈澧也自言尊崇郑玄、朱熹二人的旨意道："排王肃而尊郑君者，欲救近时新说之弊也。排陆、王而尊朱子者，恐陆、王之学将复作也。"③

此外，陈澧也谈及如何对待西学。他有关西学的论述不多，但从中明显可见他以中学为本的思想。他批评西人以历算自炫，指出历算当以中算为本，并表扬阮元表彰中算的深意。他讲道："阮文达公《割圜密率捷法序》云：'中土之书，明明布列，步天之士，蔼蔼周行，是所望也。'是提倡中土历算之学，其意深矣。"④首肯表彰阮元维护国本以中算为本的同时，无疑也在表明自己和阮元一样以中学为本固本培元的中西学观。这在他讲西人如何对待事物上，也表现出来。他把西人对待事物与墨家相比，认为西人对待事物如同墨家对待事物。但墨家非攻，西人好攻。陈澧生活的时期，西方对中国的侵略日盛。陈澧明确感受到了西人的侵略，所以他道出了西人好攻的特质。在讲诸子一节中，他又再次提及中西观念问题。他说，西人的天地之说犹如关尹子的天地说。同样明显地表露出自己西学源于中学的观念。与清初以来的中西学观一脉相承。

他在读书记中，也谈及一些学术弊病。如学者治经浮躁的毛病。指出治经浮躁者，他们的志向并非真在治经上，只是想做世俗所谓名士罢了。⑤做学问不必有功禄心。知道读书，务必立新说，却不阙疑，是读书之弊。⑥读经要一以贯之，不仅读经还要读注疏，"若真读注疏，自首至尾，于其疏误而驳正之。虽寥寥数语，亦足珍。一家数条，积之则多，以俟有贾、孔其人者出而

---

① 李慈铭 . 越缦堂读书记 [M]. 由云龙，辑 . 本社，重编 .796.

② 王鸣盛 . 十七史商榷·卷六四 [M]// 南史合宋齐梁陈书，522.

③ 陈澧 . 陈澧集·贰 [M]// 学思自记·第八则，上海：上海古籍出版社，2008：758.

④ 陈澧 . 东塾读书记 [M].69.

⑤ 陈澧 . 东塾读书记 [M].142–143.

⑥ 陈澧 . 东塾读书记 [M].270.

集合之，有功于经者大矣！若不自首至尾读之，随意翻阅，随意驳难，虽其说胜于先儒，而失读书之法。此风气之坏，必须救之。"①

总之，陈澧既讲学术，也寄托志趣理想于所读所思所感中。同时，也让我们看到了他的博学与通识。

陈澧的成就，使他成为广东近代学术史上的重要人物。早在19世纪80年代，张之洞即有"庶几从此东塾学派流衍中原"之说。陈澧讲学粤东几十年，弟子众多，重要者包括桂文灿、赵齐婴、胡伯蓟、陶福祥、陈树镛、汪兆镛、徐灏、文廷式、于式枚、梁鼎芬等。他的学术影响一直持续到民国以降。跃然纸上

这个时期的读书记，还有如李慈铭《越缦堂读书记》，也既反映了学术发展趋势，还对前人目录学有总结之功。它品评了如陈澧《东塾读书记》等历代读书记，是读书记的集大成者。此外，这个时期集读书记大成之作还有朱绪曾《开有益斋读书志》、叶德辉《郎园读书志》等。

朱绪曾（1805-1860），字述之，上元（今江苏南京）人。道光二年（1822）举人，道光十五年（1835）大挑知县，分发浙江，补孝丰知县，署武义、秀水，迁嘉兴，转台州府同知，洊升知府。咸丰十年（1860）年在浙江山阴去世。著述甚富，有《北山集》《曹子建集考异》《昌国典咏》《金陵诗征》等。

《开有益斋读书志》源于《开有益斋集》。朱绪曾去世后，他的10多万言的《开有益斋集》散佚。后来他的儿子朱桂模自别处抄录，加以增补，敦请仪征刘寿曾编次而成此书。刘寿曾称赞它："其叙录宗旨以表微扶佚为先，大者在经训儒术、典章法制，次者亦多识前言往行，为征文考献之资。旁涉校雠，亦多精审。方驾晁、陈，殆有过之，诚有得于目录家之原者。"②

由此可见，《开有益斋读书志》的题跋重在知人论世，考各书内容及其得失优劣，以及书籍传承源流，旁及版本校勘，不以版本校勘为长。

与四库修书之后大多书目题跋一样，《开有益斋读书志》也是关注四库修书的。书中所收书籍，或可补《四库全书总目》未收，如他指出蒋光煦家藏的《班马字类补遗》是《四库全书总目》没有著录的书籍；或纠正《四库全书总目》著录缺失。如伯曾祖所藏《左传博议拾遗》，四库修书时被采集，获入《四库全书存目》，但《四库全书存目》名《左传拾遗》，脱"博议"二字。

---

① 陈澧.陈兰甫先生遗稿[J].岭南学报，1932，5（3）：190.

② 朱绪曾.开有益斋读书志[M]//刘寿曾.跋.534.

之所以出现这样的讹误，是进本不是原本之故。① 或著录《四库全书总目》所收，定《四库全书总目》的版本。如所见三本《疑狱集》，其中一本有前集二卷，四十七条，和凝编；后集二卷，三十三条，和㠓编；续集六卷，明张景编；附许襄敏《异政》。这是天一阁范氏录入《四库》本。② 又《开有益斋读书志》还喜欢收金陵乡邦文献，也著录异域版本。朱绪曾在书中就自称自己喜好搜寻桑梓文献③，这些乡土文献可补史志记载的缺漏。所著录的《十九史略通考》是纸版宽阔、藏书家多未见的高丽刊本④。

此外，《开有益斋读书志》还注重吸收前人如陈振孙、黄虞稷、朱彝尊、孙星衍等人的成果，也多纠正前人之误，且注重从前人藏书楼中获取信息。如他曾登文澜阁、天一阁、拜经楼抄书，书中就记录有他登文澜阁抄书的事。如《毛诗类释》是他从文澜阁传抄而来的抄本⑤。《佩文斋类稿》，他有两种，最早的是从文澜阁传抄来的⑥。《开有益斋读书志》所著录目录书籍有《千顷堂书目》《拜经楼题跋记》《隋书经籍志考证》，都是目录学史上的重要著述，反映出他对目录学的慧识，也是他对目录学的一次总结。

李慈铭、叶德辉二书，如朱绪曾《开有益斋读书志》一样，对目录学进行了总结，只是二人的总结比朱绪曾更彻底。当然，这也是二人后来居上的必然结果。

不过，李慈铭、叶德辉二书侧重有所不同。《越缦堂读书记》长于学术源流的考订，《郋园读书志》精于版刻、校订、鉴藏。这与二者学术路数是一致的。李慈铭是晚清名士，著述宏富，诗文尤负盛名，他的读书记自然重在学术。从《越缦堂读书记》读书记著录的目录学著述也可以看出李慈铭这个倾向。《越缦堂读书记》著录有关目录学书籍有：《直斋书录解题》《广川书跋》《崇文总目辑释》《四库全书总目提要》《四库未收书目提要》《皇清经解渊源录·皇清经解提要》《曝书杂记》《东湖丛记》《朱氏经义考补正》《书目答问》《拜经楼藏书记》《补三国志艺文志》《隋书经籍志考证》《开有益斋读书志》《东塾读书记》，较朱绪曾《开有益斋读书志》更全面总结了清代目录学。

---

① 朱绪曾 . 开有益斋读书志：卷一 [M]// 左传博议拾遗 .106.

② 朱绪曾 . 开有益斋读书志：卷四 [M]// 疑狱集 .279.

③ 朱绪曾 . 开有益斋读书志：卷三 [M]// 千顷堂书目 .267.

④ 朱绪曾 . 开有益斋读书志：卷二 [M]// 十九史略通考 .174.

⑤ 朱绪曾 . 开有益斋读书志：卷一 [M]// 毛诗类释 .97.

⑥ 朱绪曾 . 开有益斋读书志 [M]// 佩文斋类稿 .427.

叶德辉精于版本目录之学，藏书宏富，经籍、书画、金石无不收藏。虽然叶德辉也博通经史，但他这个读书记是为家藏而记，所以《郋园读书志》重在版刻、校订、鉴藏。同样，从《郋园读书志》所著录目录学著述也可看出叶德辉这个为学倾向。《郋园读书志》著录的目录学书籍有：《袁州本郡斋读书志》《衢州本郡斋读书志》《钦定琳琅书目》《读书敏求记》《绛云楼书目》《百宋一廛赋注》《士礼居藏书题跋记》《书目答问》。虽然他著录的目录书籍与朱绪曾的迥异，但朱绪曾在著录符合自己学术取旨的目录书籍上，只著录了3本，可谓著录较少。当然，这也和朱绪曾藏书不富有关。而叶德辉收藏宏富，他对符合自己取旨的目录书籍，几乎网罗殆尽，当然也就能做到较全面著录。

显然，《越缦堂读书记》所著录重在考辨学术，《郋园读书志》所著录长于版刻校订鉴藏。就二书都著录的《书目答问》就可看出二书的取旨。之所以二书都著录《书目答问》，是因为《书目答问》既是读书治学门径，又是版本佳作。

不妨再具体以二书同著录书籍来看二书各自特征。如《书目答问》，《郋园读书志》就多部版本的《书目答问》谈版刻源流、分类优劣，并表彰它重道统。而《越缦堂读书记》则从经集二部优劣"辨章学术"，讲读书治学问题。《越缦堂读书记》指出《书目答问》"经学诸门，所注太略"[1]。经部应撮取菁华，条注书名之下，使人知途辙所先，不可不读。古训专门之书《周易述》《易汉学》，古义荟泽的《说文义证》，是学问渊海，考据韫键，不应视为次一等低一格。[2]《潜邱札记》，《郋园读书志》谈版刻源流，《越缦堂读书记》则考订评判其内容。如对《潜邱札记》所谈十二圣人、阎若璩其人其学进行品评，对《潜邱札记》中的地名进行考释。

下面再侧重介绍下《郋园读书志》。

叶德辉多手自校雠家中藏书，并记录心得体会。叶德辉的弟子刘肇隅曾评价自己老师的这本读书志"远追晁、陈二家志录之流别，近补纪、阮二公提要之阙书。是固合考订、校雠、收藏、鉴赏为一家言"[3]，亦即在他看来，叶德辉这本读书志为清人目录学集成之作，不偏属一方，既上追晁公武、陈振孙，又近承四库修书，续接四库，且从版本源流、鉴藏、目录理论等方面对目录学进行了全面总结。

---

① 李慈铭 . 越缦堂读书记 [M]. 由云龙，辑 . 本社，重编 .563.

② 李慈铭 . 越缦堂读书记 [M]. 由云龙，辑 . 本社，重编 .563.

③ 叶德辉 . 郋园读书志 [M]// 刘肇隅 . 郋园读书志序 .2.

书中所著录各书，都详细谈及历代各家著录情况，版本源流，及其得失优劣。如对明沈与文野竹斋刻本《韩诗外传》，既定孙星衍《祠堂书目》《平津馆鉴藏书籍记》《书目答问》等著录得失，也就此书的通津草堂、程荣《汉魏丛书》本、毛晋《津逮秘书》本、《学津讨原》本、赵怀玉本、周廷寀本等优劣作出评判。指出《平津馆鉴藏书籍记》误以为此书为元至正本，是因为不知道沈与文是明人。认为明人吴中苏献可通津草堂刻此书，行字与此同，流传颇少的原因是沈与文得到了苏版，印行在后，所以如今所传多于苏版。此后，程荣《汉魏丛书》本、毛晋《津逮秘书》本、《学津讨原》、赵怀玉本、周廷寀本都依通津草堂本重刻。至于这些版本优劣，他指出通津草堂为以上诸刻的祖本。像其中的赵怀玉、周廷寀二本虽然精善，但因是后出的版本，从版本价值上看，是不如前此各本的。此外，他在评价赵怀玉、周廷寀二本优劣的同时，也品评了卢文弨、孙渊如、顾广圻、黄丕烈早年所校刻书的优劣，指出卢文弨、孙渊如早年校刻之书如赵怀玉、周廷寀一样，据他书参校句文，不免隔断文气。但顾广圻、黄丕烈两家则没有这方面的毛病。[①] 对于《书目答问》，他详考它的各本情况，也评价它的得失，表扬它诸如阅读它之后可以粗知目录版本门径等方面的功劳，也指出它在版本方面的不足。

就近人钱谦益《绛云楼书目》，他详考它的卷帙分合。就《孙氏祠堂书目·外编》、吴氏《拜经楼藏书题跋记》、黄氏《士礼居藏书题跋记》、伍氏粤雅堂刻本有陈景云注者，以及《持静斋书目》所著录卷帙异同做了详细考证。指出，《孙氏祠堂书目·外编》作一册，吴氏《拜经楼藏书题跋记》作不分卷上下二册，黄氏《士礼居藏书题跋记》作一卷一册，伍氏粤雅堂刻本有陈景云注者又作四卷，《持静斋书目》有74卷《绛云楼书目》，非多于伍本，特一类一卷，分析言之。伍本小注，即《持静斋书目》本朱书。伍本间有节删，无关要义。《持静斋书目》本有《补遗》一卷，又《静惕堂书目》二卷，则伍本所无。[②] 并用所见《持静斋书目》原本与伍氏粤雅堂刻本对校，证明《持静斋书目》本与伍氏粤雅堂刻本并无大异。"今揭阳丁氏持静斋有其本，即禹生中丞所得汲古阁本也。世兄叔雅茂才，同寓都门，出以见示。余以《粤雅》本校之，所谓七十四卷，即上下二卷甲之七十三类，并非卷帙多于此本，小主宋元字样及作者姓名尚不及此之详尽。惟多七十四《补遗》一卷，《静惕堂

---

① 叶德辉. 郋园读书志 [M]. 杨洪升, 点校.38—39.

② 叶德辉. 郋园读书志 [M]. 杨洪升, 点校.178.

宋元人集书目》一卷，为《粤雅堂》本所无。"① 此外，还从《钦定天禄琳琅书目》宋本汉书、《铁琴铜剑楼书目》明刻《宋史》剖析绛云楼及其书目情况。

正如刘肇隅所谈，《郋园读书志》并非仅谈版刻、鉴藏，它是能发前人蕴奥，兼具鉴赏家的藏书志和考据家的读书志等特色的总结之作。所以书中对书籍授受源流常有所辨析，他把自己所见各家书目、跋文、日记之属摘录于《皕宋楼藏书志》书中上方②，就意在使知书籍授受源流。也谈及学术源流。如谈吴中经学，既首肯顾炎武的开创之功，也对惠栋家三代对吴中经学的贡献褒赞有加。他说"国朝经学凡三变。其始，昆山顾炎武、余姚黄宗羲痛元明以来空谈心性之非，……二百年盖经三变矣。"③ 极有见地。此外，此书既是藏书、读书的结晶，书中也就蕴涵不少藏书、读书理论，不乏真知灼见。叶德辉告诉大家读书贵在作笔记。他说："凡读一书，必知作者之意旨所在。既知其意旨之所在矣，如日久未之温习，则必依稀徜恍，日知而月忘。故余于所读之书，必于余幅笔记数语，或论本书之得失，或辨两刻之异同。故能刻骨铭心，对客澜翻不竭。"④ 那么，读书从何入手？他指出读书当知读书门径，这读书门径在目录学中。而目录学的源头在《汉志》《隋书》中。他说："儿辈能知读书，方将上溯《汉志》《隋书》，下通四部两藏，以博考百家之流别，识六艺之指归，区区横通之目，固可重可不可重也。"⑤ 至于藏书，他认为版刻贵原刻，读者应视之为宝。他对藏书也如洪亮吉一样，有藏书家的藏书，读书家的藏书的观念。要重视收藏私家目录重本。对于只重视宋元旧刻，忽视明清刻本的，他并不欣赏。故而他对以宋元旧刻旧抄、孤本秘籍相矜尚的《海源阁书目》《铁琴铜剑楼书目》《皕宋楼书目》《带经堂书目》，并不钦宝赞赏，认为它们可谓"只可自怡悦"，不堪"持赠君"。⑥ 因此他还认为："私家目录重本不妨多藏，一则为校勘之资，一则供多识之用，不必晁《志》、陈《录》而后可入插架也。"⑦ 书有重本，获益不少，不必只重视孤本秘籍。那么如何使藏书不散，他有诸如要有爱书护书的心，以及要藏而好读，有好读书之情等

① 叶德辉. 郋园读书志 [M]. 杨洪升，点校 .179.

② 叶德辉. 郋园读书志 [M]. 杨洪升，点校 .182.

③ 叶德辉. 郋园读书志 [M]. 杨洪升，点校 .81.

④ 叶德辉. 郋园读书志 [M]// 点校说明. 杨洪升，点校 .2.

⑤ 叶德辉. 郋园读书志 [M]. 杨洪升，点校 .186.

⑥ 叶德辉. 郋园读书志 [M]. 杨洪升，点校 .188.

⑦ 叶德辉. 郋园读书志 [M]. 杨洪升，点校 .179.

观念。所谓"读书种子一日不绝"①，藏书则一日不散。上述版刻贵原刻、书有重本获益不少、读书种子一日不绝藏书则一日不散，以及护书爱书之情，与黄丕烈完全一致，可谓黄丕烈的继承者。

当然，这也可以说是他后来居上的结果。作为清代目录学殿军的他，比他之前的目录学家幸运，能反观包括清代目录学在内的历代目录学，加以自己的博学广闻多识，也就能见知此前各家优劣，跳出了此前一些目录学家的局囿，能作出全面评判认知。也正因为他能不局限一隅，所以他能发前人蕴奥。如对四库修书，他就谈得颇多，也能发其未发之旨。

对于四库修书，《郎园读书志》可谓偏爱。和他书只是偶或提及不同，整部《郎园读书志》，自始至终，关注四库著录情况，但凡四库也著录者，都对四库著录情况加以说明。四库修书，对古典目录学而言，是古典目录学的里程碑。自四库修书后，有清一代但凡言目录学者，都无法绕开《四库全书总目》。固守旧统的叶德辉，更是重视。他和阮元一样，对盛世修书既有着浓厚的向往情结，又希冀能忝列骥尾。当然，阮元是希冀通过续修再续盛世辉煌，而叶德辉续修只能是在心中延续清室文脉。不过，这里还要说明的是，既然叶德辉对《四库全书总目》如此重视，那么《郎园读书志》为什么不著录《四库全书总目》。这是因为他的《郎园读书志》收书目录书籍意在版本目录书籍，《四库全书总目》不是版本目录书籍，所以没有著录。故而，虽然不著录《四库全书总目》，并不表示他不重视《四库全书总目》。如李慈铭《越缦堂读书记》著录了《四库全书总目》，也同样谈及《四库全书总目》著录情况，但却不如《郎园读书志》谈得详细深刻，也没有贯之通篇。可见，著录《四库全书总目》与否并不是最主要的判断是否重视《四库全书总目》的标准。

《郎园读书志》对于《四库全书总目》，能发其未发，一是表现在对明人清人书籍的收集上。四库修书时，因违碍等原因，明人书籍未收者不少。本朝书籍也收得不全。要续修，则要注意这两方面的书籍。叶德辉认识到了这点，所以平日多留心这两方面书籍，为续修做准备。他说："惟明刊近刻他人所不措意者，宜亟亟为之表彰，此亦他日续修《四库全书》之蓝本"②。《郎园读书志》实践了他所言，既重视宋元版刻，也对明清人版刻收藏有加，"收藏四十年，于宋、元、明钞外，尤好收国朝诸儒家塾精校精刊之本"③。这使他

① 叶德辉.郎园读书志[M].杨洪升，点校.188.

② 叶德辉.郎园读书志[M]//郎园读书志后序.杨洪升，点校.756.

③ 叶德辉.郎园读书志[M]//郎园读书志后序.杨洪升，点校.756.

与佞宋本的黄丕烈、顾广圻有别，无疑发展了二人的藏书观、善本观。不过，这里要指出的是，黄丕烈、顾广圻虽然佞宋，但并非完全拘泥于宋本，黄丕烈、顾广圻对旧钞本、明刻、名家手钞、稿本也是重视有加的。当然，黄丕烈、顾广圻对国朝诸儒家塾精校精刊之本确实重视不够。

一是表现在对于四库修书收书以及版本问题的考订上。对于《四库全书总目》收书问题，《郋园读书志》详考原因。如王澍撰有《虚舟题跋》与《竹云题跋》，二书同年刻版，但《四库全书总目》只著录了《竹云题跋》。《四库全书总目》为何只著录《竹云题跋》，《郋园读书志》考订出了原因，指出"《虚舟题跋》并《补原》亦王澍撰，乾隆三十二年与《竹云题跋》同刻，皆沈芥舟先生手书。印本无多，即佚去前三卷，其中版片损失，不能成书，故《四库全书总目》只收《竹云题跋》而未收此书也。"① 而《淳化秘阁法帖考正》十卷《淳化阁帖释文》二卷《淳化秘阁法帖考正附》二卷，《四库全书总目》著录汪玉球刻本而不著录优于汪本的沈芥舟刻本，《郋园读书志》指出是因为《四库全书》体例划一的需要。"此书《四库全书总目》史部目录类著录，注'两江总督采进本'。……《提要》所称，一一与此本相合。然此书实有两刻本，一天都汪玉球刻者，……其书不录贴文，但标书者姓名。《四库》著录当是此本。一即沈氏临全贴本。以两本相校，自以沈本为优。《四库全书》钞本划一，例不能收沈本也。"②《子夏易传》，《四库全书总目》著录，称"内府藏本"，疑即《通志堂》本。宋以前为唐张弧伪撰，宋人所见又非张弧伪本。《四库全书总目提要》，指证甚确。③《周易本义》十二卷，"此内府仿宋咸淳乙巳吴革所刻朱子《本义》十二卷，《四库全书总目》著录，称'内府校刊宋本'。《提要》云：'此本为咸淳乙巳吴革所刊，内府以宋椠摩雕者。'即此本也。"④

此外，它也指出不少《四库全书总目》的错讹。如指出《四库全书总目》依据宋龙大渊《古玉图谱》"前列修书职官舛错，及修书诸人年岁事迹不符"，列出十二疑问，判定宋龙大渊《古玉图谱》为伪书是误断。原因在于"馆臣未见真本也。原本并不如此。"⑤

当然，《郋园读书志》成功之处还在于它不迷信前人。如唐开成石经，《旧

① 叶德辉.郋园读书志[M].杨洪升，点校.193.

② 叶德辉.郋园读书志[M].杨洪升，点校.191–192.

③ 叶德辉.郋园读书志[M].杨洪升，点校.22.

④ 叶德辉.郋园读书志[M].杨洪升，点校.24.

⑤ 叶德辉.郋园读书志[M].杨洪升，点校.196.

唐书·文宗纪》《旧唐书·郑覃传》所记自相矛盾。《旧唐书·传》表扬它有功士林，《旧唐书·文宗纪》则称它"芜累"。顾炎武《金石文字记》依据《旧唐书·文宗纪》也痛相诋斥它"芜累"。《郋园读书志》以钱大昕《潜研堂金石跋尾》及王鸣盛《蛾术编·说经》，并详细列其他可以参证的书目，如严可均《唐石经校文》冯登府《石经补考》魏锡曾《唐石经图考》，考订出《旧唐书·纪》与顾炎武的讹误，发出"读者好学深思，无蹈顾氏卤莽之习可"①的呼声。对于时人张之洞，《郋园读书志》表扬他的《书目答问》同时，也不忌讳批评《书目答问》的不足。它指出《书目答问》在各书下多注"通行本"，不知是当日还是今日通行，实为藏拙的话，不免英雄欺人。②

同时，《郋园读书志》的成功还在于叶德辉所拥有的藏书家共有的爱书护书之情。如就绛云楼，他有故宫禾黍之悲，身世沧桑之感。要求大家阅读书时要爱护书籍，不要沾水、沾墨。他也痛心于丁日昌、袁漱六所藏《绛云楼书目》的散亡，寄希望于后辈收拾乡邦文献。他说"星如为艺风老人高足，他日收拾乡邦文献决不令其如袁、丁二氏之散亡，故喜而重跋之。"③正是这爱书护书之情，使他能专心于收藏，精研藏书，随记所得，尽力藏书事业。

总之，《郋园读书志》对目录学，尤其在考订、校雠、收藏、鉴赏方面作了较全面的总结。

此外，蔡元培分自汉以来书目为藏书之目，如官方的《汉书·艺文志》、私家的《遂初堂书目》；著书之目，如通史中的书目《通志·艺文略》《国史经籍志》，以朝代断的《明史·艺文志》、以乡断的方志中的艺文志；译书之目，如隋《众经目录》《开元释教录》；买书之目。如《书目答问》；对海禁开后的书目，如傅兰雅《译书事略》，评为兼具译书之目和买书之目旨趣的书目。而对海禁开后的书目则认为，或本之以为表别部居，补遗逸、褐精沽、系读法，骎骎乎蓝胜而冰寒。④无疑也对目录学进行了一次总结。

（四）考补史志之作大兴

补史志之作发展到晚清，也出现兴盛之势。其中重要的补辑者有：侯康、

① 叶德辉.郋园读书志 [M].杨洪升，点校.12.

② 叶德辉.郋园读书志 [M].杨洪升，点校.188.

③ 叶德辉.郋园读书志 [M].杨洪升，点校.180.

④ 熊月之主编.晚清新学书目提要 [M]// 徐维则.增版东西学书录 // 蔡元培.序.上海：上海书店出版社，2007：3.

丁国钧、丁辰、姚振宗、缪荃孙、文廷式、郑文焯、黄逢元、张鹏一、王仁俊、吴士鉴、曾朴、黄任恒等。今以侯康《补后汉书艺文志》4卷、侯康《补三国艺文志》4卷、丁国钧《补晋书艺文志》、丁辰述录《补晋书艺文志刊误》、姚振宗《隋书经籍志考证》为例见补史志之作的兴盛。

1. 侯康《补后汉书艺文志》《补三国艺文志》

对《后汉书》艺文志的补作，虽然乾嘉时期有钱大昭《补续汉书艺文志》、洪饴孙《补后汉书艺文志》，但钱大昭《补续汉书艺文志》四部下各类分类不全，体例未安，据学者研究错误也不少。而洪饴孙《补后汉书艺文志》所补艺文仅1卷，补录未全。而侯康所补，则较钱大昭在分类体例上有进步，所补也比洪饴孙全面。是清末率先补《后汉书》艺文志之作。虽然后出的姚振宗、曾补所补，比其优良，但系于其清末首先补《后汉书》艺文志者，故以之为补《后汉书》艺文志代表述之。

侯康《补后汉书艺文志》，著录后汉一代著述，分经史子三部，共四卷。各部首列大序，道明本部名称及所属小类数量、所属小类名称，"经之类十有一。一曰易，二曰书，三曰诗，四曰礼，五曰乐，六曰春秋，七曰孝经，八曰论语，九曰群经，十曰小学，十一曰谶纬。"① "史之类十有一。一曰正史，二曰编年，三曰杂史，四曰起居注，五曰故事，六曰职官，七曰仪注，八曰刑法，九曰杂传，十曰地志，十一曰谱牒。"② "子之类十有二。一曰儒家，二曰法家，三曰兵家，四曰农家，五曰道家，六曰杂家，七曰天文，八曰历算，九曰五行，十曰医方，十一曰杂艺，十二曰小说。"③ 其次按照大序所言类目一一著录书目。各类先出类目名称，再一一著录本类所属书目，各书目大多先出作者、书名、卷数等，间或有附注，再出解题。格式如下：

【易类】

洼丹《易通论》七篇

凡诸书见本传及隋唐宋志释文叙录者，皆不著所出。若采自他书，或附传者，则著之。谨发其凡于此。④

【书类】

---

① 丛书集成新编：第一册 [M]// 侯康 . 补后汉书艺文志 .30.

② 丛书集成新编：第一册 [M]// 侯康 . 补后汉书艺文志 .42.

③ 丛书集成新编：第一册 [M]// 侯康 . 补后汉书艺文志 .48.

④ 丛书集成新编：第一册 [M]// 侯康 . 补后汉书艺文志 .30.

明帝《五家要说章句》——名《五行章句》

见《桓郁传》。此书未知宜何属，以明帝从桓荣受《尚书》，又《尚书》有《洪范五行》之学，故入书部。①

——对诸书缘起流变、各家观点有颇详细的介绍。

《补后汉书艺文志》在类目名称上较传统目录书稍有变化。如经部有群书类，著录有沛王《五经通论》、班固等《白虎通义》、许慎《五经异义》、郑康成《驳五经异义》等。"群书"这名称颇特别。

伍崇曜跋评价侯康所补《后汉书》艺文志道："顾宁人《日知录》，谓二汉文人所著绝少，又谓东都之文多于西京，而文衰矣。而正不必然也。顾班史有《艺文志》，而范史无之，所宜亟补已。是书刺取书籍。凡诸书见本传及隋唐宋志、释文叙录，皆不著所出。其采自他书或附传者，则著之。而他书复有可考证者，亦备录焉。"②

不过，侯康所补并非尽善，可结合姚振宗《后汉书艺文志》及曾朴《补后汉书·艺文志并考》二书而观，以得体例颇善收录较完备的《后汉书》艺文志。姚振宗《后汉书艺文志》，因侯康所补《后汉书》艺文志未及集部，不言佛道二录，且子部没有著录兵家、历算、五行、医方、杂艺之书。加以他不满钱大昭《补续汉书艺文志》上及西汉，下包三国，类例草率，不免重复误收，于是另编四卷《后汉书艺文志》以补二书不足，于光绪十五年（1889）撰成。曾朴则有志于总括前人《后汉书》艺文志之补，于光绪庚寅（1890）到乙未（1895），花费6年时间，成10卷《补后汉书·艺文志并考》。姚振宗、曾朴二志具体情况可参见来新夏编《清代目录提要》。

此外，侯康还有《补三国艺文志》等。他的《补三国艺文志》与《补后汉书艺文志》一样，都著录当代著述，义例也相同。三国人文不减于东汉，但缺少艺文志，也需要补之。但三国存在以谁为正统的问题。陈寿《三国志》以魏为正统，按理，侯康《补三国艺文志》也应以魏为正统，但它却以蜀为正统。它以著录先后顺序体现自己正蜀的微旨。如易类，李譔著作在王朗著作之前。春秋类，李譔著作先于高贵乡公著作。刑法类，诸葛亮著作先于魏主著作。杂传类，诸葛亮陈术著作著录在文帝明帝之前。儒家类，诸葛亮李譔谯周

---

① 丛书集成新编：第一册 [M]// 侯康 . 补后汉书艺文志 .31.

② 丛书集成新编：第一册 [M]// 侯康 . 补后汉书艺文志 // 伍崇曜 . 补后汉书艺文志跋 .51.

著作在文帝之前。兵家类，诸葛亮先于武帝。曹瞒传在列女传先贤传后。①

2. 丁国钧《补晋书艺文志》

丁国钧补《晋书》艺文志正文四卷，附录一卷，补遗一卷。资隋唐志十之六，共1700多种。据群籍十之四，共680多种，注明出处，略及考证，仿照王伯厚《汉志》、章宗源《隋志》之例。②

丁国钧《补晋书艺文志》开篇为例略，交代作书体例宗旨。为存四部名目变化的轨辙，在命名上，甲乙丙丁与经史子集合二为一，即传统的经史子集四部在《补晋书艺文志》名为甲部经录、乙部史录、丙部子录、丁部集录。部无大序、小序与解题。先出大类名称，其次——著录各小类书目。各小类书目下有附注，说明各书对这本书的著录情况，书籍传承源流，考辨著录证误等。每小类书目著录完毕，对各小类书目进行统计。如

甲部经录

《归藏注》十三卷_{太尉参军薛贞}见《隋书经籍志》_{下省省称《隋志》}③

《周易象不尽意论》_{殷融}见《晋中兴书》_{《世说新语·文学篇注》}

右易类，存四十八家，五十五部。④

各部著录完毕出各部存失情况等，如经部所出存失情况等为"凡六艺经纬，存二百四十家，失名六家，三百二十三部"⑤。四部著录完毕出四部存失情况等，即"凡四部经传，合存七百四十四家，失名二百八十八家，一千六百十七部"⑥。释道二类依照《隋志》体例，附于四部之后分别著录，各自著录完毕出各自现存书籍情况。释道二类著录完毕，总计本书所著录的四部及释道二类书目存失情况等，即"大凡四部及释道合存七百八十六家，失名二百八十八家，一千七百五十四部"⑦。此外，《补晋书艺文志》附录存疑类一卷，共101部。补遗一卷，补遗经部书12部，史部书24部，子部书籍32部，并补遗附录存疑类书籍17部。后来，丁辰又述录了对《补晋书艺文志》

① 丛书集成新编：第一册 [M]// 侯康. 补后汉书艺文志 // 伍崇曜. 补三国艺文志跋 .73.

② 丛书集成新编：第一册 [M]// 丁国钧. 补晋书艺文志 附录 补遗 .75.

③ 丛书集成新编：第一册 [M]// 丁国钧. 补晋书艺文志 附录 补遗 .75.

④ 丛书集成新编：第一册 [M]// 丁国钧. 补晋书艺文志 附录 补遗 .77.

⑤ 丛书集成新编：第一册 [M]// 丁国钧. 补晋书艺文志 附录 补遗 .83.

⑥ 丛书集成新编：第一册 [M]// 丁国钧. 补晋书艺文志 附录 补遗 .110.

⑦ 丛书集成新编：第一册 [M]// 丁国钧. 补晋书艺文志 附录 补遗 .112.

的刊误，即《补晋书艺文志刊误》，刊正了《补晋书艺文志》的讹误，完善了
《补晋书艺文志》。

3. 姚振宗《隋书经籍志考证》

清代除乾嘉时期的章宗源对《隋书·经籍志》考证外，同光时期的姚振
宗也对《隋书·经籍志》进行了考证。姚振宗因为后出，集前人大成，因此
对章宗源等所考的缺失也有所补正，是现存最完备、成就最高的《隋书·经
籍志》考证。

姚振宗（1842—1906），字海槎，山阴（今浙江绍兴）人。学有家承，他
父亲有狮石山房藏书，他则有快阁藏书。他著有多部目录学著作，其中《隋
书经籍志考证》52 卷是最杰出之作。《清史稿》盛赞姚振宗："目录之学，卓
然大宗。"①

姚振宗《隋书经籍志考证》依照《隋志》原文顺序进行考证（包括附注
中的书目）。书前有叙录。叙录叙四部源流、《隋志》撰人、《隋志》体制、诸
家评论、评价章宗源《隋书经籍志考证》并附自己所撰《隋书经籍志考证》
体例。是对四部分类源流的阐释、对《隋志》的介绍评述、对章宗源考证的
评价，并介绍自己所撰《隋书经籍志考证》的体例。正文依照四部顺序考证
各书。每部依类著录各书。各部先出每类类目及分类总数，如：

经部一

易类类中分类凡七②

接着著录每类书目。一般出书名卷数作者版本注本存佚残缺情况，如
"《归藏》十三卷晋太尉参军薛贞注"③"《周易》二卷魏文侯师卜子夏传残缺梁
六卷"④"《周易》八卷汉曲台长孟喜章句残缺梁十卷"⑤。每类完毕，出《隋志》
所统计的各类实存部数卷数及加上亡书的部数卷数，以及姚振宗自己统计的
实际著录部数，如孝经类，统计情况为"右十八部合六十三卷，通计亡书合
五十九部一百一十卷实著录二十五部附注亡书四十部，通计六十部"⑥。每类间或有按语。每部完

---

① 赵尔巽等 . 清史稿 [M]// 姚振宗列传 .3430.

② 姚振宗 . 隋书经籍志考证 [M].108.

③ 姚振宗 . 隋书经籍志考证 [M].108.

④ 姚振宗 . 隋书经籍志考证 [M].109.

⑤ 姚振宗 . 隋书经籍志考证 [M].110.

⑥ 姚振宗 . 隋书经籍志考证 [M].222.

毕出《隋志》所统计的各部实存部数卷数及加上亡书的部数卷数，以及姚振宗自己统计的实际著录部数，如经部，统计情况为"凡六艺经纬六百二十七部五千三百七十一卷，通计亡书合九百五十部七千二百九十卷 实在著录六百四十五部附著亡书三百四十三部，通计九百八十八部"①。姚振宗对实际著录书目部类数目的统计，澄清了《隋志》统计的错讹，也解决了学者对《隋志》部类部数统计的质疑。不过，姚振宗没有统计各部类卷数情况，他在易类按语中就明确申明自己会统计部数，但不会统计卷数，因为卷数脱误甚多，他说："颜监注《汉书·艺文志》，曰其每略所条家及篇数有与总凡不同者，转写脱误，年代久远，无以详知。《汉志》如是，本《志》亦如是也。然其所载部居则条分缕析，有数可稽，尚不难于厘订，今附注如右。其卷数则脱误弥甚，无从核实，置不复论焉。"②最后出自己对每部所下的按语。每书考证详载作者情况，本志情况，以及历代对此书的考证评析，并出这书的辑本情况。书末有后序，与书前叙录相互呼应。

总之，这个时期，补史志之作再次兴盛，汇聚到清末对传统学术进行总结的队伍中，反映出清末传统学术总结的大势。

（五）国学举要书目的启示

面对西学浪潮的冲击，清末的改良派和保守派都意识到培养夯实民族精神的重要，于是他们纷纷编纂国学举要书目，为培元固本服务。这些书目的代表有张之洞《书目答问》、康有为《桂学答问》、梁启超《读书分月课程》等③。

1. 张之洞《书目答问》

张之洞因士子询问应读哪些书，以何本为善，于是编写了指示读传统之书治传统之学的门径书《书目答问》来回答广大士子的提问，也意在方便士子依目求书。故而《书目答问》既是读书目录，也是买书目录。

《书目答问》完成于光绪元年（1875）张之洞任四川学政期间，分经史子集丛书五部，部下设类，类下再设小类。经部三类二十七小类，史部十四大类二十七小类，子部十三大类六小类，集部四大类十八小类。同类书按照时代先后为序。著录作者书名版本等，版本以通行本为主。重要的书籍出按语，讲明如何阅读。书后附《别录》《国朝著述姓名略》。

---

① 姚振宗.隋书经籍志考证 [M].286.

② 姚振宗.隋书经籍志考证 [M].131.

③ 因《桂学答问》《读书分月课程》所列西学书目在整部书目中占的比例极少，所以把它们放在国学举要书目内。

对于《书目答问》四部著录情况，李慈铭对经部、集部颇有微词。他认为经部的注太略，同时还应撮取菁华条注于经部各书书名之下。有的书，如古训专门、古义荟泽的书，以低一格地位论处，实属不当。集部出入尤为不确。① 的确，如李慈铭所论，张之洞确实忽略了中国古典文化小学之作与本作一体，地位同等的实情。对于当时在世的人的著作，《书目答问》不出作者名字，只著录为"今人"。如俞樾《群经平议》，《书目答问》著录为"《群经平议》十卷 今人。俞氏丛书本"② ；赵之谦《寰宇访碑录补》，著录为"《寰宇访碑录补》十二卷 今人。自刻本"③ 。当然，这也与《书目答问》收录在世的人著作少不妨从略④ 有关。

那么，《书目答问》究竟如何，兹略陈管见。《书目答问》，如张之洞自己所定的性一样，它是一本指引士子读书门径的书。读书门径在何处？张之洞认为，谱录类书目为读所有经史子集书籍的途径。⑤ 而目录之学，最要者是《汉书·艺文志》《隋书·经籍志》《经典释文·叙录》《旧唐书·经籍志》，以及《新唐书》《宋史》《明史》的艺文志。⑥ 并给士子开列了应读的各科书目，且给士子讲解如何选择书籍。他认为选择书籍要注意版本，他说："读书不知要领，劳而无功；知某书宜读而不得精校精注本，事倍功半"⑦ 。因此，《书目答问》一大特点就是注重版本，"多传本者举善本，未见精本者举通行本，未见近刻者举今日见存明本。"⑧

又，清四库修书后的目录著述，可以说没有不受四库修书影响的。对于那些忠于清室者，更是如此。《书目答问》就是其中的代表。张之洞自称："此编所录，其原书为修四库书时所未有者十之三四。《四库》虽有其书，而校本、注本晚出者十之七八。"⑨ 显然是在向世人表明，自己在续补《四库全书总目》。四库修书的盛举，乾嘉之后，但凡有一定学识的清官僚士大夫，以阮元为其中著名的始作俑者，都希冀能忝列骥尾，追寻盛世之迹。到后来，则希冀恢复清政府荣光的旨意越浓。到张之洞时，依然如此。就张之洞所言，他

① 李慈铭 . 越缦堂读书记 [M]. 由云龙，辑 . 本社，重编 .563.

② 张之洞 . 书目答问补正 [M]. 范希曾，补正 .45.

③ 张之洞 . 书目答问补正 [M]. 范希曾，补正 .128.

④ 赵惟熙 . 西学书目答问 [M]// 略例 . 贵阳学署本，光绪辛丑（1901）：2.

⑤ 张之洞 . 书目答问补正 [M]. 范希曾，补正 .124.

⑥ 张之洞 . 书目答问补正 [M]. 范希曾，补正 .122.

⑦ 张之洞 . 书目答问补正 [M]// 张之洞 . 书目答问略例 . 范希曾，补正 .3.

⑧ 张之洞 . 书目答问补正 [M]// 张之洞 . 书目答问略例 . 范希曾，补正 .4.

⑨ 张之洞 . 书目答问补正 [M]// 张之洞 . 书目答问略例 . 范希曾，补正 .3.

的《书目答问》即意在补四库修书的缺失，尤其补它版本方面的不足，续补《四库全书总目》。而补《四库全书》及其《总目》版本的不足，尤见张之洞有识。康有为曾表扬张之洞《书目答问》在版本学方面的贡献道："书目博深，莫如钦定《四库提要》……精要且详，莫如《书目答问》，板本最佳。"① 四库修书不列具体版本。被康有为称赞为版本最佳的《书目答问》也就弥补了《四库全书总目》著录不标具体版本的缺憾。不过，《书目答问》所著录各书版本并非没有缺点。叶德辉就曾批评它所著录的书多称"通行本"的不当②。不过，对于不专门从事版本的研究者或非收藏家的普通读者而言，买书贵在买得起，通行本也就是最好的购买对象。所以作为阅读门径的《书目答问》多出通行本是有其道理的。此外，叶德辉在《郎园读书志》还对《书目答问》自身的版本源流作了详细考订。

　　当然，敢于指出当年钦定的四库修书的不足，也是清皇权没落的表现。这也是生在衰世的有识者的矛盾。既认识到本王朝没落的命运，但士大夫本有的执着一姓一朝，依然使他希望通过续补盛世的鸿篇巨制来达到溯源固本，挽救清政府危亡的命运。同时，这也表现出他也有如阮元等的情结，未生在盛世遇合盛举，希冀以续补来弥补一己缺憾。这在他选书的标准中也可看出他的这些主张。他说："今为分别条流，慎择约举，视其性之所近，各就其部求之。又于其中详分子目，以便类求。一类之中，复以义例相近者相比附。再叙时代，令其门径秩然，缓急易见。凡所著录，并是要典雅记，各适其用。"③ "凡无用者、空疏者、偏僻者、淆杂者不录，古书为今书所包括者不录，注释浅陋者、妄人删改者、编刻讹谬者不录，古人书已无传本、今人书尚未刊行者不录，旧椠旧钞偶一有之、无从购求者不录。"④ 典雅、无用、空疏、偏僻、淆杂、浅陋等是否入著《书目答问》的标准，与四库修书时的入著标准相比，并没有什么大的变化。也就是说，张之洞《书目答问》著录的书籍"经主东汉；史部省去'岁时'，多以说部子书入杂史；子部立'古子'一类，以括周秦间子书，又以杂家书典实者入儒家，儒家分经济、理学、考订三属；集部于汪洋大海中存历朝名大家有传本者，其北宋之西昆，南宋之江湖，但有精华，无不采择。至于明初之台阁，晚季之公安、竟陵，则概在屏弃之列，

① 康有为.桂学答问 [M].国家图书馆古籍馆普通古籍阅览室藏清光绪间全经阁刻本.17.
② 叶德辉.郎园读书志 [M].杨洪升，点校.188.
③ 张之洞.书目答问补正 [M]// 张之洞.书目答问略例.范希曾，补正.3.
④ 张之洞.书目答问补正 [M]// 张之洞.书目答问略例.范希曾，补正.3.

又前后七子之声调，去短取长，皆有别白，阅者据此目购书求学，不至误入歧途"①，其实著录的都是符合封建正统道统学统的书籍。不过，明初台阁虽然有大量歌舞升平之作，但也有关心国计民生的作品，并且它雍容、典雅、平易、明达的文风对文学发展是贡献不小的。晚明公安、竟陵派都主张"独抒性灵，不拘格套"，反对拟古，虽然各有缺点，公安有俚俗粗浅之弊，竟陵有艰涩晦涩之病，但都有一股自然清新之风。可见，它们三者并非一无是处。至少以他们代表一个学术流派的资格是可以入著的，这样学术发展脉络才清晰明了，不至于有断层。张之洞之所以摒弃不录，还是意在维护本朝正统与利益。亦即，与四库修书一样，不符合清政府需要的书籍，张之洞也是不会入著的。台阁歌颂明室，公安、竟陵派则讲求性灵，对于风雨飘摇需要思想稳定的晚清，它们的作品会引起人心不稳，自然不适合开列为士子阅读书目。

　　具体到各类，这个特征也很明显。比如术数，他要求举其雅驯合理者。②艺术，举其典要可资考证者，空谈鉴赏不录。③小说，唐以前举词章家所常用者、宋以后举考据家所常用而雅核可信者④，释道举其有关考证事实者⑤，列朝经注经说经本考证"空言臆说、学无家法"者不录⑥，无一不是一个卫道者心声的倾诉。叶德辉指出："他如《四库》杂家之书，此目多宋人儒家，列为考订之属，较之旧目专以空谈语录属之儒家者，实有复古救时之功。隋、唐诸志，固不知语录为何物，即晁、陈诸目，亦未尝重视道统如今日之甚者也。"⑦

　　就他教大家如何读书而言，他的固本思想也体现得非常明显。他指出，读书要知要领，要读精校精注本。经部正经正注是诵读定本，程试功令，说经根底。注疏本与明监本五经，当功令并重。⑧很明显地表现出他尊经固本的观念。他的这个尊经固本观念终其一生未变。日后在制定新学科中，他坚持经学应为一学科，并且名列第一。在他坚持下，经学被列为一科，到清朝灭亡民国建立后才被废除。其实，随着社会政治的变迁，以及学术思想文化

---

① 叶德辉. 郋园读书志 [M]. 杨洪升，点校 .185.

② 张之洞. 书目答问补正 [M]. 范希曾，补正 .177.

③ 张之洞. 书目答问补正 [M]. 范希曾，补正 .178.

④ 张之洞. 书目答问补正 [M]. 范希曾，补正 .182.

⑤ 张之洞. 书目答问补正 [M]. 范希曾，补正 .185.

⑥ 张之洞. 书目答问补正 [M]. 范希曾，补正 .7.

⑦ 叶德辉. 郋园读书志 [M]. 杨洪升，点校 .186.

⑧ 张之洞. 书目答问补正 [M]. 范希曾，补正 .1.

的发展，经学已经不具备单独为一学科的条件了。勉而为之，只是暂存一时罢了。当然，张之洞的固本思想并没有什么错，任何国家任何时代都应培养民族根基，但固本不等于守旧。他守着清王朝不放，就是他的不对了。亦即，张之洞坚持固本，终究是为了挽救清王朝岌岌可危的命运。

不过，他还是不失开明的。他并不拒绝西方新事物。他指出，算书与推步，分中法西法。兼习西法者，以《数理精蕴》《梅氏丛书》、新译《数学启蒙》《代数术》、新译十三卷《几何原本》为要。[1]但我们知道，他接纳西学仍旧是在中学为体的前提下，依然是为清服务的。此外，他的开明，还表现在他讲究今胜于古。他认为，"经学、小学书，以国朝人为极，于前代著作，撷长弃短，皆已包括其中，故于宋元明人从略"[2]，"今人地理之学，详博可据，前代地理书，特以考经文史事及沿革耳，若为经世之用，断须读今人书，愈后出者愈要"[3]。算书与推步，今胜于古。[4]但他又要求多读古书。他说今胜于古，是因为学术后出转新，弃短补长，读而可知要领，可避免古书浩繁不知如何选择而读的弊端。然而传统文化的根本还在古书中，所以一方面要注重当今，一方面也要从古书中汲取养分，多读古书。

此外，他的《书目答问》的分类实有别于传统的四部分类。叶德辉指出，虽然名为四部，但与《四库全书总目》分类出入大。大致本于孙星衍《祠堂书目》，参以《隋书·经籍志》《崇文总目》，不倍于古，不戾于今，大体最为详慎。各书刊刻年月时有传讹，卷数间多缺略。[5]并称赞它"古子、古史两类尤为提纲挈要，截断众流。"[6]其他如别史、杂史颇难分析，它把官撰及原本正史重新整齐，关系一朝大政者入别史，私家纪录中多碎事者入杂史。[7]他把金石类从目录类独立出来，并细分为金石目录、金石图像、金石文字、金石义例。他于经史子集外立丛书一项。他认为"丛书最便学者，为其一部之中可该群籍，搜残存佚，为功尤巨，欲多读古书，非买丛书不可。其中经、史、

---

① 张之洞 . 书目答问补正 [M]. 范希曾，补正 .165.

② 张之洞 . 书目答问补正 [M]. 范希曾，补正 .1.

③ 张之洞 . 书目答问补正 [M]. 范希曾，补正 .105.

④ 张之洞 . 书目答问补正 [M]. 范希曾，补正 .165.

⑤ 叶德辉 . 郎园读书志 [M]. 杨洪升，点校 .187.

⑥ 叶德辉 . 郎园读书志 [M]. 杨洪升，点校 .186.

⑦ 张之洞 . 书目答问补正 [M]. 范希曾，补正 .90.

子、集皆有，势难隶于四部，故别为类"①，既讲如何读书又指导如何买书。确实，丛书的地位相当重要。其后的康有为便进一步发挥了张之洞对丛书的认识，把丛书的重要性上升到"学者必应查刻之书"②的地位。兹以别史类为例见之。

《四库全书总目》之后，设别史类书籍少见。《书目答问》是《四库全书总目》之后少数设有别史类的目录书之一。《四库全书总目》别史类所收《东观汉记》《隆平集》《东都事略》《契丹国志》《大金国志》，《书目答问》仍入别史类。《四库全书总目》编年类的《大唐创业起居注》、杂史类《东观奏记》，别史类存目《晋纪》《宋史新编》《南齐书》、未收的《晋略》《西魏书》《顺宗实录》《明史稿》《东华录》《宏简录》《续唐书》《元史类编》，《书目答问》入别史类。《四库全书总目》别史类《后汉书补遗》《历代史表》入正史、《四库全书总目》别史类《路史》《春秋别典》《建康实录》入杂史类、《四库》别史类《通志》《续通志》入政书类、《四库》别史类《逸周书》入古史。《书目答问》关系一朝大政者入别史，私家记录多碎事者入杂史类。《东观奏记》入关系一朝大政，《书目答问》因之入别史类。《后汉书补遗》为《后汉书》功臣，《历代史表》与历代各史相为表里，实为正史之一员，《书目答问》因之入正史。《四库全书总目》上不至于正史，下不至于杂史，其书皆足相辅，但其名不可以并列者入别史类，《路史》《春秋别典》《建康实录》多私家之言，所以《书目答问》入杂史。《四库全书总目》政书类收"国政朝章，六官所职者"③。《通志》《续通志》在典章制度方面很突出，与《四库全书总目》入别史类相比，《书目答问》入政书类更符合其实。《四库全书总目》之所以入别史类，与四库馆臣认为《通志》不尚考证，不精密有关系。当然，对《通志》的批评有部分缘于郑樵是宋人之故，不免偏见。在四库提要中，馆臣就明显反映出这种情绪。《续通志》为续《通志》之作，自然同等入别史类。《书目答问》不再有汉宋之别，也就归二书入其本位。又《书目答问》不再有著录存目之分，符合别史类者都入别史，不再区分。《四库全书总目》无古史类，《书目答问》根据书籍实情而设，本之《隋书·经籍志》，《书目答问》道："古无史例，故周、秦传记体例与经、子、史相出入，散归史部，派别过繁，今汇聚一所为古史"④，因此以《逸周书》其古的特性，《书目答问》以之入古史。《四库全书

---

① 张之洞. 书目答问补正 [M]. 范希曾，补正 .243.

② 康有为. 桂学答问 [M].17.

③ 永瑢等. 四库全书总目 [M].693,

④ 张之洞. 书目答问补正 [M]. 范希曾，补正 .85.

总目》未收的《晋略》《西魏书》《顺宗实录》《明史稿》《东华录》《宏简录》《续唐书》《元史类编》，有的是有违碍忌讳的书籍，有的是《四库全书总目》之后出的书籍，《书目答问》少有严厉的政治禁忌，修于清末，所以《四库全书总目》当时因关系政治而未收，以及《四库全书总目》之后出的书籍，都收列其中。

《书目答问》在分类上表现出的这些变化，预示着古典目录学即将进行的大变革。对《书目答问》在目录学方面的变革，姚名达指出，《书目答问》虽没有破四部内质，但已告诉世人不必拘泥四部。

至于如何读书，张之洞指出，除知晓阅读门径外，还得需要良师引导。他所讲的良师是指清著述诸名家。以清著述诸名家为良师，这并非张之洞对自己时代的自恋。这符合实情。清著述诸名家做时人的良师，是当之无愧的。清是中国传统文化大总结时期，他们去粗取精去伪存真，对中国传统文化重新做了梳理，进行了再认识再总结。读他们的著述，等于知晓中国传统文化精髓。这正如他所言："读书欲知门径，必须有师，师不易得，莫如即以国朝著述诸名家为师。大抵征实之学，今胜于古，经史小学、天算地舆，金石校勘之属皆然，理学、经济、词章，虽不能过古人，然考辨最明确，说最详，法最备，仍须读今人书，方可执以为学古之权衡耳。即前代经史子集，苟其书流传自古，确有实用者，国朝必为表章疏释，精校重刻。凡诸先正未言及者，百年来无校刊精本者，皆其书有可议者也。知国朝人学术之流别，便知历代学术之流别，胸有绳尺，自不为野言谬说所误，其为良师，不已多乎。"① 此外，他还指出："由小学入经学者，其经学可信，由经学入史学者，其史学可信，由经学史学入理学者，其理学可信，以经学史学兼词章者，其词章有用，以经学史学兼经济者，其经济成就远大。"② 给大家指明了学习传统文化的方径，也指明购买传统文化书籍的途径。不过，精刻精抄，也不是普通人所能购买到的。

不过，《书目答问》虽然是指引读书治学门径的书，但是——依照它所著录书目来读书治学，却有复杂之繁，难以觅得佳径。对于初学者或无书可寻者来说，更是如此。这正如李慈铭所道："所取既博，条例复明，实为切要之书。惟意在自炫，稍病贪多，非教中人之法。"③ 后来，康有为、梁启超所著国

---

① 张之洞 . 书目答问补正 [M]. 范希曾，补正 .257.

② 张之洞 . 书目答问补正 [M]. 范希曾，补正 .258.

③ 李慈铭 . 越缦堂读书记 [M]. 由云龙，辑 . 本社，重编 .563.

学举要书目对这弊病有所弥补。

2. 康有为、梁启超的国学举要书目

康有为为配合变法维新，一方面维护国本，一方面引进西学。为固本，他撰写国学举要书目引导大家重视传统，夯实民族根基。在这方面，他撰写《桂学答问》等目录著作。

《桂学答问》，是康有为在桂林期间，应桂林人士之请所作的指引读书门径的书。他认为《四库提要》《书目答问》目录浩繁，"穷乡僻远，家无藏书，限于闻见，濡染无从；或稍有见闻，而门径不得，望若云烟，向若而叹，从此却步"①。亦即，《四库全书总目》《书目答问》属于象牙塔之作，不适合向大众普及。因此他另作《桂学答问》，开示读书门径。

康有为的《桂学答问》，体现的是他的宗经观念。他指出经的宗师是孔子，因此读经即是读孔子。读孔子即率先当读《春秋》。读《春秋》当读《春秋》三传。传播孔子学问的是孟子、荀子。因此要通孔学，则当读《白虎通》《春秋繁露》。通经之后，则当遍览子史群书。并一一列举应读之书，以及为什么要读这些书。最后交代读书方法。也谈及读西学书，但以中学为本。他说："若仅通外学而不知圣学，则多添一外国人而已，何取焉！"②从其首尊孔子，应读《新学伪经考》等尊经观念来看，他的《桂学答问》是为其改良变法服务的。走的是今文经学的道路，以古变法；以中学为本西学为辅，立足本土文化接纳优秀西学，为变法服务。

不过，虽然《桂学答问》意在为桂林人士指明读书门径，但在当时人心思进，吐故纳新，颇急于求成的心态下，是需要简明易行的书目方能符合时人需要的，即使《桂学答问》已经以一册之量容括了古今之学，可谓简明，但学者们仍然疑其繁难，需要较之更简明易行的书目问世。这就有了以后梁启超受康有为之托所作的更简明扼要的国学举要书目问世。

康有为的学生梁启超，和自己的老师一样，也编有国学举要书目，并且同样是为维新改良服务。他秉承康有为"学者为学，患不知道。既知道矣，患无精炼舟车。二者既备，其功百倍至千万倍"③的精神，作有国学举要书目，《读书分月课程》即是其中之一。

---

① 康有为 . 桂学答问 [M].24.

② 康有为 . 桂学答问 [M].18.

③ 梁启超 . 国学要籍研读法四种 [M]// 梁启超 . 读书分月课程 // 康有为 . 序 .121.

《读书分月课程》分《学要十五则》《最初应读之书》《读书次第表》三部分。分类大体以四部分类为准，但小有变化，只有经史子三类，没有集部类，并单列理学、西书二类。这与近代以来，四部分类地位被动摇，新的分类法日趋为主的目录学发展趋势是一致的。而国学书目，大体仍以四部分类为准，一则传统需要用传统方式来表达，一则经史子集的传统地位，即尊经尊史的原则还是没有变的。

《读书分月课程》写作缘起于康有为之托。康有为为固国本，宣扬国学，于一次游桂林之际，撰有《桂学答问》，以饷桂林人士。其后，担心学者认为《桂学答问》繁博不便习读，便嘱托梁启超"抽绎其条，以为新学知道之助"[①]，梁启超于是遵师命而作。其中的《学要十五则》是纲领。它本康有为《桂学答问》而作，删繁就简，择要而列，是《桂学答问》的简本，但也略有变化。如读史，康有为认为《史记》《汉书》《后汉书》三者并重，但梁启超更看重《后汉书》能体现后汉风俗气节之美，认为胜过前二者。读西书，康有为以地理为先，梁启超以历史沿革为先。《万国史记》，梁启超列西书第一，康有为认为"可一涉"[②]。因此它既本《桂学答问》，传承其精神，以经为首，以孔子为先，《春秋》第一，中学为本的观念不变，但还涵括了梁启超自己对传统文化的认识。

从《学要十五则》书目顺序看，梁启超承康有为《桂学答问》精神，遵循传统，以经为本。他认为学习国学，首先应从晓习经学开始，而晓习经学，则应首读诗书。读诗书，必以《春秋》为本方能传承大道。读《春秋》，则当以《公羊》为注解佳作。而读《公羊》，可从义礼例三方面来读。义是大义，礼是礼制，例是常例。这三者中，义可统辖礼与例。

不过读经，自然会遇到今古文的问题，也会遇到经的真伪问题。这两大问题自汉以来，学者争辩不休，为政者也不时参与其间。刘歆为王莽造势，以古文经代替今文经的官学地位。自王莽败亡之后，不复有官学地位，古文经学家转而潜心向学，取得不菲成绩。而今文经则谶纬化日益严重，学名因而不振。围绕古今文之争，经书真伪问题一辨再辨，引发不少学术公案，但输赢胜负终究难定。到清初，今古文之论又起，古文经适应顾炎武等倡导朴实学风所需，为顾炎武等好。此后，经学真伪问题也因学风需要引起重视，有阎若璩辨古文尚书真伪。到四库开馆，馆臣庄存与开始提倡今文经，等等。

---

① 梁启超.国学要籍研读法四种 [M]// 梁启超.读书分月课程 // 康有为.序.121.

② 康有为.桂学答问 [M].18.

而到康梁维新变法时期，康有为等看中今文经缘饰政治的功用，促使今文经再兴，今古文真伪问题也再次引起关注。其中颇具代表性的作品就是康有为的《新学伪经考》。康有为的《新学伪经考》，虽然梁启超极尽溢美之词夸赞了它，但就它的学术价值而言，应是总结之功大于其余。一览这本书，经学真伪本末清晰无疑。然而，因为局于为政治服务，结论往往有牵强之嫌。当然，也正是缘于为政治服务，其中一些观点也往往是前人所未道的，因而也颇有推陈出新，开廓之劳。

指明读经门径之后，梁启超接着谈读史门径。读史门径如何，梁启超认为当先读《后汉书》。他不推崇《汉书》，认为《汉书》全本于刘歆的续《史记》，又多伪古文家言辞。而《史记》，他认为《世家》《列传》最可观且不能完全当成史来读。那么，梁启超为什么抛弃《后汉书》之前口碑也不错的《史记》《汉书》，选择《后汉书》，他自己的解释是看中后汉人的气节与文风。"后汉名节最盛，风俗最美"①，在这样的名节风俗下产生的史书，自然会有催发人向上之志的功效。何况它的文风还"庄雅明丽"②，文字"无《史》《汉》之朴拙，亦无《齐》《梁》之藻缛"③，"最可学亦最易学"④。无疑，他选择《后汉书》和他的为学宗旨是一致的。他的为学宗旨是，学问，当以立身为本。"学者不求义理之学以植其根抵，虽读尽古今书，只益其为小人之具而已。"⑤

当然，做学问，是需要知晓学术源流的。在这方面，梁启超指出应读《史记·太史公自序》中论六家要旨、《汉书·艺文志》中九流一门、《庄子·天下篇》《荀子·非十二子篇》诸书，并认为读完这些书后，接下来再读诸子书，才是了解学术源流的佳径。

知晓学术源流，并不一定就能做出好学问，好的学问需要修身立本才能达到。修身立本之道，需要义理之学来培植。所以进入学术门庭之初，必须修习义理之学。关于修习义理之学，他列有认为可以培养大本的陆象山《上蔡学案》《后汉·儒林党锢传》《东林学案》《孟子》。他指出《上蔡学案》可以张扬志气，《后汉·儒林党锢传》《东林学案》可以激励名节，熟读《孟子》则可以悚动神明。立了大本后，则可以读语类及群学案以护养大本。至于如

---

①　梁启超.国学要籍研读法四种[M]// 梁启超.读书分月课程 // 康有为.序.121.

②　梁启超.国学要籍研读法四种[M]// 梁启超.读书分月课程 // 康有为.序.121.

③　梁启超.国学要籍研读法四种[M]// 梁启超.读书分月课程 // 梁启超.学要十五则.123.

④　梁启超.国学要籍研读法四种[M]// 梁启超.读书分月课程 // 梁启超.学要十五则.123.

⑤　梁启超.国学要籍研读法四种[M]// 梁启超.读书分月课程 // 梁启超.学要十五则.124.

何读义理之书，他说："凡读义理之书，总以自己心得能切实受用为主，既有受用之处，则拳拳服膺，勿使偶失，已足自治其身，不必以贪多为贵也。"[1] 讲心得求实用，是他教人读义理书之本。

此外，和《桂学答问》一样，他所开列的书目以国学书目为主体外，他还开列了少许西学书目。面对林林总总的西学书目，梁启超的西学书目依照历史、地理、经济政要、时政顺序，择要列出讲述西方各国沿革的《万国史记》、地理形势的《瀛环志略》、经济政要的《列国岁计政要》、当前局势的《西国近事汇编》，就不再继续开列书目了。他认为至于西学其余学科，各有归属，便于查寻，依科目寻找专门书籍阅读就可以了。为避免烦琐，也就没有列出西学其余学科具体应读的书目。

指明读书门径之后，接下来就是如何读书的问题。如何读书？梁启超指出读书莫要于作笔记，朱子谓当如老吏断狱一字不放过。学者凡读书，"必每句深求其故，以自出议论为主，久之触发自多，见地自进，始能贯串群书，自成条理。经学、子学尤要，无笔记则必不经心，不经心则虽读犹不读而已。黄勉斋云：'真实心地、刻苦功夫，学者而不能刻苦者，必其未尝真实者也。'"[2]

此外，梁启超鉴于康有为所道繁难的顾虑，劝勉学人，一定要遵自己所述读书，缺一不可。他讲道，"理学专求切己受用，无事贪多，则未尝繁也。经学专求大义，删除琐碎，一月半载已通，何繁之有？史学大半在证经，亦经学也，其余者则缓求之耳。子学通其流派，知其宗旨，专读先秦诸家，亦不过数书耳。西学所举数种，为书不过二十本，亦未为多也。遵此行之，不出三年，即当卒业，已可卓然成为通儒学者。稍一优游，则此三年已或白驹过隙，亦何苦而不激其志气以务求成就乎？朱子曰：'惟志不立，天下无可为之事，是在学者。'"[3]。

除《学要十五则》外，为免学者不知如何选择所读之书的先后，梁启超还开列了《最初应读之书》，分经、史、子、理学书、西书五部分。理学、西学书之所以单列，是因为理学书为治道治心之本，西学书为富国强民之剑。所列书目间或作有提要，所作提要或简介该书，或讲读该书的次第及其方法。

最后，他就所列最初应读的书及顺序，按月作表，共六个月，名《读书次

---

[1] 梁启超 . 国学要籍研读法四种 [M]// 梁启超 . 读书分月课程 // 梁启超 . 学要十五则 .124.

[2] 梁启超 . 国学要籍研读法四种 [M]// 梁启超 . 读书分月课程 // 梁启超 . 学要十五则 .124.

[3] 梁启超 . 国学要籍研读法四种 [M]// 梁启超 . 读书分月课程 // 梁启超 . 学要十五则 .124.

第表》，并遵康有为之教，详细到每书的读法，哪些该精读，哪些暂缓，哪些涉猎，有的书还为学者拟定读完的时间。

总之，梁启超《读书分月课程》，有书目有读法有表，讲求循序渐进，有理论有法则可供操作实践，确实做到了比《桂学答问》简明扼要，易于实行。在对国学书的认知上，与康有为的认知交相呼应，相得益彰，优秀地完成了康有为交办的任务。在简而易行，更利于入门方面，则胜康有为一筹。

康有为、梁启超等开列的国学书目有效地指导了阅读国学书籍的途径，为维新变法起到了激扬民族气节，夯实民族根基，维本固本的作用。

此外，这个时期，官私藏书遭遇大变故。太平天国运动，使书籍受到极大摧毁，许多藏书楼毁于兵火。如江南三阁《四库全书》中的文汇、文宗阁《四库全书》即毁于太平天国之手。文澜阁《四库全书》幸赖士绅丁申丁丙二兄弟抢救得以部分幸存下来。咸丰十一年（1861）冬，兄弟二人偶然发现文澜阁书流出，便自费收购捡寻残书。同治五年（1866）以后，又继续收缴，加上以前所捡寻残书，一并录目呈报给清政府。后来巡抚谭钟麟奏请重建"文澜阁"，丁申丁丙兄弟二人捐出所藏文澜阁《四库全书》残书，补缀残帙，藏于"尊经阁"中。

当然，子孙不能守，也是藏书楼衰败书籍流失散佚的一个重要原因。如陆心源的皕宋楼，就是因儿子不能守，使皕宋楼藏书全部被卖给日本静嘉堂的。同时，在社会变革中，读书人要求阅读大量藏书。因此，社会上要求公共图书馆的呼声越来越高。与此相应，一些有识私家藏书开始公开所藏，向外人开放。如徐树兰创办的古越藏书楼向社会开放，国英创办的"共读楼"向士人开放藏书，瞿启甲欢迎他人阅读祖上所创藏书楼"铁琴铜剑楼"的藏书。他们的举措为近代图书馆出现创造了条件。与此相应，图书的分类和目录的编纂也产生了相应的变化。

总之，这个时期，一方面学人对古典目录学仍然有所继承。以四部分类法分类的目录书，以及前人以四部分类法编撰的目录书的补续之作仍有问世，古典目录学引导读书治学门径的功能依然发挥着作用。但另一方面继承中无疑又有着发展与变革。这个时期藏书楼及其藏书的散佚，预示了新的藏书形式及图书分类及目录编纂方法的出现；以新的图书分类法分类的目录书，已开始取代以四部分类法为主的目录书。即使大体仍用四部分类的目录书，在小类上或四部之外，也略有变化；以目录编纂引导读书治学虽然同样用在为政治服务上，但主旨已焕然一新，维护君权与君民共享共治，已是大有区别。

时代在前进，目录学也在变革。古代目录学进入了近代目录学阶段，古典目录学很快就将退出历史舞台。

二、新学书目提要的兴起

随着国外势力对中国侵略的日益加深，中国一部分有识之士开始睁眼看世界。他们在睁眼看世界的同时，也在思考如何把所看到的世界展示给国人，促发国人奋发图强，重振国威。这个思考的结果之一便是积极译介外域新学书籍，或撰写新学书籍，希冀以此达广开民智的效果。此外，这些少习传统学问的有识之士，为配合引进国外先进知识技术及其理念，在积极译介外域新学书籍、撰写新学书籍的同时，也对新学书籍加以择别，做相应的新学书目或提要，指引国人阅读新学书籍。既给国人指明了阅读新学书籍的门径，"扼其要领而启其筦钥，则窥见堂户。尚何至徘徊宫墙之外"①，又择优去劣，避免国人受不良新学书籍的诱导，误入歧途，所谓"斯时受吾人崇拜之学界魁杰，苟放弃其天职，不于瓦钟杂向、点线横交时勘定一中心点，使一切宗旨乖谬、断滥译著先入吾党脑影，祸我未来中国，厥咎安辞"②。这些新学书目的兴起，是最终促使近代目录学产生的催化剂之一。兹以康有为、梁启超、赵惟熙、徐树兰、徐维则、顾燮光、沈兆祎为代表以见一斑。当然，他们在广开新学之路的同时，也如前所述是国本的忠实坚守者。

（一）康有为及其代表书目

康有为《日本书目志》是为国人指引阅读日文书籍的门径而撰写，意在为变法图强服务。同时为方便读者购书，《日本书目志》专门开列了书籍的册数及售价。

变法维新期间，康有为等一批维新之士，认为西方之强不在军兵炮械，而在其学。其学则在于他们的新法之书。既然西方之强在其书，那么康有为等人为什么不去译介西方书籍，却对日本书籍的译介大有兴趣。对此，康有为等人的解释是：日本效法西方，消化吸纳西学，变法成功，已得西学精华。故而，他们认为读日本所译介的西学书，就可得西学精粹，省去国人为了富

---

① 熊月之.晚清新学书目提要 [M]// 沈兆祎.译书经眼录 // 赵祖惠.新学书目提要跋 .565.

② 熊月之.晚清新学书目提要 [M]// 沈兆祎.译书经眼录 // 赵祖惠.新学书目提要跋 .564.

国强民，一一摸索西学书，探寻路径，所耗费的时力，是学习西学的捷径。"日本同在东方，同文、同俗、同政、同教，藉日本为经途、为探路，而后安步从之。"①日本人之所以能以如邓邦一样的小国，迅速崛起，抗衡我国，后来居上，是日本学中、学西，"苦思好学，善师法人之长"②的缘故。非常值得国人效仿。

因此，作为变法领军人物的康有为率先而行，"购求日本书至多，为撰提要，欲吾人共通之。因《汉志》之例，撷其精要，剪其无用。先著简明之目，以待忧国者求焉。"③

《日本书目志》仿《汉志》而作，并首创十五门新式分类法。每门为一卷，共十五卷。分生理门、理学门、宗教门、国史门、政治门、法律门、农业门、工业门、商业门、教育门、文学门、文字语言门、美术门方技附、小说门、兵书门。除农工商三门合在一起有一农工商总序外，其余各门无总序。每门下分小门，每小门一一列本小门书目，每本书都注明册数、作者、价钱，方便读者求书。每门及其每小门著录书籍完毕，都有一提要。是对每门及其每小门进行的品评归纳总结，体现出康有为以变法维新为宗旨的中西学观。

第一类是生理门，生理门第一者是生理学。康有为列生理门居全书目之首，生理学居生理门第一，意在强壮国人体质。他认为，"既来之，则安之。通其理，卫其生，盖人道之本，治学之始"④。体强身健的国人，方可问学求治，为国效力。

第二类是理学门。康有为指出，理学可以强国。欧洲人率先开辟地球发现新大陆，欧洲人非器物而开智学而穷物理。穷物理而知化，而造化之所以被尊崇，是因为它擅长造化。中国人到德国，一定会问甲兵炮械情况。日本人到德国，一定会问格致之学。西方飞速发展靠的是理学，日本人就是学习西方的理学得以发展起来，欺负中国的。由此可见，康有为希望国人改变对待西学的态度，求其神而非求其器。中国应效仿日本人，斗志不斗力。

由此可见，康有为等变法维新者已经完全意识到四库修书以来确定的对待西学的官方政策，不利于国人学习西学。空学器物，并不能学习到西学精

---

① 康有为. 日本书目志（上册）：卷四 [M]. 国家图书馆古籍馆普通古籍阅览室藏清光绪间上海大同译书局石印本 .45.

② 康有为. 日本书目志（下册）：卷一一 [M].39.

③ 康有为. 日本书目志（上册）[M]// 序 .3.

④ 康有为. 日本书目志（上册）：卷一 [M].4.

神，无以强国之根本。于是推动西方强大的知识被加大了宣传力度，变法维新也就比洋务运动上了一个台阶，为接下来的"五四运动"做好了准备。而"五四运动"前后不少全盘西化者，号召推倒一切国故，扔到垃圾堆，虽然本意不在否定中华民族根基。但否定上古历史，否定经典，诸如认为《春秋》断烂朝报，否定三皇五帝，就等于丢掉了老祖宗，未免过头，反不如变法维新者清醒。既向西方学习，又以国学为本。既不失本民族之根，又能以他者之优补本民族的不足。

第三类为宗教门。康有为意识到宗教的力量，但并没有揭示出基督教、佛教教义及其现状，主要就自己所知中国传统的鬼神说、佛教而论全球宗教，三者常常混杂在一起。不过，虽然康有为对西方宗教没有认识到它的本旨，但还是叹服它的力量。他说："日人所译佛、婆罗门、耶、回之书，及《宗教进化论》《宗教新论》《未来世界论》《天地镕造化育论》，瑰伟连忭而俶诡可观也。"[①] 更多的是停留在好奇赞叹上。

第四类为国史门。国史门首言地理。这与他所写《攻日策》主旨一致。他在《攻日策》中详细解析了日本几大要塞，认为扼制住日本这些要塞，是攻日获胜的开端。所以他的国史门自然以地理开头。用意也相当明显，意在开拓中国人地理知识，为保家卫国服务。同时，他所言地理，是全球的地理知识。只有了解全球地理，才能通晓各国关隘要津，一旦与他国开战，可取得谋兵布战的先机。所以他表扬喜言地理之学的国朝学者，但也对他们缺乏世界意识提出了善意批评。他指出，如徐乾学、顾栋高诸作，道路未通，图测未精，仅可供考古罢了。何秋涛、张石洲、祁韵士述外藩之服，但行踪却未到。当然，这些人的地理之作因是开辟之作，被推为绝作，也无可厚非的。而中国古代的《禹贡》等，仅仅编辑辀轩之言罢了。他告诉国人，西方就是因认知地理而开辟了世界。而今，西方、日人都瞄准了中国。他们都绘制中国各地地图，详至村店道路，内地山岭的平险，江河的深广，乃至川、藏、青海都详细测绘，然而中国人却置若罔闻。为此，他深感忧虑。他担心中国被西方或日人吞噬。与此相反的是，当时中国的地理知识贫乏至极。万国地图，传教士为之萌芽，国人却不精。购图于伦敦，却无人识西文。而今要达通天下，必须通晓地图。他希望国人用力于世界地理知识，奋发图强。

故而，他希望国人正视当下，和环球为家的地理现实一致，改变过去四

---

① 康有为. 日本书目志（上册）：卷三 [M].5.

裔记载仅为附庸的狭隘世界观念，走出国门，树立全球历史观，达到"援古证今，会文切理，一开口即当合万国论之"的水平。否则虽以"钱、王之学"，也不过"村学究"罢了。①西方之所以为地球今古万岁机轴之枢，有三大端：一是培根创新学开民智易守旧而日新，二是哥伦布发现新大陆开草昧而文明，三是巴力门倡民权而君民共治。中国应开万国史学，借鉴他人。

此外，在国史门类中，康有为对中国古典目录学理论颇有继承。他指出日本的古物、古器、古文字、博物馆目录可以帮助国人多识日本，明白地告诉国人了解日本的门径，即可以依目求学。彰显了目录学是问学门径的宗旨。在对丛书的功用认识上，他对前人理论也颇有传承。近者而言，如对张之洞丛书观念的阐发。张之洞重视丛书，把丛书视为最便读者的书，认为欲多读古书，必买丛书。康有为在《桂学答问》中同样把丛书视为学者必备必刻的书。不过，他突破了张之洞丛书不列新学丛书的局限，他说："购书莫善于丛书矣，得一书而百学备焉，得一书而专门之业备焉。《普通学》《百科全书》《我自刊我丛书》三者，金玉渊海矣。"②他所说的丛书，包括古今中外一切丛书。时代发展到康有为时期，新书日增。这些新增的书籍，必然是丛书要容纳的对象，这就势必打破丛书只涵括国人书籍的束缚。亦即，读古今中外书，丛书都是极佳之选。此外，还要指出的是，康有为把属于类书的《百科全书》与丛书同列，这并非康有为不知丛书、类书的区别，而是他更看重二者都具有的保存文献、汇纳百学的功用的结果。当然，《百科全书》之所以被译为"全书"，一则其知识总汇的特色，正如《四库全书》；一则《四库全书》影响深入国人之心，因此译名非"全书"不易。二者在康有为《日本书目志》中同列，与此也不无关系。

第五类为政治门，他探讨了西方政治及日本人学习西方政治的得失，以便供国人借鉴。他指出，我国的正史，是一君之史，一国之史，但却忽略了民风。我国史学脱离民众太久，这不利于教化国人，不利于振兴整个民族。应该向明治维新以来的日本学习，向西方学习，关注民众历史，开化民众之智。同时，他指出政治和经济密切相联。西方强国之本就在经济。西方从政非经济学出不得任官。中国之败在大一统而自尊，无比较而求进，无相形而生愧。日本学习西方经济而强大，我国当效法日本从经济改革入手，不再故步自封，以求治标。

---

① 康有为．日本书目志（上册）：卷四[M].21.

② 康有为．日本书目志（上册）：卷四[M].41.

除这几门之外，康有为还列有农工商门。农工商三门，有一别于其他门的方面，就是三门共有一总序。这是由农工商的地位决定的。农工商从业人员占国人比重甚大，他们的强弱关系国民素质国家富强。农工可以开国内财源，商业可以开国外财源。三者相互配合，可以富民强民壮国。因三者息息相关不可分，以及它们各自所有的重要地位，所以作一总序，并尽列日本所译介西方农工商方面的书籍以饷国人。系于日本人译介完西方农工商方面的佳作，日本消化学习后，农工商状况得以改变，得到了大发展，民力国力也富强了。所以他也就希望借此改变我国农工商状貌。

当然，除在上述等方面图强外，中国还需要改革教育，为图强储备生力军。西方的教育。农工商都有专门之学，单级高等有别科，师范教育有细目，学校管理有法，教室教具有法。中国知有国不知有教，重人主的富贵轻圣人的道义，明朝朱元璋以八股愚民，清朝却没有改变。①中国教育现状实在堪忧。比如童学十年，茫然不知天地之大，古今之故，万国之事。又中国人向西方学习，不讲教育，但问兵械，因此西方诋我无教。这都是中国所以弱的原因。中国应改变教育现状，兴新学。兴新学，还得抓好语言文字改革。因为中国开国数千载，周代文义名物与今隔绝，几乎等同外国；汉唐也迥异，公私所用语言文字也绝殊，所以应"多制小学书，多采俗字以便民。变法自治"②。这就谈及语言文字改革。实导白话文运动之先。

不过，《日本书目志》虽然着力著录上述各类书籍，但著录兵书并不多。康有为自述著录兵书少的原因，是因为他意在"变旧俗、开新学，人人发愤，有飞扬跋扈之气，无委靡苟安之习。士农工商，人尽其智，工械技巧，物究其极。其所以胜强者，在此不在彼，实其余事也。吾中国言自强者，揽日人述作多寡轻重，亦知所从事矣。"③他希望国人学其本，所以并不多著录兵书。

然而，康有为还是无改天朝自大的观念，书中有不少部分都与中国古典文化联系起来讲。如认为日本生理门和中国大有渊源。把日人向西方学习，称是"天子失官，学在四夷，此岂非圣人意哉。"④认为心理学本是孔子旧学，其人如颜渊，其书如《大学》《孟子》。至于政治学，他认为"政治之学最美

① 康有为. 日本书目志（下册）：卷一〇[M].24.
② 康有为. 日本书目志（下册）：卷一〇[M].43.
③ 康有为. 日本书目志（下册）：卷一五[M].4.
④ 康有为. 日本书目志（上册）：卷一[M].7.

者，莫如吾《六经》也。尝考泰西所以强者，皆暗合吾经义者也。"①而西方议院，中国古已有之。黄帝时名"合宫"，尧时叫"总章"，三代时称"明堂"。②认为博物学，中国古有之，西方只不过翻陈出新罢了。康有为要变法维新却有此固本但未免守旧的思想，难怪日后走向保守一途。当然，这也与他托古改制是一脉相通的。要托古改制，即使学习西学还得回归中学。不然，就与这宗旨相背。而少习中学，濡染中国古典文化甚深的康有为，和众多与他一样者，是很难逃脱西学中源观念的束缚的。那个时期紧跟着他，为他摇旗呐喊的他的学生梁启超，非常了解其师，他读《日本书目志》后，感慨而言："译书之亟亟南海先生言之既详矣，启超愿我农夫考其农书，精择试用，而肥我树艺，愿我工人读制造美术书，而精其器用，愿我商贾读商业学，而作新其货宝贸迁，愿我人士读生理、心理、物理、哲学、社会、神教诸书，博观而约取，深思而研精，以保我孔子之教，愿我公卿读政治、宪法、行政学之书，习三条氏之政议，探究以返观，发愤以改政，以保我四万万神明之胄，愿我君读明治维新书，借观于寇雠而悚厉其新政，以保我万万里之疆域。"③准确揭示出康有为《日本书目志》的宗旨，即虽然译介日文书籍为变法维新服务，但并非完全西化，而是以中学为本，维本固本。既学习其他民族优秀之处，又不失民族之本。

不过，无论固本还是变法或是存于其中或多或少的守旧，变则通的思想，是康有为贯穿《日本书目志》整本书的中心。"中古之圣不务远而务近，不谈鬼神怪物而谈人事，故伦理尤尊。吾土之学始于尽伦，而终于尽制。所谓制者，亦以饰其伦而已。然《春秋》三世具有变通，是时为帝，而是非大相反，以至极相碍焉。如夫穷极万国，撢思百世，则其变益大。置数千年之风俗于无量劫中，岂能如寒暑之在一岁哉！若君主、民主之异，一夫数妻，一夫一妻之殊，非其倪之一端耶？然夏葛冬裘，当乎其时，不可少易，先圣因时立制，条理粲然，黔首惟有率从而已。"④不过，康有为本人是不讲一夫一妻的。当然，康有为也不过是那个时代造就的众多矛盾者之一。

（二）梁启超及其代表书目

变法维新期间的梁启超紧随康有为步伐，作有西学书目。他指出，在中

① 康有为.日本书目志（上册）：卷五 [M].4.
② 康有为.日本书目志（上册）：卷五 [M].7.
③ 梁启超.饮冰室合集 [M]// 读日本书目志书后.北京：中华书局，1989：54-55.
④ 康有为.日本书目志（上册）：卷二 [M].21.

国开海禁，外侮日益加深的情况下，曾国藩建江南制造总局，以翻译西书为第一要义，数年之间译介了百种西书。而当时的同文馆及西士在中国设教会，相继译介著录西书，至今二十多年，可读的西书大略三百种。而国家想自强，应以多译西书为本。学子想自立，应以多读西书为功。① 所以他亲力亲为，作西学书目来指引国人读西书的门径。代表作是《西学书目表》《东籍月旦》等。

梁启超原本作有部分《西书提要》，但缺医学、兵政二类，所以没有成书。恰有门人陈高第、梁作霖，弟弟梁启勋，来信问应读哪些西书，及其读法先后顺序，于是作《西学书目表》四卷，表后作《札记》一卷，并作有序例及后序。《西学书目表》成书于清光绪二十二年（1896），收录甲午之前所译西书400种左右，加以近译未印的书一百多种，这就把19世纪末之前，我国所译西书基本上作了全面著录，虽收录难免遗漏，但仍可视它为19世纪末期我国所译西书的总目。不过，《西学书目表》不收宗教图书。

《西学书目表》在分类上很好地体现出中国目录分类在近代的变革，创立了新的分类体系。它在《序例》中对分类作出了说明，他说："译出各书，部为三类：一曰学，二曰政，三曰教。今除教类之书不录外，自余诸书，分为三类：上卷为西学诸书，其目曰算学、曰重学、曰电学、曰化学、曰声学、曰光学、曰汽学、曰天学、曰地学、曰全体学、曰动植物学、曰医学、曰图学；中卷为西政诸书，其目曰史志、曰官制、曰学制、曰法律、曰农政、曰矿政、曰工政、曰商政、曰兵政、曰船政；下卷为杂类之书，其目曰游记、曰报章、曰格致总、曰西人议论之书、曰无类可归之书。"②

不过，对于梁启超这个时代的学人来讲，一则对西学西书了解不够，一则初次尝试以西方分类法处理西学书籍分类，要处理好西学书籍的分类对他们来讲是非常困难的。梁启超对此就有深刻体会，他自言道："西学各书，分类最难。凡一切政，皆出于学，则政与学不能分，非通群学不能成一学，非合庶政不能举一政，则某学某政之各门不能分。今取便学者，强为区别，其有一书可归两类者，则因其所重。"③ 同时代的徐维则也谈及此，也选择就书籍侧重而定西学书籍类别。梁启超、徐维则等对西学书籍分类尝试新式分类，但难定类别的窘境是可以理解的，毕竟他们都是在创始阶段。

---

① 梁启超. 饮冰室合集：第一册 [M]// 梁启超. 西学书目表序例.122.

② 梁启超. 饮冰室合集：第一册 [M]// 梁启超. 西学书目表序例.123.

③ 梁启超. 饮冰室合集：第一册 [M]// 梁启超. 西学书目表序例.123.

　　至于各类目先后，梁启超也阐述了先后缘由。他说："门类之先后：西学之属，先虚而后实；盖有形有质之学，皆从无形无质而生也。故算学、重学为首；电、化、声、光、汽等次之；天、地、人（谓全体学）、物（谓动物学）等次之；医学、图学全属人事，故居末焉。西政之属，以通知四国为第一义，故史志居首；官制、学校、政所自出，故次之；能富而后能强，故农、矿、工、商次之；而兵居末焉。农者地面之产，矿者地中之产，工以作之，作此二者也；商以行之，行此三者也。此四端之先后也，船政与海军相关，故附其后。"①

　　由此可见，《西学书目表》改变古典学科分类为学、政、教三类，其下再细分为28小类，大体是按照典籍学科性质进行分类的，它的这种分类方法为其后一些目录著作效法，如《古越藏书楼书目》《东西学书录》《译书经眼录》《江南制造译书提要》等分类大体与它相同。

　　此外，在目录著录方面，《西学书目表》紧紧切合实际需要。因装潢变异改称卷数为本数。为便于读者购买，则改变传统目录书因目录家重在收藏不著价值的著录习惯，注明各书价值。

　　有学者评价梁启超《西学书目表》的分类道："在分类方面，创立了新的分类体系，尽管还有一些可以商榷的地方，但大体上是切合西书翻译出版的情况的。而且这一分类表一直影响着十进法未输入以前新书目录的分类工作。"②

　　《西学书目表》分上中下三编，对每书书名、撰译人、刻印处、本数、价值、识语，一一依类著录，每小类开头出小类名称，且基本上都出一简短案语，对本小类书籍的安排作出说明。如"算学（由浅入深，故先以数学；先理后法，故次以几何，凡诸形学附焉；次代数，通行之算也；微分积分，非深造不能语，故以终焉。）"③，讲明算学类书籍如此安排次第的缘由。"全体学（《心灵学》《知识五门》《人秉双性说》三种，皆言脑气筋之事，故附于此。）"④，讲明全体学中从题目看不应入这类中的《心灵学》《知识五门》《人秉双性说》等三种书，为何列入其中。此外，附卷一卷著录通商以前西人译著

---

①　梁启超 . 饮冰室合集：第一册 [M]// 梁启超 . 西学书目表序例 .124.

②　吕绍虞 . 中国目录学史稿 [M]. 武汉：武汉大学出版社，2012：160.

③　梁启超 . 饮冰室合集 [M]// 集外文：下册 // 专集补编 . 梁启超 . 西学书目表 . 夏晓虹，辑 . 北京：北京大学出版社，2005：1121.

④　梁启超 . 饮冰室合集 [M]// 集外文：下册 // 专集补编 . 梁启超 . 西学书目表 . 夏晓虹，辑 .1126.

各书(四库著录及丛书中有刻本者,皆注出)[①]、近译未印各书(其未译成及已佚者,皆附见)[②]、中国人所著书(算学书别著录。表中所列书,也有过而存之者,概不加圈识,读者分别观之,可矣)[③]。

《西学书目表》上编所著录书籍:算学22本(含《几何原本》前六卷单行本)、重学4本、电学3本、化学12本、声学3本、光学5本、汽学3本、天学6本、地学9本、全体学12本、动植物学8本、医学40本、图学6本。中编共著录史志25本、官制1本、学制7本、法律14本、农政7本、矿政9本。工政37本、商政4本、兵政60本、船政9本。下编所著录书籍:游记8本,报章6本,格致总11本,西人议论之书12本,无可归类之书18本。附录一卷共著录通商以前西人译著书86本,其中四库著录37本、四库存目3本;近译未印各书89本,中国人所著书120本。

不过,虽然梁启超在作译介西书的工作,而译介西书为时人所重,但梁启超却给门人梁作霖讲不愿意宣扬西学。他在《西学书目表后序》中陈述了自己为什么不愿意宣扬西学的原因。因为他不担心西学不兴,他担心中学将亡。担心习西学者借西学以自大,却不知西学格致的精微,不知西政富强的本末,而对中学一无所知。其上者为洋行买办,下者为通事西奴。若不思补救,长此下去,二十年后,中学将亡,中国将亡。当自觉读经读史读子。"三千年之宗教,有坠地之惧,存亡绝续,在此数年。学者不以此自任,则颠覆惨毒,宁有幸乎? 曾子曰:'士不可以不宏毅,任重而道远,仁以为己任,不亦重乎? 死而后已,不亦远乎? '是在吾党。"[④]学术代表一国精神,没有本国的学术,就没有本国精神。国家的根本是不可抛弃的。学习他者,首先得养好自己的气,固好自己的本,不丢失本民族固有的优秀文化。在维系夯实本民族优秀文化基础上,学习他者优秀文化。后来,他在读《日本书目志》后所发表的感言中,也表达出同样的观念,又有力呼应了康有为的中西学观。其后的赵惟熙在《西学书目答问》中也表达出与梁启超这观念的相同见解。1927年,诸宗元为顾燮光《译书经眼录》作序时道:"近岁以来,复以海内外政治之变迁,标举文化、区分派别,欲求言文一致而不过其大要,欲求整理国故而自失其固有,舍己以从人,昧古以徇今,犹以文体改革自命为时流,

---

① 梁启超.饮冰室合集 [M]// 集外文:下册 // 专集补编.梁启超.西学书目表.夏晓虹,辑.1145.

② 梁启超.饮冰室合集 [M]// 集外文:下册 // 专集补编.梁启超.西学书目表.夏晓虹,辑.1149.

③ 梁启超.饮冰室合集 [M]// 集外文:下册 // 专集补编.梁启超.西学书目表.夏晓虹,辑.1154.

④ 梁启超.饮冰室合集:第一册 [M]// 梁启超.西学书目表序例.129.

此诚可谓大惑不解者也。今欲知世界之大势、政群之原理，固不可不从旁行斜上之文字求之，若国家与社会维系而不敝者，则一国自有一国之礼俗，根性流传，斠若画一，岂可削足而适履、惩羹而自虀耶？"[①] 以民国人的身份重新审视了光绪中叶，时人为发愤图强，竞相译介外域新学书籍、撰写新学书籍，倡导新学，却对本国固有之学有所丢失、忽视的情形，无疑也是对梁启超之见的再次夯实与肯定。

《西学书目表》后附录札记几十则，即《读西书法》，是梁启超回答门人提问的话语，大略是讲各书长短及某书应先读、某书应缓读。并就中华文化与西方文化之间的得失优劣作了评判并有所论定，也纠正时人对西人西学的一些误读。如指出认为西人不重视农业的观点，是误读西人。他讲道："西人富民之道，仍以农桑畜牧为本。论者每谓西人重商而贱农，非也。"[②] 又指出，教育孩童应该从寻常物理人事入手，即"今宜于入学之始，教以粗浅之事物，如算学、天文、地理之类，设为问答，随机指点，则孺子不苦其劳，而能受其益矣。西人所著，如《启悟要津》，《笔算数学》，《格致启蒙》等书，皆可读。叶氏《天文歌略》，《地理歌略》，亦甚善也。此等书皆未备，异时当分类标例，属吾党编纂之，令各种专门之学，皆有入手之处。学童于寻常之物理人事，既已略明，则求'六经'之微言不难矣。"[③] 而非如我国传统教育孩童那样不得法，入学即教"四书""五经"，讲解学者头发都白了，尚且不能彻底搞明白的诚正治平大义。

1902年所作《东籍月旦》中，再次传达出学术代表一国精神的观念。"不知学问所以能救国，以其有精神也，苟无精神，则愈博学而心术愈以腐败，志气愈以衰颓。"[④]《东籍月旦》既列日本书，也列西学书。有中译本的也一一注明。比《日本书目志》仅列日人译介西学书全面。它首列伦理书，其次列历史书，其次列地理书。所著录书籍，以社会政治书籍为主。这和他培养国民精神，改变国民性格的新民思想是一致的。

（三）赵惟熙等人及其代表书目

此外，还有赵惟熙《西学书目答问》、徐树兰《古越藏书楼书目》、徐维

① 熊月之. 晚清新学书目提要 [M]// 顾燮光 // 译书经眼录 // 诸宗元. 序 .219.

② 梁启超. 饮冰室合集 [M]// 集外文：下册 // 专集补编. 梁启超. 读西书法. 夏晓虹，辑 .1165.

③ 梁启超. 饮冰室合集 [M]// 集外文：下册 // 专集补编. 梁启超. 西学书目表. 夏晓虹，辑 .1170.

④ 梁启超. 饮冰室合集：第一册 [M]// 梁启超. 饮冰室文集 // 东籍月旦 .86.

则《东西学书录》《增订东西学书录》、顾燮光《译书经眼录》、沈兆祎《新学书目提要》等目录著述对介绍新学、引导如何阅读新学书籍，以及学科分类做出了贡献。

赵惟熙，字芝珊，江西南丰人，光绪十六年（1890）进士，历任陕西及贵州学政、甘肃提学使、甘肃省巡警道，民国初年署任甘肃省都督兼民政长，1917年去世。1901年清政府宣布改革科举考试，以中外史志、政艺等学考试学生，身为贵州学政的赵惟熙一面上书申明在边远内地新学堂难以一下子就兴办起来，不如译书见效快，奏请开设译书公局。一面就学生之请，仿张之洞《书目答问》作《西学书目答问》，著录中外西学书籍。他在《略例》中对著书体例作了详细说明。他指出，西书书目大致分政、教、艺三门，并以中国传统史观认为教类书浅陋不值得一读、加以译笔多不雅，所以不录教类。这与梁启超《西学书目表》分学、政、教三类却不录教类之旨同出一辙。故而，《西学书目答问》以政、艺分上下篇，各篇又分子目。政、艺类下开篇出大序，每子目下有小序，介绍学科及收书原则。接着再一一著录各书籍。政类著录书籍221种，分史志学、政治学、学校学、法学、辨学、计学、农政学、矿政学、工政学、商政学、兵政学、船政学、附交学、游记、杂著。艺类著录书籍151种，分算学、图学、（附中国地舆图）、格致学、化学、汽学、声学、光学、重学、电学、天学、地学、全体学、动植物学、医学。共著录书籍372种。其中的计学，即经济学，严复创译，但出现在书目分类中，属首次。各书籍著录书名卷数或册数、版本、著者、译者、介绍内容及其得失优劣。如《万国史记》著录如下：

万国史记_{二十卷，订十册 日本冈本监辅撰 上海本 是书以二十卷包举全球数十国古今事迹，其略而弗详不问}

_{可知，且与吾华为同文之国，乃记载亦多失实，并痛诋不遗余力，尤失传信之体，本无足取，姑以译本别无全史收之。}[①]

《西学书目答问》之所以政类书籍为先，是因为赵惟熙认为政类书籍易入门，而艺类书籍，则需专门教师口授及以仪器测验方能实际有所收获。

既然《西学书目答问》仿照《书目答问》而作，而《书目答问》也意在续补《四库全书总目》，所以《西学书目答问》著录在世的人的书籍时就专门提及《四库全书总目》。因为依照《四库全书总目》体例，是不著录在世的人

---

①　熊月之 . 晚清新学书目提要 [M]// 赵惟熙 . 西学书目答问 . 571.

的书籍的。但西学书大半是当时名公硕士所著，若完全依照《四库全书总目》体例，将没有书可以著录。不过，对于在世人的书籍的著录，他声明自己不会仿照《书目答问》对在世作者著录为"今人"不出名姓的形式，因为张之洞对在世的人的书籍著录少，所以不妨从略。^① 而他的书对近人书籍著录多，故而他全部本着书名之例著录于篇中。至于所著录各书中所注版本，是就初印及通行者而言。乾嘉以前译本不著录。书目下著录卷数、撰人、译人姓名，西人冠以国名，中国人不著录爵里，以归简易。对于西学书分类，如同时代人一样，认为西学书分类很难，要做到精确不易。此外，赵惟熙声明，《西学书目答问》因以西学书为主，所以中国人撰述附后，非外夏内夷。并对中国收藏家最尚丛书，但西学书汇刻之作尤其少的实情，声明自己不会为了苟同国人所尚，以坊间渔利的西学汇刻之作入著。并提醒诸生面对西学书籍更新很快的状况，于此只是稍涉藩篱，不过也不要因此而骇为浩如烟海。当然，因《西学书目答问》以西人著述为主，对中国人论述西事著作，个人力量毕竟有限，有可能收集不全，他对此的态度是虚心以待。不过，要指出的是，《西学书目答问》既然仿照《书目答问》而作，那么自然要如《书目答问》一样重视版本，但《西学书目答问》对所著录的书籍不重视版本，并非全是善本、要本。当然，《西学书目答问》之所以有这瑕疵，是有客观因素的。因为现行西书不多，而时下向西方求知的欲望又强，故而只要不是悖谬太甚、浅鄙无理者，于是概予著录。

此外，《西学书目答问》以中学为本之旨，还是颇明显的。如不著录教类书籍，且专门提及中国人著述放在后的原因，同时还郑重声明自己如此做非外夏内夷。像政学下大序所道"泰西政治整齐严肃，颇得我《周官》遗意"^②，则直接告诉世人西人政治源于中国。此外，在他谈如何读西书时所说的"读西书当以中学为根本，正经毕业才可从事，否则志识未固，即有所得亦不足观"^③ 这句话中，他中学为本的观点更是显露无遗。这与赵惟熙官员身份不无关系。当然，赵惟熙轻视教类书籍，也有中国古典文化的"重经史之作，轻术艺之书"观念作祟的一面。这是不值得称道的。但赵惟熙所言读西学书当以中学为本，无疑很是卓识。不仅是他赵惟熙，梁启超、诸宗元等有识之士

---

① 赵惟熙 . 西学书目答问 [M]// 略例 .2.

② 赵惟熙 . 西学书目答问 [M]// 略例 .1.

③ 赵惟熙 . 西学书目答问 [M]// 略例 .1.

对此都有同感。不重视本国之学，全面倒向西学，会丧失民族立场，得不偿失，确实不足取。

徐树兰，浙江绍兴人，1904年编成《古越藏书楼书目》，这是他为自己所拥有的号称近代中国第一家具有公共图书馆特征的藏书楼古越藏书楼所编的书目。

《古越藏书楼书目》打破了四部分类法，仿效梁启超《西学书目表》以学部、政部二类对所藏书籍进行了归类。不过，与梁启超《西学书目表》稍有不同的是，徐树兰并非如梁启超一样仅仅对西学书籍归类，他是对所藏中西典籍一并归类的。因此，徐树兰还需要解决如何使中国典籍妥切融入西方学科分类体系的问题。徐树兰的解决办法是平等对待中西典籍，既不彻底抛弃中国本土的分类法，又接纳西方学科分类，化中国本土的分类于西方学科分类中。他以易学、书学、诗学、礼学、春秋学、四书学、孝经学、尔雅学、群经总义学、性理学、生理学、物理学、天文算学、黄老哲学、释迦哲学、墨翟哲学、中外各派哲学、名学、法学、纵横学、考证学、小学、文学等23类为学部，以正史、编年史、纪事本末、古史、别史、杂史、载记、传记、诏令奏议、谱录、金石、掌故、典礼、乐律、舆地、外史、外交、教育、军政、法律、农业、工业、美术、稗史等24类为政部，每类之下又分若干子目，共47类331子目。既对旧式分类有所借鉴承续，又加入了新式分类法元素。四部分类中各子目都贯以"学"字，子部某些类更名为"哲学"，集部变为"文学"，考据、小学独立成学，法家改为"法学"，理学转化为"性理学"，西学含括在"生理学、物理学、天文算学、中外哲学"中。徐树兰对中西书籍的平等著录，其实是当时不少目录学家面对书籍日多，四部难以容括所有书籍，既继承旧的分类又接受新的分类体系而作出的尝试。姚名达道："此目能打破已成金科玉律之四部，而创为二部，将新学之书，与一向奴视一切之经并列，其创造性为何如！而其将各种学术任意列入各类，其武断性又何如！"[①]是中国古典典籍融入近代西方图书分类法的一尝试，是与中国古典学科与近代西方分类体系及知识系统的一次接轨，是对中西学术平等对待的一次有益实践。当然，学、政二类不足以包摄所有类别[②]，也正如刘简所评价的"观上列各类目，新旧书籍，皆能有所安插，不似其他各法，多陷入四部之范

---

① 姚名达.目录学[M].上海：商务印书馆，1934：140.

② 姚名达.中国目录学史[M].严佐之，导读.123.

围；亦足见其计划周详。然细究其内容，学、政两部，由何而分，漫无准则；类目编排，次序多有失当；既有法学、纵横学，复有法律、外交两类，亦似嫌重复；四书另成一类，名之为四书学，尤属勉强……诸如此类，不妥之处，仍难免贻识者之讥"①，存在创始之作难为工的缺陷，"但于当时能毅然改革，推翻所谓金科玉律之四部法，则其创造之勇气，亦值得后人予以钦佩者"②。

　　徐树兰的侄子徐维则，字以愻，父亲徐友兰有铸学斋藏书楼。徐维则有感于傅兰雅《译书事略》问世后，虽然从此读西学书籍有门径可寻，但却过于简略之情，于是在它的基础上增补，成《东西学书录》一书，光绪二十五年（1899）出版。其后，他在自己继续收辑，以及友人顾燮光从江西邮寄给自己的西学书籍基础上，增订成《增订东西学书录》，光绪二十八年（1902）出版。徐维则所著录的东西学书籍，是指东西方人（含中国人）所著或翻译的新学书籍。《东西学书录》初版与增订版的序都是蔡元培所作。蔡元培在序中讲明了徐维则作《东西学书录》《增订东西学书录》的缘由及功用，序中讲道："海禁既开，西儒踵至，官私译本书及数百，英傅兰雅氏所作《译书事略》尝著其目，盖《释教录》之派而参以《答问》之旨者也。其后或本之以为表别部居，补遗逸、楬精沽、系读法，骎骎乎蓝胜而冰寒矣。吾友徐子以为未备，自删札记之要，旁采专家之说，仿《四库全书简明目录》之例以为书录，补两家之漏而续以近年新出之书及东人之作，凡书之无谓者、复重者、互相证明者皆有说以明之。夫两家之书裨益学者睹成效矣，得徐子之书而详益详、备益备，按图以索，毫发无憾，盖公理渐明，诞谲无实之作日消，而简易有用之书递出，广学之倪吾以是券之矣。……又得新书数百种，君欲续著录焉而未果，会顾君鼎梅_{燮光}自江西邮示所著，则此数百种者大略已具，且于前录遗漏之书亦有所补焉，徐君大喜，遂更为之编校增补而合印之。夫图书之丰歉与学术之竞让为比例，方今士气大动，争研新学，已译未印之书存目报纸者已不可偻指数，自是以往益将汗牛而未已，两君者诚能仿外国图书世界之例，日纂月布之，其裨益学界非浅矣。"③

　　除蔡元培在《东西学书录》《增订东西学书录》二书的书序中为徐维则解释撰述二书的缘由之外，徐维则自己也对著书大旨进行了阐释。此外，徐

①　刘简．中文古籍整理分类研究 [M]．178.

②　刘简．中文古籍整理分类研究 [M]．178.

③　熊月之主编．晚清新学书目提要 [M]// 徐维则．增版东西学书录 // 蔡元培．序．3.

维则还就书中各类东西学书的翻译情况，各类书籍的优长，以及各书翻译得失发表己见。怎么才能使翻译卓有成效，徐维则自己的体会是，要精于其学，明于其义，倘若"不精其学，不明其义"①，即使善于翻译者也终难通达其中道理，最后将酿成翻译有这本书如同没有翻译这本书。况且传播翻译西书人才难寻、译书耗资巨大，翻译数量有限。应仿效"讲求西学年精一年"②的日本，聘任通中西文明专门学者翻译诸书。这样翻译颇佳，费资也较少，各省书局应该"创行之"③。对于翻译诸书书名不统一的情况，他指出："宜由制局先撰各学名目表，中、西、东文并列，嗣后官译私著悉依定称，度量权衡亦宜详定一书以为准。"④在诸西学书籍中，他认为西学书籍中以算学书为最佳⑤。对于中外书籍装订互异的情况，他处理如下：既标译人、又标撰人名字；东西学书多分章节，不分卷数，中译之后乃析为卷，今从译刻之本析卷者注明卷数册数；对于采译各说以成书者，东西人译辑者一律入正文，中国人辑著者入附卷；通商之前上溯明季，游历中国所著之书、东人传入中国之书，以及其后中国人言外事讲西学者之书，择切实者数种，概附录于后；言学诸书，无新译本，都是外国二十年前旧说，姑且著录。

至于此书对东西学书籍的分类，他坦言难免周全。因为东西学书籍兼属二类者较多，很难分类，如"言政之书出于学，言学之书皆关乎政"⑥。对此，他依书籍所侧重而归类。至于所作提要，他则谦逊地说，只是在书目下间附的识语，聊辟途径，不足名提要。

著录具体情况如下：一，书名。原书、今书何名。二，卷数。原书几卷，或未分卷，今分并为几卷（有无图及表附行）。三，册数。外国式装订者亦著名之。四，版本。某年何家（何局何店）用何法刻印，某年何家用何法再刻印，某年何家于何书附行、附报印行、丛书合刻，撰成未刻、已译待印。五，撰人。何国人撰著，何国人增补，何国学校原书。六，译人。何国人译，我国人并著其爵里字号。七，提要。全书之宗旨、作书之原因、全书之目录、书中之精美、书中之舛误、学之深浅、说之详略、与他书之异同、书之全否、

---

① 熊月之主编.晚清新学书目提要 [M]// 徐维则 . 增版东西学书录 // 徐维则 . 叙例 .4.

② 熊月之主编.晚清新学书目提要 [M]// 徐维则 . 增版东西学书录 // 徐维则 . 叙例 .4.

③ 熊月之主编.晚清新学书目提要 [M]// 徐维则 . 增版东西学书录 // 徐维则 . 叙例 .4.

④ 熊月之主编.晚清新学书目提要 [M]// 徐维则 . 增版东西学书录 // 徐维则 . 叙例 .4.

⑤ 熊月之主编.晚清新学书目提要 [M]// 徐维则 . 增版东西学书录 // 徐维则 . 叙例 .4.

⑥ 熊月之主编.晚清新学书目提要 [M]// 徐维则 . 增版东西学书录 // 徐维则 . 叙例 .5.

译笔之善否、提要者之决说。八，检察。改换书目、错乱次第、剿袭舛讹、增删书报。① 如《万国史记》著录如下：

万国史记二十卷_{申报馆本、上海排印本，十册，石印本字太小，《富强丛书》本摘刻为三卷，改名}
《万国总说》

日本冈本监辅著。书虽很略，但颇能斋挞五洲各国治乱兴衰要领，读西史者先从它开始，以知大略。_{益智书会印有石氏《万国史略》、来因氏《万国近世}
〔史〕》_{，同文馆刻有某人《各国史略》，制造局刻有美林乐知、王德均译《万国史》六册，译书公会印有法高祝著、张}
国琛译、胡惟志述《万国中古史略》五卷，均未成。
②

《增版东西学书录》共四卷，附录二卷，分三十一类，由顾燮光补缺者三百多种，各卷各类如下：卷一：史志第一、政治法律第二、学校第三、交涉第四、兵制第五。卷二：农政第六、矿务第七、工艺第八、商务第九、船政第十。卷三：格致总第十一、算学第十二、重学第十三、电学第十四、化学第十五、声学第十六、光学第十七、气学第十八、天学第十九、地学第二十、全体学第二十一、动植物学第二十二。卷四：医学第二十三、图学第二十四、理学第二十五、幼学第二十六、宗教第二十七、游记第二十八、报章第二十九、议论第三十、杂著第三十一。附上：东西人旧译著书。附下之上：中国人辑著书上。附下之下：中国人辑著书下。各类不再分小类，各类之后出大序，讲明本类著录顺序。如史志类大序为"先通史。次编年，次古史，次专史，次政记，次战记，次帝王传，次臣民传记"③。其中宗教、杂著类、颇略，且言及有关宗教问题，则持批评态度。如他批评《犹太地理择要》叙述各事必称引教书来证明"彼教非虚"④，是《犹太地理择要》这书极大的弊病。这与中国士大夫固有观念有关。

从他所著各书提要可以看出，他著书旨意与自己所言当时公哲士夫改造社会、输通文明的旨意是一致的。所以对于有关国计民生的书，他在提要中专门指出要急读。如尤其能救治中国今日民心之弊的《肄业要览》、有富国养民的具体策略的《富国养民策》，他都开列为应急读的书。在改造社会输通

---

①　熊月之主编.晚清新学书目提要 [M]// 徐维则.增版东西学书录 // 徐维则.广问新书之概则 .9.

②　熊月之主编.晚清新学书目提要 [M]// 徐维则.增版东西学书录：卷一 .11.

③　熊月之主编.晚清新学书目提要 [M]// 徐维则.增版东西学书录：卷一 .11.

④　熊月之主编.晚清新学书目提要 [M]// 徐维则.增版东西学书录：卷一 .16.

文明时，他也能很清醒地认识到列强对中国的觊觎。他在李提摩太《新政策》提要中指出，李提摩太提及枢要之地言必称要并用西人，李提摩太的"居心可想"①。在《借箸筹防论略》一卷《附炮浅说》提要中对德国人洞悉我国各省水陆形势，从容措置，了如指掌的状况，也感到惊心动魄。改造输通之际不忘国本，难能可贵。当然，这也是当时有识之士的共识。不过，正当戊戌之后，徐维则对新籍立论颇难下笔，著录尤费选择。②

继徐维则《增版东西学书录》之后，顾燮光作有《译书经眼录》，收录光绪二十八年（1902）迄止光绪三十年（1904）年继徐维则《增版东西学书录》后续见新学译著，共8卷，分史志、法政、学校、交涉、兵制、农政、矿务、工艺、商务、船政、理化、象数、地理、全体学、博物学、卫生学、测绘、哲理、宗教、体操、游记、报章、议论、杂著、小说二十五类，以"本国人辑著书"为一卷。各类下再分子目若干。著录形式与内容为：书名、卷数、版本、译著者、各书内容、得失优劣等。书出版于1934年，时代之故，体例与徐书稍有变化。

而沈兆祎《新学书目提要》，与上述各书相比，在辨章学术上，尤其用力。《新学书目提要》所收之书，取现行各籍，以近年所出之书为断。沈兆祎声明他撰述这本书，即意在辨章学术。③《新学书目提要》辨章学术的旨意是依靠总叙、大序，及所著录之书的提要来完成的。正文之前为凡例、总叙，正文依法制类、历史类、舆地类、文学类四类分为四卷，与其总叙所言"列目为八"④，有出入。各类开篇有大序，各类之下不再分子目。书名取名新学，也就并不只著录外国人所著新学书籍，还著录中国人所写新学书籍。所著录各书，先出书名版本，接下来另起一行出卷数或章节、作者、译者等，并介绍内容及其得失优劣。如：

> 《原政》上海作新社本
> 《原政》二卷，英国斯宾塞尔原著，吴县杨廷栋译本。原书卷帙盖不仅此，此所译者题曰'上篇'，其第一卷为总论，第二卷则言政纲，分而为八章云。总论篇中于文明、野蛮竞进递嬗之故穷其原委，

---

① 熊月之主编. 晚清新学书目提要 [M]// 徐维则. 增版东西学书录：卷四. 153.

② 熊月之主编. 晚清新学书目提要 [M]// 顾燮光. 译书经眼录 // 顾燮光. 述略. 222.

③ 熊月之主编. 晚清新学书目提要 [M]// 沈兆祎. 新学书目提要 // 凡例. 379.

④ 熊月之主编. 晚清新学书目提要 [M]// 沈兆祎. 新学书目提要 // 总叙. 382.

而于近世人民之行谊颇著不满之辞，政纲各篇析言群治分合成就之理，语多渊邃，译笔虽修洁，似未能尽达原意，终使读者病其扞格，名家专门之书信足以困良译也。[①]

总之，这些后出新学书目或提要，较能借鉴前作。如《东西学书录》意在补《西学书目表》收书简略的弊病，《增版东西学书录》涵盖了《东西学书录》，《译书经眼录》接续了《增版东西学书录》。《西学书目答问》补《书目答问》西学书籍著录不足的缺陷，面向问学新学的初级读者。《新学书目提要》意在仿《四库全书总目》之旨，辨章学术，面向新学素养较高的读者。以上各书目或提要完成了对新学书籍取精华去糟粕的任务，并指明了阅读新学书籍的门径，且对传统分类与西方学科分类的融通也作出了实践，提供了可供借鉴的范例。

此外，像特意为初学者而作的黄庆澄《普通学书目录》，卷一为中学入门书、经学、子学、史学、文学、中学丛刻书，效仿张之洞《书目答问》而来。卷二为西学入门书、算学、重学、电学、化学、声光学、汽机学、动植物学、矿学、制造学、图绘学、航海学、工程学、理财学、兵学、史学、公法学、律例学、外交学、言语学、教门学、寓言学、西学丛刻书，分类较《西学书目表》为多但名称不妥。卷三为天学、地学、人学。虽然确如姚名达所认为浅显而没有什么精义，但也是如姚名达所言混合新旧目录于一编者的最早尝试者。[②] 是时人为融通中西学术，指明阅读新学书籍门径而进行的分类尝试，同时也是时人意在创建新的学术学科与知识系统的一次实践。

在大家纷纷关注新学书目及其提要，撰写新学书目或提要的同时，学术学科分类也随之发生了变化，四部分类彻底退出了主流舞台，由此也引发官方介入学术学科体系和知识系统的确立，学人则被卷入其中，参与近代学术学科体系和知识系统建立的讨论，最后确定下文、理、法、商、医、农、工等七科，建立起近代学术分科和知识体系。

在晚清学术分科和知识体系确立中，张之洞的七科之学为经学、史学、格致学、政治学、兵学、农学、工学，张百熙的七科之学为政治、文学科、格致科、农业科、工艺科、商务科、医术科。二人的分科体系，一中体西用，

---

① 熊月之主编 . 晚清新学书目提要 [M]// 沈兆祎 . 新学书目提要 .392.

② 姚名达 . 中国目录学史 [M]. 严佐之，导读 .121.

一以西学为主。最后清政府听从了张之洞的建议，为维系清政府的国本，修订了张百熙的分类法，确定了经学科、政法科、文学科、医科、格致科、农科、工科、商科八科分科体系。当时，王国维以西方近代学术观念和方法整理中国学术门类，反对张之洞等修订张百熙七科之学后确立的八科之学，把经学科与文学科分为二科。这是中西文化碰撞下，中国知识阶层的不同抉择。张之洞固本但不守旧，他想通过确定经学地位，来留住已散的世道人心，挽救清政府岌岌可危的命运，但他终究抗不过时代步伐。经学地位没落，清政府瓦解，实为必然。1912年，以蔡元培为总长的教育部明令取消经学科，分文、理、法、商、医、农、工等七科，最终完结了经学时代，宣告近代西方学术体系在中国的确立，中国本有的学术体系从此退出历史舞台。就其时而言，为顺应潮流之举。但就中国学术体系而言，如众流被截，从此不继，中国学术学科体系彻底失去走向近代现代之途，至今未得续接重建，不无遗憾。

结 语

　　中国目录学，顾名思义，是研究目录的一门学问。它的发展，依时间可划分为古代目录学、近代目录学、现代目录学三个阶段。从古代目录学到现代目录学的过程，实际上是中国古典学术及其分科体系及知识系统从传统走向现代的过程，亦即当今学术及其学科体系的源头在古代目录学中。

　　古代目录学的"目"是书目的意思，"录"是钩玄提要的意思。就时间来看，按照中国学术界对古代这个概念的时间界定，约定俗成的时间下限是1840年。但以目录学所具有的巨大张力，从时间上看，它虽然在1840年已结束，但实际上它并没有彻底消失，到1919年才完全退出历史舞台。所以，以时间为准划分目录学，会有不严谨之弊。不过，把从目录学成学到1919年这段时间称为古典目录学，则可避免此等弊病，且突显尊崇本国固有文化之义。因此，更确切地说，中国固有学术学科体系及其知识系统在中国古典目录学中。本书之所以以时间划分目录学，是为了方便论述。因为清代结束于1911年，其目录学未跨度到1919年。当然，古代目录学与古典目录学虽然时间上有别，但在内涵上是一致的。古典目录学不复存在后，涉及古籍整理时也还偶或用它的编纂方式或方法。就概念而言，古代目录学有广狭二义之分。广义的为除书目著录或钩玄提要外，还是包含版本校勘在内之学，同时也是对其发展历史或学者流派著述及其理论的研究；狭义的为书目著录或钩玄提要之学，以及对其发展历史或学者流派著述及其理论的研究。从西汉刘向刘歆父子确立中国古代最早学科分类体系，到清乾隆时期四库修书经史子集四部分类的学科体系定为一尊，其间经历了上千年。在这个学术学科体系下，中国的目录学家对一代或一朝，对公家或私家所藏图书的作者、学术传承、学术价值、优劣好恶等论定，也把官方及个人的意志和学术倾向书写其中。也就是说，古代目录学并非简单的账簿式的书目记录，不仅仅是为了"甲乙记数之需"，而是承载高深学术知识和学科体系，进行学术导向，以及指引如何读书治学的场所，即兼具"辨章学术，考镜源流""折衷六艺，宣明大道"，以及"读书治学门径"的功能。可谓一种特殊的思想著作。编撰者们的好恶、喜怒、忧思、渴望无不与其内容应和着，丰富的书目或书目提要在他们笔下被赋予了他们的理念，表现出编撰者从自己时代出发作出的对各个时代及其书籍的思考，映射出浓厚的时代氛围。无论官家目录著作《汉书·艺文志》《隋书·经籍志》《崇文总目》《文渊阁书目》《明史·艺文志》，还是私家目录著作《郡斋读书志》《直斋书录解题》《经义考》等，无一不延续这一优良传统。到清代官修《四库全书总目》时，更是发扬光大。

正因为古代目录学具有上述如此重要的功用，所以中国古人读书治学是把目录学放在第一位的。他们指出"目录之学，学中第一要紧事，必从此问途，方能得其门而入"。一览中国古代目录学，中国古代学术文化尽收眼底，是最能代表中国传统文化的一门学问。如《四库全书总目》，基本上涵括了18世纪，特别是明代以前，中国古代主要的著作，集中展示了中华民族传统文化的精华。

也正是中国古代目录学是问津中国古代文化的钥匙，所以它成为沟通古今的桥梁，担负着连接古今重任。中国古代目录学连接古今，可从以下方面入手：

第一，发挥中国古代目录学读书治学门径功能，指导时人阅读优秀传统文化书籍，弘扬传播优秀传统文化。

"优秀传统文化可以说是中华民族永远不能离别的精神家园。读优秀传统文化书籍，是一种以一当十、含金量高的文化阅读，领导干部多读优秀传统文化书籍，经常接受优秀传统文化熏陶，可以提高人文素养，增强对人与人、人与社会、人与自然关系的认识和把握能力，正确处理义与利、己与他、权与民、物质享受与精神享受等重要关系"，因此汲取这个养分，第一要义就是读书。读优秀传统文化书籍，日涵月养，不言而教，自会成蹊。那么，哪些是优秀传统文化书籍，这就需要慧眼品定。中国古代目录学，正可帮助时人完成这个鉴识任务，有效指导阅读中国优秀传统文化书籍。

第二，借鉴中国古代目录学体系所具有的构建古代学科体系和知识系统的功能，为构建新时代中国特色风格气派的学术体系及文化自信体系服务。

当今形势下，中国要在世界文化之林中获得应有地位，重塑东方文化代表的身份，势必挖掘并发挥本国固有的学术体系和知识系统的潜力与优势，以为当今构建中国特色学术体系及文化自信体系借鉴。中国古代目录学体系，尤其是既是其主流核心体系又可独立的四库体系，承载着中国古代学术体系及其知识系统，正可为当今构建中国特色风格气派的学术体系及文化自信体系服务。

第三，从中国古代目录学的优秀典籍中，汲取其中富有中国特色的语言养分，梳理其中的文化自信，结合近代以来革命话语，形成中国新时代的文化自信话语体系，用中国特色的话语向世界阐释自己。同时，通过对中国古代目录学中要籍的梳理，可以基本摸清我国古代要籍基本状况，对这些典籍的保存传承意义重大。由此，也可以对我国古代学科体系及知识系统中重要典籍有较全面了解，系统认知。

最后，中国古代目录学的发展历程就是一部中国学术文化发展史，可解读中国文明的进程，传承中华优秀传统文化，延续中国文脉。

总之，中国古代目录学在保存、总结、传播中国优秀传统文化，建立新的学科体系和知识系统等方面都具有一席之位。我们应本着实事求是的精神，去粗存精，去伪存真，充分吸收其中的优秀传统文化内涵，全面发掘它的价值，为弘扬优秀传统文化、建设社会主义核心价值观服务。

而近代目录学是中西文化碰撞下的产物，它也因目录学所具有的传统文化的巨大张力，虽然按照中国学术界对近代约定俗成的时间分期，它的时间上限应是1840年，但它真正得以大规模出现的时间却是同光时期。它既能见到古代目录学的特质，也能见到西方学科和知识体系对中国传统学科和知识体系的影响。并且中西文化何去何从，在近代目录学中也是有深刻反映的。是"中体西用"还是"全盘西化"，诸如此类中西古今之争问题，在其中清晰可见。也就是说，晚清中国学术分科，经历了传统四部分类向经世六部，经世六部向近代七科之学，以及七科之学向八科之学，最终在1912年定型为文、理、法、商、医、农、工等七科之学的演变过程。

其间，从冯桂芬、王韬、郑观应，到康有为、梁启超、严复、张元济，再到吴汝纶、张百熙、张之洞、王国维等人，他们在传统和近代之间，进行思考，并有所抉择；对学科和知识体系的认识上下相承，也各有论定。对当今学科和知识体系，以及全球化形势下中西文化如何定位，影响深远。

清代正好经历了古代目录学和近代目录学两个阶段，一部《四库全书总目》正可见政府如何利用目录著述来确立学术导向，以及目录学如何和政治相连。《四库全书》江南三阁藏书，以及陆心源皕宋楼藏书流入日本静嘉堂等藏书兴衰史话，正可见古代藏书文化，藏书与家国命运之间的关系。而张之洞、张百熙、王国维等关于学科和知识体系之间的分歧，正可见清末知识阶层和官僚阶层在中西文化中所做的抉择。所以研究清代目录学，正可见中国传统文化如何走向近代，中国知识分子的性格和命运，对当今不无借鉴意义。

自 16 世纪末以来中西第一次正面大规模接触以来，西学随着传教士的传教走入中国各阶层，尤其是知识阶层。在这个西学传播过程中，他们的学科分类观念经艾儒略《西学凡》等著作也传入了中国。不过，当时系于正统的夷夏之防，虽然意识到西方分类法与中国学科之间的对应关系，但并未用它来纠正中国传统四部分类法的弊病。

其后，在乾嘉考据兴盛局势下，修撰了定四部分类法及汉学一尊地位的目录学著作《四库全书总目》，以引导学术和思想文化一统。官私藏书都很兴盛，传统目录学发展到鼎峰。然而，这种状况到乾嘉之后，随着自身学术文化的发展，以及西学的冲击，发生了变化。到晚清，本就不能完全牢笼所有书籍的四部分类法，被代之以按照学科分类的分类法。中国目录学进入近代目录学阶段。四部分类法退出学术主流地位。当然，基于文化承继的需要，以及文化所自有的惯性，四部分类法并没有就此灭迹。一些古典书目的编纂还是在用四部分类法，不过其中的不少书目在小类上还是有一些变化的。最后，近代学术学科和知识体系得以确立。

此外，清代目录学对自己及其之前的目录学进行了全面总结。目录学的全面兴旺只有到清代才完全有这个可能。统治术下牢笼民心的需要，以及学术总结的趋势，使清代目录学获得空前发展契机，目录学甄至鼎盛。举凡目录书籍的各种类型，都可在其中找到代表，并催生出对目录理论的探讨与总结，目录学得到一次全面总结。因此，在清代乾嘉时期由王鸣盛、金榜、章学诚等又一次对目录学功用作出概括，实为目录学发展到这个时期，目录学兴盛的必然。

故而，研究清代目录学既可见历代目录学状貌，又具有重要现实意义。可以见到中国古典学术发展，古典学术分科体系及知识系统演化，中国近代分科观念与知识系统的形成过程；可以见到如何通过目录书籍编纂来引导学术好尚，为思想文化稳定服务，可为书籍出版提供思路；可以看到中国古代藏书文化，藏书爱书护书精神，对如何读书鉴书选书有重要借鉴意义，对当今整理出版书籍也意义重大；可以通过藏书兴衰感知爱国精神，激发爱国精神；可以从目录著述中感知论书知人，感受传统文化的熏陶，涵养情性，资治借鉴。为很好"弘扬民族文化，开掘文化宝藏，以历史引导未来"，清代目录学应担当起认知并光大传承中华优秀传统，振奋民族精神，培育践行社会主义核心价值观的重任；为中国文化在世界文化之林争得应有的地位，为中国传统文化担当起建设东方文化精神家园的重任提供思路。因此，清代目录学研究大有空间。

参考文献

专著

[1] 班固.汉书[M].颜师古,注.北京:中华书局,1962.

[2] 许慎.说文解字注[M].段玉裁,注.上海:上海古籍出版社,1981.

[3] 魏徵等.隋书[M].北京:中华书局,1973.

[4] 王溥.唐会要[M].清乾隆武英殿刻本.

[5] 王钦若等.册府元龟[M].明崇祯黄国琦刻本.

[6] 宋敏求.唐大诏令集[M].明抄本.

[7] 司马光.资治通鉴[M].北京:中华书局,1956.

[8] 黄庭坚.山谷题跋[M].屠友祥,校注.上海:上海远东出版社,2011.

[9] 黄东发.黄氏日钞[M].文渊阁《四库全书》本.上海:上海古籍出版社.

[10] 祁承爜.澹生堂藏书约[M].上海:上海古籍出版社,2005.

[11] 冯梦龙.喻世明言[M].西安:陕西人民出版社,1985.

[12] 毛晋.汲古阁书跋[M].潘景郑,校订.上海:上海古籍出版社,2005.

[13] 方以智.通雅[M].姚文燮,校订.清1644年刻本.

[14] 钱谦益.牧斋有学集[M].钱曾笺,注.梁溪金匮山房主人清康熙24年刻本.

[15] 钱谦益.钱牧斋全集[M].吴江薛氏遂汉斋,清宣统二年(1910年).

[16] 钱谦益.绛云楼题跋[M].潘景郑,辑校.上海:上海古籍出版社,2005.

[17] 钱谦益.牧斋外集[M].上海:上海古籍出版社,2003.

[18] 黄宗羲.思旧录[M].海口:海南出版社,2001.

[19] 周亮工.读画录[M].北京:中华书局,1985.

[20] 曹溶.流通古书约[M].知不足斋丛书本.

[21] 顾炎武.亭林文集 [M].北京：中华书局，1983.

[22] 顾炎武.日知录集释 [M].黄汝成，集释.秦克诚，点校.长沙：岳麓书社，1994.

[23] 倪灿撰.宋史艺文志补 [M].《丛书集成新编》第一册.台北：新文丰，1985.

[24] 倪灿撰.补辽金元艺文志 [M].《丛书集成新编》第一册.台北：新文丰，1985.

[25] 钱曾.读书敏求记校证 [M].管庭芬，章钰，校证.长洲章钰民国 15 年（1926）刻本.

[26] 钱曾.读书敏求记 [M].丁瑜，点校.北京：书目文献出版社，1984.

[27] 朱彝尊.经义考 [M].北京：中华书局，1998.

[28] 朱彝尊.曝书亭序跋 [M].上海：上海古籍出版社，2010.

[29] 朱彝尊.曝书亭集 [M].台北：商务印书馆，2011.

[30] 黄虞稷.千顷堂书目 [M].瞿凤起，潘景郑，整理.上海：上海古籍出版社，2001.

[31] 徐乾学.传是楼书目 [M].东武刘喜海味经堂书屋抄本.

[32] 梅文鼎.勿庵历算书目 [M].梅毂成，校正.《丛书集成新编》第一册.台北：新文丰，1985.

[33] 王士禛.重辑渔洋书跋 [M].陈乃乾，校辑.上海：上海古籍出版社，2005.

[34] 黄百家.学箕初稿 [M].四部丛刊本.

[35] 清太祖高皇帝实录 [M].北京：中华书局，1985.

[36] 清世祖章皇帝实录 [M].北京：中华书局，1985.

[37] 何焯.义门读书记 [M].北京：中华书局，1987.

[38] 王士禛.蚕尾集 [M].《四库全书存目丛书》本.济南：齐鲁书社，1997.

[39] 王士禛.重辑渔洋书跋 [M].潘景郑，校订.上海：上海古籍出版社，2005.

[40] 王士禛.王士禛全集 [M].济南：齐鲁书社，2007.

[41] 张廷玉.明史 [M].北京：中华书局，1974.

[42] 金门诏.补三史艺文志 [M].《丛书集成新编》第一册.台北：新文丰，1985.

[43] 吴焯.绣谷亭薰习录 [M].民国七年吴氏双照楼刊《松邻丛书》本.

[44] 王应奎 . 柳南随笔 [M]. 王彬，严英俊，点校 . 北京：中华书局，1983.

[45] 李天根 . 爝火录 [M]. 北京：人民日报出版社，2009.

[46] 孙从添 . 藏书记要 [M]. 上海：上海古籍出版社，2005.

[47] 全祖望 . 鲒埼亭集 [M].《四部丛刊》本 . 上海：商务印书馆，1936.

[48] 全祖望 . 读易别录 [M].《丛书集成新编》第一册 . 台北：新文丰，1985.

[49] 惠栋 . 渔洋山人自撰年谱注补 [M].《续修四库全书》本 . 上海：上海古籍出版社，1995.

[50] 英廉等编 . 全毁抽毁书目 [M].《丛书集成新编》第二册 . 台北：新文丰，1985.

[51] 素尔讷等 . 钦定学政全书 [M]. 清乾隆三十九年武英殿刻本 .

[52] 崔诰等 . 钦定全唐文 [M]. 清嘉庆内府刊本 .

[53] 嵇璜 . 续通志 [M]. 王云五编《万有文库》第二集 . 北京：商务印书馆，1934.

[54] 于敏中，彭元瑞等 . 天禄琳琅书目；天禄琳琅书目后编 [M]. 上海：上海古籍出版社，2007.

[55] 王鸣盛 . 十七史商榷 [M]. 黄曙辉，点校 . 上海：上海书店，2005.

[56] 蒋良骐 . 东华录 [M]. 北京：中华书局，1980.

[57] 世宗宪皇帝实录 [M]. 北京：中华书局，1986.

[58] 钱大昕 . 潜研堂文集 [M].《四部丛刊初编》本 . 上海：上海书店出版社，1989.

[59] 钱大昕 . 十驾斋养新录 [M]. 上海：上海书店，1983.

[60] 钱大昕 . 补元史艺文志 [M].《丛书集成新编》第一册 . 台北：新文丰，1985.

[61] 周永年 . 儒藏说 [M]. 丁巳七月夏孙桐著《松邻丛书甲编》，仁和吴昌绶双照楼民国七年（1918）刻本 .

[62] 彭元瑞 . 知圣道斋读书跋 [M]. 王云五《丛书集成初编》本 .

[63] 翁方纲 . 经义考补正 [M].《丛书集成新编》第一册 . 台北：新文丰，1985.

[64] 圣祖仁皇帝实录 [M]. 北京：中华书局，1985.

[65] 桂馥 . 晚学集 [M].《丛书集成》本 .

[66] 章学诚 . 章学诚遗书 [M]. 北京：文物出版社，1985.

[67] 钱大昭 . 补续汉书艺文志 [M].《丛书集成新编》第一册 . 台北：新文丰，1985.

[68] 永瑢等 . 四库全书总目 [M]. 北京 : 中华书局，1965.

[69] 永瑢、纪昀等 . 文渊阁四库全书 [M]. 上海 : 上海古籍出版社，1987.

[70] 永瑢等 . 四库全书简明目录 [M]. 上海 : 华东师范大学出版社，2012.

[71] 孙星衍 . 平津馆鉴藏书籍记 廉石居藏书记 孙氏祠堂书目 [M]. 上海 : 上海古籍出版社，2008.

[72] 荣柱 . 违碍书目 [M].《丛书集成新编》第二册 . 台北 : 新文丰，1985.

[73] 高宗纯皇帝实录 [M]. 北京 : 中华书局，1986.

[74] 江藩 . 宋学渊源记 [M]. 上海 : 上海书店，1983.

[75] 十三经注疏 [M]. 阮元，校刻 . 北京 : 中华书局，1980.

[76] 阮元 . 揅经室三集 [M]. 北京 : 中华书局，1993.

[77] 顾广圻 . 思适斋集 [M]. 道光二十九年徐渭仁刻本 .

[78] 顾广圻 . 思适斋书跋 [M]. 王大隆，辑 . 秀水王氏学礼斋刊本 . 上海 : 上海古籍出版社，2007.

[79] 周中孚 . 郑堂读书记 [M]. 北京 : 商务印书馆，1959.

[80] 吴寿旸 . 拜经楼藏书题跋记 [M]. 道光蒋光煦别下斋校本 .

[81] 昭梿 . 啸亭续录 [M]. 上海 : 上海申报馆清光绪 2 年铅印本 .

[82] 军机处编 . 禁书总目 [M].《丛书集成新编》第二册 . 台北 : 新文丰，1985.

[83] 侯康 . 补后汉书艺文志 [M].《丛书集成新编》第一册 . 台北 : 新文丰，1985.

[84] 陈澧 . 东塾读书记 [M]. 王云五《万有文库》. 北京 : 商务印书馆，1936.

[85] 姚振宗 . 隋书经籍志考证 [M]. 二十五史刊行委员会编《二十五史补编》本 . 北京 : 中华书局，1955.

[86] 莫友芝 . 宋元旧本书经眼录 持静斋藏书记要 [M]. 邱丽玟，李淑燕，点校 . 上海 : 上海古籍出版社，2009.

[87] 刘熙载 . 艺概 [M]. 上海 : 上海古籍出版社，1978.

[88] 姚觐元编，孙殿起辑 . 清代禁毁书目（补遗）、清代禁书知见录 [M]. 北京 : 商务印书馆，1957.

[89] 顾櫰三 . 补五代史艺文志 [M].《丛书集成新编》第一册 . 台北 : 新文丰，1985.

[90] 朱学勤 . 朱修伯批本四库简明目录 [M]. 北京 : 北京图书馆，2001.

[91] 丁日昌 . 持静斋书目 [M]. 路子强，王雅新，标点 . 上海 : 上海古籍出版社，2008.

[92] 方濬师.蕉轩随录 [M].北京:中华书局,1995.

[93] 张之洞.辅轩语 [M].清光绪 8 年江西聚珍版.

[94] 张之洞.书目答问补正 [M].范希曾,补正.上海:上海古籍出版社,2001.

[95] 陈康祺.郎潜纪闻二笔 [M].北京:中华书局,1984.

[96] 陈康祺.郎潜纪闻四笔 [M].清代笔记资料丛刊.褚家伟,张文玲,点校.北京:中华书局,1990.

[97] 马瀛.唫香僊馆书目 [M].潘景郑,校订.上海:上海古籍出版社,2005.

[98] 赵宗建.旧山楼书目 [M].潘景郑,校订.上海:上海古籍出版社,2005.

[99] 李岳瑞.春冰室野乘 [M].上海:上海世界书局民国十一年再版增补本.

[100] 丁国钧.补晋书艺文志附录补遗 [M].《丛书集成新编》第一册.台北:新文丰,1985.

[101] 李慈铭.越缦堂读书记 [M].由云龙,辑.上海:上海书店出版社,2000.

[102] 叶德辉.郋园读书志 [M].杨洪升,校.杜泽逊,审定.上海:上海古籍出版社,2010.

[103] 瞿良士.铁琴铜剑楼藏书题跋集录 [M].上海:上海古籍出版社,2005.

[104] 黄鸿寿.清史纪事本末 [M].上海:上海书店出版社,1986.

[105] 张鹏一.隋书经籍志补 [M].二十五史刊行委员会编《二十五史补编》本.北京:中华书局,1955.

[106] 邓之诚.清诗纪事初编 [M].上海:上海古籍出版社,1984.

[107] 萧一山.清代通史 [M].上海:商务印书馆,1927.

[108] 陈乃乾.索引式的禁书总录 [M].北京:北平富晋书社,1932.

[109] 姚名达.目录学 [M].上海:商务印书馆,1934.

[110] 郑鹤声.中国史部目录学 [M].北京:商务印书馆,1956.

[111] 吴慰祖校订.四库采进书目 [M].北京:商务印书馆,1960.

[112] 马克思恩格斯选集 [M].北京:人民出版社,1972.

[113] 刘简.中文古籍整理分类研究 [M].台北:文史哲出版社,1978.

[114] 王仲荦.魏晋南北朝史 [M].上海:上海人民出版社,1979.

[115] 余嘉锡.四库提要辨证 [M].北京:中华书局,1980.

[116] 王利器辑.越缦堂读书简端记 [M].天津:天津人民出版社,1980.

[117] 辞源 [M].北京:商务印书馆,1981.

[118] 孙殿起.贩书偶记 [M].上海:上海古籍出版社,1982.

[119] 陈登原.古今典籍散聚考 [M].上海：上海书店，1983.

[120] 傅增湘.藏园群书经眼录 [M].北京：中华书局，1983.

[121] 白寿彝.史学概论 [M].银川：宁夏人民出版社，1983.

[122] 徐珂.清稗类钞 [M].北京：中华书局，1984.

[123] 王重民.中国目录学史论丛 [M].北京：中华书局，1984.

[124] 钱宗范.乾隆 [M].桂林：广西人民出版社，1986.

[125] 任乃强.华阳国志校补图注 [M].上海：上海古籍出版社，1987.

[126] 王重民.校雠通义通解 [M].上海：上海古籍出版社，2009.

[127] 梁启超.饮冰室文集 [M].北京：中华书局，1989.

[128] 梁启超.清代学术概论 [M].北京：东方出版社，1996.

[129] 周少川.古籍目录学 [M].郑州：中州古籍出版社，1996.

[130] 中国第一历史档案馆编.纂修四库全书档案 [M].上海：上海古籍出版社，1997.

[131] 来新夏主编.清代目录提要 [M].济南：齐鲁书社，1997.

[132] 赵尔巽.清史稿 [M].北京：中华书局，1998.

[133] 漆永祥.乾嘉考据学研究 [M].北京：中国社会科学出版社，1998.

[134] 周积明.《四库全书总》与十八世纪中国文化的流向 [M].台北：台湾学生书局，1998.

[135] 郑伟章.文献家通考 [M].北京：中华书局，1999.

[136] 汪辟疆.目录学研究 [M].上海：华东师范大学出版社，2000.

[137] 章炳麟.訄书 [M].徐复，注.上海：上海古籍出版社，2000.

[138] 来新夏.中国近代图书事业史 [M].上海：上海人民出版社，2000.

[139] 梁启超.中国近三百年学术史 [M].太原：山西古籍出版社，2001.

[140] 余嘉锡.余嘉锡说文献学 [M].上海：上海古籍出版社，2001.

[141] 姚名达.中国目录学史 [M].严佐之，导读.上海：上海古籍出版社，2002.

[142] 来新夏.古典目录学浅说 [M].北京：中华书局，2004.

[143] 王章涛.阮元评传 [M].扬州：广陵书社，2004.

[144] 梁启超.饮冰室合集 [M].夏晓虹，辑.北京：北京大学出版社，2005.

[145] 裴世俊.钱谦益诗选 [M].北京：中华书局，2005.

[146] 张升.四库全书提要稿辑存 [M].北京：北京图书馆出版社，2006.

[147] 梁启超.国学要籍研读法四种 [M].北京：北京图书馆出版社，2008.

[148] 陈晓华."四库总目学"史研究 [M].北京：商务印书馆，2008.

[149] 严佐之.近三百年古籍目录举要 [M].上海：华东师范大学出版社，2008.

[150] 徐世昌.清儒学案 [M].石家庄：河北人民出版社，2008.

[151] 纪宝成.主编.清代诗文集汇编 [M].上海：上海古籍出版社，2010.

[152] 吕绍虞.中国目录学史稿 [M].武汉：武汉大学出版社，2012.

[153] 陈垣.日知录引唐割属东川六州制考 [M].益世报（影印本，一九四七年十月十三日第六版）.天津：南开大学出版社，2004.

论文

[1] 孟森.选印四库全书平议 [J].青鹤，1933，1（23）.

[2] 杨家骆.中国古今著作名数之统计 [J].《新中华》复刊，1946，4（7）.

[3] 裴世俊.钱谦益主情审美命题及其价值 [J].江海学刊，1991（4）.

[4] 王余光.清以来史志书目补辑研究 [J].图书馆学研究，2002（3）.

[5] 谢正光.钱谦益奉佛之前后因缘及其意义 [J].清华大学学报，2006（3）.

后 记

好为文，往时常思之，以为文之关键在天分与悟性，与学历人品无甚关系。廿岁之际，于家乡某矿务局子弟中学教习语文。远离父母，一人独处，执鞭之余，与书为友。如是六载，尽读中外名著。至于今，犹能记得当年读书之情状。不过，如苏轼所言"人生识字忧患始"，我的忧患也由这粗识文墨起。这粗识文墨，竟激起我不想就此一生的想法。循着这想法，几分曲折之外，也还顺利。考研三次，终位研究生之列。考博两地，无缘九省通衢，却得入京师门墙。再后来，误打误撞，竟然把自己圈定入象牙塔，而且是自己并非执意之地的象牙塔。不过，转而思之，或许本当如此。当年就读北师大，足迹除北师大周围的北太平庄、新街口，以及与北师大一条线的西单，几乎未曾踏足他地。如今安身立命之所首师大，在去应聘前，也是不知繁华京都还有此等好去处。那个时候，也许是少以出门，到一趟首师大，觉得好像去了另一个城市，遥不可及！这，不就是一个象牙塔之人的素形！而自来到首师大，一晃15年过去了。这15年，原地踏步不动，我也被定格为大学教师，举手投足间全透出此等人群之属性。当初对我陌生得不能再陌生之地，从我当年就读学校至此，感觉如两个城市之遥之地，至如今，至少对于其表，已熟悉得不能再熟悉了。再过些时日，以原地不动的耳闻目睹，是足可列名于首师大掌故之榜了。即使不列名校榜，退而论之，是足可跻身院榜的。因果如此，如此因果。

无论何等因果，自中学执鞭而大学授业，缓步走来，二十多个春秋，已然过去。年齿渐长之外，当初的天分悟性之思也增了不少辩证。唐人刘知幾于史家首提才学识，才于文才、文采之外，有天才、才气之义。学是指学知习识，识是识见与义理。后人于此，也颇有论说。宋苏辙道"文者气之所形，然文不可以学而能，气可以养而致"。苏辙这里所道之文是上乘之文。幡然折节读书的苏辙，因学开悟，朝夕之间尽得为文之旨。无学不能为文，但只有学是万万不可能为上乘之文的。似乎，苏辙忘了本，忘记是学令其开悟。但其实不然，这是苏辙真正学到家，才气悟力一等的表现。苏辙要告诉世人的是，为文不只是学所能致的，还需要其他条件。比如可以养而致的气，即是其一。气可以无声无息养文而浑然不觉。清人袁枚也言"学如弓弩，才如箭镞，识以领之，方能中鹄"，清人章学诚则道："非识无以断其义，非才无以善其文，非学无以练其事……刘氏之所谓才、学、识，犹未足以尽其理也。……能具史识者，必知史德。"更在才学识外加一德，即心术。未有端正的心术，是不会有、也不配有好的史学作品的。当然，更不得称为良史。

由此，豁然于天分悟性。原来天分悟性，其实是才学识德的共生品。学，经年累月潜移默化不同个体，不同个体的天分悟性悄然生成。看似天成，未加斧凿，却有玄机。而德更是史家史作的标杆。中国人是讲德的，对待无有德的万事万物，都会降格处理。任由谁，都无能改变此准则。由此，常思如何为学，如何安生立命。为学。当志其大，存高远。为人，需要器识与慧悟，诚信与坚韧，更要积极进取，永葆平常之心。

二十多年来，于山登峨眉、泰山、黄山，目其壮阔；经终南、华山，感其高渺；于水，长于长江之畔，谙其喜怒哀乐；过黄河，见其浩浩汤汤。慨思多少豪杰，尽付大好河山。于人，接于古人，交于今人，稀见贤人高人，仰而效习之。于学，则略窥门墙。才性鲁钝，这一略窥之，竟耽于此廿一载，用尽我之韶华。

这廿一载，从巴蜀开端，到继祖师之志从事四库学，至立足四库学问津中外交流研究，终渐悟无论本国或中外何等研究，立足国本，方富有生机，充满活力，青春永葆。也唯有如此，方有根脉。既固本培元，又不失开明开放。当今，我们在加大开放步伐，中国在进一步走向世界，而世界更渴望了解中国。二者要做到良性互动，汲取对方养分护持自己，其一媒介便是中国的优秀文化。世界了解中国优秀文化的过程，就是中国走出国门的过程。民族的才是世界的，优秀文化是中国之命脉，是中国人的根，是中国人之所以为中国人的符号代码，也是中国人文化自信的源泉。那么，中国优秀文化如何走出国门，其一路径便是助推其世界记忆遗产走出去。像清代的《四库全书》，在真实性、世界意义、相对标准、社会精神集体意义等方面完全符号世界记忆名录秘书处世界记忆遗产的标准，保存并传承了中国古代文化，堪称中国古代文化集大成者，具有极其珍贵的价值与世界性地位。自成书以来，就取得了世界性地位，传至越南朝鲜日本欧洲等国。民国年间，曾作为文化大使被赠送给欧洲各国。向世界推介它的过程就是让世界认知中国的过程。习近平同志在党的十九大报告中指出，要坚定文化自信，推动社会主义文化繁荣兴盛。而一个民族的文化自信，需要挖掘丰富的传统文化资源作为坚实的支撑。《四库全书》集古代中国文化之大成，是世界性的巨制和宝藏，理应与长城、大运河、四大发明等齐名。因此，为《四库全书》申遗，就是中西学融通之路，也是中国优秀文化光大发扬之路。而围绕其的研究，以论立学，以四库承载中国传统学科体系和知识系统的身份，更可服务于构建新时代中国特色哲学社会科学体系。

至于中外文明对话与交流，倘若能进一步衔接中华优秀文化，挖掘其中世界记忆遗产，使它在新时代中国特色社会主义思想文化建设中再创辉煌，无疑更可夯实自身根基，更助力自身研究。总之，立足国本的研究，脉源不息，生机才会勃发不止，生命力方趋永恒。这正如张载所道"芭蕉心尽展新枝，新卷新心暗已随。愿学新心养新德，旋随新叶起新知"。当然，如何构建并完善二者与中华优秀文化衔接的研究体系，是需要进一步思考的。

兹以朱熹《观书有感》为结：

半亩方塘一鉴开，天光云影共徘徊。

问渠那得清如许？为有源头活水来。

陈晓华